小关风土录

小美风土录

王全营　郅公林　主编

中原出版传媒集团
中原传媒股份公司

大象出版社
·郑州·

图书在版编目(CIP)数据

小关风土录 / 王全营, 郅公林主编. — 郑州 : 大象出版社, 2019. 3
ISBN 978-7-5347-9978-5

Ⅰ. ①小… Ⅱ. ①王… ②郅… Ⅲ. ①乡镇—概况—巩义 Ⅳ. ①K926. 15

中国版本图书馆 CIP 数据核字(2018)第 258377 号

小关风土录

XIAOGUAN FENGTU LU

王全营 郅公林 主编

出 版 人 王刘纯
封面题词 白俊爵
责任编辑 郑强胜 连 冠
责任校对 牛志远 张迎娟
书籍设计 王 敏

出版发行 大象出版社(郑州市郑东新区祥盛街 27 号 邮政编码 450016)
发行科 0371-63863551 总编室 0371-65597936
网 址 www.daxiang.cn
印 刷 郑州新海岸电脑彩色制印有限公司
经 销 各地新华书店经销
开 本 787mm×1092mm 1/16
印 张 23.5
字 数 406 千字
版 次 2019 年 4 月第 1 版 2019 年 4 月第 1 次印刷
定 价 59.00 元

若发现印、装质量问题,影响阅读,请与承印厂联系调换。
印厂地址 郑州市鼎尚街 15 号
邮政编码 450002 电话 0371-67358093

整理典故　传承传统文化（序一）

○ 郅公林

巩义市小关镇小关村，是一个有数千年历史的古村落，仰韶文化时期这里就有人类定居。这里有汉初文化的烙印。有青石铺路、长达五百多米的明清一条街，有一片青砖灰瓦四合院，有飞檐斗拱的庙宇、牌坊，有一年四季清澈见底的小河。这里物产丰富，民风淳朴。我家世世代代都居住在小关，我就是喝小关的水、吃小关的米长大的，不论世事如何变迁，乡愁只会越来越浓而不会有丝毫淡忘。

小关村有张、王、李、赵、郅、白等几十个姓氏。小关村却不以姓氏取名，说明这里的环境能吸引外地移民来此繁衍生息。经过小关人的共同努力，历经明清两朝数百年的建设，小关有了一条颇具规模的老街——鳞次栉比青砖灰瓦宽敞明亮的门面房、上铺八砖的厢房、木楼板木楼梯两层小楼的上房，使小关成为巩义东部政治、经济、文化中心。集市、庙会，熙熙攘攘的人群，各种民间文艺和老街戏楼上的大戏，这些场景常在我脑海出现。

20世纪70年代后，改革开放使小关村经济、社会都发生了翻天覆地的变化：道路更宽，楼房更高，村民的生活水平得到改善，我们都经历了这个过程。大变革的浪潮也使小关村的古建筑同全国其他一些地方古村落一样，基本上不复存在。文明与时代同步，我们并不苛求历史。虽然说昨日之日不可留，但是，今已逝去的明清一条街，我们亲身经历的那一段岁月，那些古色古香的古建筑，寓意深刻的三雕文化元素，淳朴的民风民俗，美好的自然风光，我们有责任记录下来，让子孙后代知道小关村过去是个什么样子，小关先人曾经创造了什么样的辉煌。

我愿意记录小关风土人情，除了深厚乡土情结外，还受到两个因素的影响。一是20世纪70年代到法国购买设备，顺路在意大利考察了威尼斯水城和罗马，目睹了当地政府对古建筑的精心保护，细致到百年以上的普通民宅没有政府批准外观一律不准改建，连一根根锈蚀严重的窗户铁栏杆也不准换掉，甚至一片锈结都不准打磨掉，而是用最好的油漆刷上。罗马斗兽场因战乱破坏遗留下来的残垣断壁及周围的古建筑，文艺复兴时期所建的凯旋门、宫殿等都是原样保留。二是有一年随巩义市委、市政府考察团到江苏等地考察时，看到当地对古村落、古商业街的保护，很有感触。还有2011年到广西北海参加第二十一届世界客属大会，除了知道客家人都是河洛人的后代，还参观北海市区各具特色的得到有效保护的古建筑，对我的震撼无法用言语形容，就像烙印一样至今仍不时在脑海中闪现。回想我们的祖先在社会动乱、交通十分不便的时代，就能把小关建成巩义东部最为繁荣昌盛的、文化浓重之镇，时逢太平盛世，我们就更应该把小关建设得更美好。

党的十八大以后，党和政府提出在城镇建设中，要让居民“望得见山、看得见水、记得住乡愁”。为此我就萌生了把小关过去的青山绿水、明清时期修建的商业街等，通过回忆而留下文字资料的想法。在与几位老友交流时，没想到他们不但也有此想法，而且更有一种紧迫感。所以，共同的心愿、目标、思路，很快形成一种共识，经共同商量，将这本书定名为《小关风土录》。

这本书的内容我们有个要求：篇幅长短皆可，但所有内容必须真实，要符合历史。大家都这样做了。这里要特别提到白俊爵、张桂月两位，他们都是80多岁的耄耋老人，身体也不是很好，但一听说整理小关过去的历史掌故，都十分积极，两人很快便写出了五篇文章。还有张光哲、孙云灿，也是年过八旬，都撰写了多篇文章。

这本书的面世，若能给研究小关的历史、给我们的后代在历史认知上留下一些有用的资料，提供一些记住乡愁的思路，我们这些老人将不胜欣慰。这里需要说明一点的是，因为书中记录的明清一条街、庙宇等古建筑，大多不存，所搜集到的碑文因风雨剥蚀大多漫漶不清，加上多数知情人也已过世，故而书中若有不太准确之处，敬请指正。

是为序。

2017年8月

小关，我难忘的故乡（序二）

○ 白俊爵

小关是巩义市（原巩县）东部的名镇。这里历史悠久，人杰地灵，历来是东西交通要道，自明清以来一直是巩义东部集市贸易中心。

小关矿产丰富，煤炭、铝矿石、黏土、石灰石等都有很大储量，明清时期就有小煤窑开采，民国时期生产的煤炭除供应当地居民外，大部分东经荥阳、西经巩县远销外地。这里的铝矿石品位高、储量大，是郑州铝厂的主要矿源地。农产品有小麦、玉米、谷子，林果有柿子、梨、李子等。

小关气候温和，四季分明，水质甘甜，非常适宜人居，常有高寿老人。1949年前南沟村赵链刀享年99岁，当代仅西沟村就有张家老奶奶享年103岁、王家老奶奶享年100岁，至于八九十岁的老人就更多了。

我和老伴张桂月都是吃小关的米、喝小关的水长大的。我们俩离开小关已六十多年了，虽然现在生活在都市里，满眼都是高楼大厦、繁华的街道，但魂牵梦萦的还是小关的山山水水、一草一木：青石铺就的老街、关爷庙前的夜戏、熙熙攘攘的庙会、凤山寨上的大铁钟、西沟村口两个人还搂不住的皂角树、长年流淌的小河，就像电影回放一样时常出现在梦里。乡愁——挥不去的乡愁……

全营、公林他们组织七八十岁的乡邻编写小关传统文化，把小关已经或者正在失去的手工业、民俗等传统文化记录下来，传承后代，这是一件很有意义的事情，他们向我约稿，我爽快地答应了。我今年85岁了，仍然亲自撰写了几篇文稿。我们祖祖辈辈生长在小关，对小关有着极深的感情，我非常赞成此书的编写，也希望我们的下一代传承历史，发展经济，发展文化，在以习近平同志为核心的党中央领导下，早日步入小康社会，让小关人早日过上幸福的生活。

是为序。

2017年2月20日于郑州

目录

一、历史悠久的古村落

二、现尚存世的碑铭

三、小关老街暨工商业经济

四、乡村教育和民间文化

五、独具特色的民俗

六、茶余饭后的民间故事

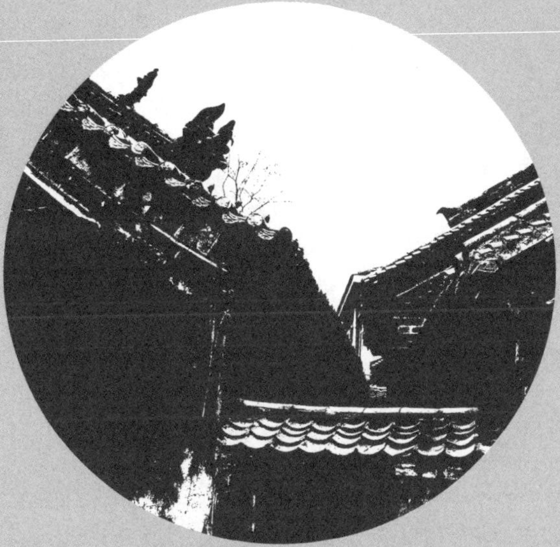

一、历史悠久的古村落

整理故实　心忆桑梓　记住乡愁

◯ 王全营

各位兄长，各位贤达：

很高兴参加这个小会，因为在座的多为我总角之交。能与诸位同堂叙旧，共同回忆已经逝去但永远无法抹去、只有在梦中追寻的儿时记忆，与有荣焉。作为数十年离乡之人，心有千结，情有万种，剪不断理还乱的是乡愁。20世纪五六十年代，由于国家开矿，老坟沟、白家洼、王家洼三个村庄从地球上被抹去；八九十年代，传承数百年的老街和西头、前闲（mā，方言，门外之意）、前纸坊的古建筑、古树木，尤其是地标性的建筑物——关爷庙、戏楼、贞节坊，也都灰飞烟灭。公路、河道、民居，彻底变了样，用陵谷变迁、沧海桑田形容小关的今昔一点都不过分。兄弟每次回小关都有既熟悉又陌生之感。 回忆小关的传统文化，有诸位兄长在座，弟本不该僭越，但受公林兄的委托，只好勉为其难。先说明三点：一、我离开小关已经40多年，回忆小关的传统文化难免有误，说错了诸位可以随时纠正；二、我尽量使用口头语言，但免不了会夹杂一些书面语言，诸位有不明白之处可以随时提问；三、我这个发言仅是引玉之谈，启发诸位的思路，以备参考，因此难免啰唆，请多原谅。下面我讲四个问题。

一、我们为什么要开这个座谈会

起因是这样的，习近平总书记于2013年3月17日在第十二届全国人大一次会议闭幕会上的讲话指出："中华民族具有5000多年连绵不断的文明历史，创造了博大精深的中华文化，为人类文明进步做出了不可磨灭的贡献。经过几千年的沧桑岁月，把我国56个民族、13亿多人紧紧凝聚在一起的，是我们共同经历的非凡奋斗，是我们共同创造的美好家园，是我们共同培育的民族精神，而贯穿其中的、最重要的是我们共同坚守的理想信念。"总书记这一段话对我们就有很大触动。2013年12月12日—13日，中央召开了城镇工作会议并发表了《中央城镇工作会议公报》（以下简称《公报》）。《公报》第五条指出："城镇建设……要体现尊重自然、顺应自然、天人合一的理念，依托现有山水脉络等独特风光，让城市融入大自然，让居民望得见山、看得见水、记得住乡愁；要融入现代元素，更要保护和弘扬传统优秀文化，延续城市历史文脉……在促进城乡一体化发展中，要注意保留村庄原始风貌，慎砍树、不填湖、少拆房，尽可能在原有村庄形态上改善居民生活条件。"此后，"望得见山、看得见水、记得住乡愁"常常见诸各种媒体，中央电视台还以公益广告的形式反复播出。2015年中央一号文件第三部分有一个基本表述语，叫作"必须坚持不懈推进社会主义新农村建设"。时隔十年，中央一号文件赋予了新农村建设新的内涵：在新农村建设中要保护传统文化，对乡贤、乡祠、乡村习俗等作有机整合。去年也就是2014年清明节我回来扫墓时，同公林、林报、二红等几位兄长在一块儿闲聊，说到乡愁和小关村的古建筑，你一言我一语说得非常热闹。我们有一个共识：失去的无法追回，但是可以用文字把它记录下来。公林兄是个热心地方文化的长者，对此很感兴趣，时隔不久，他就给几位老友打招呼，想就这一问题请诸位座谈，后因各自忙碌未能进行。农历十月初一，我回来扫墓时与老友们再聊此事，公林兄兴趣更浓，事后亲自到凤山寨、观音堂、牛王庙拍摄了数十张照片。

2014年下半年，由中央宣传部、住建部、新闻出版广电总局、国家文物局组织实施，中央电视台组织拍摄了100集大型纪录片《记住乡愁》，其宗旨是十个字："忠孝勤俭廉，仁义礼智信。"片头曲歌词是："多少年的追寻，多少次的叩问。乡愁是一碗水，乡愁是一杯酒；乡愁是一朵云，乡愁是一生情。年深外境犹吾境，日久他乡即故乡。游子，你可记得土地的芳香；妈妈，你可知道儿女的心肠。一碗水、一杯酒、一朵云、一生情……"说到乡愁，我除了被《记住乡愁》的片头曲深深感动外，也有自己的几句话：飞檐翘角的古建、庙会酬神的大戏、熙熙攘攘的老街、袅袅炊烟的农家。最难忘清澈见底的小河——妇女扤篮洗衣，孩童水中嬉戏。河边钓鱼捉蟹，刨个沙坑掬一捧清水沁人心脾。更有那数人合抱的皂角树、此起彼伏的鸡鸣犬吠。在这里我借用《记住乡愁》片尾曲《游子吟》的几句词——"枫桥月，灞桥柳，一声珍重离家走……秋水伊人，青衫红袖，何日相逢再执手"表达我的乡愁。中央文件的精神及《记住乡愁》的播出，这些综合因素使诸位老友决意把小关逝去的传统文化加以整理，形成文字留给后人。

正月先母三年忌辰、上月清明节回来扫墓，与几位老友再次聊起此事，大家一致认为，"与其坐而论道，不如起而行之"，我们应该行动起来。我和公林兄又作了沟通，共同拟定了撰写内容和行文要求。有了这些前期工作的铺垫，这才有了今天的座谈会。

我们小关村是个有悠久历史的古村落。早在6000多年前的仰韶文化时期，就有古人在这里繁衍生息，经过一代代人的努力，创造了灿烂的文化，给我们留下了宝贵的文化遗产。随着时代的发展变化，原有的、传统的物质文化和非物质文化多数已经消失或者正在消失。因此，留住记忆，传之后代，是我们这一代人义不容辞的责任和义务。当下又适逢盛世，优越的政治环境和经济环境，给我们提供了整理小关传统文化的有利条件。经与多位贤达沟通，大家一致认为：记住乡愁就是记住社稷，就是记住祖宗，就是记住恩情，就是记住根本。根据这一宗旨和共识，我们共同拟定了编写《小关风土录》的宗旨：以党的四项基本原则为指导，全面系统地挖掘整理小关村传统文化；发扬小关的传统优秀文化，延续小关的历史文脉。

二、全面、客观地认识小关

在座诸位都是喝小关的水、吃小关的米长大的。这里有祖宗的坟墓，有熟悉的山河，有浓浓的乡情。我们小关有着悠久的文明史，值得骄傲，同时应该让子孙牢记，无论走到哪里都不能忘记自己的家乡。

（一）小关悠久的文明史。如果让兄弟用一件事象来概括小关镇，那就是“闪电”；用一个字来概括小关镇，就是“淡”。说“闪电”诸位并不陌生，尤其在暗夜，一道厉闪划破夜空，能把大地照耀得如同白昼，但是瞬间就会消失得一点痕迹都没有。说“淡”字，一边是水，一边是火上火即“炎”。海水遇到火必然会蒸发，但蒸发的是水蒸气，对人类最有价值的盐分留了下来，水旁的火上火照样散发出光和热。中华民族有数千年文明史，就小关村来说，仰韶文化时期就有先人在这里繁衍生息，已有6000多年历史。小关老街大约元代已有雏形，明清时期成长为巩县（今巩义市）东部的经济文化重镇，从其形成重镇到老街从地球上蒸发，存世也不过五六百年，与6000多年历史相比只是短暂的一瞬间。但是她虽然消失了，消失的只是皮囊即建筑物，老祖宗顽强不息、开拓进取的精神，像闪电和炎光一样曾经照亮小关夜空的精神文化遗产，永远不会磨灭，并且正在其后代子孙身上发扬光大，小关必将比过去更加美好。

1. 1964年前后修公路时发现的瓮棺葬。310国道即原来的郑洛公路小关村段，改道前，是经过工人村下坡再上坡，即由漫水桥过南河，穿过小关南沟和后闸的菜园，就是现在的小关职业高中和供销社营业楼所占土地。原来这里是相连的地块，因为这一段地势较高，过了菜园西边到南沟口又要下坡上坡。郑洛公路改扩建为了减小坡度，这一段路基往下挖，就在挖路基的时候，挖出了不少直径五六十厘米的陶瓮，两个瓮口相对。当时不知道有没有文物队的人员在场，这些陶瓮都被敲成碎片，和黄土、石块一道用架子车倒在南沟口漫水桥的北边。兄弟还捡了几块放在老家的晒台上，后来我到开封上学，家里人说这是死人使用的，很晦气，把它们给扔掉了。瓮棺葬属于仰韶文化时期，仰韶文化属于新石器时代，约公元前5000年至公元前3000年，我们取个中间数公元前4000年，据此可知小关村已有6000多年历史。6000年前到处是河流，行人只能翻山越岭走羊肠小道，小关村发现瓮棺葬，这些陶瓮不可能从远处运来，说明当时小关地区就有制陶手工业。

2. 岑彭沟。小关后纸坊有一块沟地叫岑彭沟。据《后汉书》《资治通鉴》等文献记载，建武元年（25年）七月，汉光武帝刘秀命吴汉率岑彭等十一将由豫北攻洛阳；当年十月，光武帝命岑彭由洛阳率兵经叶县击荆楚公孙述。这两次军事行动岑彭的部队都有可能路过小关并扎营，因而才留下“岑彭沟”这一地名，这说明小关在汉代已有人定居并形成村落，否则“岑彭沟”之名不可能流传下来。岑彭在建武十一年十月死于四川武阳彭亡聚。

3. 前纸坊、后纸坊。现代小关没有人能够说出前纸坊、后纸坊得名的来历。地名来源有多种：地形、事件、宗族聚居地、标志性建筑、手工业作坊等，如西沟、软枣树、王家洼、老君庙、黄鹭坡等。“纸坊”不是空穴来风，说明至迟在元明时期小关地区手工业和文化事业就比较发达，有造纸作坊；同时说明小关村周围有着大片的竹园和森林，这样才能给造纸提供原料。

4. 1965年，矿山修建机修车间时，文物部门在那块地的南头发现一座较大型砖券古墓葬，因为在那里挖土方，我亲自到那里看过，出土有数十个小瓦罐、墓志铭。从墓葬的规模可以说明两个问题：一是此葬俗（数十个小瓦罐）与今天小关葬俗不同，可知时间在数百年前；二是当年小关的经济比较发达，具有一定经济实力的居民才能修建这样较大规模的坟墓。

5. 乾隆五十四年（1789年）南沟观音堂《金妆神像并创立石基序》云：“巩邑东南三十里筱关，古巨镇也。”乾隆五十四年距清定都北京（1644年）仅有145年，说不上“古”，碑文“古巨镇”应指明代。

（二）得天独厚的地理风貌。小关是个物华天宝、人杰地灵之地。从东到西，地面比小关老街宽敞的地方有的是，东边如月弯、西边如老君庙。为何集镇设在地方比较狭窄的小关呢？本人认为这是由下列几点决定的。

1. 人与自然和谐。新石器时代人要生存，主要靠狩猎，其基本条件要有山水林路，雨水丰沛，水大河宽，林木茂盛。从小关村的地形看，且不说南河，瓦窑、西沟、南沟、后沟、后纸坊，这几道大沟无一不是远古时期洪水的杰作，加上汇流而成的小关河、南河，可知古时候这里水源充沛，老街和前阌就是洪水冲积而形成的台地。南山北岭有茂密的森林，这些都为古人的渔猎、农桑活动创造了条件。

2.风水宝地，藏风聚气。古人非常讲究藏风聚气，天人合一，人与自然和谐相处。小关村就具备这样的条件：北方似卧龙横亘，南方似凤凰展翅，东西两端有土冈护卫，中间一条九曲小河穿村而过，滋润田土，养育子民。

下面，我们联系小关地形、地貌谈一点有关阴阳五行、八卦方位的常识，因为这些关涉后文所讲小关村的村庄布局、庙宇坐落等问题。从20世纪60年代还存在的庙宇选址来看，小关村建筑的庙宇均符合阴阳五行、周易八卦、天干地支、二十八宿的方位。这里边有着很深的文化内涵，从中既可以看到小关村先人的文化修养，也可以窥见他们追求人与自然和谐的理念和诉求，故先予提示。

在封建社会，五行生克关涉人们生活的方方面面，五行方位，关涉各类建筑，故有必要先于提示。五行相生：金生水、水生木、木生火、火生土、土生金。相生就含有母子关系，如“金生水，金为水之母，水为金之子”“水生木，水为木之母，木为水之子”。五行相克：金克木、木克土、土克水、水克火、火克金。五行方位：东方甲乙木、西方庚辛金、南方丙丁火、北方壬癸水、中央戊己土。十二地支方位：东方寅卯木、西方申酉金、南方巳午火、北方亥子水、中央辰戌丑未土。八卦方位：西北乾为天（为阳）、北方坎为水、东北艮为山、东方震为雷、东南巽为风、南方离为火、西南坤为地（为阴）、西方兑为泽。二十八宿方位：东方苍龙七宿“角、亢、氐、房、心、尾、箕”，西方白虎七宿“奎、娄、胃、昴、毕、觜、参”，南方朱雀七宿“井、鬼、柳、星、张、翼、轸”，北方玄武七宿“斗、牛、女、虚、危、室、壁”。

20世纪60年代，小关的古庙宇建筑群还有七处，除南沟观音堂、西沟牛王庙、后纸坊马鸣王庙（牛王庙），其余四座庙宇所在的位置均符合古人的风水理念：龙王庙为什么位于小关镇东？二十八宿东苍龙、八卦东方震为雷——龙王要行云布雨离不开雷电和水，小关河由南沟口往北到镇东头形成一个水潭，故龙王庙（内有老君庙）建在镇东（后为小关小学校园）；二十八宿西白虎，故七星庙建在软枣树；天干南方丙丁火、地支南方巳午火、八卦南方离为火、二十八星宿南朱雀，故火神庙建在南寨。朱雀即朱鸟，即风，所以南寨又叫“凤山寨”。

南寨上还有天爷庙、魁星楼（奎星阁）。天爷庙建在南寨好理解，南寨是小关村的制高点，老天爷高高在上，让他老人家坐在南寨上似乎理所当然。魁星楼为什么也建于凤山寨？先说一下魁星的由来。二十八星宿只有“奎星”而没有“魁星”，古人认为"奎主文章"，后世常以"奎"称文章、文运，如称科举时代的考场为奎堂等。但是这个"奎"字毕竟与人们常说的科举夺魁的"魁"字相去太远了，于是人们想到了北斗七星的第一星"天枢"，"天枢"为魁星，无论是二十八宿之"奎"还是北斗七星之"魁"都是第一颗星，这样，二十八宿之"奎星"就被北斗七星之"魁星"取而代之了。再由"魁"字的结构"鬼+斗"造出了"魁星爷"的容貌：面目狰狞的鬼左脚扬起后踢，脚上是北斗七星，组成了一幅"魁星踢斗"图。张彦卿撰写的《创修奎星阁记》云："凤山寨……屡经风鉴，佥曰文峰。""于斯寨之巅建一奎星阁，则人文蔚起，冠盖相从矣。"因为人们赋予奎星主管文章的功能，奎星阁（两层建筑，小关人称为"魁星楼"。下文非引文即使用"魁星楼"）建在凤山寨北部面向小关镇，这是为了关照小关文脉。

小关庙宇建筑最辉煌的是关爷庙。关爷庙为什么建在老街的中心？这主要是由老关爷的职能决定的。由于《三国演义》和三国戏、三国故事的传播，关云长的故事尽人皆知，加上官府的推波助澜，关羽被塑造成了忠义的化身，并被抬到了圣人的地位，明清两代将其列入十二祀之一，春、秋仲月上丁行祭祀礼。民间认为关公很义气，商人做生意讲诚信，各地的商人会馆大多在关帝庙，商人们制定规则、解决纠纷，也在关帝庙当着老关爷的面进行，由此，关羽又被赋予了财神的功能。小关老街是巩县东部重要的商品集散地，商铺林立，商人们供奉关公就在情理之中了。敬神就要娱神，戏楼就建在关爷庙的对面，正对着关爷庙庙门。

三、撰写计划与宗旨

首先我们要写的是关于小关逝去的传统文化，初步拟定为《小关风土录》，记录小关的风土人情，这就限定我们三不是、三不写。三不是：不是党史、不是方志、不是家谱。我们这个写作班子完全是民间自发行为，既没有课题经费，也没有官方资助，虽然古代有私人著史的传统，但是我们受经费、人力、精力的限制，写不成史志，因此我们否定了部分老哥的动议，还是写风土人情的好。写某一家族为小关经济、文化有何贡献，就事论事，不要写成家谱。三不写：不写政治、不写军事、不写人物。政治事件、军事斗争，小关乡志、小关党史均有记述，我们就不用再写了；不写人物是说不写人物传记，行文中以事系人，不作评论，将人物融入事件之中。为此我们初步拟定了《小关风土录》16个字的撰写宗旨："社会、经济、文化、民俗、全面、翔实、准确、客观。"这16个字分两层意思：前8个字"社会、经济、文化、民俗"是本书撰写的内容，后8个字“全面、翔实、准确、客观”是撰写标准或者叫要求。时间下限为20世纪70年代，即将70年代前小关历史上曾经存在的、现在基本上已经消失的、在我们的大脑中还有记忆的风土人情，如实记录下来。关于写作要求，再补充16个字：“真实、生动、鲜活、可爱，见人、见事、见景、见物。”前8个字是写作技巧，后8个字是希望达到的效果，让读者摊开书本一看，如见其景、如闻其声。

《小关风土录》虽然不是历史著作，但也不是报告文学，更不是文学作品，我们是要如实记录小关逝去的风土人情，为此，前16个字撰写宗旨要求“准确、客观”，后16个字要求“真实”，如果浓缩成一个字，那就是“实”！写人、写事、写物，都要实事求是，真实、翔实、扎实，实打实！书是让人看的，将来人们可以评论我们的书内容有遗漏、文章松散、行文不生动，但是尽量不要让人们指摘事实有误，要力争写成信史。“板凳宁坐十年冷，文章不写一句空。”我们要写的是小关村传统文化方面的典故，写历史要有真实性，客观记录，不评判，但可以寓议于叙。文明与时代同步，不以今天的标准苛求前人。行文要朴实，不要望文生义和夸大其词。但是形容古建筑、三雕及壁画，使用“金碧辉煌、规模宏伟、雕梁画栋、飞檐翘角、绘制精巧、古色古香、庄严厚重、鬼斧神工、古朴典雅、相映成趣、独具匠心、诗情画意、色彩丰满、妙趣横生、别出心裁”等词语，只要贴切就不能算作夸大不实之词。除民间故事外，社会、经济、文化的文章要求“三亲”，即亲身经历，亲眼所见，亲耳所闻。如果是经过调查采访整理的稿子，要注明被采访人。

四、《小关风土录》的内容

前面说过我们初步拟定了16字撰写宗旨，根据这一宗旨，撰写的内容与要求大致如下。

（一）古建筑

据本人所知，小关几个大姓有的是北宋初由山东曹州迁开封、辗转峡窝迁至小关，有的是金代由山西迁巩县神堤、辗转迁至小关，有的是明代由山西迁巩县神堤、辗转迁至小关，有的是明清时期由山西等省几经辗转迁至小关。至于清代和民国时期由外县或者巩县他乡迁入小关的就更多了。可以说小关村是个五方杂处的移民社会。以西沟口为例，20世纪60年代，全生产队42户人家就有8姓：张、王、李、焦、宋、孙、白、费。这种五方杂处的移民社会反映在人际关系上，表现为人与人和谐相处，宽容、包容，不欺生，愿意接受外来文化；反映在宗教信仰上，表现为基本上是多神论实际是无神论，儒释道文化共存，互相融合，并不排挤。例如南沟观音堂是佛教的布道场所，光绪三十四年重修观音堂白衣堂玉仙殿时，碑文撰写、书丹的并非佛教居士，而是儒家精英举人丁以静、拔贡张彦卿。我常听先母说："敬神有神在，不敬没妨碍。"用"见庙烧香、逢神磕头"来形容小关人的宗教信仰最为恰当。清代梁道奂《新郑竹枝词十首》之二云："老妪纷纷爱靓妆，才朝东岳又城隍。神前散给罗巾去，保障侬身四季康。"从东岳庙出来就进入城隍庙，不论是东岳大帝还是城隍爷都要"散罗巾"上供，为的是利益交换——我上供品你保佑我平安，至于敬的是什么神灵，对村妇来说并不重要。这一信仰方式与小关并无二致。20世纪70年代以前，小关的古建筑主要有：一寺二楼六座庙，一座牌坊六丈高；前闲一片四合院，东西明清一条街。著名文物有：凤山寨上一口大铁钟声闻十里，关爷庙里青龙偃月刀无人能拿。从这些寺庙建筑看，小关是道教盛于佛教，这几个宗教布道场所只有观音堂属于佛教。但是，建于明万历十八年（1590年）的观音堂，在观音拜殿的后院却供奉着玉仙圣母、花娘娘、后土、蚕姑等道教大神。佛道两教的大神和平相处于一座庙院，从中可以看出小关人的宗教观。

我们要写清楚这些古建筑的方位、规模、样式。还需要补充一点，这里说的一座寺院六座庙宇，都是20世纪60年代还存留的建筑物，已被毁掉的清代和民国时期小关的庙宇还有哪些，可以做点调查，资料能搜集多少是多少。比如"黄鹭寺"，现在连一点遗迹也找不到，仅仅留下了"黄鹭坡村"这个地名。康熙年间除朝廷及地方官府列出的正祠之外，许多寺庙列入淫祠被强行拆毁，本人据此猜测黄鹭寺应是被毁于清初；民国初小关还有一座"广生祠"，这座庙在哪里，多大规模，可以调查一下看有没有人知道。

凤山寨建筑群是哪个年代形成的？有人说是清光绪二十八年（1902年），根据大概是凤山寨寨门匾额上的刻字"大清光绪廿八年季春上浣吉日立"。但是，凤山寨上光绪三十二年（1906年）孟夏（农历四月）由小关精英张彦卿撰文并书丹的《创修奎星阁记》的开篇即说："山小关南有凤山寨，乃胜地也……屡经风鉴，佥曰文峰。"这几句话明白无误地告诉我们：魁星楼修建前，小关南就有凤山寨，而且是有名的胜地，魁星楼的创建是"屡经风鉴"，即经过风水师的多次勘察才动工的。凤山寨上除了方丈室、钟楼，还有四座庙宇，即坐北朝南的火神庙、坐西朝东的天爷庙，坐东朝西的庙宇被毁已不知其名，魁星楼仅偏处凤山寨东北角一隅，西边用的是火神庙的东山墙。张彦卿是光绪丁酉科（1897年）拔贡，时官职为署教谕，在村为乡绅，当时应是小关的头面人物，由他出面创建的魁星楼在凤山寨上不能居中而偏处一隅，这足以说明魁星楼创修时凤山寨上的天爷庙、火神庙等三座庙宇已存在。本人认为凤山寨绝不是创建于1902年，其准确年代目前尚难定论，只有留待日后出土碑碣等文献了。

在农耕社会，牛、马是农民的半个家业。民国时期，小关村在西沟、五通河、南沟口等处建有牛王庙，今西沟的牛王庙尚存。这座庙宇有200多年的历史，庙宇虽小但它是农耕社会生产力发展水平的见证，应该整理记录下来。

牌坊。本人推测张家牌坊应系张彦卿为其母所建之贞节坊。何为“拔贡”？拔贡属于功名。乾隆七年，定12年选拔一次，皆在酉年举行。届时由各省学政于府、州、县学廪膳生员（岁、科两考成绩较好的秀才由国家供给膳食，称“廪膳生员”）内选拔文、行兼优者一人，贡入京师，称为“拔贡生”，简称“拔贡”。经过钦点大臣会考，选拔优等，再赴朝考，入选者分一、二、三等，分任京官、知县、教职。张彦卿是光绪二十三年丁酉年拔贡，曾任教谕。牌坊上有“圣旨”二字，教谕仅是正八品，不可能获得“圣旨”恩准修牌坊，那么这座牌坊应是贞节坊。洪武元年（1368年）明太祖朱元璋曾下诏令，旌表节妇，同时规定：“凡民间寡妇，三十以前夫亡守志，五十以后不改节者，旌表门闾，除免本家差役。”（《明会典》卷七十八之《旌表门·大明令》）清承明制。有些地方官或者本族为了倡导风俗，整理烈女节妇的事迹层层向上请呈，承办此事的正是各级教官。报到朝廷那里，皇帝颁发圣旨，象征性地给几两银子，主要还是家族出钱。前闲张家牌坊应是贞节坊。这一座牌坊建得非常漂亮，高约20米，上面有许多精美的石雕、砖雕，牌坊顶有仙人、走兽，四角有风铃。石刻楹联、几通石碑，其文字、书法、雕刻都应该是小关之冠，我在前闲上小学的时候，曾多次在石碑上贴一张纸用铅笔来回抹，然后把“拓片”拿回家当作字帖临摹。总之，在我的印象中前闲张家牌坊应是小关的地标性建筑，是小关人建筑文化、雕刻艺术的结晶，现在已经无存，除做水井上辘轳的支架有一残块“圣旨”上面的龙浮雕外，再没有其他实物，甚至没有留下来任何影像资料——可能有照片，只是还没有露面。希望熟悉前闲张家牌坊的先生能把这座建筑物比较详细地记录下来，让后人知道小关曾经有过的辉煌。

关爷庙、老君庙等拜殿都是大屋顶、飞檐斗拱，观音堂拜殿、牛王庙拜殿、关爷庙寝宫是内拱外殿，这些庙宇建筑及戏楼的屋顶样式各有特色。现在简单谈一下古代建筑屋顶的式样，以帮助诸位回忆那些已经消失的小关古建筑。

古代寺庙屋顶式样主要有5种：1.庑殿顶，又叫四阿顶。屋檐向上微翘，四面坡略有凹形弧度，是“四出水”的五脊四坡式，一条正脊，四条垂脊，所以又叫五脊殿。小关老君庙就是庑殿顶。2.歇山顶，亦叫九脊殿。除正脊、垂脊外，还有四条戗脊（四面斜坡的屋面上部转折成垂直的三角形墙面上的脊）。屋面是悬山顶与庑殿顶的组合，上三分之二为悬山顶，下三分之一是庑殿顶。正脊的前后两坡是整坡，左右两坡是半坡。3.悬山顶，是两坡出水（两坡伸出山墙之外）的殿顶，五脊二坡，又称挑山顶。两侧的山墙凹进殿顶，使顶上的檩端伸出墙外，钉以搏风板，保护檩头不受风雨的侵蚀。小关老街的关爷庙屋顶就是悬山顶。4.硬山顶，亦是五脊二坡的殿顶，屋面以中间横向正脊为界分前后两面坡，左右两面山墙或与屋面平齐，或高出屋面。高出的山墙称风火山墙，其主要作用是防止火灾发生时，火势顺房蔓延。与悬山顶不同之处在于，两侧山墙从下到上把檩头全部封住。龙王庙、七星庙、天爷庙、火神庙、牛王庙都是这种样式。5.卷棚顶，又称元宝脊，屋面双坡相交处无明显正脊，而是做成弧形曲面。据万历创立观音堂碑记载，观音拜殿为卷棚顶（今为硬山顶）。诸位可以据此回忆一下各座庙宇原建筑大殿及其配殿的样式，进深、开间、雀替、罘罳等。

现在说一下古建筑屋脊上的装饰。在中国古代寺庙的屋脊上装饰着很多小动物，檐角上排头的是一个骑着凤凰（鸡）的小人叫仙人，又称真人或冥王。在屋檐的顶端安置这个“仙人骑凤”，有绝处逢生、逢凶化吉（鸡）的象征意义。附带说一下，小关人说檐角上的四个小人是“四大短人”——庞涓、韩信、周瑜、罗成，因为他们做事太“短”，把他们放在那里，前边就是深沟，掉下去就摔死了。实际上这些完全是受河洛大鼓、河南坠子的鼓词如《罗成算卦》等的影响。檐角上仙人后边的小兽统称“走兽”，依次为龙、凤、狮子、天马、海马、狎鱼等。走兽数量的多少是依宫殿的大小、建筑的等级而定，小关的古建筑如关爷庙、老君庙、天爷庙、火神庙、魁星楼、观音堂拜殿、牛王庙及贞节坊，四条脊的檐头上都是一仙四兽，四兽依次为龙、凤、狮子、天马。选择这些神话动物做饰件，首先是为了突出殿宇的威严，其次寓意消灾灭祸、逢凶化吉、剪除邪恶、主持公道。

小关的古建筑不论是庙宇、戏楼，还是前闲的四合院、老街临街房、上房，正脊都有螭吻，它是龙生九子的老二，生性好望。古建筑都是砖木结构，防火是第一要务，故将其安置在屋顶正脊的两端让其瞭望，如有险情及时报警。它还是龙的儿子，龙能吸水、下雨，五行水克火，把它置于屋顶正可发挥它的特长，这当然是古人的美好愿望。

下面说一下古建筑中的三雕，即木雕、砖雕、石雕。据我的记忆，我们小关古建筑三雕甚多，皮之不存毛将焉附，随着古建筑的消失三雕作品基本上化为乌有，但从现在残存的一鳞半爪仍然可以看出小关人的文化底蕴和艺术作品的魅力。前闲张家牌坊、黄鹭坡聂家牌坊上的青石龙浮雕，西沟牛王庙、马王庙前檐下的牛头、马头砖雕，凤山寨火神庙庙门正上方的二龙戏珠砖浮雕等，无不在向人们诉说着昔日的辉煌。除庙宇建筑的雕刻外，民居尤其前闲四合院也有大量三雕作品，如四合院门前的石狮子、抱鼓石、垂花门、照壁（二门屏风）等。在这里将三雕作以简要介绍，以期启发诸位回忆、撰写。

在雕刻技法上，主要有阴刻、浅浮雕、深浮雕、圆雕、镂雕、减地平雕、透雕等。三雕装饰大都采用民间喜闻乐见的形式，用借代、隐喻、比拟、谐音等反映人们追求天人合一、趋吉避凶、家庭幸福的美好愿望，表达人们对生命价值的关注，对家族兴旺的企盼，对富裕美满生活的向往，以及对自身社会地位的追求。人们逢年过节或者途中相遇都会说一些祝福语、吉利话，如果说话不吉利会让人反感甚至会被看作某种征兆。三雕、壁画都有很深的美好寓意，现在聊举数例。

大门口的雕刻。石雕大狮子、小狮子代表太师、少师，寓意官运亨通、爵位世袭，而且“狮”与“事”谐音，表达住户事事如意的愿望。鹿是瑞兽，又与“禄”谐音，意为俸禄，蕴含财与福，抱鼓石上大多刻一只昂首奔跑的鹿。

客厅的壁画、木雕。鹿、鹤组图寓意六合（鹿鹤）同春。“六合”指上、下和东、西、南、北共六方，泛指天下或者宇宙。三只羊寓意三阳开泰。“六合同春”“三阳开泰”，也是人们常用的祝福语和春联横批常用的文字。瓶、大象组图寓意太平有象。童子坐麒麟寓意麒麟送子。鹤代表长寿，喜鹊代表喜庆，仙鹤、松树组图寓意松鹤长春、松鹤延年。两只喜鹊寓意双喜临门。獾、喜鹊组图寓意欢喜。豹子、喜鹊组图寓意报喜。喜鹊、梅花组图寓意喜上眉梢。凤凰寓意长寿吉祥与美满幸福。龟象征长寿，鹤为吉祥，龟、鹤图寓意长寿吉祥、同享高寿。龟称作“万年”、鹤作“千代”，组合起来就是龟鹤齐龄。蝙蝠谐音“福”，上部画蝙蝠、祥云组图寓意洪福齐天，下部画多只蝙蝠寓意遍地是福。五只蝙蝠围着一个“寿”字寓意五福捧寿。四只蝙蝠围着一个“福”字寓意五福临门。蝙蝠、南极仙翁组图寓意福寿双全。蝙蝠、梅花鹿、南极仙翁组图寓意福禄寿。一茎莲花或一茎荷叶寓意一品清廉。莲花、莲花座组图寓意圣洁高贵的气节和情操。梅、松、竹、菊组图寓意四君子，比拟君子德行。梅、松、竹组图寓意岁寒三友。花瓶中插三支笙寓意平升三级。

书房的雕刻和壁画。猴骑马寓意马上封侯。猴背猴寓意辈辈封侯。蟾、桂树组图寓意蟾宫折桂。喜鹊、莲花组图寓意喜得连科。喜鹊站在树枝上寓意步步高。蝉寓意一鸣惊人。兰花、桂花组图寓意兰桂齐芳（弟兄中举）。荔枝、桂圆、核桃组图寓意连中三元（解元、会元、状元）。书房窗棂梅花图案寓意梅花香自苦寒来、寒窗苦读。大雁塔图寓意雁塔题名。

通用的图案。公鸡、牡丹组图寓意吉祥富贵。蝙蝠、铜钱组图寓意福在眼前。蝙蝠、日出或海浪组图寓意福如东海。蝙蝠、天官组图寓意天官赐福。蝙蝠、石榴组图寓意多子多福。柿子、卍字组图寓意万事如意。牡丹、海棠组图寓意富贵满堂。牡丹、白头翁组图寓意富贵白头。牡丹、月亮组图寓意花好月圆。牡丹、蔓草组图寓意富贵万代。花瓶、牡丹组图寓意平安富贵。鹌鹑、菊花、落叶组图寓意安居乐业。葫芦、蔓藤组图寓意子孙万代。花瓶、月季花组图寓意四季平安。石榴寓意榴开百子、多子多福。灵芝寓意长寿健康。莲、鱼组图寓意连年有余。枣、花生组图寓意早生贵子。盒、如意组图寓意和合如意。花瓶上加如意头组图寓意平安如意；瓶中插麦穗寓意岁岁平安。

松木、柏木、桐木、椿木四根立柱或者祠堂院栽种这四种树寓意松柏同春。

关于匾额。匾额大致可以分为商业字号匾、堂号匾、宅第匾、书房客厅的题字匾等。匾额文化是中华民族独特的民俗文化精髓所在，它融辞赋、诗文、书法、篆刻、油漆、建筑艺术于一体，集字、印、雕、色之大成，烘托出拥有者的地位和文化底蕴。前闭戏楼过道西边第一座四合院，即20世纪六七十年代小关公社办公院的门楼上方，就挂着一块黑底金字匾。清末民初小关老街的商业字号就有数十家，比较知名的有柏茂号、合盛永、元仁局、林茂永、协盛号、祥兴号、崇兴隆、和顺堂、福聚隆、崇丰号、鸣盛和等，各商铺都挂有黑底金字的匾额即字号。希望诸位在回忆整理这些古建筑时不要忘记匾额。这些匾额也有很重要的价值，希望能整理出来。

（二）社会类

1. 各种民间互助组织，如关爷社、牛王社、观音社、火神社、齐文社等。

2. 基层组织，慈善活动，乡村管理。原小关小学对面四队菜园下边是乱葬坟（义冢），慈善事业应该有人主持。

3. 民间管理，聚族而居。人际关系，家族、邻里，族规、族约，饭场（舆论场）。

4. 衣食住行。运输工具、交通工具、出行方式等。男女服装、民居等。

5. 秘密宗教，如红枪会等。

6. 土匪（刀客）。

（三）经济类

1. 农业经济。现在的农业生产方式与以前大不相同，说起过去的粮食收打、加工，如碾场、扬场、碾谷子、石磨磨面等，30岁以下的青少年基本不知道。别说驴、骡、马如何饲养，现在有的小孩恐怕连驴、骡、马都分辨不清，更别说驴骡、马骡了。过去我们这里农作物都有哪些品种，各种农作物从耕种、收割、脱粒、加工到储藏，所用的农具、用具都是什么。

2. 商业经济。小关老街从东到西商铺的字号、各商铺的规模及经营的商品、经商规矩、商会组织等。

3. 加工业、手工业。如染坊、油坊、粉坊、豆腐坊、银匠、铁匠炉、修伞、钉秤、钉碗、锢露锅、烧砖瓦等。

4. 其他行业。如厨子、锯匠、篾匠、木匠、机匠、酒坊、饭馆、车马店、弹轧花、当铺（钱庄）、墨铺、扇铺、纸扎铺、颜料铺、鞍辔铺、胭脂铺、百货铺、绒线铺等，尽量不遗漏。各行业的生产工艺、使用的工具等。各行业的祖师爷及祭拜祖师爷的时间、仪式等。

5. 游乡小贩。

6. 庙会、节会上的物资交流。正月十六大会、小满会等，我们可以写出庙会的规模，如人数、物资品种、商贩、杂耍、游戏、娱乐及三教九流的表演等。

小关老街从东到西的商铺尽量逐一列出，这是最能展现小关特色的地方，详写才能充分显示小关是个中级商品市场，调节农村经济的商品集散地，因此一定要写出各商铺的字号牌匾、经营规模、经营方式、商品内容、商业规矩、安全保卫等。如某商铺临街门面房几间、院子进深多少（多少间）、出售的商品从哪里来。以粮食坊子为例，出售的粮食主要是当地农民种植的还是由外地贩运的，收购的粮食除了地销，还有多少贩运外地；遇到灾荒，粮食如何调剂，官方是否搞平粜等。

（四）文化娱乐类

小关传统文化底蕴深厚，我十来岁的时候就听说过《劝孝歌》《十不足》、八卦卦形歌诀等，看过《千家诗》《解学士诗》《三国演义》等，听说大鼓书的说过《玲珑塔》等。大家可以从下面几个方面进行回忆、撰写。

1. 晚清的教育机构，如私塾、义学、家馆，学生拜师礼、启蒙、开讲、学习的内容、私塾先生的报酬等，学生的启蒙读物“三百千”（《三字经》《百家姓》《千家诗》）、“弟增治”（《弟子规》《增广贤文》《治家格言》）、“千幼龙”（《千字文》《幼学琼林》《龙文鞭影》）、《笠翁对韵》、“四书”“五经”等。民国时期的教育机构、教育内容、学童受教育情况等，私塾与学校并存，私塾的地位，小学设置校址、教学内容、教授方式等，学童受教育的比例等。移庙产兴学（小关村的第一所小学就设在东河老君庙，从而为中华人民共和国成立后的小关小学打下了基础），民初破除迷信等。

2. 民间文化团体及文化娱乐。民国时期小关村就办有剧社，戏剧行当——生、旦、净、末、丑，行头——蟒、靠、靴、袍，乐器——弦子、鼓、锣、镲等，样样齐全。自办剧团说明小关人有一定的文化修养或文化品位。年节、庙会常常有大型戏班演出，甚至唱对台戏——两个剧团都在小关演出。庙会演戏的流程——写戏、份子钱的收取等。

3. 其他娱乐形式，如扮故事、踩高跷等。

4. 民间婚丧嫁娶等请说书。

5. 杂技、马戏团、街头武术、魔术、拉洋片、幻灯等。

6. 儿歌：“毛老鼠，上灯台……”；民谣：“二十三祭罢灶……”；农谚：“庄稼活没啥学，人家咋着咱咋着”“扫帚响，粪堆长”“山红雁过菊花开，乱耩麦”；气象谚语：“立夏不下，犁耙高挂”“云跑西，关公骑马披蓑衣”“早上雾山，饭时晒獾”；歇后语：“卖油的挑子—— 一头沉”“剃头的挑子—— 一头热”“茅厕门前的石头——用着靠前，用不着靠后”；等等。

7. 谜语：墨斗——我有一间房，半间租与转轮王，有时射出一线光，天下邪魔不敢当。字谜——初一初二初三（晶），河南湖南江南（淼），杏树梨树桃树（森），夫人小姐丫鬟（姦）。省名——雾气腾腾刮北风（云南），一只朝靴四足登（四川），一升谷子三两银（贵州），蝎子掉到江当中（浙江）。还有关于米面油盐、清代皇帝、农具、蔬菜等方面的谜语。

8. 民间故事。

（五）民俗类

1. 节日。从大年初一到除夕（烧柏枝）的各种节日习俗。

2. 礼俗。婚礼：下大契、迎娶仪式，新媳妇进门后的各种嬉闹，如跨马鞍、拜堂、闹洞房；做生日；丧礼（出魂、引魂幡、引魂鸡等）。

3. 大型活动。如祈雨活动，风水师（阴阳先生），求神拜佛、烧香许愿，认干亲，掐八字算命，相面，测字等。各种职业如道士、和尚、尼姑、庙祝、命士、巫师、经纪（牙人）等，能记录的尽量撰写出来。

4. 各种禁忌。“老鸹（乌鸦）当头过，无灾也有祸。”如果鸟雀拉屎掉在身上，主不吉利，鸟屎掉到头上那叫“死（屎 ）难临头”，更是大凶之兆，要赶快找破法。大年初一忌哭泣；不准说“死”“病”“背时”等不吉利的言词；忌睡懒觉；不洒水扫地，以免将财气扫出去等。正月祖坟前后不准动土，俗称会挖掉祖宗的灵气。二月二妇女忌动针线，为的是免伤龙的眼睛；不磨面，不碾米；不行大车，怕砸断了龙腰、龙尾。“二月二，敲房梁，蝎子蜈蚣无处藏。”小孩剃头叫“剃龙头”，以图吉利。爆玉米花等。婚配生肖禁忌：因为十二地支分属于五行，所以十二生肖也有了五行之属，从而产生了相生相克的关系等。阳宅阴宅的选址、动工，都要找阴阳先生先勘察、选日子等。寿衣讲究单数，忌双数，怕凶祸再次降临。寿衣忌用缎子，多用绸子，因为“缎子”和

“断子”谐音，“绸子”和“稠子”音同。五色线、兜肚等。

5.包办婚姻：招婿，招夫养子，纳妾。生育：祈子、闯姓、做九（吃面条子）、认干亲、挂锁。祭祀：向神祇祭祀、家庭年节祭祀、上坟祭祖等。

最后再强调一点，我们要用文字记录下20世纪70年代以前小关村的传统文化事象，以此来认识、传承小关村的历史。为此行文要朴实，不能望文生义、随意夸大。写民俗、宗教，只记录各项活动和仪式，行文不低俗、庸俗、媚俗，不宣扬迷信。写时代变迁对古建筑的影响只写事情的经过，不要涉及对历史和人物的评判。总之一句话，我们不是写论文而是客观真实地记录历史。

要撰述小关的传统文化，由于缺乏文献资料、实物、图像等，尤其绝大多数古建筑、古文物已经消失殆尽，碑刻残存者也是一鳞半爪，这给我们的撰述造成极大困难。加上涉及的内容比较多，非一已之力所能完成，需要大家共同参与，共襄盛举。或调查采访，或口述提供资料，或执笔撰述，或帮助修改，希望能早日结出硕果。

（在小关村整理传统文化座谈会上的发言）

2015年5月1日

小关村的地理位置

○ 郅公林

小关村位于河南省郑州市西部，隶属巩义市，东距郑州市58公里。小关自古以来就是中原地区东西交通要道。无论是行商客旅，还是部队行军，途经关谷堆时，一边是刀削般的陡峭悬崖，一边是连绵起伏的土岭，下边是河道，可供通行的是仅有数尺宽的小道，似有一夫当关万夫莫开之势，故而得名“小关”。新时期以来，310国道横贯全村，把小关村分成南北两部分。310国道东起江苏省连云港市，途经山东、安徽、河南、陕西、甘肃，终点为青海省海南藏族自治州共和县，是一条横跨中国东中西部七省的交通大动脉。这样的区位、交通优势，有力地促进了小关经济的发展。

1929年，小关镇有14个自然村，分别是：软枣树、街西头、后闸（瓦窑坡）、前纸坊、后纸坊、黄鹭坡、东弯、老坟沟、王家洼、南沟、西沟、白家洼、瓦窑、前闸。全镇共有339户2197人，其中男1126人、女1071人。

1958年，原老坟沟、白家洼两个自然村的居民，因国家开铝矿全部搬离，村庄也在矿山开采时被彻底挖掉，原老坟沟的居民分别迁至后纸坊等村，原白家洼的居民分别迁至西沟、瓦窑等村。

1965年，小关大队共有12个自然村，分别是：软枣树、街西头、后冴、前纸坊、后纸坊、黄鹭坡、东弯、王家洼、南沟、西沟、瓦窑、前冴。辖18个生产队（其中街西头、前纸坊、后纸坊、西沟各为2个生产队，南沟为3个生产队），共有684户3093人（其中男1417人、女1676人）。全大队共有耕地2034亩，其中水浇地49亩。饲养牛110头、驴78头、马18匹、骡子30头。有胶轮马车8辆、架子车55辆。

1976年，小关大队的自然村和生产队数与1965年相同。全大队共有818户3865人（其中男1755人、女2110人）。当年全大队共有耕地1904亩，其中水浇地535亩。饲养牛83头、驴23头、骡子70头、马30匹。共有农产品加工机械71台（部），其中碾米机8台、磨面机18台、弹花机11部、轧花机10部、榨油机1部、一风吹11台、小钢磨12台。有胶轮马车11辆。

小关村的地形是两山夹一川：南部属于嵩山北麓余脉，北部属于佛山南麓余脉。小关河由西到东穿过全境。这样的地形使得全村耕地多为丘陵。

小关村与周边相邻的村庄分别是黄鹭坡：东边与口头村接壤，北边与郑沟村接壤；后纸坊：东边与郑沟村接壤，北边与冯寨接壤；后冴、街西头：北边与冯寨村接壤；软枣树：北边与冯寨村接壤，西边与孙寨村接壤；瓦窑：南边、西边与龙门村接壤；西沟：南边与龙门村接壤；南沟：南边与龙门村、大山怀村接壤，东南边与封门沟村接壤；东弯：东边与楼子沟村接壤。

小关村的小地名：

软枣树：薛家冴、贺寨。

后冴（瓦窑坡）：后沟。

前纸坊：房顶坡。

后纸坊：房家冴、岑彭沟。

南沟：火石岭、红土坡、老坟沟。

西沟：南洼、花地嘴、烈姜坡。

前冴、瓦窑：油坊地、九亩弯、鳖盖岭、大长洼。

九曲河水清凌凌

○ 郅公林

小关，是个既古老又年轻的村庄。说古老，是说我们的先人在这片土地上休养生息繁衍后代的时间，可以追溯到距今6000年前新石器时代的仰韶文化时期。古人要想生存，必须有四个基本条件，那就是山、水、林、路。有山才有野兽，方能狩猎；有水才有鱼类，可以捕鱼，有了渔猎才能解决吃的问题；林木是要解决烧火问题；路，自然是为了交通、交流、迁徙。说年轻，是说自20世纪80年代以来，小关人紧跟党中央的部署，在建设社会主义新农村和新型城镇化方面取得了很大成绩，这个古老的村庄也发生了天翻地覆的变化。比如原来弯弯曲曲的河道，现在被青石砌成像渠道一样的河槽就是变化之一。

2017年夏天的一个傍晚，我带着小孙子在枫林园散步，有几个小孩在那儿玩。我指着河槽对他们说："四十年前小关的河水非常清亮，我们小时候夏天常在河里洗澡。"小朋友说："爷爷骗人，这个臭水沟咋能洗澡？"听了这话，我的心里一阵感叹。思绪把我引回到四十年前。

过去，小关村从西到东常年流淌着一条小河，主流是从孙寨龙王泉发源的溪水，容纳了丁烟小溪后，到小关最西边的村庄软枣树，又与分别从冯寨、侯里沟、李子园流出的几条溪水汇合，所以软枣树这个村庄又叫"五通河"，小关河在此基本形成。这条小河先后在今小关医院门前、小关街西头、瓦窑村口、西沟口、南沟口、小关街东头，汇入由龙门、大山怀流来的河水，再经前纸坊、月弯、关谷堆，绕了九道湾，经黄鹭坡流出了小关。其间还分别汇入了由王沟等流出的涓涓细流。

20世纪70年代以前，小关河水不但清澈见底，而且常年都没有干涸过。每到雨季，山洪暴发，嵩山南麓、佛山北麓的洪水流入小关河，从西到东一片汪洋，二三百斤重的石头能冲出数里。当时的公路是用青石修建的漫水桥。所谓漫水桥就是"桥"面离河底约1米，宽度能过两辆汽车；"桥"两边砌有漫坡，"桥"中间留有二尺见方的五个方洞，平时河水经方洞流过，遇到山洪则漫过桥面。1974年夏，郑州一辆从孝义拉沙的汽车路经小关医院门前的漫水桥时，正遇山洪暴发，桥面的洪水已经有一尺多深。汽车的前面有一辆拖拉机开过去了，汽车司机见拖拉机能过，就加大油门往漫水桥冲去，刚到桥面车就被洪水堵熄火了。因为拖拉机的排气管在上部洪水淹不住，而汽车的排气管低，水一倒灌熄火了。当时暴雨如注，车里共有三人，如果下车逃生都还来得及，可惜他们不知道山洪的厉害，也可能他们以为一车沙子4吨重，洪水冲不动，却不知道古人有一句话叫“败家好似水推沙”，沙子遇到洪水会顺流而下，情况更加凶险。副驾驶员冒雨去矿山求援，还有两人没有下车。不一会儿洪水堵住了车门，再想下车已经不行了，更不幸的是丁烟一道拦水坝垮坝，数尺高的洪水奔腾咆哮而来，瞬间冲光了车上的沙子，一个浪头打来冲翻了汽车，车上两人全部遇难。后来的公路建起了石拱桥。1982年8月2日，小关再次遭遇暴雨肆虐，咆哮的洪水似脱缰野马，浪头2米多高，冲垮了医院门前、瓦窑村口、南沟口三座拱桥。瓦窑口拱桥东边前闲磨坊也随着拱桥的垮塌而垮塌，正在磨坊磨面的张仓落入洪水，被冲出三四十米，幸亏抱住一根电线杆才躲过一劫。小关汽车站那一段路没有桥，下面是三个直径1米多的水泥管，雨季时让南河的洪水流过。这一年由于山洪太大，由龙门、大山怀汇集的洪水到这里流不及，成了一片汪洋，淹了公社水泥厂，泡透并冲断了这一段公路，一人遇难。由此可见当年洪水的厉害。

山洪只是发生在暴雨期间，平时的小关河非常温顺，像母亲的乳汁一样养育着小关人。在瓦窑靛池下边，南沟口、李家园对面，小关小学门前，关谷堆高岩坡下，夏天往往会被洪水冲出一片水坑，一般有1米多深，洪水过后水潭清澈见底，自然成了男孩子的天然洗澡（游泳）池。放学之后和星期天，常常有不少小学生脱光腚在水里嬉戏，学狗刨、打水仗、扎猛子、板菜瓜（当地儿童在河里游泳的一种姿势），玩得十分开心。打水仗要有两人以上，分作两班，拉开一定距离，把手掌竖起来猛推河水，让河水激向对方，既不会伤人又很好玩。扎猛子是站在水里，右手拇指食指捏住鼻孔不让进水，一头扎进水里，一人做裁判，谁在水里停的时间长谁赢。板菜瓜是站在河岸上，背向河水，跳起来再直挺挺地躺到水里。不过小学生不敢在南沟口、小关小学门前、关谷堆这几个地方玩水，因为洪水冲到那里是个陡湾，潭水相对比较深，只有大人和大孩子们才敢在那里洗澡（游泳）。除了玩游戏，小孩儿们还会捉鱼摸蟹。水清鱼儿见，河水里还有许多小鱼、泥鳅，往往四五个孩子结伙，把一段河水上下堵死，然后让其改道，再把堵住这一段的河水弄干，就可以捉鱼了。如果是一个人怎么办呢，还有一个方法，就是用竹编的粪叉（过去农村捡动物粪便的工具），看到鱼儿游过来，要手疾眼快叉过去一下子就可以将鱼儿捞上来。河岸边有小洞，里边一般藏有螃蟹，我们会跳进河里摸螃蟹，有时候一次能摸到七八只，有的孩子胆小，害怕摸到水蛇而不敢去摸，看到我们摸到螃蟹，脸上会露出羡慕之色。

那时候我们除了戏水、捉鱼、摸蟹，还有一种游戏就是比赛打水漂。每人在河边临时捡一块碗片或巴掌大小的薄石片，用力向水面抛过去，别看这小小的游戏，也要看你的手劲和经验，如果身势手势配合得好，石片可以在水面飞出两三丈远，留下一串串涟漪；如果不会抛，三五尺远就会沉到水里——栽死了，有的甚至一出手就沉水，必然会引来众人的哄笑。

在河边玩的时间久了，如果口渴，不要紧，你根本不需要回家，到河边沙滩扒拉个小坑，立马就是一汪清水，双手捧着喝一口，软绵凉甜。

20世纪70年代以前，冬季要比现在冷得多，常常大雪封门，河水自然要结冰。结冰又给孩子们带来了一个新的娱乐项目。贪玩是孩子的天性，虽然在那个年代大家穿得并不厚，大多数都是一件老套子旧棉袄，里面没有衬的，外面没有罩的，河道的风还非常透，嗖嗖地直往棉袄里边钻，但这也挡不住玩。我们会在河面“滑冰”，农村孩子的滑冰并不是现代意义上的滑冰，只是右脚伸出踩一块薄石片，左脚用力蹬，借力滑出，然后左脚提起，全身的重量都放在右腿上，有经验的话可以滑出去一丈多远。等到尽兴了，再用石头敲下来一块冰，一只脚踩着滑回家。

那个年代别说洗衣机了，家用电器什么也没有，洗衣除了井边就是河边，而且河水既清又是长流，不像井边需要打水、换水，非常省力。所以常常可以看到孩子们在河边戏水，妇女们在河边洗衣。尤其是下午收了工，落日的余晖照射着河面，发出金灿灿的光芒。妇女们一个个挓着装满衣服的竹篮，来到河边，找一块有平面的石头——河边有不少这样的石头，就是专供洗衣用的。有时河边有七八个妇女洗衣，大家一边洗衣一边谈一些见闻，或者说些笑话，洗衣声、说笑声、“万户捣衣声”、草丛里青蛙与蛤蟆的叫声，共同形成抑扬顿挫的交响曲，此起彼伏。水清、岸绿、鱼游、景美，那亮丽的风景、温馨和谐的农村风光，让我至今不能忘怀。

从软枣树到后纸坊，居住在小关河北边的村民，无论河水多大，上街赶集都没有阻碍。可是居住在河南边的瓦窑、西沟、南沟、东弯的村民，就有个过河问题。一般情况下，春秋天河面相对较窄、河水较浅，人们就在河里隔一尺多宽放一块石头，小关人叫“闸石”，闸住河水往两边流，石头要露出水面，让行人踩着过河。夏天河水较大，河面较宽，水也较深，要过河就要脱掉鞋挽起裤腿，蹚水过河。20世纪60年代初，国家修公路，小关段建了几道漫水桥。正对小关街的南沟口也修了一座漫水桥，虽然没有公路漫水桥宽，但是也可以并排通过两辆架子车，西沟村的村民从此结束了踩闸石、蹚水过河的历史。

小关的母亲河流淌了数千年，哺育了一代又一代的小关人。随着气候的变化和人类活动的影响，清澈的小关河再也没有了踪影。为了可持续发展，为了子孙后代的生存，我们该怎么办？面对着小朋友们天真的质问，我不由得陷入了沉思。

昔日水井今在否

〇 郅公林

说到“井”字，人们最熟悉的成语莫过于“背井离乡”了。“背井离乡”的意思是离开故乡在外地生活。那么人们不禁要问，一个人离开家乡后，能令他魂牵梦萦的标志物会有很多，比如房屋、田地等，为什么不说“背屋离乡”“背地离乡”而说“背井离乡”呢？我想这里边有两个原因：一是人要生存谁都离不开空气和水，而且天天都要饮水，从小就会对水井产生深刻的印象；二是水井不像房屋会倒塌，也不像田地会被转卖——“千年土地八百主”（谚语），村边的老井会几个世纪甚至上千年地在那个地方，没有人能移动，默默无闻地向当地居民奉献着乳汁般的甘泉。

查阅词典，除了背井离乡，井水、井台、亲操井臼等也是人们耳熟能详的词语。这些词语同样与人们的日常生活息息相关，井边打水，离不开井台。亲操井臼，指家庭主妇操持家务亲自打水和舂米。中性词或者贬义词有井水不犯河水、临渴掘井、坐井观天、井底之蛙等。由“水井”之“井”延伸的词条有井然有序、井井有条、井里、井邑、井喷、井灶等。

上面啰里啰唆说这么多无非还是围绕一个词来立论，这个词就是“背井离乡”。中央电视台拍摄的大型纪录片《记住乡愁》片头曲有一句词：“乡愁是一碗水，乡愁是一杯酒。”还有一句俗话，文学作品中经常使用，叫“美不美，乡中水；亲不亲，故乡人”（《增广贤文》）。家乡的水总会让游子难以忘怀。随着改革开放以来小关村建设步伐的加快，部分村庄随之消失，地形地貌亦发生了根本性的变化，曾经世世代代为小关人提供水源的水井要么已经消失，要么已经失去或者基本失去了提供饮用水的功能，游子如果仍然以“背井离乡”为念，想以老家的水井为坐标寻找昔日的故乡，怕是很难了。有鉴于此，我特地作了认真回忆与调查，将20世纪70年代以前小关的水井记录于此，可能会有遗漏或者错记，还望知者补正。

记录的顺序由小关河北岸从西到东、再由南岸从东到西。

那时候小关各村都有水井。软枣树村有三口水井，供村民吃水和菜园浇地。小关医院有一口井。小关街西头有八口水井。一口在张青凡家门前，一口在张麦贵家门前，这两口水井都是浇地、吃水两用。一口在街西头菜园，安装有木斗水车，主要是浇菜地用。张西有就住在菜园，即使三年困难时期他也从不摘生产队菜园的任何蔬菜。一口在菜地张林威家院子里，属于辘轳井，供居民吃水用，井台边有一棵葡萄，葡萄架把整个井台都罩严了。夏天，葡萄架遮住骄阳，来这里打水的村民顿觉凉爽；秋季，串串葡萄挂满枝头，尽管会让人垂涎欲滴，但是来打水的村民没有一个人伸手去摘。葡萄成熟了，主人则会热情地请人们品尝。从这两件事可以看出小关人的纯朴、善良。一口在村西头往软枣树去的路边即张良对家下边，是供吃水用的辘轳井。老街南边胡同有一口官井，供销社大院有两口水井。后闷后沟有一口机井，另外在郅毛兰门口、郅东茂家西边各有一口水井。后闷郅五周门西、赵金勇家往东路西、郅立新现住宅南各有一口水井，原小关四队办公院一口水井。原小关老街住户郅元长、郅元宝、郅秀、郅五松四家的后院，各有一口水井。有一口机井在后闷菜园，浇地、吃水两用。一口在油房地。小关街东头张荣敏家后院有一口水井，粮管所院里有一口小井。小关饭店后院一口水井。韩振家门前有一口水井，都是吃水、浇菜园两用。小关小学（民国时期的老君庙、龙王庙）后院有一口辘轳井，原来那里是菜地，水井主要是供浇地。小关小学设在这里后，这口水井就成了师生的饮水井。前闷有三口水井，一口在祠堂院，一口在街口张保定门前，这两口井都是辘轳井。还有一口水井在牲口院即前闷的打麦场，后来公路扩修水井就在路边，但是既没有填埋也没有加盖，20世纪70年代，有一个高中生天不亮上学后失踪了，最后在水井里发现了尸体，估计是为了躲避迎面而来的汽车误落水井。前纸坊村有三口水井，一口在王麻子家门口，是供村民吃水用的辘轳井，这口井不但供前纸坊上河村民饮用，而且在东河的小生意铺如卖烧饼的、卖包子的、卖面条的、庙会上卖胡辣汤的等，用的都是这一口井的水。庙会尤其小满会，天气比较热，赶会的人又多，那时候人们渴了都是喝凉水，这口井边常常有一群人等着喝水，王麻子就会把自家的水桶拿出来供大家打水用。一口井在前纸坊下河，供村民饮水用。另一口在今镇政府西边菜园地，供浇菜地用。后纸坊有四口井，一口在张丙寅家门前，一口在房家闷，另外后纸坊西沟、东沟各有一口水井。黄鹭坡有两口水井。月弯有一口水井。东弯有一口水井。老坟沟有一口水井。今职业高中和供销社营业楼所在地原来是南沟、后闲相邻的菜园地，两块菜园各有一口水井，分别用于各自生产队菜园浇地。南沟口有一口饮用井。凤山寨下边李家园有一口安装木斗水车浇菜地的井，一口专供村民吃水用的井。西沟有两口水井，一口在村口供村民饮用，一口在河北岸菜园专供浇地用。瓦窑有三口水井，一口在张光涛家门前，是供村民饮水用的辘轳井，一口水井在路边菜园专供浇菜地用，还有一口水井在九亩弯。另外，改革开放后村民为了卖水，在南沟口、五通河路边新挖了水井，因为不是古井故不予论述。

上述都是20世纪70年代以前小关的水井，可能还有遗漏。这些水井如今大多已经不复存在了。

过去从水井里向外提水有五种方式。

一是用钩担（旧时挑担工具）提水。钩担是农家必备的工具，用槐木、楸木或榆木做成，长五六尺，厚约一寸半，上下都要刨成椭圆形，便于使用。钩担两头套上钩担钩。钩担钩是一尺左右的铁链，铁链下端有一个铁钩，用来钩水桶或者其他物件。那个时代小关河常年流水，水源充沛，紧邻河边的水井水位都比较高，比如南沟、西沟口的吃水井，就是用钩担提水的。夏季雨水充沛时井水离井口仅有七八尺，一根钩担连上两头的钩担钩足可以将一桶水打上来；即便天气十分干旱，水面离井口也就一丈多深，用一根麻绳拴住水桶就行了。

二是使用辘轳做提水工具的辘轳井。在井台即井口上前后立两块条石（有的是支起两个木架），条石上架一根碗口粗的硬木棒（或者铁管），木棒一头套一块石头（主要起配重作用），一头套着辘轳，辘轳是铁制或者木制的圆筒，圆筒一边装一个“之”字形（90°角）2~3厘米粗细的铁棒，叫辘轳把，在铁筒或者木筒上缠绕铁绳，铁绳的长短根据水井的深浅而定，同时还要考虑干旱时井水下降的因素，因此辘轳上缠绕的铁绳都比较长。铁绳头有一段有三尺多长的铁链，铁链头是一个套钩或者三个铁环，用来套住水桶，把水桶放进井里，因为铁链比较重所以水桶很容易装满水，摇动辘轳把就可以将一桶水提出井口了。铁链上的套钩使用比较方便，妇女、少年都会用，只是保险系数不是很高，如果脱钩，水桶就会掉进水井里，打捞起来比较麻烦。三套环保险系数比较高，只是三个铁环套起来比较麻烦，操作不当三个环套不在一起，就没有办法打水了。

小关辘轳井

三是用木斗水车提水。20世纪60年代，小关还有两架木斗水车，一架在西头菜园，一架在凤山寨下李家园。这两架木斗水车都比较大，高一丈五尺左右。木斗水车装水的斗是扁形的，长、高约一尺，宽约六寸，底板中间有个小孔用来穿绳子串连木斗。井口有一个大的木支架，架起一个大木轮，中间横穿一根硬木棍，串联起来的木斗就绕在这个大木轮上。通过轮子的转动下到水中，转上来时带着一斗斗清水，直到翻过大木轮才能把水倒下来，因此从井里提上来的水有一些会洒到井里，所以既费力气效率也低。但是人们是很聪明的，木斗水车的木斗密度都比较小，因此提上来的水量仍然十分可观，井口都用青石或者青砖修有小水渠，一般有一尺多宽和一拃深，一架木斗水车可以保证五六亩菜地用水。

四是用“洋水车”提水。20世纪50年代，小关村开始引进链子水车，因为这种水车与木斗水车相比是新式的，小关人都叫它“洋水车”。链子水车的造价要比木斗水车便宜得多，安装、使用也方便，因此很快便推广开来。链子水车由铁架、铁链、皮碗（又叫皮钱）、铁筒组成。铁架架在井口上，一根根铁筒接起来由井口深入井底。为了防止生锈，铁筒一般由镀锌洋铁皮做成。铁链上端挂在水车架子的齿轮上，一半在铁筒外下行，一半穿过铁筒由井底上行，铁链每隔两米左右有一个皮碗，皮碗是由两个比铁筒直径小的铁板夹一个与铁筒直径一样的胶皮圈组成的，人们形象地叫它皮碗，通过动力就可以把水提上来了。铁筒出井口有一个铁簸箕，由链子、皮碗提上来的水顺着铁簸箕流入小水渠就可以浇地了。链子水车的动力有三种：一是人力，水车架子上一端或两端装有“辘轳把”，一人或者两人摇动辘轳把将水提上来；二是畜力，这要经过改造；三是电力，20世纪60年代初期小关村有了农用电，因此不少浇菜园的水井都改装成了这种水车。

五是用抽水机。这就好理解了。20世纪60年代中期，抽水机开始进入小关并迅速得到普及。因为抽水机功率大，抽出来的水量大，很受农民欢迎，因此很快便取代了木斗水车、“洋水车”，成为菜地浇水的首选工具。

以上五种是当年主要的提水方式。此外还有一种提水工具叫撑杆，这是一种很古老的提水工具，学名叫“桔槔”。但它不是用于水井而是用于提河水灌溉的。这种工具非常简单，但是需要一定的条件，即适用于河边地堰不高的地。河边地为了防止洪水冲刷一般要用石头垒地堰，在垒堰的时候预先突出一块能站人的条石，需要浇地的时候，先在条石下面挖一个二三尺深、宽的小坑，然后挖一道小水沟把河水引到小坑里。在地边竖一根木杆，木杆的上部钉一个铁环或者铁钩，再用一根三四米长的木杆，在这根木杆中部套一个带钩的铁箍，钩在竖杆的铁环上，一头捆上一块比一桶水稍重的石块，另一头也要有个带环的铁箍，再用一根比较细的木棍（麻绳也行），上边钩住这个铁箍，下边钩住水桶，整个撑杆就完成了。这里需要掌握的一点就是这根木棍拉下能够得着水坑，提起来正好与地面相平。提水时一个人站在地堰突出的那块石板上，手拽住木棍把桶摁进水坑里，装满水以后轻轻往上一提，一桶水就到了地面，然后把水倒进小渠里就行了。

因为小关有一道九曲小河，清凌凌的河水常年不断，即使天旱河水也不会干涸，从而保证了各水井水源充沛。用于浇地的暂且不论，水井不但能满足本村村民饮用，而且在天旱时还可以满足外村乡亲的饮水之需。到了旱季，龙门村、石板的村民，都会肩挑水桶来小关挑水，或者赶着骡马、毛驴驮水，南沟口的水井就是这些乡亲取水的水源。小关人不但从不阻拦反而还尽量给驮水者提供方便。用骡马驮水的水桶有一个架子，一边一个，水桶有二尺多高，放在骡马背上，往桶里倒水很不方便，只要南沟村有人路过，不用招呼就会上前帮忙；如果驮水人忘记带提水的木桶，不要紧，不管到谁家都可以借到水桶。那种浓浓乡情让人感动。

咏古槐

○ 王全营

半个世纪以前，小关村百年以上树龄的古树不知凡几，仅两三个人才能合抱的老槐树就有一二十棵。世事沧桑，古树大多已经消失，后阙这一棵树干285厘米的老槐树，可谓硕果仅存，虽历经劫难，今天仍然遒劲挺拔，傲指苍穹。似在无声地告诉人们——小关，是个古老的村庄。

一别家乡数十年，山河也改旧时颜。
明清老街成国道，河道变渠且涸干。
幢幢高楼拔地起，辉煌古建多毁残。
唯有村头老槐树，历经沧桑仍傲然。

2017年11月19日

王全营（左）、郅公林（右）

绿荫匝地的古树

○ 郅公林　赵登云/文　李培涛/图

小关村古树

小关是个具有数千年历史的古老村庄，1958年以前，小关各村——河北岸从软枣树到前后纸坊、黄鹭坡，河南岸从九亩湾到西沟、南沟，各村都有几百年树龄的老树。比较有名的有后纸坊一棵大槐树，中间的空洞能钻进去人；西沟口井沿上边的皂角树，胸径两个男人手拉手抱不住；大长洼张家老坟的一棵鸡冠树，虽然只有一搂多粗，但是，鸡冠树是稀有树种，假如这棵树能生存到现在，三千元是别想买走的。此外，前闲东西六棵大槐树、小关老街东西三棵大槐树，都有二三百年的树龄，只可惜，都已不存。俱往矣，硕果仅存的大槐树，还看后闲。

后闲这一棵大槐树生长在郅保定、郅笃老宅大门外，胸径2.85米，高7米多，树冠遮阴100多平方米。该村赵文在时（1987年，时年90岁）说，他小时候这棵槐树就有一搂多粗。90岁高龄的王坤荣老人（小关西头张林伟的母亲），也说在她年轻时这棵槐树就这么粗。现在后闲八九十岁的老人都说，1958年被伐掉树头时这棵树就是这么粗。如此看来要说这棵大槐树的树龄到底有多大，除了专家测定，是没有人能说清楚的。本人作一个保守估计，三四百年应该是没有问题的。后闲这棵大槐树虽多灾多难，但有顽强的生命力。1958年以前，这棵树枝繁叶茂，每到夏天，绿荫匝地，后闲人都很爱护它，连一根树枝都没有弄折过。大槐树也无偿地回报人们的关爱，夏季酷热，大槐树下一片阴凉，人们在劳作之余会聚集在树下纳凉、聊天，听树上此起彼伏的蝉鸣，那份惬意现在想来还回味无穷。

1958年大办钢铁，竹林花泉一带储藏有铁矿石，这样，我们这里就成了炼铁点，小关西头尤其是新中岭上，到处都是土炼铁炉。当时新中煤矿主要生产的是黄煤，大峪沟煤矿才创建还没有投产，也就是说当年小关、新中一带没有炭煤，更没有焦炭。“元帅升帐”，炼铁的指标必须完成。可是炼铁需要高温，没有煤炭、焦炭就用木炭，这样一来木炭的需求量就大了。为了烧木炭，除了柿子树等果树外，小关村的各类大树同周边地区一样，大多没能躲过这一劫，后冴这一棵大槐树自然也未能幸免。大队派人已经把大槐树的树头给锯掉了，只剩下光秃秃的树干。这时候几位老人出来说话了：“老辈子人都说大树上头住有仙家，现在都破除迷信哩，有没有仙家咱也不说啦，树长这么粗也不容易，头都已经被锯掉了，树身就给留住吧，活不活就看它的命吧。”

大队干部都是当地人，伐古树他们也不是多积极，经老人们这么一说，他们也就来个顺水推舟，于是一根光秃秃的树干就这么留住了。

要说这棵大槐树的生命力也真够顽强的，毕竟是树大根深，因为不是枯死的，它的根系还十分发达，再加上后冴村民的自觉保护，仅靠树干的外皮吸收养分，第二年它就发出了新枝，后冴的群众都说这真是枯木逢春啊！以后每年它都会发出新的枝条。这棵大槐树新发出来的主干挺拔苍劲、直指苍穹，其余枝干四面散开。原来的主干因为上面是平茬，年深日久，被雨雪侵蚀，中间逐渐腐朽并被撕裂，更显示出沧桑感。劫后重生的这棵大槐树，生长茁壮，郁郁苍苍，片片树叶呈现墨绿色，显示出勃勃生机。

这棵大槐树由于树龄长，故被村民奉为“槐仙”。他们在大槐树下盖了一座一米来高的小庙，供奉槐仙。常有村民在这里烧香、挂红布条，祈求保佑平安。我们剥去迷信的外衣，敬槐仙所折射出的是人民群众朴素的对大自然的敬畏，喜欢绿色，保护绿色，保护古树，讲究人与自然和谐，天人合一。另外，以“槐仙”为名也可以震慑住个别人对老槐树的伤害。

几位耄耋老人在大槐树下乘凉

西沟村口井沿上边的皂角树，在1958年前也是小关一景。那时候小关老街往南，通过戏楼过道，除了前冴那一片四合院就是菜地、河道，一眼可以看到西沟口，首先映入眼帘的就是那一棵粗壮茂盛的皂角树。这棵皂角树的胸径两个男人手拉手抱不住。树冠遮阴一亩多大，整个井台全被遮罩着。这棵皂角树常年给西沟、白家洼的居民做出无私的奉献：夏季树冠遮天蔽日，凡是来这里担水的人立马就会感到一丝凉爽。井台边有一个青石水池，你要嫌在河边洗衣服晒得慌，就在井台这里洗，上有皂角树遮阴，身边河道凉风习习，听着树上此起彼伏的蝉鸣和叽叽啾啾、叽叽喳喳的鸟叫，再不时与路过的邻居搭讪两句，也是非常惬意的一件事。另外，皂角树每年都会无私地给人们奉献大量皂角。在古代社会以及物资贫乏的年代，农民根本不知道洗洁精、洗衣粉为何物，有钱人家去污要用米汤，一般人家去污则用白土粉，皂角是最好的去污材料。现在超市卖得比较贵的洗发露、沐浴液，都要标示“皂角”字样。其实当年小关有许多皂角树，西沟村除村口这一棵大皂角树外，李金盈家门口还有两棵一搂多粗的皂角树。到了皂角成熟的时候，全村人都来打皂角，一家能有一竹篮，够用一年的。小关有个谜语：“一棵树，八丈高，上面挂着杀人刀。”说的就是皂角树。

时间到了1958年，大办钢铁，烧木炭，两搂多粗的皂角树自然被纳入砍伐目录。于是，前闵的社员主动出工把这棵大皂角树给彻底锯掉了。为啥是前闵的社员锯树而不是西沟群众干的？这里边有一点公私结合，前闵有人认为皂角树正对着他们的庄子，皂角树的皂角像刀子一样挂在树上，大风一吹“哗啦啦”响，从风水学上讲对他们不利。西沟的群众认为皂角树每年给他们带来了利益，因此不愿砍树。于是前闵的社员就越俎代庖把这棵粗大茂盛的皂角树给锯掉了。这棵皂角树被锯掉后，粗大的主干并没有被烧成木炭，后来西沟口生产队安装了一台小钢磨，小钢磨的面柜子就是这棵皂角树解的板，而且面柜子的底和两边的帮是独木板，这棵皂角树有多粗就可想而知了。

说了小关的皂角树，还值得一提的是大长洼张家坟上的鸡冠树。我（公林）家在后闵，怎么知道大长洼有鸡冠树呢？因为我叔郅元池住在九亩湾上边，也就是瓦窑村西南边，我小时候经常到我叔家玩，在大长洼看到一棵从来没有见过的树。这棵树有一搂多粗，两三丈高，树冠不是很大，可是上面满是绿叶红花，我很好奇，就问我叔那是什么树，我叔说：“你看，那花像不像公鸡的鸡冠？”我想了想，说：“像。”我叔说：“那棵树就叫鸡冠树。”大办钢铁前这棵树就不见了。前几年我到南方出差，见到鸡冠树，就想起大长洼那棵鸡冠树，心里有一种莫名的惆怅。

前闵、小关老街、后纸坊的大槐树，都有文章论述，这里就不再啰唆了。

数百年的大槐树，古老村落的见证，在城镇化快速发展的今天，我们更应该善待它。留住古树，就是留住乡愁，就是保护自然，让我们共勉。

软枣树、五通河、七星庙称谓的由来

○ 赵西忠

小关村最西边的自然村叫软枣树，又叫五通河（五统河），还有人叫七星庙。一个小小的自然村为什么有三个称谓？现在，在小关都习惯叫软枣树，五通河这一称谓正在淡化，七星庙这一称谓除个别上年纪的人偶尔提及外，基本上已经消失。作为地名，我认为有记录的必要。

说起软枣树，得先说一下小关的特产之一——柿饼。别说古代了，就是20世纪70年代以前，小关村无论南岭或是北岭，还是地边、路边，到处都有柿子树，过了农历八月，棵棵树上硕果累累，压弯树枝。柿子成熟后，可以晒柿饼、晒柿瓣。把晒柿饼削下来的柿子皮晒干揉碎，与不能晒柿饼的红柿、谷子碾米后的糠和在一起，晒干磨成面，蒸成的馍带一点甜头，冬、春之时可以补充粮食的不足。小关的柿子树主要有七个品种：八月黄、水柿、火柿、雁过红、小柿、空壳廊、火罐。八月黄是最好的品种，个头大，有的一个柿子重达半斤，而且含糖量高，非常好吃。小柿顾名思义个头比较小，一般和鹅蛋差不多，是做柿饼的主要原料。水柿、火柿、雁过红、空壳廊界于八月黄和小柿之间。火罐，和鸡蛋大小差不多，有点像现在市场上卖的圣女果，因为个头小没有办法做柿饼，主要用于放红柿。除这七种柿子外，还有一种非常小的柿子叫软枣。软枣，顾名思义个头像酸枣，仅比酸枣稍大一点儿，和樱桃差不多。熟透了的时候，小孩子会爬到树上摘着吃。各家各户都有柿子树，大人们是不理会它的，就任由软枣挂在枝头。到了深秋初冬，树叶落光了，软枣树上挂满了小红果，煞是好看。柿木虽然坚硬但是纤维很少，不能做家具，因此只要不死人们不会砍伐柿树。据说古时候这里有一棵软枣树长在路边，随着斗转星移，长得又粗又高，树冠遮阴有一亩地。夏天走路的人们热了、累了，路过这里时都会歇歇脚；秋天老远就能看见这棵高大的软枣树，久而久之，“软枣树”就由树名变成了地名，一直沿用至今。

五通河又叫五统河。软枣树这个自然村是由软枣树、贺寨两个居民区和薛家洼居民点组成。薛家洼只有几户薛姓人家，软枣树主要是张、崔两姓。贺寨，顾名思义就是贺姓人家居住的村庄，但是现在别说软枣树了，就是在小关村也找不到一户贺姓，后来住在贺寨的只有张、巴两姓。这里原称“侯寨”，后来音念转了，成了“贺寨”。别看软枣树村子不大，从西北到南边，却有五条小河在这里交汇，它们在软枣树村南边汇合在一起，故又称五通河。这五条小河分别是：北边由佛山流来的一道小溪，经冯寨缓缓而下，从软枣树、贺寨之间穿过；西边经侯里沟流来一道小溪，从贺寨南边穿过；西南流淌来两条小河，一条是由竹林沟而来的小河，另一条是由石庙河即丁烟过来的小河；再就是南边由龙门沟经大堰坪、李子园而来的小河。

七星庙，是因庙而得名，这里有一座小庙叫七星庙。七星庙始建于哪一年现在已经难以考证，只知道清代早期，贺寨对面的半坡上就有一座小型的七星庙。乾隆五十一年（1786年），在小庙的下边建了七星庙，后来被毁。庙被毁以后，有人用砖头盖了一个非常简陋的小庙。清朝后期，也就是1900年前后，张三旺在小庙西边的岭上就是现在的煤坡岭，开了一个小煤窑，生意不错，为了祈求神灵保佑，张三旺经常到小庙烧香。再往后来，张三旺就想建一座庙，决定每出十筐煤抽出一筐煤的钱作为建庙费用，也就是将十分之一的收入用于建庙。1901年，在由冯寨流来的小河与侯里沟流来的小河交汇处西边的沟地里，建起了三间青砖小瓦硬山顶五脊六兽的七星庙，七星庙东边建有一座小碑楼，碑上刻的是建庙捐款人的名字以及所捐的钱数和物料。由于七星庙坐落于从小关往孙寨去的路边，因此路人都习惯称这里为七星庙。中华人民共和国成立后，七星庙分给了软枣树村民张福使用。

（受采访人：张光夔、张振）

六千年前瓮棺葬

○ 王全营

现在的小关职业高中和供销社营业楼所占土地，原来是相连的地块，分别是后闸和南沟的菜地。菜地里有许多河石蛋，有的像碗口大小，有的甚至有四五十斤重，人们用这些石块垒起一道道地堰。原来的郑洛公路就从这块菜地中间穿过。只是因为这一段地势较高，东边在今嵩山大酒店前、西边到南沟口都是上下坡。

1964年前后，郑洛公路小关段改建，为了减小坡度，这一段路基往下挖，基本上就是现在的路基。就在挖路基的时候，挖出了不少直径五六十厘米的陶瓮，两个瓮口相对。当时应该是巩县公路局在那里组织施工，不知道有没有文物队的人员在场，这些陶瓮都被敲成碎片，和黄土、石块一道用架子车倒在南沟口漫水桥的北边。

我读中学时，历史老师讲到过仰韶文化，知道瓮棺葬是仰韶文化时期的葬俗，于是捡了几块陶片拿回家，放在我家窑洞的晒台上。后来我去开封读书，家里人把那几块陶片给扔掉了。

《中国历史大辞典》给仰韶文化的定义是："新石器时代晚期的一种文化。因1921年首先在河南渑池仰韶村发现而得名。其年代为大约公元前5000至公元前3000年……仰韶文化的人们已经过着以农业为主，畜牧、渔猎和采集为辅的定居生活。每个村落有几十座房子……主要农作物是粟。家畜主要有猪和狗……小孩除与大人合葬外，多装入陶瓮，埋在住处或附近。"

在后冽和南沟的菜地里发现的瓮棺葬，说明新石器时代即仰韶文化时期，小关已有人类定居。可知小关村有人类活动至少已有6000多年历史。新石器时代人要生存，离不开山、水、林、路。种谷子（粟）要有土地，捕捉猎物要有山林，捕鱼要有河流，烧火要用木材。有先民在这里定居，说明这些最基本的生存条件小关全部具备。远古时期遍地洪荒，南河的河道为什么宽？正是由于上游大山怀、龙门沟流域面积大，雨季山洪暴发，汇聚南河的洪水给冲成了一百多米宽的河滩；西沟、南沟、后纸坊、软枣树等村落，应该也是古代洪水切割的杰作。众多河流给先民提供了鱼类资源。洪水的淤积形成了前冽、月弯、后弯这样的台地和"冲积平原"，还有南岭、北岭的梯田，为农业种植提供了沃土。在后冽和南沟的菜地有大量的河石蛋，说明远古时洪水是从这里漫过的。东边有南河，西边从五通河奔腾而来的洪水受到南沟洪水的阻击打了一个漩儿向北而去，两条河流的夹击使这里形成了台地。

小关有瓮棺葬，可以证明当地有制陶的手工业。我们可以想一想，远古时代遍地洪水，沟壑纵横，到远的地方运陶瓮容易吗？仰韶文化最有特点的器物是彩陶器，所以又叫彩陶文化。仰韶文化时期制陶技术已臻成熟，有人类居住的地方一般都有制陶业。在小关村发现瓮棺葬，足以说明6000年前小关附近就有制陶手工业。

总之，小关的瓮棺葬说明6000年前这里林木茂盛、雨水充沛、土地肥沃、河流纵横，先人们在这里种植、养殖、捕鱼、狩猎，人与自然和谐相处，繁衍生息，创造了远古文化。

岑彭沟考

○ 王全营

在小关村后纸坊西沟，有一个坐西北朝东南的沟地，南北宽约200米，东西长约300米。东边即沟口下边是一条小河沟，南、北、西三边均为刀削般的土崖，最高处有三四十米。沟地中间是一块较大的平地，平地的三面是梯田。这个沟地叫“岑彭沟”。在小关有许多与东汉名将岑彭有关的故事，如王莽撵刘秀，火烧娘娘庙，岑彭、马武都自尽于佛山等。岑彭沟应该与这些故事、传说有关。据说古代这里还有岑彭墓，墓前有石像生即石马、石羊等。明嘉靖《巩县志》就有“岑彭沟在东南四十里，汉将岑彭葬于此”的记载。但是故事、传说只是茶余饭后的谈资而不是历史，比如说岑彭、马武两员名将都自尽于佛山就是凿空之谈。史书明确记载，岑彭死于建武十一年（35年）十月，地点在四川武阳；马武则是在刘秀去世四年后的汉明帝永平四年（61年），平定武陵蛮夷叛乱，凯旋洛阳后病死的，所谓岑彭、马武因为火烧娘娘而自尽于佛山，不过是民间传说罢了，不必考证。但是说这里叫岑彭沟、有岑彭墓，应该不是空谈。那么这里有没有岑彭墓？如果没有岑彭墓，岑彭沟之名由何而来？本文对此拟略作辩证，不当之处尚祈乡中父老指正。

人死后的埋葬地一般为两处：一是出生地，二是死亡地。我们先考察一下岑彭的出生地。岑彭是东汉初年的名将，为“云台二十八将”之一。“云台二十八将”，是指佐助汉光武帝刘秀建立东汉政权的二十八个有功的武将。《后汉书》卷二十二记载：“永平中，显宗追感前世功臣，乃图画二十八将于南宫云台，其外又有王常、李通、窦融、卓茂，合三十二人。”所以“云台二十八将”又称“云台三十二将”。二十八将以邓禹为首，岑彭位列第十一。

岑彭祖居地在哪里呢？《后汉书·岑彭列传》记载：“岑彭字君然，南阳棘阳人也。”棘阳在哪里？《后汉书》唐李贤注：“棘阳，县名，属南阳郡，在棘水之阳，古谢国也，故城在今唐州湖阳县（治今河南唐河县西南湖阳镇）西北。”《中国历史大辞典》“棘阳”条作了进一步解释：“战国楚黄棘邑，汉初为棘阳侯国。高帝七年（公元前200年）封杜得臣为棘阳侯。元朔五年（公元前124年）改为县。以在棘水之阳得名。治今河南南阳县南……汉魏属南阳郡，晋初属义阳郡，惠帝改属新野郡，南朝宋、齐属河南郡。北魏改为南棘阳县，西魏改为百宁县，北周废。”“北周改新野县为棘阳县。治今河南新野县。为新野郡治。隋开皇初复改为新野县。”

棘阳无论是今“湖阳县西北”“南阳县南”，还是“属新野县”，都在豫西南，与小关相距数百公里，因此可以肯定地说，小关不是岑彭的故乡。古人很重视祖居地，客居他乡的人终究要回归到故乡，即使在异乡病故，其后人也要将其遗体或者遗骸迁回祖坟安葬，否则就会被指为不孝。人们常说的“叶落归根”“魂归故里”“狐死首丘”，就是这个意思。小关既然不是岑彭的故乡，那么他卒地如果不在巩县，则长眠于此的可能性几乎为零。

我们再考察一下岑彭的死亡地。岑彭死于征讨公孙述的战争。先是在刘秀称帝（25年）前两个月，西蜀公孙述已经自称天子，与更始帝、刘秀等争夺天下。建武十一年，征南大将军岑彭与吴汉等率兵南征公孙述。《后汉书·岑彭列传》记载，十月，汉军行至江州武阳，“彭所营地名彭亡，闻而恶之，欲徙，会日暮。蜀刺客诈为亡奴降，夜刺杀彭”。《后汉书·光武帝纪》载，建武十一年十月，“公孙述遣闲人刺杀征南大将军岑彭”。《资治通鉴·汉纪三十四》：“十月，公孙述使刺客诈为亡奴，降岑彭，夜，刺杀彭。”上引文献的意思是说：岑彭率兵到四川征讨公孙述，晚上宿营的时候，帅帐驻扎在武阳县彭亡村。“彭亡”，岑彭觉得触犯了他名字的忌讳，想移营，因为已经很晚了移营也来不及，当夜就被公孙述的刺客刺杀了。武阳的地望在哪里？《资治通鉴·汉纪三十四》在岑彭部“晨夜倍道兼行二千余里，径拔武阳”条下注：“贤曰：武阳县，属犍为郡，故城在今隆州隆山县东北；又曰：故城在今眉州。刘煦曰：唐陵州仁寿县，汉武阳县地；或曰：今眉州眉山彭山县，本汉武阳县地。杜佑曰：汉武阳县故城，在嘉州绥山县东。”李贤做学问十分严谨，并不妄下断义，而是将几种说法全部列出来供后人参考。另《中国历史大辞典》“武阳”条：“秦以武阳邑置。治今四川彭山县东。”据此可知，东汉初年武阳县无论是“在今隆州隆山县东北”，还是“在今眉州”“陵州仁寿县”“嘉州绥山县东”“彭山县东”，都在成都南，与小关风马牛不相及。

小关既不是岑彭的出生地，也不是其殉难地，那么这里为什么有岑彭墓、岑彭沟呢？这应是古人英雄崇拜情结所致。前文说过，岑彭是“云台二十八将”之一，古人都很迷信，认为大人物都是天上的星宿下凡，二十八将就是二十八星宿——东方苍龙七宿：角、亢、氐、房、心、尾、箕；西方白虎七宿：奎、娄、胃、昴、毕、觜、参；南方朱雀七宿：井、鬼、柳、星、张、翼、轸；北方玄武七宿：斗、牛、女、虚、危、室、壁。如《后汉书》卷二十二论曰："中兴二十八将，前世以为上应二十八宿，未之详也。然咸能感会风云，奋其智勇，称为佐命，亦各志能之士也。"后世的术士更是将"云台二十八将"与二十八宿一一对应，说邓禹为东方苍龙七宿之首角星，岑彭为东方苍龙七宿之第六尾星，马武为西方白虎七宿之首奎星等。岑彭是尾星，尾星为吉星："尾星造作主天恩，富贵荣华福禄增。招财进宝兴家宅，和合婚姻贵子孙。埋葬若能依此日，男清女正子孙兴。开门放水招田宅，代代公侯远播名。"

小关人对二十八宿之说更是深信不疑。小关方言"宿"既不读"xiù"、也不读"sù"，而是读作"xū"，如"住宿"读作"住宿（xū）"，"星宿"也读作"星宿（xū）"。"宿，xū"又与"女婿"的"婿"谐音，这样"二十八宿"就成了"二十八婿"。在小关如果说"云台二十八将"恐怕没有几个人知道，但是要说"二十八婿剐王莽"，不少上年纪者都能给你讲上一段。岑彭既是名将，又是天上的尾星下凡，尾星是吉星，因此岑彭受到崇拜可能与此有关。那么岑彭是何许人也？《后汉书》之《光武帝纪》《岑彭列传》《吴汉列传》《臧宫列传》等，《资治通鉴》之汉纪三十二至四十四、《通鉴纪事本末》卷四《光武平陇蜀》等，均有关于岑彭事迹的记载。现在以《后汉书·岑彭列传》为主，参考《光武帝纪》《资治通鉴》《通鉴纪事本末》等有关资料，综合简要介绍岑彭一生如下。

岑彭，字君然，南阳棘阳（今河南新野）人，生年不详，卒于建武十一年。新莽时，岑彭曾代理棘阳县县长。绿林军拥刘玄称帝，即更始帝，打着汉军旗号与王莽军作战时，岑彭战败被俘，更始帝封他为归德侯，归刘秀的哥哥刘伯升指挥。刘伯升遇害后，隶属更始帝大司马朱鲔，后于怀庆（今河南沁阳）投刘秀，封为刺奸大将军。建武元年（25年）六月，刘秀于今河北高邑县即皇帝位。封岑彭为廷尉。当年七月，刘秀在怀庆命大司马吴汉率朱祐及廷尉岑彭、执金吾贾復、扬化将军坚镡等十一将军围朱鲔于洛阳。汉军围攻洛阳数月难以破城，刘秀让岑彭劝降，"鲔在城上，彭在城下，相劳苦欢语如平生"（《后汉书·岑彭列传》）。在岑彭的劝说下，朱鲔献城投降。十月，刘秀定都洛阳。当月，"上遣岑彭击荆州群贼，下犨、叶等十余城"（《资治通鉴·汉纪三十二》）。唐李贤注："犨，县名，属南阳郡，故城在今汝州鲁山县东南。叶，今许州叶县也。《续汉书》曰：'彭南击荆州，至成安、昆阳、犨、叶、舞阳、堵阳、平氏、棘阳、胡阳。"（《后汉书·岑彭列传》李贤注）成安、昆阳等地均在今豫中、豫西南一带。

建武二年（26年）十一月，以廷尉岑彭为征南大将军，与建义大将军朱祐等讨邓奉于堵乡（今河南方城县）。邓奉等被击败后，更封岑彭为舞阴侯。

建武十一年，岑彭与大司马吴汉、辅威将军臧宫等，调集南阳、武陵、南郡的兵士和桂阳、零陵、长沙的水手，共六万余人，战马五千匹，会集荆门，准备西进讨伐公孙述。吴汉认为水兵太多，浪费粮草，意欲让他们重回原郡。岑彭则认为蜀军势大，水手不可解散，并上书光武帝，说明情况。光武帝批复说："大司马习用步骑，不晓水战，荆门之事，一由征南公为重。"（《资治通鉴·汉纪三十四》）岑彭下令水军乘船猛攻，大军随后顺风并进，汉军所向披靡，蜀兵大败。汉军斩杀任满，生擒程泛，田戎则逃回江州。岑彭亲自率部长驱入江关，"令军中无得虏掠。所过，百姓皆奉牛酒迎劳。彭复让不受，百姓大喜，争开门降"（《资治通鉴·汉纪三十四》）。刘秀遂任命岑彭守益州牧。

岑彭进军江州，见田戎粮草众多，短期内难以攻克，便留冯骏驻防，自己则率兵攻破平曲，收米数十万石。公孙述派遣延岑、吕鲔、王元等坚守广汉、资中，派侯丹守黄石。岑彭一面布置疑兵，一面命杨翕、臧宫抵拒延岑等部，自己则分兵由水路回江州，溯都江而上，袭破侯丹。随后，岑彭"晨夜倍道兼行二千余里，径拔武阳"（《资治通鉴·汉纪三十四》），并派精锐骑兵驰攻广都，一直攻到离成都几十里的地方。汉军所到之处，势如破竹，公孙述部四处溃散。开始，公孙述听说汉军在平曲，便派大军前往迎击。等到岑彭到达武阳，绕到延岑部的后方，公孙述大为震惊，以杖顿地道："是何神也！"

岑彭行至江州武阳。"彭所营地名彭亡，闻而恶之，欲徙，会日暮，蜀刺客诈为亡奴降，夜刺杀彭。"（《后汉书·岑彭列传》）最后说："彭首破荆门，长驱武阳，持军整肃，秋毫无犯。邛穀王任贵闻彭威信，数千里遣使迎降。会彭已薨，帝尽以任贵所献赐彭妻子，谥曰壮侯。蜀人怜之，为立庙武阳。"（《后汉书·岑彭列传》）《后汉书·冯岑贾列传》论曰："中兴将帅立功名者众矣，唯岑彭、冯异建方面之号，自函谷以西、方城以南，两将之功，实为大焉。"

根据上述岑彭传记史料，我们不妨推测一下小关后纸坊的岑彭墓、岑彭沟。

由上文可知，建武元年、建武二年，汉军有两次行动都有可能经过小关。第一次是建武元年七月，刘秀命大司马吴汉率廷尉岑彭等十一将攻打洛阳。吴汉、岑彭所部是从豫北怀庆出发的，虽然文献没有载明汉军是从哪里渡过黄河的，但可以推断的是不会从洛阳附近渡河。因为洛阳守将朱鲔既兵强马壮又懂兵法，如果派兵把守黄河，汉军将无法飞渡。汉军如果在郑州北渡河，西进洛阳有两条路，一是过虎牢关走邙山岭，一是经荥阳、巩县、偃师进迫洛阳。虎牢关要塞不易通过，很可能岑彭率领的部队走的是后一条路。大军行经小关夜里宿营，岑彭要找一个既有宽阔地面又利于防守的地方，岑彭沟的地形前文已经说过，是一个既能驻扎较多人马又便于防守之地。如果岑彭部在此宿营，司令部扎在这里是有可能的。第二次是同年十月，岑彭参与的围攻洛阳之战是在十月结束的，当月刘秀定都洛阳，就命令岑彭平定荆州一带的割据势力，岑彭率部到叶县一带作战，可以肯定的是此次岑彭是由洛阳出发到叶县去的。从洛阳到叶县如果往南走，是连绵不断的大山，将给行军增添无数风险和困难，最佳的选择是经巩县过密县（今河南新密）南下豫中。如果说由武陟进军洛阳途经小关在两可之间，那么由洛阳南下荆门，绝不会走邙山岭，走小关的可能性是很大的。岑彭的辕门树在岑彭沟就是可能的了。

按照上面的推理，再推测一下岑彭墓、岑彭沟。前文说过，古人既有英雄崇拜情结，又信天命，早在1500多年前的南朝宋范晔撰写《后汉书》时，就有“中兴二十八将，前世以为上应二十八宿之说”。“前世”指南北朝之前，当时社会上就流传有云台二十八将是二十八星宿的说法。从岑彭“持军整肃，秋毫无犯”“彭复让不受”的记载可以看出，其军纪是严明的，行经小关时也会这样，因此在当地留有口碑。岑彭殉难后，小关人为了纪念他将其辕门之地称作“岑彭沟”，应在情理之中。有了岑彭沟就衍生出了王莽撵刘秀、火烧娘娘庙等故事，为了祭拜又象征性地修了岑彭墓。

岑彭沟地名的存在应该有近两千年历史，这说明在汉代小关已有人定居并形成村落，否则“岑彭沟”之名不可能流传下来。

不少历史名人都有多处墓葬，有的是初葬地，有的是迁葬地，有的是衣冠冢，有的则是纪念地，这让后人难以弄清。如诗圣杜甫的长眠地就有巩义、偃师、平江等说。至于岑彭墓就更多了，在四川双流、成都华阳，河南邓州、新野、武钢、尉氏、孟州、汝州，湖北枣阳等地，均有“岑彭墓”。

根据上述辨析，笔者认为“岑彭沟”是因为东汉初年名将岑彭曾经在这里宿营而得名，岑彭墓是小关人为纪念岑彭而修的标志性墓地。

小关关帝庙

○ 郅春光

关帝庙是为供奉三国时期蜀国大将关羽而兴建的庙宇。相传，关羽青少年时便开始攻读《左氏春秋》等儒家经典，后与刘备、张飞结为兄弟，辅佐刘备建立了蜀汉政权。由于关羽忠勇刚毅，讲义气，后世历代王朝不断对关羽美化，明代封其为“单刀伏魔神威远镇天尊关圣帝君”，清代封其为“忠义神武灵佑仁勇威显关圣大帝”，民间便称其为“关圣帝君”或“关圣大帝”，到处建关帝庙予以祭祀。

小关人敬称关羽为“老关爷”，所以小关的关帝庙便被称为关爷庙。据说明代小关已建有关爷庙，后经多次重修。20世纪70年代被拆毁的小关关爷庙，系清朝中期重修。清朝对祭祀关圣大帝非常重视，清康熙年间颁布的《大清会典》对各地关帝庙的建筑规模、祭祀规模、祭祀要求等方面都做了明确规定。小关关爷庙基本按照《大清会典》的定制进行修建，同时也结合了小关老街的地貌。在老街中心最开阔的位置，依坡就势，坐北向南，建有看台、大殿、寝殿。主次分明，布局合理，殿阁嵯峨，气势雄伟，高低参差，前后有序。

为了给神演戏，正对着关爷庙大殿建有戏楼。戏楼和关爷庙之间是一块广场。可别小看这个广场，在寸土寸金的小关老街中心能有这块广场可是不小了。戏楼基座高约2米，砖混拱券结构，基座上建戏楼。戏楼面阔三间，长15米，进深8米，平时门脸儿用板打门关闭，演出时去掉板打门即是戏台。戏台正上方悬横匾，上书“全部春秋”四个大字，与上下场的“出将”“入相”相对应。戏台前广场，呈30°坡向北延伸20余米。正是因为这个由南向北逐渐升高的坡度，观众看戏更为方便了。老街街道在戏楼前广场和关爷庙前横贯东西，街道宽10米。街道、戏楼前广场演出时是男观众的场地，庙会祭祀时是各村社火表演和群众祭祀的地方。戏楼东边一条南北路，向北与小关街垂直成丁字路，向南经前闲张家牌坊过小关河通南沟、西沟。过去看戏男女观众要分开，不能混杂，戏台前广场东边，越过南北路依地势建有女看台，是女观众看戏的地方。看台南北长约20米，东西宽约5米，离路面约1.5米，青砖砌墙，砖墙高出看台地面约半米，提醒看台的观众注意安全。高出部分被砌成透花格，小关人称看台为“花台”。

紧临街道的便是关爷庙山门前的看台。看台分布在庙门两边，中间是青石台阶，拾级而上经过看台进入大殿。大殿大门上方悬“关帝庙”大字横匾。看台高出街道1米，由青石条砌成。看台宽2米，连同关爷庙山门，东西通长18米，有青石栏板护围。每块石栏板地面部分高0.8米、厚约0.1米、长1米，石栏板之间有边长各20厘米的方石柱，石柱除埋入地下者外，地上部分高1米，两侧上下各有一道约6厘米宽、5厘米深的石槽。每块石栏板两头有与石槽相同的榫头，可以插入石柱，形成卯榫结构。为了加强石栏板的稳固性和安全性，石柱与石栏板等高处有直径约3厘米的孔洞，用一条死扣铁链将石栏板和石柱连在一起。石栏板和石柱均有精细石雕，台阶两边石柱上雕刻石狮，其余石柱上雕刻寿桃。石栏板正反两面有浮雕花卉图案和人物图像。两个看台既高于街道，更高于戏台下的广场，与戏楼舞台持平，广场和街道不管有多少观众都无碍于看台的视线，这既是为了让关老爷看戏，同时也便于地方官员和乡绅在此观看。祭祀时由关爷社社首在此指挥。

小关关爷庙大殿坐北朝南，东西长18米，进深6米。单檐悬山顶。正面山门两边全部是落地雕花木窗，大殿后边中间一门通后院。殿内正中木雕神龛玲珑精细，内塑关羽坐像，右手捋髯、左手握着一卷书，双目瞧向书卷。塑像既勇猛刚毅，又端庄肃穆，是一件非常精美的工艺品。大殿雕梁画栋，仪仗倚列，木柱红漆图绘金龙，自下盘绕至顶，怒目圆睁，两首相交，以示关羽的英雄气概。关羽塑像左右分别是关平和周仓塑像，关平捧大印，周仓执青龙偃月刀，威武雄壮，气度不凡。殿东西两侧放兵器架，列刀枪剑戟斧钺钩叉等十八般兵器。东西两边和北面左右两侧，彩绘着关羽戎马一生的主要经历，起于桃园三结义，止于水淹七军。来到此殿，人们对关羽深明大义、忠贞不贰的事迹再次进行认识，产生肃然起敬的效果。此殿为关爷庙祭祀重要场所，平时是商会、关爷社议事的地方。

小关老街地域狭窄，寸土寸金，所以关爷庙山门前的看台宽仅2米，后院的地方也不大。穿过大殿，跨过1米多宽的过道——这一条过道主要是便于关爷庙大殿殿顶和后面寝殿殿顶的雨水及时排出而不至于浸泡两殿的殿基，跨过这个过道就是寝殿。寝殿具有小关特色，属于内拱外殿，内部砖混拱券，外形似硬山顶宫殿。寝殿只有南北两个门，没有窗子，南边的门正对着大殿的北门，北边的门则可以进入后院。由于寝殿与大殿的距离仅1米多，寝殿南门基本没有光线，仅靠北门采光，因此寝殿内非常黑暗。当年的建造者为什么要建成这样？这也可能是有意营造一种神秘气氛吧。

小关祭祀关羽的时间为每年的农历九月十三日，即关羽忌日。祭典分鸣炮、击鼓、奏乐、迎神、行礼、诵祝文、上香、敬酒、送神等仪程。

祭祀时祭品由关爷社统一置办，乐队、表演队均经专门训练。庙会祭祀时大殿内摆放祭品，殿外设祭坛，祭典活动由当地士绅和关爷社社首主持。

每年农历九月十三的关爷庙庙会，规模宏大，热闹非凡。组织者把祭祀关羽、商贸活动、物资交流、文化娱乐融为一体。关爷庙祭拜仪式，上午辰时开始，午时结束。祭拜活动庄严隆重，有序认真。祈福者烧香许愿，虔诚礼拜，络绎不绝。庙外娱乐活动、各种杂耍，高潮迭起，欢声雷动。关爷庙戏楼的演出分白天场和夜场。白天戏在祭祀活动结束后开演。人们更重视的是夜场戏，忙活一天的人们聚集在戏楼前，男观众站或坐在正广场，女观众坐在东看台，当地士绅、商贾坐在关爷庙前的两个看台上，眼前放着茶水和干鲜果。这种男女分开、贫富有别的现象是当时封建社会的真实写照。戏台上的演出，精彩细腻，观众的叫好声不断。夜场戏结束叫“散罢夜戏”，散罢夜戏时已接近凌晨。聘请戏班献演叫“写戏”。民国后期小关已有戏班，关爷庙庙会有时到外地写戏，有时在本村写戏。写戏费用由商会统一筹集。

农历九月十三的关爷庙庙会，是小关每年的最后一个庙会，冬季将要到来，同样是商贸活动、物资交流的好时候。庙会时商家们提前备足了商品，各种商贩天亮前赶到小关街上。京广杂货、日用百货、儿童玩具、各种小吃等，琳琅满目。耍武艺卖解、掐八字算卦，应有尽有。赶会的小商小贩，逛会购物的农民、小孩，不但有本地人，而且巩县东部的米河、琉璃庙沟、玉皇庙，附近的荥阳、汜水、登封、密县，也有人起早摸黑前来赶会，有时达数万人。会场不仅是在小关老街，常常扩展至东河河滩。赶会的人摩肩接踵，拥挤不动，在祈祷关老爷赐福的同时，各取所需，购置农具和生活用品，为越冬做准备。除农历九月十三的关爷庙庙会外，每年小关还有农历正月十六、三月初八、三月二十五、小满会、七月二十四等其他庙会和腊月的年会。在这些日子里，人们在进行其他活动的同时，还会根据自己的需求到关爷庙里祭拜。关爷庙香火十分旺盛，经久不衰。这种盛况一直持续到20世纪40年代末。

关羽神化浪潮不断高涨，被尊为武财神的关羽不但被世人所崇敬，而且逐渐成为商人竭力崇拜的神灵。各地关爷庙基本上由官方倡导，商人筹资修建。关爷庙同当地商会、地方政府的关系非常密切。关爷庙既是祭祀关羽的地方，也是商会议事的地方，同时还是当地政府许多重大活动的场所。这种现象一直延续到1949年前后。1944年夏，日寇发动河南战役，豫西沦陷，日寇占领巩县。当年9月，皮定均率八路军豫西抗日先遣支队南渡黄河，在豫西建立抗日根据地。当年冬季，天气寒冷，皮定均通过商会在小关关爷庙召开乡绅商贾动员会，为部队募集越冬物资。在关爷庙前召开群众大会，宣传抗日政策，动员青年人参加八路军。1946年9月皮部南下，八路军战士曹永禄因叛徒出卖，被国民党还乡团逮捕，在关爷庙前施以酷刑，最后在小关街东龙王庙前的河滩英勇就义。1948年巩县解放，小关第一场土改工作动员大会在关爷庙前召开。

中华人民共和国成立后，庙宇成了国有资产。关爷庙大殿被小关公安派出所占用。20世纪60年代后戏楼被小关供销社用作农用物资仓库。1968年前后，关爷庙看台、大殿被拆除，临街建成青砖红瓦房，最初用作阶级教育展览馆，后来是毛泽东思想文化宣传站，1974年前后移交小关供销社做商店。关爷庙寝殿和后边的张家祠堂改造后被小关大队党支部、大队部占用。

小关东西一条道路，由小关街向西经茶庵到巩县，向东经两河口到荥阳。1964年前后在小关街南约200米新修了一条公路，向西可达洛阳，向东直达郑州。后经多次改造升级，1980年后成为310国道的一部分。1995年310国道改道，小关老街的商铺被全部拆除，关爷庙亦不存在任何痕迹，每年农历九月十三的关爷庙庙会成了一种纯经贸活动。

南沟观音堂

○ 郅公林/文　郅立新/图

顺小关南沟村往龙门、石板去的路往南走，上一道大坡，走到村南口，路东有一座坐南朝北的庙宇——观音堂。据碑文记载，观音堂初建于明万历十八年（1590年），至今已有420多年了。该庙宇整体格局没有变动，这是小关村目前保存最完整的一处古建筑。

观音堂建有山门、围墙，属于二进庙宇。

观音堂南北长约25米，东西宽约16米，占地面积约400平方米。进入山门是个南北进深12米、东西宽16米，近200平方米的院子，这里过去是村民集体祭祀的场所。

依照古碑文字记载，进入山门迎面是拜殿（现在人们与时俱进，让观音菩萨挪位，这里成了道教大神老关爷和佛教护法天神韦驮的拜殿。两位大神共处一堂，虽互相对视但并不排斥，这也是佛、道两教和平共处吧。观音堂原来供奉的观音菩萨及后

南沟观音堂正殿

南沟观音堂侧影

殿的白衣大士、后土、玉仙圣母、蚕姑、花娘娘全是女神，现在让威武雄壮的关老夫子和韦驮站在前殿，可能是让他们做侍卫来守护女神吧）。

观音堂拜殿面阔三间，长9.4米，高4.5米，进深3.2米。穿过拜殿是一道1.6米宽的过廊，隔着这一条过廊，在后面连体建有四座神殿。现在的神殿依次是：玉仙殿，宽5米，高4.5米，进深3.2米，供奉花娘娘、后土、蚕姑；白衣殿，宽3米，高4米，进深3.2米，供奉白衣大士；观音堂，宽3.4米，高4.5米，进深3.2米，供奉观音菩萨；玉仙堂，宽2.6米，高4米，进深3.2米，供奉玉仙圣母。

观音堂拜殿的建筑颇具小关特色，同小关老街关爷庙寝殿、西沟牛王庙拜殿一样，都是内拱外殿，即殿内看是拱券式窑洞，站在殿外看是覆盖琉璃瓦、飞檐走兽的宫殿。青砖拱券的长处是坚固耐用。据碑文记载，观音堂拜殿重修于乾隆三十八年，即1773年，距今已有240多年。

观音堂里供奉有玉仙圣母，“玉仙”是哪路神仙？民间道教有九圣母之称，其中有王母娘娘、九天圣母、骊山老母等，玉仙圣母亦是其一。玉仙圣母又是谁呢？民间传说可谓五花八门。有的地方说是太古初期的神女，神号为“太素元君”，农历三月十一日为其诞辰。有的说是王母娘娘，老百姓喜欢叫她“送子娘娘”。有的说是协助黄帝的正妃嫘祖养蚕取丝的女子，因为对人类制作衣裳有贡献而被称为玉仙圣母。而在巩义、荥阳、新密一带则说玉仙圣母是老君奶奶，老庙山的玉仙圣母庙就是祖庙。小关地区关于玉仙圣母是老君奶奶的说法很普遍。南沟观音堂供奉的玉仙圣母是谁没有人能说清楚，其实这在过去并不重要，重要的是能给人们带来慰藉。

现在的观音堂里供奉有观音菩萨、白衣大士、玉仙圣母、花娘娘、后土、蚕姑。观音菩萨是佛教著名菩萨，全称是“救苦救难观世音菩萨”，唐代避唐太宗李世民讳改称观音，也叫观自在、观音大士。白衣大士有说是观音菩萨的化身。这两尊菩萨人们都比较熟悉，故不再多说，这里只简单说一下后土、蚕姑。

先说后土。有个成语叫“皇天后土”。古人认为天地能主持公道，主宰万物，如明代梁辰鱼《浣纱记·伐越》：“皇天后土，鉴生平忠孝之心；名山大川，谅宿昔英豪之气。”于是人们尊称天和地为皇天后土，即常说的天神地祇。

道教有“四御”之说，称天界尊神中辅佐玉皇大帝的四位尊神，他们的全称是：北极紫微大帝、南极长生大帝、勾陈上宫天皇大帝、承天效法厚德光大后土皇地祇。在中国古代阴阳学中，认为天为阳地为阴，男为阳女为阴，这样，后土就成了一位主宰大地山川的女性神。由女性又称后土娘娘，与主宰天界的玉皇大帝相配套，就是所谓“天公地母”。

中国古代对后土的祭祀规格非常高。据《清史稿》“礼一”记载，朝廷“大祀”十三项，其中有“夏至方泽祭皇地祇”，祭品笾、豆各十。“笾”，形状像高脚盘的竹器，因为是用竹子编成的，所以笾所盛的祭品是不带汤水的干果、干肉之类。十笾是：形盐、藁鱼、枣、栗、榛、菱、芡、鹿脯、白饼、黑饼。“豆”和“笾”的形状相似，不同的是“豆”是用整块木料旋制而成的，所盛的祭品可以有汤水。十豆是：韭菹、醓醢、青菹、鹿醢、芹菹、兔醢、笋菹、鱼醢、脾析、豚拍。牲用太牢，即牛、羊、猪各一。这里说的祭器、祭品属于皇家礼仪，之所以作了比较详细的介绍，并不是说在明清和民国时期小关村的祭祀如此复杂，甚至南沟观音堂后土、蚕姑的祭祀有没有笾、豆，现在也没有人知道，而是说后土属于官府认可的正祀。另外，据说旧时小关关爷庙、老君庙的祭祀都有笾、豆，故而在这里一并说明。不过上文说的十笾、十豆是皇家祭典之礼，地方上的祭祀不会有那么多，要减少时同古代宫殿殿顶装饰的一仙十兽一样，从后边减起，先减斗牛、行什等，如果留下四兽那就是龙、凤、狮子、天马。也就是说后土祭祀如果用四笾、四豆，祭品就是形盐、藁鱼、枣、栗和韭菹、醓醢、青菹、鹿醢。太牢也不是整猪、整羊，而是用猪头、羊头代替。

南沟观音堂背景

中国古代是农耕社会，农业收成的好坏直接关系到一家人的生活。小关是丘陵地区，出门就爬坡，土地基本上是梯田，井水、河水都不能浇灌。小关人常说的一句话就是“种在地，收在天”，只能靠天收，因此人们对龙王爷、土地神非常敬重。后土掌阴阳，滋万物，是农业获得丰收的保护神。“王者以民为天，民以食为天”，因此后土受到人们的供奉就在情理之中了。

人丁兴旺是古人发自内心的追求，求子几乎是所有庙会不变的主题之一。古人的想象力十分丰富，许多神灵都被赋予了送子功能，女性神更是被称为“母”“老母”“奶奶”，原来观音堂里敬的玉仙圣母、观音老母等，都是女性神。在20世纪50年代前香火还是旺盛的，不只是庙会，就是平时到这里祈子的善男信女也是络绎不绝。50年代以后，随着破除封建迷信教育的普及和人们科学观念的树立，“送子奶奶”逐渐淡出了人们的视野，加之这里相对“偏僻”，观音堂遂成了被人们遗忘的角落。

关于蚕姑。“子规啼彻四更时，起视蚕稠怕叶稀。不信楼头杨柳月，玉人歌舞未曾归。”（宋谢枋德《蚕妇吟》）“绿遍山原白满川，子规声里雨如烟。乡村四月闲人少，才了蚕桑又种田。”（宋范成大《村居即事》）我们在上小学读语文时就已经背会的这些古诗，反映的都是古代农民栽桑养蚕辛勤劳作的场景。

在中国古代社会，男耕女织是基本的生产方式，栽桑养蚕是重要的农事活动。衣物主要是丝、麻制品，中原地区棉花种植大约在南宋以后，宋以前丝织品是国家税收的主要物品。而中国在3000多年前就开始养蚕、缫丝、织绸。《尚书·禹贡》：“桑土既蚕。”孔颖达疏：“宜桑之土，既得桑养蚕矣。”

在中国与世界各国的物资交流中，丝绸一直是最重要的、最具中国特色的商品之一。西汉张骞出使西域后，我国制造的丝绸运输到中亚、波斯（今伊朗）、地中海沿岸罗马等地，受到西方人的喜爱，人们便把我国称为“丝国”，把这条商路称为“丝绸之路”。

古代官府出于对栽桑养蚕的重视，把蚕神作为重要祭祀神灵之一。《周礼·天官·内宰》：“中春，诏后帅外内命妇始蚕于北郊，以为祭。”这是周天子要他老婆率领宫廷里的妃、嫔和官员的夫人一起到郊外采桑并祭祀蚕神。《汉书·景帝纪》后元二年（公元前142年）夏四月诏曰：“朕亲耕，后亲蚕，以帅宗庙粢盛祭服，为天下先；欲天下务农桑，素有蓄积，以备灾害。”这一诏书说得十分明白：皇帝亲自耕田、皇后亲自采桑喂蚕，为的是给天下百姓作表率，以使全国农民“务农桑”“有蓄积”。上引典籍说明帝王对农桑是非常重视的。重视就要对有关神灵虔诚祭祀，除了祭祀后土，还要祭祀蚕神。即使到了清代，相当数量的庙宇被列入“淫祀”而遭毁弃，但对蚕神的祭祀仍属正祀之列。据《清史稿》记载，朝廷“中祀”十二项，其中就有季春祭祀“先蚕”。先蚕由皇后亲自祭祀，妃、嫔随从，“六肃、三跪、三拜”，“凡拜跪，妃、嫔坛下皆行礼”（《清史稿》卷八十三“礼二”）。祭祀后还有采桑礼，不但皇后采桑，妃、嫔、公主、命妇也要参加。皇后右手持钩，左手提筐，要采三次桑叶，即要往筐里放三次；妃、嫔、公主采五次，命妇采九次。这些记载充分说明栽桑养蚕在人们生活中的重要地位。皇家如此重视，无怪乎人们要祭祀蚕姑了。现在的南沟观音堂玉仙殿里供奉有花娘娘、蚕姑。

蚕神是谁呢？由于我国地域辽阔，栽桑养蚕是普遍的农事活动，都想有好的收成，各地都要祭祀蚕神，地域不同祭祀的蚕神也不同，有蚕女、青衣神、马头娘、马鸣王［小关后纸坊有一座修建于清乾隆四十七年（1782年）的小庙，敬的是“马鸣王众神”，人们看到“马”字将其当作了马王庙（牛王庙）］、蚕花娘娘、蚕丝仙姑、蚕皇老太等多种称呼。官方认可的蚕神是黄帝的元妃嫘祖。《通鉴外纪》记载：“西陵氏之女嫘祖为帝之妃，始教民育蚕，治丝茧以供衣服。”据《隋书·礼仪志》记载，北周时将嫘祖尊为“先蚕”。《路史》云：“帝命西陵氏劝蚕稼。”“帝之南游，西陵氏殒，于道式祀于行。以其蚕故，又祀先蚕。”《清史稿》载有雍正时河东总督王士俊祭祀先蚕的奏疏，文曰：“《淮南子》引《蚕经》，黄帝元妃西陵氏始蚕，其制衣裳自此始。”以上典籍都是说嫘祖为“先蚕”。《汉语大词典》“嫘祖”条：“传说中的黄帝元妃，西陵氏女。传为我国最早养蚕的人。自南朝宋元嘉以来，历代封建王朝设先农坛祀嫘祖为先蚕（蚕神）。”

不管蚕神是谁，受到人们的信奉则是普遍的习俗。南沟观音堂敬奉蚕姑、后纸坊有马鸣王庙，是否说明明清时期小关地区有大片桑园，栽桑养蚕是小关人的重要农事活动？对蚕神的祭祀反映了小关人对蚕神的尊崇，是对蚕丝丰收的祈祷和丰收后的庆贺。

巩县小关乡志编写组撰写的《小关志》（1986年，16开，排印本），对小关的古建筑（包括遗址）、碑碣等有所记载与介绍，对于后人了解小关古文化有一定助益。有关小关村的古建筑，第三章第一节载：小关镇南有土寨凤山寨，寨上原建有奎星阁等庙宇，遗址现存三间。第四章第一节载：小关黄鹭坡，原名黄鹭寺，在该处发现有残留的砖瓦或小塔；小关村有牛王庙、马龙王庙四座，分别位于五通河、南沟口、西沟、后纸坊；小关村有老君庙。文中说到的奎星阁、黄鹭寺、老君庙等，今均已不存，而现存最完整、初建于明代的南沟观音堂却没有提及。观音堂位于南沟南部村口，与小关村其他庙宇相比地处比较偏僻，这大概就是“养在深闺人未识”吧。现在60岁以下的小关村村民，恐怕大部分不知道南沟有个观音堂。由此，我不由想起《庄子》中的两个寓言。

《庄子·山木》载：庄子行走于山中，见到一棵大树，长得枝叶盛茂，伐木者从树旁过去却没有砍伐它。庄子问为什么不砍伐，伐木者回答说：“这棵树没有用处。”庄子听了，感慨道："这棵树就是因为不成材，才能长这么大呀。"《庄子·人间世》还讲了这样一个寓言：南伯子綦来到商丘，看到一棵大树，只见上千辆四匹马驾着的车，都在树荫下休息。子綦心想，这棵树一定很特异，我得仔细看看。他抬头仔细观看大树的树枝，都是弯弯扭扭不可以做栋梁；再看树干，从树心到树皮都绽裂着口子，连做棺椁都用不上；用舌头舔一下叶子，则口烂受伤；闻一下气味，就像喝多了酒一样一醉三天。子綦说："这真是一棵没有用处的树，才能长在路边没有人砍伐它，得以长得这么高大。"商丘有个叫有荆氏的地方，很适合楸树、柏树、桑树的生长。可是，树干长到一把粗，有人就会砍去做拴猴子的木桩；长到三四把粗，富贵之家就会把它砍去做盖房的大梁；剩下的长到七八把粗，达官贵人富商大贾就会砍去做独幅棺木。庄子说："好的树木还没有长大就被砍掉了，这是自身招惹的祸患啊。"

观音堂是不幸的，虽然古建筑保存完整，但是大部分人不知道它；观音堂是幸运的，自明万历十八年初建，到现在已经420多年了，仍然完好地屹立着，这在小关村是当之无愧的最古老的建筑，它应该为此而感到骄傲吧！

南沟观音堂，小关村硕果仅存的明代建筑，我们应该怎样保护它呢……

小关老君庙与龙王庙

○ 郅公林

清代和民国时期，在小关老街东头，有一座比较大的庙院——就是后来的小关小学那个院子，里边有两座神殿——老君庙、龙王庙。另外，老街最东头有一个小关镇券门，进券门路北还有一座一间房子的小型龙王庙。除此之外，好多村的水井旁边都有一个神龛，专门供奉龙王爷。

小关老君庙庙院下边是一条东西大道，20世纪50年代以前，凡是由东往西去的行旅、客商，这是必经之路。路面由青石铺成，下面是一道石砌大堰。庙院坐北朝南，建在离青石大道一丈多高的台地上。山门东西两边各有四尺多宽十多级的青砖台阶。上了台阶是四尺多宽、一丈多长的平台。庙院有门楼。

老君庙建在院子的东北角，龙王庙就是山门东边带木板阁棚五脊六兽的三间瓦房，庙内有三个神龛。西南角有木梯，可以登上阁棚。民国时期，煤窑主等在这里祭祀老君爷；遇到大旱，村民都在这里摆供祈雨，祭祀龙王爷。

小关老君庙、龙王庙虽然没有老街正中间的关爷庙巍峨壮观，但是其占地面积要比关爷庙大得多，小关村的所有庙宇——凤山寨上的天爷庙、火神庙、魁星楼，南沟观音堂、玉仙殿、白衣殿，西沟的牛王庙、马王庙，软枣树的七星庙，后纸坊的马鸣王庙，都没有它的占地面积大。要说起老君庙的建筑样式，除比关爷庙有所逊色外，上述其他庙宇都无法和它相比。老君庙大殿是庑殿顶，琉璃瓦，飞檐斗拱，雕梁画栋，殿顶四角一仙四兽等，十分壮观。民国后期，小关老君庙的住持叫马振一，老家是哪里的，不清楚。

小关村为什么要修建老君庙、龙王庙呢？这还得说道说道。

道教是我国土生土长的传统宗教，它的最高神是玉清元始天尊、上清灵宝天尊和太清道德天尊。太清道德天尊就是人们最为熟悉的太上老君。（下图正面是小关大队1965年为小关小学修建的九孔大型石券窑，老君庙位于窑洞右边。窑洞左边显示“学校”二字，是1946年小关人为小关小学修建的第一座教学楼，上下两层）

春秋末年有个思想家老聃，又叫李耳，是河南鹿邑县人，传说他生来就是白头发，所以人称“老子”。老子写了一本书叫《道德经》，也叫《老子》，是道家的经典。东汉末张陵创立五斗米道，抬出老子做教主，尊称为“太上老君”，太上就是最高、最上。李渊建立唐朝后，为了抬高自己的门第，便攀上了老子，尊其为始祖，唐高宗尊称其为“太上玄元皇帝”。这样，太上老君在道教中的地位就是很高的了。

古代工商业者为了祈求生意兴隆，财源茂盛，各行各业都敬有祖师爷，凡是祖师爷的生日等，都要虔诚地摆供，甚至唱大戏。人们对太上老君最为熟悉的故事，莫过于《西游记》中孙悟空闯入太上老君的兜率宫，偷吃了太上老君的“九转金丹”。后来孙悟空被太上老君装进八卦炉里蒸了七七四十九天。不料孙悟空不但没有被蒸化，反而炼成了火眼金睛，还蹬翻了八卦炉。因为八卦炉是金属造成的，烧炉子要用煤，古人非常富有想象力，从这个故事中联想到与铁器有关的行业、与烧炉子有关的行业，于是，太上老君就成了冶铸业、煤窑业、铁匠、补锅匠、磨刀匠、金银匠

窑洞的东边是老君庙

等的祖师爷了。

小关地区煤炭储量丰富，在小关瓦窑坡后沟及赵寨等地，都开有煤窑，有的还形成了地名，例如从七星庙往西北上坡，就叫煤坡岭。这些煤窑主为了祈求少发生甚至不发生事故，多出煤，都要敬太上老君。小关镇的老街是明清一条街，曾是巩义东部最大的商品集散地，老街商铺林立，小手工业如铁匠、小炉匠、磨刀匠、金银匠等五行八作齐全，这些行业都供奉太上老君。另外，这些匠人除游乡外，逢集、逢会，都在小关街摆摊，所以老街是他们经常做生意的地方，把老君庙建在街东头便于煤窑主和五行八作匠人的祭祀活动。

现在说一下龙王庙。小关地区不临大江大河，这里为什么建龙王庙呢？这是古人生产、生活、心理诉求的需要。在中国古代民间传说中，龙王是统领水族的王，掌管兴云降雨，能保证风调雨顺、年年丰收。在农耕社会，农民主要依靠农作物的收获维持生活，繁衍后代，年景好还能勉强维持，遇到大旱或者阴雨连绵，农作物就会大量减产甚至绝收。尤其小关地区属于丘陵浅山区，十年九旱，小关的老一辈都会告诉年轻一代，要“年年防旱、夜夜防贼”。因为龙王爷是掌管行云降雨的，如果遇到久旱不雨，村民就会到龙王庙祭祀祈雨，这就需要建筑龙王庙。同时，龙属于四灵之一，可以给人们消灾降福，所以村民们常常以舞龙的方式来祈求平安和丰收。

龙王庙为什么也建在街东头，并且百米之内建了大小两座龙王庙呢？也需要啰嗦两句。首先是龙王庙建在街东头符合阴阳八卦方位。古代有一套风水理论，按照二十八宿方位，东苍龙、西白虎、南朱雀、北玄武，所以龙王庙应建在小关镇东部（下图右边的三间硬山顶瓦房就是龙王庙。20世纪50年代，四条脊还有仙人走兽）；按照八卦方位，东方为震，震为雷，龙有行云布雨的功能，下雨就伴有雷电，因此，龙王庙要建在老街东头。此外，根据小关村的地形地貌，龙王庙建在老街东头是老龙王控制雨、水的需要。龙要下雨，要有雨可下才行。如果洪水泛滥时治理水患是龙王爷的职责，他必须要到第一线。到了夏季山洪暴发，小关河经由五通河到南沟口，已经汇集了李子园、瓦窑、西沟、南沟由南岭奔泻而下的洪水，汹涌澎湃，奔腾咆哮，直冲老君庙、龙王庙下面的大堰，把龙王庙建在这里就是要他老人家看住洪水不要泛滥成灾。每年雨季过后，

图左的瓦房是龙王庙

大堰下面都会形成比较深的水潭，成为年轻人游泳的好地方。古人认为，凡是有水的地方，都有龙王驻守，因此这里也是龙王爷取水降雨的重要场所，龙王庙要建在街东头。

（受采访人：王得振、郅大英、白茂英、张鹤鸣、张林科）

西沟牛王庙、马王庙

○ 郅公林/文　郅立新/图

牛，在农耕时代是农村的主要生产力，主要用来犁地、耙地、碾场、拉磨。此外在秸秆还田中牛也起到很大作用——麦糠、麦秸、蜀黍（小关方言，指玉米）秆，冬天、春天是牛的主要饲草，牛吃不完的则用于垫圈沤粪，用这些农家肥种出来的庄稼都是绿色食品，“庄稼一枝花，全靠粪当家”“人哄地皮，地哄人皮”，牛可以称为制造有机肥的工厂。过去人们常说“牛是半个家业”，可见牛在农民心中的地位何等重要。一个庄户人家，能饲养一头牛是家中的梦想，牛驴一犋当然更好了。因此，家中有没有牛，牛的多少，是衡量一个家庭贫富的重要标准。贫农以上的家庭一般都饲养有牛，每年除夕，都要在牛圈的门头或者槽夹杆贴上“槽头兴旺”“牛马成群”的红纸条，祈求六畜兴旺，人寿年丰，五谷丰登。即使到了20世纪70年代，大家畜（牛、驴、骡、马）仍然是重要的集体财产，公社、大队都有一名副职专抓大家畜的发展和防疫。据《小关人民公社国民经济统计资料》（1977年6月印刷）显示，1965年小关大队有牛110头，全公社共有牛2245头。

牛是农村的主要生产力，人们自然会好好照料。饲养牛既要它干活，还要防止它生病，祈求神灵保佑牛的健康是农民的心理诉求，牛王庙也就应运而生了。嘉庆七年（1802年）小关西沟《创修马王庙暨金妆神像碑记》说得非常明白：“尝思畜类之硕大繁滋，虽人力之牧养，岂非神灵之默功哉。盖观于马而有以知之矣。”

西沟牛王庙创修于何时？《买官地碑记》有如下记载：“立文契人李法秀，因无钱使用，今将自己□□地连段……情愿出卖于牛王社管业。” 立碑时间是乾隆六十年四月初八日（1795年5月25日）。这是一通买地碑，买主是“牛王社”。“社”是明、清、民国时期各地普遍存在的经济团体，一般以庙宇为名，例如南沟观音堂碑文记有“观音社”，民国后期小关还有“关爷社”“老君社”“火神社”等。有的农民参加一个社，有的同时加入几个社。同社的成员交一定银钱，这些银钱集中起来一部分购买土地收租，一部分以低利息每年贷给一人，用以帮助其发展生产或者修房盖屋。地产收入和利息收入部分用于庙宇修缮，主要用于“备社”即对神灵的祭祀。一般在所供奉的神灵的“生日”备社，祭祀后社里的成员来一次丰盛的会餐。由此可知，这些“社”都是先有庙宇后有“社”，在乾隆六十年买地时应该已经建有牛王庙；即使建庙的当年“牛王社”购买了这块地，牛王庙至今也有220多年了。

牛王庙是内拱外殿，为砖石建筑，进入殿内看是窑洞，站在外边看是宫殿式屋顶，一条正脊四条坡脊，正脊有螭吻，四条坡脊均有一仙四兽，一直到20世纪60年代，因没有修缮，这些仙人、走兽才逐渐坠落。前檐下有三层砖雕，第一层是突出墙体20多厘米的砖雕牛头，间隔1米多，牛头之间是砖雕植物、动物图案，雕工精细；第二层、第三层是象征出檐头的木形方砖，突出墙体也有20多厘米，方砖间间隔五六十厘米，方砖之间是贴墙平砖，原来有浅雕、壁画，由于年代久远，历经风雨侵蚀，今已难觅芳容。20世纪70年代以前，小关村不少古建筑有砖雕、石雕、木雕，现在多已不存。西沟村牛王庙建筑——内拱外殿、砖雕图案等似乎为硕果仅存者，我们是否应该采取抢救措施予以保护呢？

牛王爷的来历，很少有人能说清楚，《古今图书集成·神异典》卷五十四引宋人高文虎《蓼花州闲录》云：“有来自中原者，云北方有牛王庙，画百牛于壁，而牛王居其中间。牛王为何人？乃冉伯牛也。呜呼！冉伯牛乃为牛王。”冉伯牛是孔子门生，名耕，字伯牛，大概因他的名字里既有耕又有牛，人们才将其称为牛王。将冉伯牛祀为牛王，这一风俗也流传到了南方，《月令广义》载：“牛有牛王之祀，而越俗有谬图冉伯牛之像以祀者。”西沟牛王庙祭祀的牛王是谁并不重要，老百姓也不管这些，反正只要他能保护六畜兴旺就是了。

西沟牛王庙

西沟牛王爷的祭祀日子一般在农历十月初，这时候秋收已经结束，小麦也已经播种，农活相对比较清闲，祭祀牛王爷也是为了报答他对农事的关照。

紧挨着牛王庙的一座小庙叫马王庙。马王庙有准确的创修年代。《创修马王庙暨金妆神像碑记》对建庙的起因和时间有清晰的记载："尝思畜类之硕大繁滋，虽人力之牧养，岂非神灵之默功哉！盖观于马而有以知之矣。今者小关镇西南隅居民稠密，养马甚众，而生息之余，犹□博硕，肥腯既佶……联合村众，谋立庙宇，因卜吉牛王庙侧。盖人以类聚，神亦何独不然也。于是各捐赀财，鸠工庀材，不数月而工告竣。""时大清嘉庆七年岁次壬戍（戌）五月下浣穀旦。"马王庙建于嘉庆七年五月下浣（1802年6月下旬），紧挨着牛王庙。下图右角即马王庙。

西沟牛王庙、马王庙

马王爷是道教的神明，全称"灵官马元帅"，是中国民间信奉的神灵之一。传说马王爷长有三只眼，所以又称"三眼灵光""三眼灵曜"。马王爷是谁，也有多种说法，主要有天上的星官天驷星（二十八星宿东方苍龙七星中的房星）、殷纣王之子殷郊、西汉大臣金日磾等。这些都是传说，不需要一一辩证。在小关民间关于马王爷传说很多，尤其一句俗语"你可知道马王爷三只眼不是好惹的"。马王爷到底什么样子？《三教源流搜神大全》卷五有文："面露三眼，因讳三眼灵光。生下三日能战，斩东海龙王，以除水孽。继以盗紫微大帝金枪，而寄灵于火魔王公主为儿，手书左灵右耀，复名灵耀。"明代小说《三宝太监西洋记》第十三回，有一段关于张天师请来的天神马元帅的诗："一称元帅二华光，眉生三眼照天堂。头戴乂乂攒顶帽，五金砖在袖儿藏。火车脚下团团转，马元帅速赴坛场。"这就是马王爷的容貌。

马在古代是重要的军用物资，骑兵是决定战争胜负的重要兵种，许多成语都与马有关，如：招兵买马、兵强马壮、金戈铁马、盘马弯弓、投鞭断流等。在民间马是重要的交通工具，词语如万马奔腾、车水马龙、茶马古道等。

由于马在军事和生产生活中的重要作用，所以历代王朝对马政都非常重视。据《史记·秦本纪》记载，秦人的先君非子，很会饲养马，有人报告给了周孝王，周孝王就让非子在汧水、渭水之间为周王朝养马。"马大蕃息"，就是说马群繁殖很快。周孝王非常高兴，说：以前伯翳为舜饲养牲畜，牲畜得以繁殖，于是舜帝赐他为嬴姓。"今其后世亦为朕息马，朕分其土为附庸。"（《史记·秦本纪》）秦人有了这块土地，经过后代的发展，终于统一六国建立了秦王朝。

在官职设置方面，历代都有管理马政的机构和官员。秦、汉九卿中有太仆，为掌车马之官，后逐渐专管官府畜牧之事，历代沿置。北齐以“寺”为官署名，寺卿为官名，后代沿袭其制。至于皇室所用之马，则属御马监。清代管理马政的机构，据《历代职官表》卷三《太仆寺》所载，太仆寺卿二人，从三品；少卿二人，正四品；员外郎四人，从五品；主事四人，正六品；另有主簿、笔帖式；牧场有牧场总管、翼长、护军校等。知府才是五品官，管理马政的太仆寺卿是从三品，员外郎都是从五品，从上述官员的品阶可以看出“马”在朝廷心目中的地位。至于百姓家养一匹马更是大事了，自然要很好地饲养、照料。

出于对马的重视，祭祀马神就是必不可少的了。要祭祀就得有场所，于是各地就修建了马神庙。官府和民间出于不同目的都会祭祀马神。传说农历六月二十三是“马王爷”的诞辰。这一天要祭祀马神，祈求神灵保佑牛、驴、骡、马平安无灾、繁衍旺盛。

祭祀马王爷透射出来的是企盼国泰民安，通过虔诚隆重复杂的祭祀，祈求马神驱除马的疾病与灾难，保佑马的生长与繁殖。

“今者小关镇西南隅居民稠密，养马甚众”，反映出明清时期小关村的牲畜饲养比较多，牛、驴、骡、马为人类的生产、生活做出了贡献，人们也要善待它。

小关凤山寨

○ 郅公林/文　郅立新/图

在小关镇老街正南方，有一个突兀而起的土岗，站在这个土岗上面，可以俯瞰小关全镇。这个土岗就是凤山寨。因为其在老街南边，故小关人俗称南寨。

凤山寨北面正对小关老街，若按最高处由寨顶三级落差到南沟口李家园，高有七八十米。由李家园顺着一条石头铺就的坡道往东南转西南方向走一二百米，就是凤山寨寨门。寨门两边的地面在同一水平线上。正对凤山寨寨门有一条两米多宽、五六十米长的青石铺就的斜坡通道，两边都是等高的土地堰，由此看来这一条通道是人工挖掘的。凤山寨四周是一块七八亩的农田，凤山寨就是在这块农田上突兀而起的，高有六七米。20世纪50年代以来由于没有人管理，四面均有塌损。据笔者2015年8

月29日的丈量，南寨北边东西宽近19米，东边南北长近60米，西边南北长度短于东边的长度，南边东西的宽度短于北边的宽度，总面积近1000平方米。南寨的四面均如刀削似的陡峭，犹如天造地设一般，让人不由感叹大自然的神奇。

凤山寨是什么时候修建的？因为寨上原有的庙宇已经毁坏殆尽，原有的碑碣仅剩修建魁星楼的半通残碑，已无文字能证明。1986年版《小关志》说凤山寨建于1902年，其依据可能是来源于寨门匾额所题“大清光绪廿八年季春上浣吉日立”。《创修奎星阁记》碑署名张彦卿撰文并书丹，比对凤山寨寨门匾额和《创修奎星阁记》的字体，可知此匾额亦为张彦卿的手笔。但是，此匾额只能说明寨门建于1902年，而不足以证明凤山寨建于1902年。《创修奎星阁记》开篇即说：“山小关南有凤山寨，胜地也……屡经风鉴，佥曰文峰。”这几句话明白无误地告诉我们：魁星楼修建前，小关南就有凤山寨，而且是有名的胜地，“屡经风鉴”才修建了魁星楼，魁星楼在寨上仅偏处东北角一隅。这是否说明魁星楼创修时凤山寨上的天爷庙、火神庙等三座庙宇早已存在？但是凤山寨创建的准确年代目前尚难定论，只有留待日后出土碑碣等文献了。

这个土寨为什么有一个好听的名字“凤山寨”？笔者认为这是由古人的五行方位意识和其本身地形共同决定的。

首先，从方位讲，因为这个土寨位于小关老街南边，按照二十八星宿的方位东苍龙、西白虎、南朱雀、北玄武之分，南寨位于小关镇南部，是为南朱雀。朱雀是南方七星宿井、鬼、柳、星、张、翼、轸的总称。清人孙星衍疏《尚书·尧典》“日中星鸟”曰：“经言星鸟者，鸟为朱雀，南方之宿。”朱雀是古代传说中的祥瑞动物，与苍龙、白虎、玄武合称四灵。同时朱雀即朱鸟，是南方的神名，东汉王延寿《鲁灵光殿赋》云：“朱鸟舒翼以峙衡，腾蛇蟉虬而绕榱。”唐李周翰注：“朱鸟、朱雀，南方神也。”朱鸟即凤。《后汉书·张衡列传》：“前祝融使举麾兮，缅朱鸟以承旗。”唐李贤注：“朱鸟，凤也。”从上面分析可知，因为这个土寨在小关镇南边，按照二十八星宿方位南朱雀，朱雀又叫朱鸟，朱鸟即凤，凤与土岗结合，从而得名“凤山寨”。

其次从南寨的自身地形辩证一下与凤山寨的内在关系。从小关老街往南看，如果看不清就站在后闸往南看，可以发现南寨两边都是深沟——南沟、西沟。南寨的后边则是一道梁，顺南寨往南岭看，这一道梁顺着西沟村的红土嘴、花地嘴一直延伸到南岭，然后左右

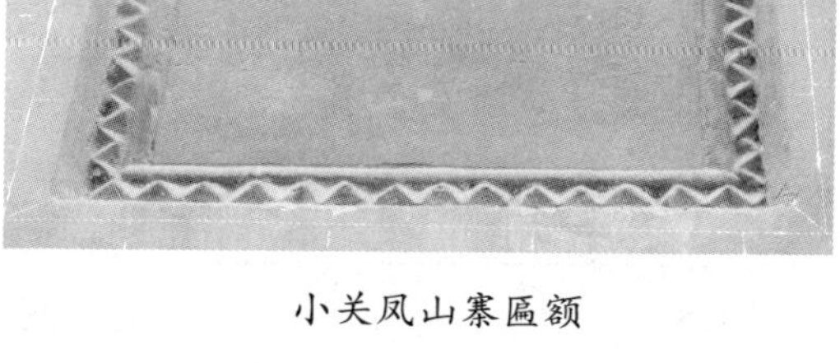

小关凤山寨匾额

登上凤山寨的唯一通道

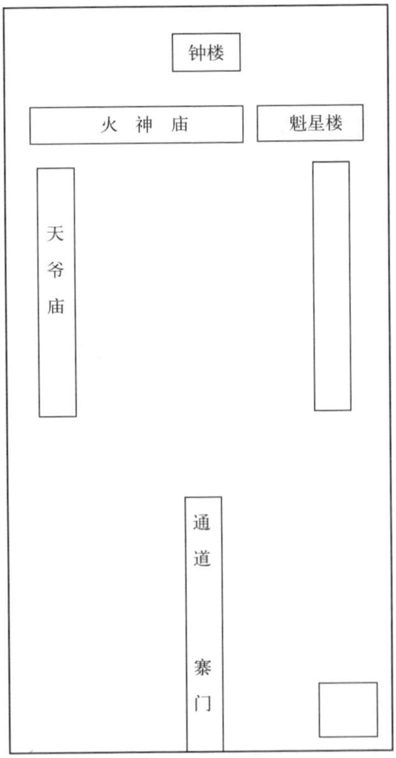

凤山寨平面图（周框为寨墙）

展开，东边经王家洼到东河，西边过白家洼到大长洼，犹如凤凰双展翅。更加奇妙的是，西沟南岭有一块和南寨十分相似的土岗，在一块二亩多地的地边沿，突起一个土岗，这个土岗四面同样如刀削一般直上直下，正北对着凤山寨，高约10米，其他三面高约3米，顶部面积约一分多地，即六七十平方米，上面长着一棵一搂粗的柿子树，人们说南寨是凤凰头，这个土岗是凤凰尾巴，柿子树是尾巴上的长翎。小关虽然人多地少，因为涉及风水，这块地没有种过庄稼，其实这样的火旱头地种庄稼也不会有收成。1967年前后“农业学大寨”，这个土岗被挖掉了。

以上是本人对小关南寨为什么称作“凤山寨”的一点思考。

凤山寨上有四座庙宇：火神庙、天爷庙、魁星楼，还有一座不知道是什么庙宇。

火神庙、天爷庙、魁星楼为什么建在凤山寨？笔者认为首先是由古人的风水理念决定的。凤山寨既然因应二十八星宿之南朱雀，站在凤山寨上又可以俯瞰全镇，那么这里只能由天神居住，人神则不能占据。老天爷是天上主宰一切的神，自然要站在最高位，如茶庵天爷庙就在茶庵岭上。

凤山寨上的火神庙是三间硬山顶，青砖灰瓦，长9米，进深5.1米，有一条正脊和四条垂脊，原来有仙人走兽。前檐下有一排砖浮雕，庙门正上方是二龙戏珠，雕刻得非常生动。

火神庙为什么建在凤山寨？这也是受到古人的风水理念的影响。按照天干五行方位：东方甲乙木、西方庚辛金、南方丙丁火、北方壬癸水、中央戊己土。按照地支方位：东方寅卯木、西方申酉金、南方巳午火、北方亥子水、中央辰戌丑未土。

凤山寨上的火神庙

按照八卦方位：东为震，震为雷；西为兑，兑为泽；南为离，离为火；北为坎，坎为水。按照四季方位，东为春、西为秋、南为夏、北为冬。按照上述理论，东方为苍龙、为雷，所以龙王庙要建在老街的东边；西白虎（七星），七星庙要建在软枣树；南朱雀、南方丙丁火、南方巳午火、南为离为火，火神庙要建在南边。如《封神演义》第六十四回开篇诗："离宫原是火之精，配合干支在丙丁。"

火神是谁呢？民间有多种说法。

一是教人钻木取火的燧人氏。在远古时期，人类过着茹毛饮血的日子，燧人氏钻木取火，教人熟食。人们为了纪念他，尊称他为"火神""火祖"。

二是阏伯。阏伯是帝喾之子、帝尧的异母弟。《左传》载，帝喾有两个儿子，大的叫阏伯，小的叫实沈，弟兄俩经常打架，于是帝喾迁阏伯于商丘，迁实沈于大夏。"陶唐氏之火正阏伯居商丘，祀大火，而火纪时焉。相土因之，故商主大火。"（《左传·襄公九年》）阏伯做火正，深受人民爱戴，人民感念他的功德，尊他为"火神"。

三是祝融。据记载："炎帝之妻，赤水之子听沃，生炎居，炎居生节并，节并生戏器，戏器生祝融。"（《山海经·海内经》）由此可见，祝融系炎帝的后代。可是《山海经》又称：黄帝生昌意，昌意生韩流，韩流生颛顼，颛顼生老童，老童生祝融。这么说祝融又成了黄帝之后了。不过，黄帝、炎帝本是同族，所以传说炎帝之裔的祝融又是黄帝的后代也就不奇怪了。那么，祝融又是一副什么模样呢？《山海经》中说："南方祝融，兽身人面，乘两龙。"《左传·昭公二十九年》中说"火正曰祝融"。神话中的火神祝融，到了春秋战国时期已经逐步演化成了司火的官职了。《汉书·五行志上》说："古之火正，谓火官也，掌祭火星，行火政。"

四是神魔小说《封神演义》中的火德星君罗宣。罗宣是什么样子？《封神演义》第六十四回说罗宣在同姜子牙的将领作战时，因"抵挡不住，忙把三百六十骨节摇动，现出三头六臂，一手执照天印，一手执五龙轮，一手执万鸦壶，一手执万里起云烟，双手使飞烟剑"，原来是个三头六臂的怪物。后来被姜子牙封为"南方三气火德星君正神之职"，仍率领火部五位正神："尾火虎朱招、室火猪高震、嘴火猴方贵、翼火蛇王蛟、接火天君刘环。"

清代祭礼规定“季夏祭火神”，清和民国时期小关村对火神爷的祭祀分官方祭祀和民间祭祀，官方按照清代的规定每年“季夏”即农历六月祭祀，民间则有正月初七“给火神爷做生”的习俗，白天有各村的文艺表演队伍到凤山寨祭祀，晚上小关村家家户户烧香摆供，男人们提着灯笼由老街出发，经西沟到白家洼、王家洼、南沟，最后到凤山寨火神庙上供祭祀，祈求火神赐福。

凤山寨上有一座主管文运的神庙——魁星楼，这在小关周边村庄也是独一无二的建筑。“魁星爷”是什么样子？文昌帝君主管文运，他老人家为什么也主管文运？简单地说魁星是由“奎星”“斗魁”变化而来的。奎星，是二十八星宿西方白虎七宿“奎、娄、胃、昴、毕、觜、参”之首星，由16颗星组成。古人因为这16颗星的形状似“文”字而认为它主管文运与文章。《玉函山房辑佚书》所辑之《孝经·援神契》云：“奎主文章。”郑玄注：“奎星屈曲相钩，似文字之画。”由此可知，东汉时已有奎主文章的信仰，后世遂将“奎星”附会为神，并常以“奎”称文章、文运，如称秘书监为“奎府”，称帝王的诗文书法为“奎书”“奎章”，谓科举时代的考场为“奎堂”等。元代还专门以“奎”设立了殿阁和官署。元文宗天历二年（1329年），在大都兴圣殿西设立奎章阁学士院。奎章阁收藏珍贵文物典籍甚多，掌院学士为正二品。奎章阁学士院聚集文人学士，鉴赏文物典籍。

但是这个“奎”字毕竟与人们常说的科举夺魁、魁首等的“魁”字相去太远了，于是人们想到了北斗七星“天枢、天璇、天玑、天权、玉衡、开泰、摇光”。古人认为北斗星的第一星即“天枢”为魁星，《史记·天官书》：“衡殷南斗，魁枕参首。”张守节正义：“魁，斗第一星也。”也有将“天枢、天璇、天玑、天权”四星合称“魁星”的，还有称北斗七星为“斗魁”的。无论是二十八宿之“奎”还是北斗七星之“魁”，都是第一颗星即首星，这样，二十八宿之“奎星”就被北斗七星之“魁星”取而代之了。

由于魁星主管文运，所以与文昌神一样，深受读书人的崇拜。但是无论“奎星”还是“魁星”，都是天上的星宿，要建庙宇供奉总得有个形象吧，古人的想象力十分丰富，由“魁”字的结构——“鬼+斗”——造出了“魁星爷”的容貌：面目狰狞，赤发环眼，头上两只角，左脚扬起后踢，脚上是北斗七星——组成了一幅“魁星踢斗”图。为了表示主管文运，魁星右手握一管大毛笔，称朱笔，意思是用笔点定中试人的姓名；左手持一只墨斗，象征“魁”字中间的“斗”字，右脚金鸡独立，脚下踩着大鳌鱼的头部，意为“独占鳌头”。清代学者顾炎武《日知录》卷三十二说：“今人所奉魁星，不知始自何年，以奎为文章之府，故立庙祀之。乃不能像奎，而改奎为魁。又不能像魁，而取之字形，为鬼举足而起其斗……赵宧光曰：‘斗首曰魁，因借凡首皆谓之魁。’”从这一段话可以略见自奎至魁的变化缘由。

在北京故宫太和殿石阶前刻有巨大的鳌鱼。据说元、明、清科举考试取中的进士金殿传胪，一般于殿试后两天举行。这一天，皇帝在太和殿召见新科进士，礼部官员捧出钦定的金榜展开，由传胪官按榜依次唱名，即宣布考取进士者的姓名、名次、籍贯。等待唱名的新科进士们分左右两班站在文武百官后面，毕集于金銮殿丹墀下。状元则站在第一块御道石正中镌刻的巨鳌头部，这就是“魁星点斗，独占鳌头”的由来。

清人洪亮吉《北江诗话》卷三对这一仪式记述得十分清楚：“今殿试胪传日，鸿胪寺官立殿下唱第，引声亦甚长，唱一甲三人、二甲第一人、三甲第一人，必移时始毕，盖古法也。又一甲三人，唱名至三次，亦寓慎重之意。又俗语谓状元‘独占鳌头’，语非尽无稽。胪传毕，赞礼官引东班状元、西班榜眼二人，前趋至殿陛下，迎殿试榜，抵陛，则状元稍前，进立中陛石上，石正中镌升龙及巨鳌，盖警跸出入所由，即古所谓螭头矣。俗语所本以此。榜亭出，一甲三人随之，由午门正中而出。盖亲王、宰相亦无此异数。大学士嵇文恭公尝笑语余曰：‘某为宰相十年，不及一日之新进。’”

“独占鳌头”亦作“独占鳌头”。无名氏《陈州粜米》楔子：“殿前曾献升平策，独占鳌头第一名。”宋人张元幹《感皇恩·寿》词：“绿发照魁星，平康争看。锦绣肝肠五千卷。”

南寨上的“奎星阁”，小关人称作“魁星楼”，应该有两层建筑。凤山寨之巅为什么要建魁星楼？笔者认为魁星楼是小关人重视教育的标志。前文说过，由于人们认为魁星主管文运，所以与文昌帝君一样，供奉魁星爷可以使当地文化发达，文运昌盛。另外，仅以现有碑碣资料就足以证明有清一代小关的教育并不落后，仅清末取得功名的就有举人丁以静，拔贡张彦卿，贡生李枝乔、赵六谦、张绪，监生（国子监生）李枝超、赵得成、赵省吾、郅大陞，生员（秀才）赵万成、郅文全、雷启堂、房万、王法、牛鸣山、赵玉朝、孙玉奇，职官有候选巡检王玉□，教谕张彦卿，候选教谕丁元熏，训导丁以静等。光绪三十二年（1906年），张彦卿撰文并书丹的《创修奎星阁记》把个中原因说得非常明白：“山小关南有凤山寨，胜地也。环而居者，类皆纯诚朴茂，有古遗风。乃业儒者夥，显达者少，则又何也？屡经风鉴，佥曰文峰未起，职斯故尔。唯于斯寨之巅建一奎星阁，则人文蔚起，冠盖相从矣……使后之学者再能奋扬棹厉，以图上达焉。”上面这一段话的主要意思是说，小关村民风淳朴，重视教育，有不少读书人，这些士子虽然也能博取功名，但是“显达者少”，即很少成为国家的栋梁之材。建了魁星楼，就能使小关村“人文蔚起，冠盖相从”。冠盖，意指官员、贵官。汉代班固《西都赋》："冠盖如云，七相五公。"唐代杜甫《梦李白》："冠盖满京华，斯人独憔悴。"充分表露出张彦卿等精英、贤达对后人的厚望。

民国期间，凤山寨曾是国民党区、乡政府所在地。1944年5月至1945年8月，小关伪政权亦曾设在凤山寨，地方民团也驻扎在凤山寨，八路军的侦察员如果被他们抓住，就会拉到凤山寨严刑拷打。日寇投降后，皮定均率领的八路军奉命南下，与以李先念为司令员的中原军区会合。为了通知并收容尚未归队的军政人员和地方干部，1945年9月20日夜，八路军一举拿下凤山寨并以点火为号，天爷庙被毁于这场战火。大约在1956年，小关村为了建学校，需要砖瓦，那时候经济落后没有钱买，就扒掉了凤山寨上的魁星楼和钟楼。那时我们正在上小学，每天下午放学后都到南寨背砖，魁星楼、钟楼、天爷庙的砖瓦全部用在了新建的教室上。钟楼被扒掉后，大铁钟就扣在地上，六七十年代还在那里，不知道什么时候消失了。

昔日的"凤山寨，胜地也"早已经失去了风采，只剩一座火神庙、一间方丈室，在一片荒草、凄凄西风中，坚守在土岗之巅。前几年有人捐资修整了上寨的通道，每年正月初七有一群善男信女到凤山寨"给火神爷过生"。

茶庵天爷庙

○ 孙云灿

旧时在小关地区，人们都以宽大为怀，表现在信仰方面是典型的多神论，尤其"老天爷"几乎是小关民众的共同信仰，除家家户户在自家院子的中央有一个神龛供奉"老天爷"外，还有几座较大型的天爷庙，茶庵天爷庙就是其中之一。

"老天爷"是谁，没有人能说得清楚。古人以为天有意志，主宰一切，俗呼为"老天爷"。汉族民间传说玉帝姓张，叫张坚，生在正月初九。宋真宗伪造梦神事件后，于大中祥符八年（1015年），封其为"太上开天执符御历含真体道玉皇大天帝"，简称玉皇上帝、玉皇、玉帝、老天爷。道教把玉皇大帝视为宇宙的无上真宰，地球内三界、十方、四生、六道都归他统治，上掌三十六天，下握七十二地，掌管一切神、仙、佛、圣和人间、幽冥之事。但是"上帝"和"老天爷"是道家的说法。老百姓可不管什么道教、儒教，而是把“老天爷”看成最高的神，社会的安宁、农业的丰歉、家业的兴衰，甚至家族是否兴旺、人丁是否健康等，“老天爷”都要管，因此“老天爷”信仰才比较普遍，天爷庙香火也比较旺。

在茶庵天爷庙还供奉有一位大神——太上老君。为什么供奉太上老君呢？这与小关人的信仰有关。小关人是多神论，凡是认为“于民有利”的神祇都要供奉。小关地区煤炭储量丰富，茶庵、赵寨老君庙、小关后沟等地都有煤窑，七星庙往西有一个地名就叫“煤坡岭”，东边到荥阳、汜水，西边到巩县县城，来这里驮煤的、往外地发煤的，整年络绎于途。人们以为太上老君是煤矿业的祖师爷，太上老君在这里就大受欢迎。茶庵天爷庙每一次重修都有煤窑主捐钱，于是，太上老君在天爷庙就有了一席之地。

茶庵天爷庙最晚建于清初，位于卷棚后面，庙宇的规模、建筑模式无法稽考。现有一通“天地三界十方万灵真宰”石碑供奉在卷棚里。此外，天爷庙现保存完好的石碑7块，分别是清康熙三十九年碑、乾隆四年碑、乾隆四十六年碑、嘉庆四年碑、民国3年碑等。

2000年年初，由信女冯花云等倡导修建天爷庙大殿，附近的善男信女踊跃捐款达五万余元（不计算部分用料及帮工），历经6个月竣工。新建的天爷庙大殿为仿古建筑，坐北朝南，黄绿琉璃瓦盖顶，东西长14米，进深7米。大殿里塑天爷、王母娘娘、太上老君三尊神像，各高2.5米。农历每月初一、十五，前来烧香、许愿、祈福者络绎不绝。每年农历四月初一至初四，由信众兑钱唱三天大戏，已连续唱了14年之久。

清和民国时期，由于传说茶庵天爷庙的神灵比较灵验，香客众多，同时其地理位置处于从小关到玉皇庙相对等距离之间，东来西往者只爬一个大坡，故而在这里形成了年代久远的一年一度的天爷庙会——小满会，这是以祭祀神灵的名义而开的为收麦备置各种农具的规模较大的物资交流大会，届时不仅有祭祀活动，为了聚拢人气还有大戏助兴，四方商人都带着各种商品如布匹、绸缎、茧丝、荆货、小百货、麦忙农具等来赶会。各种小吃、儿童玩具，卖膏药的、算卦的、劝善的、买卖牛驴骡马的等，无不集结于此，真是五花八门，应有尽有。附近十里八村的民众前来看戏的、逛庙会的、购买农具的，挤满了茶庵岭。最快乐的莫过于小孩子。他们三五成群地来到茶庵看稀罕，顺便还可以向大人们讨钱买个玩具或者糖人。

中华人民共和国成立后，小关村是区政府所在地，也就成为小关地区的经济文化中心。1953年，庙会会址迁到地势相对开阔的小关东河，加之连续不断的破除迷信及政治运动，茶庵天爷庙的影响也就一去不复返了。

赵寨老君庙

◯ 赵海潮/文　李培涛/图

赵寨老君庙位于小关镇西约2公里的310国道旁，路北为庙宇，路南是戏楼。这里在2006年6月以前，归小关镇孙寨村管辖，后归竹林镇东街管辖。老君庙坐北朝南，东西宽约26米，南北深约32米，占地830多平方米。

赵寨老君庙山门

庙内院子的北边，从西向东依次排列着三官殿、老君殿、三佛殿、观音殿四个殿；院内东边，自北向南依次排列着火神殿、龙王殿、圣母殿、开山殿、药师殿共五个殿；院西由南而北建有行山殿和送子殿。三官殿内供奉的是天官、地官、水官；三佛殿内塑有阿弥陀佛、释迦牟尼和药师佛三尊神像。其他各殿内的神像则依名而塑，这里佛道共处，总称为老君庙。

这里有一个美丽的传说。很久以前，老君爷下凡，看中了现在称为老庙山的那个地方，打算在那里接收香火，为了表示他已选中那里，临走时把自己的拐棍插在山上。就在老君爷走后，他的道妹玉仙圣母下凡选宅，也来到了老庙山，并且也看中了这块风水宝地。玉仙圣母看到山上插的那根拐棍后，心知肚明此地已被道兄太上老君占有，思来想去，又不愿放弃这片宝地，于是她略施法术，将自己的绣鞋埋在了老君爷的拐棍下边。过了几天，当老君爷前来准备建宅时，遇到了玉仙圣母的阻拦，说她早已占住此山。老君爷指着插在山上的拐棍说：“你大概不认得山上插的是谁的拐棍吧？”玉仙圣母更不愿认输，对她的道兄说：“你还不知道我正在生你的气呢？你为啥把拐棍插在我埋绣鞋的地方？不信你把拐棍拔出来看看就明白了。”老君爷借助法眼看到了拐棍下的绣鞋，明知其中有诈，但碍于同道师兄妹的面子，于是笑言道：“头顶席片子，我和你不一般见识，这片地就让给你了。”之后老君爷带上自己的随身物品，并推上一小车煤，欲离开老庙山。玉仙圣母当即又拦住老君爷说：“你把煤推走了，我咋烧火呢？”老君爷抓起一把煤说：“撒给你一把煤面子。”玉仙圣母又说：“这点儿煤够烧吗？”老君爷道：“这里有的是黄土，你就掺上黄土慢慢地烧吧！”随后推上自己的小车往太行山而去。这就是为啥太行山产的都是炭煤而我们这里主要是黄煤。为了增加煤的黏性，做煤饼的时候还要加一点黄土。就是老君爷撒这一把煤，我们这里总算有了煤，并且都知道这是老君爷留下的煤。为了感恩老君爷的功德，焚香祭祀自不必说，为了方便煤窑主们的焚香祭祀活动，老君庙自然也就应运而生。但煤窑主们在挖煤的过程中，有时会遇到井下透水和瓦斯灾害，庙中又增建了火神殿和龙王殿，以方便人们对火神和龙王的祭拜。至于其他诸神因何也来到这庙里，目前尚不得而知。

随着小关地区采煤业的不断兴旺，对老君爷的祭祀活动也随之兴盛起来，特别是到了二月十五日老君爷生日这天，三里五乡开煤矿的老板都到老君庙焚香上供，祈求老君爷保佑煤矿多出煤、保安全。还有善男信女前来烧香拜佛，祈福祈寿祈子祈财，老君庙里里外外都是人，虽然说不上人山人海，但绝对可以称得上熙熙攘攘，车水马龙，热闹非凡。

旧时所有的祭祀活动、庙会，都少不了文艺活动前来助兴，既祭神又娱人。年年赵寨老君庙庙会除了大戏，都有“大水”（大鼓、大镲、大锣等打击乐器）、“故事”（踩高跷）及地摊戏来凑热闹。由此，这些活动就促使了赵寨村“大水”班和“故事”班从无到有、从小到大，这两个文艺团体在鼎盛的时候据说曾多达两百来人。人们的文艺表演也更聚拢了人气，引来了众多小商小贩，庙门前做小生意的，卖小吃的，应有尽有。

赵寨老君庙祭祀活动及庙会的兴盛，促使了老君庙戏楼的修建。演戏主要是为了娱神，因此戏楼一般都建在庙宇或者祠堂的正对面，老君庙戏楼也不例外。老君庙戏楼坐南朝北，正对着老君庙山门。戏台高约一丈，东西宽两丈余，南北深丈八左右。戏台东西两侧各有一耳房，可供演员化装用。东耳房下边是一个石券过道，是老君庙通往赵寨岭的必经之路。戏台下坐北朝南有三孔石券窑，可供演员住宿用。石券窑西边有一间小瓦房，据说是供剧团做饭的厨房。在戏台的正前方，有两根支撑房坡横檩的石立柱，石立柱上有一副对仗工整的楹联：“曲奏阳春宛若唐诗古调，歌赓闾里居然宋世遗声。”从戏楼的建筑式样和建筑水平，以及石立柱上的楹联，我们不难想象这一地区在明清时代经济发展的兴旺和文化发展的繁荣。

如前所述，民国时期赵寨老君庙中的香火如此之盛，那么老君庙又起源于何时

赵寨老君庙高浮雕“三元会府”碑额

呢？庙内存有三通半石碑。所谓的半通石碑其实是只有碑头的半截残碑，上刻有“三元会府”四个字，传说是民国时期一位省长为三官殿所题，但具体是什么时间，哪位省长又弄不清楚。至于此碑何时被破坏，另外的半截碑上写了什么，至今又流落何处，更无人知晓。另外的三通石碑从内容上看，其实只有两通碑，一通为三官殿碑记，另两通均为老君庙拜殿碑，其中一通宽约45厘米，高约60厘米，是原始石碑，另一通高约145厘米，宽约55厘米的石碑是2010年复制的。原始石碑上的落款日期为“崇祯四年二月”，崇祯四年（1631年）距今已有380多年的历史。经历了380多年的风风雨雨，又经历了“文化大革命”的“破四旧”，到1990年赵鹏远等人重修老君庙时，此碑已不在庙里，是当年一位60多岁的有心人赵海波提供消息，才在一户人家的乱石堆中找到。碑上刻的文字许多已模糊难辨。为拯救这块珍贵的石碑，经赵鹏远、赵现韶、赵爱国等人反复辨认、推敲，于2010年农历二月十五老君爷生日前复制出了老君庙拜殿碑。根据碑文记载，明朝崇祯四年（1631年）之前，这里就有一“古刹”，只因为“活佛、老君二圣神祠殿宇窄小不便焚修”，为满足众香客烧香祭祀活动的需求，由赵守法“独立资财置买木植、砖瓦”，并由“闫九存、李主秀施银”，共同建成了老君拜殿。碑上还记载了为建庙贡献土地的地主赵枝、赵楼以及木匠赵德清、闫克公、赵德龙，泥水匠赵儒香、万德、赵儒明，石刻匠赵儒魁。这通碑把老君庙中老君拜殿的修建缘由、出资人、地主、建设工匠及刻碑时间都做了明确记述。而三官殿前的“三官殿碑记”这通碑，仅从碑面斑驳脱落的状况就不难看出此碑的年代久远，碑文中许多字都无法辨认。但碑中首行“龙王督工创建”和第二行“三官殿碑记”等字则清晰可见。从依稀可辨的碑文中，可以看出建三官殿的初衷是因为龙王有“润万物济群生”之功，“刻诸石碑后之人观三官殿之盛而颂龙王勤劳之功”，碑的最后落款为“皇清乾隆三十八年季春穀旦”（良辰吉日）。乾隆三十八年（1773年）距今已有240余年。但三官殿是何日建成？从模糊不清的碑文中又可看出有“始于丙戌岁春落成于庚寅岁春”的字样。如果这里的“丙戌”“庚寅”指的都是乾隆年间之甲子纪年，丙戌是乾隆三十一年（1766年），庚寅是乾隆三十五年（1770年），至今246年。至于三官殿由谁出资兴建，碑文中已难辨出。关于老君庙的戏楼，没有碑刻记载其建筑时间，但据赵海波回忆，他爷爷年幼时曾记得，戏楼曾经“白顶”了几年，也就是说，戏楼房顶的八砖及底瓦都已上好后，因后续资金供应不上，无钱买瓦，工程被迫搁置，直到数年后，戏楼的所有建筑才全部竣工。赵海波的爷爷出生在清同治早期，而戏楼的建成则有可能为同治末或者光绪初。

总之，赵寨老君庙是一座有两百多年历史的古庙宇，它不仅见证了此地明清时代宗教的兴旺，也折射出了此地经济的兴隆。中华人民共和国成立后，此庙曾改作教学场所，成了孙寨小学的一个分院。“文化大革命”期间，此庙又经历了“破四旧”劫难。改革开放之后，到了人们认识到它的历史价值时，它已面目全非。1990年后，赵寨村的有识之士赵鹏远不忍老君庙的破败景象，开始了老君庙的修复工作，历经十多年的努力，投资20余万元，才使古老的、已经面目全非的老君庙有了目前的模样。

（受采访人：赵鹏远、赵海波）

后纸坊马鸣王庙

○ 赵宏斌/文　郅立新/图

在小关后纸坊西沟村口，有一座小庙，过去人们都说是牛王庙，还有人说是马王庙。21世纪初，我在这座小庙附近发现了一通乾隆四十七年（1782年）的石碑，上面清晰地刻有“马鸣王众神拜殿碑记”九个大字，才知道原来是“马鸣王庙”。

后纸坊马鸣王庙碑刻

马鸣王是什么神灵？有人说就是马王爷，马鸣王庙就是马王爷庙。这是不对的。马在中国古代战争中有很大的作用，官方设有管理马的机构和官员，马神是官方每年都要祭祀的正神，全国各地的马王庙没有一处叫马鸣王庙的。还有人说是“马鸣菩萨”，这也不对。马鸣菩萨是古印度佛教诗人，大乘佛教著名论师。他在小月氏说法，连马匹也饿着肚子听他说法，而不知去吃草料，人们认为他讲佛法之精道可以教马也能理解佛法，便尊其为“马鸣菩萨”。唐代以后随着佛教的传播，国内遂有“马鸣寺”和“马鸣庙”。但是，马鸣菩萨不是马鸣王，马鸣庙也不是马鸣王庙。

那么马鸣王是什么神灵呢？马鸣王是由马明王谐音转变而来的，是中国民间信奉的蚕神。传说她是一位马头人身的仙女，在民间也有叫蚕花娘娘、马头娘的。在中国古代多部典籍中都有关于马头娘是蚕神的记载，其中以《搜神记》卷十四最为详细，该故事的梗概是：很早的时候，有一个父亲随着军队出征去了很远的地方，家里只有一个女儿，饲养着一匹牡马。女儿思念父亲，有一天对马开玩笑说：“你要是能把我父亲找回来，我就嫁给你。”牡马一听，挣脱缰绳，绝尘而去，找到了姑娘的父亲。父亲见是自己家的马，非常惊喜，刚刚骑到马背上，马一声嘶鸣，放开四蹄，风驰电掣一般，把父亲驮回了家。女儿并没有兑现诺言，从此，这匹马不吃不喝，只要看到她就悲鸣不已。父亲问女儿是怎么回事，女儿如实向父亲说了经过。于是，父亲躲在暗处用箭把马射死了，将马皮放在院子里暴晒。女儿走到马皮旁边，地上的马皮忽然卷住了她朝野外飞去。父亲找了几天，在树林里找到了女儿，只见马皮缠绕着她，已经变成了一条蚕，在树上扭动着身子，嘴里不停吐出亮晶晶的细丝，把自己缠起来。于是，人们尊奉其为蚕神。元代无名氏《张协状元》戏文第十六出：“末：‘不亏了口。我那神道威！’丑：‘怎比马明王？’”钱南扬校注曰：“马明王，蚕神，即马头娘……俗称马明王，明王乃神之通号。”全国各地都有马明王庙，明代田汝成《西湖游览志》卷十云：“北高峰，石磴数百级……山半有马明王庙，春月，祈蚕者咸往焉。”

后纸坊马鸣王庙房舍

后纸坊马鸣王庙大门

在农耕时代，官府向农民征税主要是两种：粮食和丝绸。男耕女织是最基本的生产组织形式，栽桑养蚕在这种经济结构中占有重要地位。农民希望获得好收成，虔诚地祭祀蚕神也就很好理解了。

后纸坊的马鸣王庙虽然规模不大，但也是前后两座神殿，两座神殿只隔着一米多宽距离。前边为拜殿，青砖硬山顶，正脊为叠脊，两头有吞脊兽即螭吻，四条垂脊原来有仙人走兽，中华人民共和国成立后没有人再管理，殿顶的装饰逐渐脱落，今已不存。

记小关前闳张家祠堂“春晖堂”

○ 张丰西

在小关前闳，曾经有一座规模比较大的院落，占地近一亩，站在主建筑的平台上可以俯瞰小关老街全景。20世纪50年代至70年代，这里曾经先后为小关小学分院、小关公社党委暨公社管委办公地。

这座较大的院落原是小关前闳张家祠堂“春晖堂”，是梁郡世家第十七世登宰公后裔于1938年在张氏祖庙的房址上扩建而成的。该家庙初建于清乾隆年间，以前闳张氏十八世祖廷升为首，十九世居朝、居家等参与，组织工匠建造的几间瓦屋。经过一百多年的风雨剥蚀，到了抗战前，家庙的上房檩条断折，坍塌严重，厢房也破损严重。为了让祖宗有个安居之所，子孙有拜祭之地，经二十三世茂巡、茂应、三旺（茂旺），二十四世荣报等的精心筹划、严密组织，由工匠、民工相互配合，历时一年，一座坐南向北的张氏登宰支祠堂“春晖堂”又在小关前闳东闳矗立起来了。“春晖堂”为两进院落，二门平时落锁，祭祖时才开。整座院子东西宽20.2米，南北长27.57米，院墙高约3米。院墙内占地近一亩。

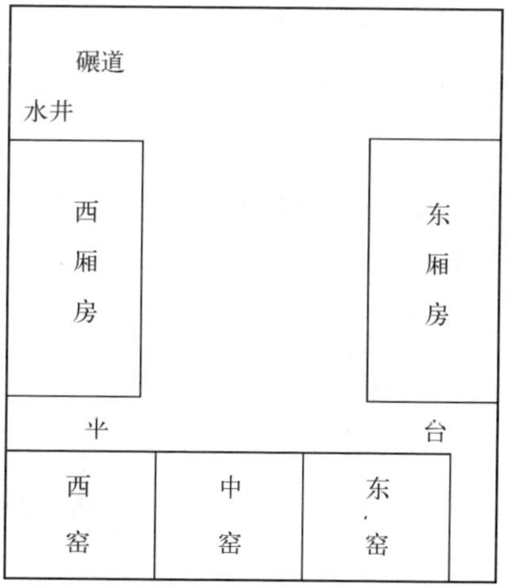

春晖堂平面图

祠堂大门有门楼，迈上台阶进入第一进院子，院内没有建筑物。院子东西长20.2米、南北宽6.67米。东边有一口辘轳井，青石井台，三套环铁锁链。井水甘甜，供前闳居民饮用。井的东北角是一大片刺玫花，藤条与墙内的无数株迎春花蔓条混合攀附在墙头上。井的南边五六尺远，有一棵四五把粗的梧桐树。院子的西边有一盘石碾，碾道的北边有一部手摇式风车，供碾米使用。靠碾道东南处有一棵婀娜多姿的无花果树，每到夏季，无花果树枝繁叶茂，树下非常阴凉，茶余饭后人们常来这里纳凉、拉家常。

第二进院子是祠堂院。一走进二门，首先映入眼帘的是一块奇石——有山峰、山坳、平台、小路，上面长满了奇花异草、造型小树的上水石，这块上水石高约3米，直径约1.2米，耸立在中轴线上一个菱形池子的中间。菱形池子由青砖砌成，青砖铺底，有一尺多深，长年有人往里边注水，供应上水石上植物需要的水分，极具观赏价值。可惜的是，不知道什么时候这一块上水石被当作毫无用处的东西给砸碎扔掉了。

绕过上水石，踏上三个台阶，是“春晖堂”的主建筑三孔较大型的砖券窑洞，这三孔窑洞建在高约1.5米的台基上，东边有一个风道，宽2.4米。窑洞门前是宽约1.5米的平台，有约半米高的砖砌花墙。三孔窑洞进深均8.75米，两边的窑洞宽约5米，中间的较宽，是“春晖堂”的“享堂”，卧窗上方雕刻着“春晖堂”三个大字，门两边青石雕刻一副楹联：“始于金盛于元瓜瓞绵延家声旧；祖为相宗为将分榆祭社俎豆新。”

“春晖堂”三字和楹联的字体均遒劲有力，刻工精湛，是融书法艺术及雕刻艺术于一体的工艺品。窑洞正中神龛立有一通“始祖盐监公配景氏二位之神主”碑。左右两侧紧挨窑帮登起的厚厚的石条几上的卧碑，是按昭穆排列的，上刻有前闲张氏二至十七世祖讳之神位。两边的窑洞门脸上方中间各有一个大卧窗，使得窑内光线充足，空气新鲜。西边窑洞有曲尺形青砖砌筑的阶梯间，拾级而上，可以登上窑洞上面近180平方米的砖铺晒台。站在晒台上四周景物尽收眼底，东边是碧绿田野，南边是隔河相望的凤山寨，西边是一条南北通行的大路与小关老街相接，路西是蓝瓦青砖四合院古建筑群。祠堂西南角是小关地标性建筑——贞节牌坊和碑楼。向北瞭望，是祠堂门外三棵一搂多粗翠绿的古槐和东闲六合堂两座四合院的大门楼。再向北就是商铺林立的小关老街。

院子左右两边各有三间五脊六兽的瓦房，建在约1米高的台基上。院子西北角有一棵梧桐树，东南角和东北角各有一棵柏树。

中华人民共和国成立后，教育事业迅猛发展，广大农家子弟都有了接受教育的机会，小关小学所在地小关老君庙、龙王庙的房屋容纳不了众多的学生，于是在小关村办了几个分校，前闲张家祠堂就是其分校之一，在这里培养一、二年级学生，等上了三年级再到主院上课。我们这代人基本上都是在张家祠堂读的一、二年级。张家祠堂也算为新中国培养人才做出了贡献。

小关张氏六合堂

○ 张丰西

“六合堂”是小关前闲张氏的堂号之一。我们这一支张氏，祖籍山西省平阳府解州。据说古时解州称解梁，故迁到巩义的这支张氏称“梁郡世家”。我是梁郡世家第27世孙。

据巩义《梁郡世家宗谱》记载，张氏第126世祖权子，幼名拭，字汾阳，世居山西省平阳府解州安义县上官庄五门乡。13世纪初，中原地区属金国。解州有盐池，中国古代实行盐铁专卖，金章宗泰和年间（1201—1208年），汾阳公任解州盐铁官，后裔尊称他为“盐监公”。当年蒙古各部为争夺地盘常年混战，铁木真部势力日益强大，1206年统一蒙古，建蒙古国。1231年，蒙古兵大举南侵，居住在平阳的张氏族人在汾阳公的率领下，辗转南下，最后在巩县神堤（今属河洛镇）开基。子孙繁衍，因成望祖。汾阳公为巩县梁郡世家一世祖。13世守德公由神堤迁将军岭。再传至第17世登宰公，于不惑之年迁凤山镇前闲，安家落户，开基创业，繁衍生息。其门匾是“留侯家风”。

据小关前闲《梁郡世家春晖堂族谱》记载，登宰公迁入的地名是“凤山镇南院”即小关前闲。“闲”指大门外的地方，是豫西巩义、新密等地的方言，这一带叫“闲”的村庄非常多，如茶庵西边的“任家闲”、后纸房的“房家闲”等。前闲、后闲，这两个村庄的名字应该都是以老街为坐标的，老街南边叫前闲，老街北边叫后闲。登宰公迁到这里的时候，这个村庄就已叫前闲，否则家谱不可能说迁入前闲，以此可以推断起码清初小关街已经存在。

登宰公安家小关后，世代耕读传家，家业逐渐兴旺。传至第22世清兴公，字乐诗，生于道光元年（1821年）三月二十九，卒于光绪二十五年（1899年）十月初二。当时张家已经有了一定产业，属于中等人家。清兴公幼年读书，中年除耕读外，还在小关街从事商业活动，农商并举，家业日见兴旺。他还在小关街开了个小饭铺，省吃俭用，供六个孩子上学读书。尽管自己孩子多，并不富裕，但他还惦念着那些比自己更穷的乡邻。晚上饭铺临关门前，都要做一大锅舍饭，无偿让那些贫穷的乡邻来吃。所以，耕读传家，赈灾济贫，急公好义，已成了小关前闲张氏六合堂的优良传统。据星五墓志铭记载，清兴公援例赠从九品，选小关市市长，也就是说负责管理小关老街的商务。这说明道光、咸丰之际，小关老街商铺比较多，需要有人管理。

清兴公生六子，长子茂仁、次子茂松、三子茂成（星五）、四子茂恒、五子永阜、六子茂绪。六兄弟在父亲的教导下，读书务农经商，同心协力，和睦相处，共创家业，生意兴隆，人丁兴旺。六兄弟为了团结家族和方便后世子孙认祖归宗，经过商议，起了个堂号——“六合堂”。同治、光绪时期，六合堂一支已是家业发达，蔚为大族。在小关老街有几家门面房，字号“顺兴楼”，是小关老街资本较大的字号。据《梁郡世家春晖堂族谱》记载，清兴公教子有方，让他们耕读、经商，各尽其才，家族被誉为巩东巨富，有土地三百亩，在前闲建了三处四合院。

小关老街关爷庙前往南有一条青石铺的五六尺宽的路，因为路西就是戏楼，小关人习惯称为“戏楼过道”。这条路把前闲分成东闲、西闲。大约在乾嘉时期，张氏先祖在规划房址时，从东到西栽了六棵槐树，这六棵槐树在一条直线上，东闲三棵，西闲三棵。20世纪50年代时，这六棵槐树都有一搂多粗，枝繁叶茂，郁郁葱葱。

六合堂在西闲有一处四合院，坐南向北，离宅坎门，临街房三间一过道。六合堂在东闲紧挨戏楼过道路东，建有两处四合院，均是坐北向南，坎宅巽门。紧挨戏楼过道这处四合院，是六合堂的主宅院。在前闲十几处四合院中，此宅院比较有代表性。我们这一支是六合堂家族长门，我就在这个宅院里生活了几十年，对其建筑规制比较熟悉。虽然这个宅院今天已经荡然无存，但是那院落规制，砖、石、木雕，仍然历历在目，那是小关劳动人民建筑艺术的结晶。只是我的文字表达能力有限，尽管绞尽脑汁，也难以写出这座建筑物的恢宏气势和文化底蕴。现在只能以白描的手法对其作一介绍，不足之处希望父老乡亲补正。

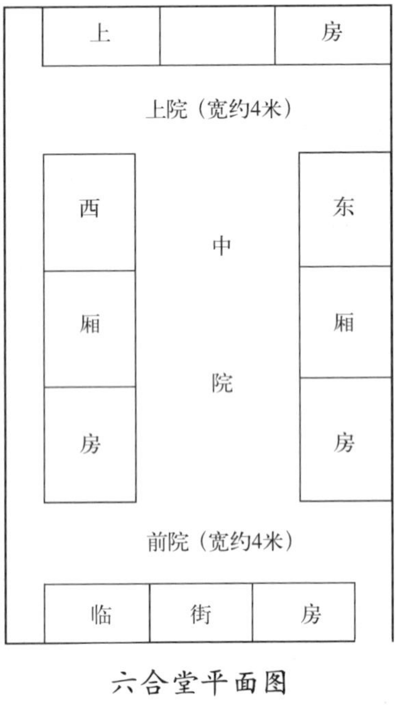

六合堂平面图

这座四合院的平面图如图所示（上北下南）。

这座四合院属于日字形结构，南北长约60米，东西宽约20米。临街房三间一过道。按照风水理念，大门开在东南角巽地。整座四合院，由临街房三间、前院、二门（二门楼、闪屏门）、中院、东西厢房（各六间，各三门相互对称）、上院、上房（三孔砖券窑）组成。临街房门、二门、上房主窑门，都在一条中轴线上。前院、中院、上院，都是方砖铺地，室内青砖铺地。临街房、厢房，全部是硬山顶，五脊六兽，前后都是青石板出檐，檐上面是八砖，即八寸见方、一寸厚的青砖。房檐滴水均是虎头图案。房屋建筑高度有一定的规矩，以檐为准，上房檐高于临街房，临街房檐高于厢房，厢房檐高于二门楼。

大门两侧各有长约4尺、宽约2尺、高约3尺的上马石。一对石狮子蹲在门楼两边。踏上三个台阶是大门楼，门楼下边有三四尺宽的平台，才是大门。门楼上悬挂着一块黑底金字的匾额，匾额上阴刻四个遒劲有力的大字“急公好义”。门楼前檐是非常精致的木雕二龙戏珠。门楼两边各有一根1米多长的木雕垂柱，每根垂柱有五节组成，每两节交节处雕刻成圆鼓形，即每根共有四个圆鼓。圆鼓面上雕刻着八卦符号，左边是☰（乾）、☱（兑）、☲（离）、☳（震），右边是☴（巽）、☵（坎）、☶（艮）、☷（坤）。大门两边各有一个圆鼓形门墩，鼓面上石雕山水画。

正对大门的东厢房南墙上，有一个高约60厘米、宽约40厘米、深约40厘米，距地面1.2米左右，上部是半圆形的拱券式神龛。拱券上边带斜坡，青砖出檐，檐下又重叠两小檐，最下边短檐两端各镶嵌一条30厘米长、6厘米宽、3厘米厚的垂帘。此神龛是供奉武财神用的。武财神面对大门，镇宅招财。

临街房是三间一过道，这三间房是坐南向北，一个门开在中间，进门后左右两套间。这里主要是客房，凡是来了客人，让进客厅，由主人陪同。清末民国时期，社会动荡不安，兵灾匪患不断，房屋大多没有后窗，只有门的一面，有不大的窗子，两个花窗与门对称。前院偏西有一棵石榴树。

临街房北边是前院，东西长约20米，南北宽4米。前院西北角有一个通往西厢房后院的角门。

从前院上一个台阶是二门，二门也有门楼，比大门门楼小，但是其建筑及木雕、砖雕都很精致。顶部覆盖灰瓦，其结构是这样的：门楼东西两挂梁，东西檩条两坡房。两檐微微向上翘，犹如卷帘挂檐上。六兽蹲在屋脊上，镇守二门站着岗。门楼北边两门柱，桐油黑柱黑透亮。两柱之间闪屏门，浮雕花瓶两门上。木雕工艺很精美，红色花瓶站两旁。门楼上面山水画，四周木雕不重样。

闪屏门平时关闭，只有逢年过节才开，平时出入绕道两边。

二门楼用青砖铺地，四周青石板镶边。

中院地面为方砖套摆，为了便于排水，中间略高两侧略低，北高南低。

上房晒台上的水经上院、中院、二门东西两个水道，流入前院，再经临街房门西侧下边水道，向南流出宅院。

中院向北上一个台阶是上院。台阶东西各有一个长方形青石台，长约1.5米，高约

60厘米。上院东西长约20米，南北宽4米。

上院北边是本宅的上房，坐北向南三孔大型砖券窑。这三孔窑均有木棚，上七下八，即棚上七尺，棚下八尺。棚上面主要是存放粮食和物品。粮食放在棚上，既可以避免潮湿，又能减少鼠害。每孔窑门上方都有一个半圆形亮窗，有木雕图案。亮窗既可以增加窑洞光线，又有利于通风。亮窗上方是为了棚上采光通风而开的棚门，高约1米，宽约0.5米。棚门上方是圆弧形。为了防雨，圆弧上面镶嵌着出檐10厘米的斜面青砖雨搭。在雨搭下檐又重叠两小檐。最下边小檐两端各镶嵌着一条长约60厘米、宽6厘米、露出墙外3厘米的垂帘。

上房主窑窑门两侧，与东西窑之间的前墙上，各有一个神龛。神龛距地面1.2米，高约80厘米，宽40厘米，深40厘米。上部是半圆形拱券式，拱券上方斜坡青砖出檐，檐下边又重叠两小檐。在最下边小檐两端，各镶嵌长约50厘米、宽6厘米、厚3厘米的青砖垂帘。每个神龛都有一个石香炉。两个神龛分别供奉着老天爷和天地全神。每逢年节，都要烧香摆供。

上房西山墙与西厢房北墙之间，有一个拱券月亮门，通往后院。沿西厢房北墙向西上十二个台阶，登上月亮门拱券顶，在该券顶上转向北，从西窑洞西山墙向北再上十二个台阶，最后到达上房三孔窑洞的晒台上。

晒台青砖横竖平铺，青石板出檐。檐下小檐三角形青砖套摆。周围砌有60厘米高、24厘米宽的十字花墙。晒台上每孔窑顶的中部都镶嵌一个中间带有圆孔的青石，圆孔的直径约8厘米。圆孔面高出晒台面约5厘米。这个圆孔直通木棚顶，雨天加盖，晴天掀开，其作用主要有两个：一是平时便于窑洞尤其是木棚上空气对流，二是晾晒的粮食通过圆孔直接流进棚上的粮食圈里。

小关前闸四合院

○ 张远顺

小关四合院历史悠久。清朝时期，小关镇东西四五百米长的老街，从东到西两边所有的商铺基本上都是四合院格局。在老街南边的前闸，有一片四合院民宅。无论是商铺四合院还是民宅四合院，除院子占地面积大小有别、厢房间数多少不等外，其基本格局大体是一样的，即临街房、厢房、上房。这些四合院都是五脊六兽，有精美的砖雕、木雕、石雕。1995年，310国道小关段改扩建，这些古建筑被拆除净尽。我就出生在前闲一座四合院，直到1995年四合院被拆，在那里生活了近50年。现把我记忆中的四合院大致情况记述如下，从中我们可以看出小关传统建筑艺术和建筑文化之一斑。

小关四合院建筑受风水学说的影响，从选址到布局，有一整套阴阳五行的说法。

四合院，一户一宅，房屋主人根据家族实力和土地面积大小、家中人数多少来建造。

小关“六合堂”四合院在建筑风格上具有代表性。六合堂是清朝道光年间前闲张氏第二十二世祖张清兴的六个儿子张茂仁、张茂松、张茂成、张茂恒、张永阜、张茂绪家族的堂号。六合堂在小关老街有多家商铺，如药铺、饭铺、当铺、粮食坊子、染坊等，乡间有土地300多亩。

六合堂虽家业雄厚，但家规甚严，秉持“忠孝仁义、耕读传家”的家训，对乡邻扶弱济贫，捐款兴学。民国31年（1942年），河南遭遇特大旱灾，有人拿出粮食，在凤山寨开舍饭场，救助乞讨和逃荒的路人，并对小关村断粮的人口登记造册，放赈救灾3个月。这一积善行德之举，受到当地百姓的称赞。

六合堂有三个四合院，上房（正房）是青砖、青石地基、青砖拱券的三孔窑洞，冬暖夏凉；每孔窑洞高6米，宽4米，深9米，室内棚有木板，上七下八，即木棚上高7尺，木棚下距地面8尺。正房窑洞中间的一孔为一家之主的居所，冬天太阳能够照进窑洞。正房窑洞正中摆放一张八仙桌，桌子两旁设两把太师椅（罗圈椅），太师椅后边墙上挂有一幅中堂和条幅。

东西厢房各六间，是儿孙们的住房。在厢房的建筑上也是有讲究的，古人讲究东为上，东厢房房檐高于西厢房2寸，东厢房住长子长媳。四合院上院、中院两边分别栽有枣树、石榴树，石榴多籽，寓意早生贵子、多子多孙。

六合堂长门张茂仁长子张荣超的四合院，坐北朝南，大门修筑在院落的东南侧，取“紫气东来”之意，以引进东南风，挡住冬天的西北风。大门对面是张家祠堂。四合院西侧与张氏家族另一四合院中间有一条宽约3米的通道，是通往小关老街中心的丁字路，东侧是六合堂的另一个四合院。北侧是背对背坐南朝北的六合堂临街商铺。

我家的四合院上三级石台阶有一座高大的门楼，有两个石雕狮子静卧大门两侧。门楼通道宽2米，长6米。大门前有两棵高10多米的百年古槐，槐树上筑有十几个鸟巢，喜鹊、麻雀等多种鸟类一年四季在树上高歌欢唱，嬉戏玩耍。门楼上悬挂有“急公好义”的匾额，门楼的屋顶铺有筒瓦和仰合瓦。屋顶有清水脊和卷棚。清水脊的两边有两块向上的蝎子尾瓦，蝎子尾瓦下有花砖。房檐位于墀头的位置装有保护墀头墙的博风。

大门门板上雕刻有门联：“忠厚传家久，诗书济世长。”门上中间装有门铺首，用于叩门，门下方有护门铁。

门墩是抱鼓形，门枕石内部有一石窝用于插入门枢。门旁有上马石和拴马桩。

四合院大门内有一个影壁，镶嵌在东厢房的山墙上。南端是一排倒座房，其檐墙不开窗，门窗向北。

四合院的厕所在西南角。

小关有各种规模的四合院，但不论大小，都是由一个四面房屋围合的庭院组成的。

前闶张氏及四合院

○ 张光哲

小关东西走向的老街两旁布满商铺。豫西广大地区有一个方言，称门外的地方为“闶”。因为建宅子一般都是坐北朝南，所以老街南边的村子叫前闶、老街北边的村子为后闶。后闶的村子面积比较大，满是住户。20世纪90年代，因为310国道改扩建，前闶村十几座四合院从此不复存在，多数居民已经搬离，只有少数人家还固守着老宅，所以称其为“老前闶”。前闶为远古时代冲积平地，三面受河道的限制，面积不算大，形成了弓形的地块。它的东西两端各有一块不小的菜地，东头的一块从清朝到20世纪60年代都有一座油坊，人们叫“油坊地”；西头的一块菜地因四家主人都姓张，大伙都称它“张家园子”。前闶的住户和有关建筑物就都集中在戏楼后面长200多米、宽100多米的地段上。

在前闶这块不大的土地上，较大型的建筑物有：占地556.92平方米的张家祠堂，祠堂西边路东建有长约30米、高约20米的张家贞节牌坊，在牌坊南边建有高约10米、长约8米的张家碑楼。还有作坊式的磨坊、碾坊、弹轧花坊，同时还有供人们祈求平安的土地庙。

前闫的四合院有十三座，其中有七座是完整的四合院，另外六座院子都是四合院的规模，或者没有盖起临街房，或者缺一侧厢房。这七处完整的四合院有六处都是坐北朝南，临街房为两间一过道——因为院子比较宽，这两间房子的面积就比较大。门楼正中挂有黑漆金字匾额，匾额周围有砖雕图案，两边有垂花木雕，门两边各有一抱鼓石，抱鼓石上雕刻一个奔腾欲飞的梅花鹿。鹿为瑞兽，且谐音“禄”，封建社会等级森严，非官宦人家的抱鼓石不能刻鹿，因为前闫张家清末出了个拔贡，还有几人获赠“从九品”，这就有资格刻鹿。大门两边还有长约1.5米、宽约0.5米、高约1米的砖（石）台，俗称“上马石”。过去代步工具主要是马和驴，马、驴鞴好鞍牵到上马石边，主人站在上马石上，一抬腿就可以骑上去。在临街房的砖墙上离地约1.5米处，有一块突出墙体长约20厘米、高约15厘米、厚约6厘米的青石，叫“拴马石”，青石中间有一直径约5厘米的圆孔。进大门下台阶，迎面有一座屏风，屏风为木质，有寓意美好的木雕。为了保护屏风免受雨淋日晒，建有一座小亭，进入院子要绕过屏风走两边。其余六处院子上房为高大的三孔砖券窑，每孔砖券窑都宽约5米、高约5米，建在高出院地约2尺的台基上，有三个台阶，寓意连升三级。窑洞前的台基宽约2米，有高约0.5米的砖砌花墙，既是装饰同时也提醒主人注意安全。窑洞上面青砖铺成的晒台，既保护窑洞让雨水及时流掉，又可以晾晒粮食。有青砖台阶可以登上晒台。有一座四合院上房是三间硬山顶瓦房，五脊六兽。这座院落的建造更加奇特——在上房的东头留有一个月亮门，通过这个月亮门可以直接进入上房后面的花园。在小关地区，民宅有后花园的实不多见。

四合院鸟瞰图

除这几处四合院外，还有四处院落，这四处院落实际上也是四合院的格局，只是还没有完工。其中一座院子有上房、东厢房、临街房，只差西厢房还没有盖起来。有三座院子有上房、东西厢房但没有临街房，但大门围墙与厢房的下山墙之间都有五六米宽的距离，即留有盖临街房的地盘，看来总体设计也是以四合院为目标。

前闫的另两处住宅也都是独门独户，既有大门又有院墙，内部也都是砖石结构的大瓦房。

民国时期前阌的居民以张姓为主，从宅院就能看出都不是贫穷人家，确实在那个年代前阌的大多数人家都是富有者，多数人家都有土地。但前阌人又都懂得有土地只能靠天吃饭，若遇灾年收成会大受影响，因此要想致富就必须广开财路。前阌人的做法大致是：

一、经商。前阌人非常理解“无商不富”的道理，因此大多数人家依托小关老街这个巩县东部商品集散地的中级市场，在老街都有商铺，有的还不止一处。这些商铺有杂货铺、药铺、饭铺，有粮行、大车店，还有租赁给他人收租金的。

二、养牲口。在那路不通、车难行、无电的年代，最好的交通运输工具就是牲口——骡、马、驴。除大宗商品，如当地产的煤炭需要源源不断地运往上街、巩县车站销售外，各牙行收购的粮食、柿饼、山货等农副产品和土特产也需要外运，而当地需要的食盐、纸张、京广杂货、粮食等则需要由外地运进来。这些货物除部分由挑夫肩挑外，大多数尤其沉重货物如煤炭、粮食则需要使用牲口运输，这就给饲养业带来契机。前阌多数人家都养牲口，单独建有牲口院的有八户，最多者一户就养牲口十几头。他们农忙时用来种地，农闲时就去搞运输，搞长途贩运，牲口多者就给煤窑主拉套挣工钱。

三、搞手工业作坊。简单的制造品不但能“挣钱”，还能“挣大钱”。前阌的人家有开油坊的，也有开麻绳作坊的，有开砖窑厂专门烧青砖小瓦的，还有专门为煤窑井下矿灯充电的厂子。务农、经商、手工业作坊综合经营，清末民初有人被誉为巩东巨富。

四、教育后人。前阌人很懂得“书中有黄金”的说法。“知识就是资本”，因此前阌人有钱不忘教育后代多学文化，做有知识之人。比较成功者为张彦卿，为清光绪二十三年拔贡，任教谕（教官），虽然官职不大，但是在小关地方影响还是比较大的，不但前阌张家子弟用心读书，也带动了小关私塾的发展。前阌张家有的把自己的后代送北京上大学，毕业后在河南省会开封任法官；有的把自己的孩子从小就送到省城去上学，后来是小关地区有名的书法家；有的把后人送往黄埔军校，使其成为报效国家的人才……民国年间前阌张氏家族在自家的祠堂办过学堂，在油坊地的宅院办过识字班，张家的后代凡到启蒙的年龄，不分男女都要识字学文化。

前闭的三景点

○ 张丰西　张光哲

山小关（今小关镇）前闭扎堆的四合院和具有相当规模的张家祠堂，建筑艺术都有很高的观赏价值，但最具有观赏价值、最能让人回味的，要数以下三景点：

一、老槐树

前闭共有四合院13座，其中8座都是坐北朝南，由东向西一字排开，东西长约200米。这排四合院就在小关老街戏楼后面，离戏楼后墙不足2米。这排四合院的深度不一，但它们的大门都建在一条线上，自然也就形成了前闭的一条街。民国时期，在这条街上距民宅的大门口七八米处由西向东均匀地排列着六棵大槐树，由于小关老街戏楼的东侧有一条直通南沟的大道，把前闭分成了东闭和西闭两部分，六棵大槐树也分成了东闭三棵，西闭三棵。东闭的三棵中有两棵分别在张茂仁、张茂恒两家的大门口，另一棵在通往南沟的大路旁。西闭的三棵由东向西分别排列在张承恩、张荣恩、张茂旺、张茂正四家的大门口。

这六棵大槐树粗壮挺拔，树干足有两丈多高。其中最细的一棵一人搂抱难以扣上手。这六棵大槐树真像一排站岗的卫士日夜守护着前闭。这六棵大槐树枝叶茂盛的树冠在半空中都已牵上了手，它不但为前闭人带来了新鲜的空气，也把前闭的一条街真实地营造成一条林荫大道。有时风吹树叶发出的响声，伴随着树枝上各种鸟叫声，时常为人们奏响一曲曲优美的乐章，行人到此也会止步聆听欣赏一番，带着微笑而去。

这六棵槐树中最西头的一棵也是最粗，而且是最神奇的一棵，树龄有一二百年，有“槐仙”之称。说起来也神奇，这棵槐树贴近主干的树根大部分都露出地面，有一条向北伸去的树根在露出地面的部分正上方有一个椭圆形的小坑，这个坑比鸭蛋大点，小坑里常年都会有发黑的水，人们谁要闹眼睛（患了眼病），蘸点这坑里的水一抹就会好。

这六棵大槐树栽于何年，是谁栽的，均无从考证，但后人走在这条林荫大道上均能尽情享受大自然带来的幸福感。

二、贞节牌坊

东闲两棵大槐树往南约15米处就是张家祠堂的大门，祠堂的西侧，紧靠南北大路的东边沿建有一幢坐东向西的牌坊，牌坊南北长约30米，东西宽约5米，高约20米。这座牌坊的基座南北长32米，东西宽7米。因为这一条路是北高南低，牌坊需要建在水平面上，因此它的基座与路面就不是平行的，北头高出路面有0.5米，而南头高出路面有1米多。基座全由大方青石砌成，基座的四周各留出1米宽的人行道，中间就是牌坊的主体。主体由四根地脚三个拱券组成，有点像门洞。这四根地脚中间两根都是3米，两边都是4米，四根地脚厚度都是5米，用料全是大方砖和白灰，其拱券中间的一个6米宽，10米高，两边的拱券都是4米宽，6米高，中间大拱券的上方建有一个突出前脸平面的方框，长2米，宽1.5米，方框内镶嵌着遒劲有力的楷书“圣旨”二字，中间拱券两边的地脚上镶嵌着砖刻的光绪皇帝御赐楹联：“养老扶孤两大事问心无愧，守贞持节二十年矢志非他。”

牌坊的顶部是四坡起脊结构，琉璃瓦覆顶，正脊上装饰的是二龙戏珠，四角是龙头造型，又都高高翘起，在龙头的下方安装着一个大风铃，遇有风就会发出当当当的响声，牌坊的顶部采取层层出沿的方式，所以它的上盖显得非常宽大雄伟，使得整体结构非常协调，看上去十分大方美观。牌坊通体有许多石雕、砖雕，雕工既细腻又精美，尤其牌坊上部正中镶嵌“圣旨”的青龙高浮雕，可谓艺术精品。

贞节坊上的石雕

这巍峨壮观气势宏伟的牌坊是经清廷批准为张拔贡彦卿之母修建的贞节坊。

贞节坊上的石雕

张彦卿，谱名茂渠，字子俊，小关前闲张氏第二十三世孙。光绪二十三年（1897年）拔贡。拔贡在清代属于一种“功名”，即选拔出来的人才贡给国家使用。如果比照现在的话说就是考取了某种学位。清代的拔贡可不是那么容易得到的。按照清廷的规定12年才选拔一次，由主管全省教育的学政（与巡抚同为二品官）亲自主持，于每府、州、县学秀才加以考试，拔取一名成绩最佳、学问最优者为拔贡。全国的拔贡统一进京参加朝考，分等级录用，大部分分发各省，等候补用，张彦卿曾任教谕即主管一个县教育事业的官员。

明初有个规定，女子20岁以前守寡并且超过20年，由“督学岁上其事，大者赐祠祀，次亦树坊表”。清袭明制。张彦卿幼年丧父，是寡母含辛茹苦把他养育成人，即光绪帝御赐楹联中的“守贞持节二十年”，符合朝廷的规定，遂经地方官逐级上报层层审批，光绪二十八年（1902年）朝廷颁下圣旨：在张彦卿的家乡为其母亲修建贞节坊，以彰显其母德，并赐对联一副。

三、碑楼

前闲的牌坊建成后，确实给前闲的张氏家族增添了不少的光彩，也显示出皇帝爱惜人才、善待老人的美德。受其教化恩泽，张氏族人为激励后人，敬尊祖恩，于民国初年大伙出资在牌坊的南头又建起一座极其壮观的碑楼。

这座碑楼的基座和牌坊的基座是连在一起的，又同在一个水平面上，它的前沿也在一条直线上，用料同样也是净面大方石。这个基座长12米，宽7米，基座上碑楼的前脸和牌坊的前脸在一条直线上，碑坊的前面有1米宽的人行道，碑楼的东西两侧也各留1米宽的人行道，这样一来，碑楼和牌坊之间的距离就成2米宽，而碑楼的宽度只有2.5米，所以碑楼后面的空地就比牌坊的后面多出不少。这座碑楼也是南北走向，10米长，用料全是大青砖和青石材。在这10米长、2.5米宽、8米多高的碑楼上，离基座1米高处建有两个3米高、1.5米宽的拱券，每个拱券内各镶嵌着大石碑，两面都有碑文。拱券内石碑的前面留有1.5米的距离，石碑的前面在拱券内又都横搭着一块十多厘米厚的大青石板，石板上钻着三个孔，穿过石孔直触地面又立起三根石柱，很像是后人敬祖上的三炷香。碑楼的顶部和牌坊的顶盖大致相似，但上面的装饰就不同了。碑楼的正脊和伸向四角的脊棱上站立着仙人走兽，瓦沿下面的墙面上镶嵌着不少砖雕图案，其中正面是古代十二孝人物的造型，后边是十二生肖的浮雕。

牌坊和碑楼连在一起共有40多米长，这样大规模的建筑在小关仅此一处。它的规模之大，雕刻之精湛，书法之高超，实为县东之最，就连外国人到此观后也赞声连连。可惜这些牌坊和碑楼在20世纪70年代被拆除了。

逃兵夜炸龙王庙

○ 郅公林

20世纪40年代，除老街的商业铺户和一些手工作坊外，小关人都是以种田为主。天黑之后，劳作一天的人们早早入睡，一到夜晚，路无行人，万籁俱寂。

在小关街东头有一座老君庙，紧挨着山门是龙王庙，后来这成了小关小学，原址在今的亚文化中心西边310国道旁。龙王庙坐南朝北，下面就是东西大道。

大约在1948年深秋的一个夜晚，小关村村民李某等几个人在龙王庙打牌。虽然这座庙宇的院子高于路面约3米，但是打牌人的说话声、搓牌声，还是会传到外边。

大约半夜时分，有一个国民党逃兵从小关路过。小关街的商铺早已关门，街上一个人影都没有，逃兵想要打劫无从下手。当他走到龙王庙门前时，听到院子里传出说话声。他抬头看了看，见这座院子规模比较大，上了台阶是青砖到顶的三间大瓦房，门楼也比较讲究，就认定是大户人家的庄园。逃兵顺台阶上到龙王庙山门前，不知道是夜晚黑暗看不清龙王庙山门悬挂的匾额，还是不识字，或者是根本不管这些一心想着弄钱。他站在龙王庙山门外，仔细听了听，知道有人在打牌，于是便一边拍门一边大声喊叫。正在打牌的人听到拍门声、喊叫声，都吓了一跳，牌也不敢打了。他们仔细听听，不是小关口音，赶快熄灭了灯，谁也不敢吭声。

逃兵拍打、喊叫了一阵子，见没有动静，就威胁说："再不开门我可要扔炸弹了！"——当时老百姓说的"炸弹"就是手榴弹。打牌的人听说要扔炸弹更害怕了，不知道是刀客还是国民党兵，常言道"秀才遇见兵，有理说不清"，几个人便从龙王庙跑出来，躲在老君庙大殿一个角落里，一声也不敢吭。山门外的国民党逃兵喊叫了一阵子见没有人应声，而且里边一点动静也没有，又连喊两遍："里边的人听着，再不开门我可要扔炸弹了！"仍然没有应声，于是就把一颗手榴弹扔了出去。

里边的人听到"轰隆"一声，又听到山门外有人大声惨叫，一个个吓得魂飞魄散。过了一会儿，山门外没有了动静。打牌的人不知道山门外到底发生了什么事，仍是提心吊胆，挨到天明，已经日上三竿，听了听下边的路上不断有人走动，外边逐渐热闹起来，这才大着胆将山门拉开一道缝，看了看山门外的平台上没有人影，这才敢出来。有人发现平台上有血迹，这些人也顾不得吃饭就把夜里发生的事情报告给了管理治安的“局子”。

管事的带着几个局勇和这几个当事人，顺着血滴找到北岭上一个民团修的掩体，原来那逃兵把自己的一条腿给炸伤了，正躺在那里哼哼。几个局勇见了不容分说，举起长矛一阵乱刺，当场就把逃兵刺死了。随后用破席片卷住埋在东河龙王庙对面的乱葬坟。

那个国民党逃兵扔手榴弹把自己炸伤，无论是龙王庙山门还是左右建筑，都没有受到丝毫破坏，这是为什么？我想大概有两个原因。一是小关龙王庙山门建得牢固。我们在小关小学从三年级一直读到六年级，上学、放学，走的都是山门，所以对小关龙王庙山门的印象特别深刻。门楼里外都有1米多宽，可以避雨。门板是用硬木做成，有两寸厚，木工技术精湛，两扇门有错逢，关起来非常严，连一张纸都插不进去。山门关上后，里边有两道保险：一是木门闩。二是在木门的中部挖出一个半寸深的坎，门里地面铺的是青砖，与木门小坎呈45°角的地面铺两块青石板，青石板上各有一个呈45°角的坎，对山门是斜面，院子这一面是直角，山门关上后，左右各用一根木棍顶住木门上的坎，下面正好放在青石板的坎里，这样，任凭外面有多少人也难以将山门撞开。这是山门没有受损的第一个原因。第二个原因，因为小关龙王庙山门前是个平台，仅有几尺宽，国民党逃兵要往院子里扔手榴弹几乎是直着扔，挨着山门两边都是砖瓦房，是不可能扔进去的，那么只有一个办法——从山门下边的猫道眼往里扔。“猫道眼”就是在院落、房屋的门下边右部，留一个三四寸见方的小洞，便于狸猫进出捉老鼠。从这样的小洞往院子里扔手榴弹是要冒极大风险的，无怪乎那个倒霉的国民党逃兵要落个自取灭亡的下场了。

小关村有两件宝

○ 郛公林

小关是个古老而文明的村庄，有着优秀的文化传统。小关人胸怀博大，起码表现在两个方面：一、小关虽然也是一个宗族社会，但是并没有形成大的宗族势力。就姓氏而论，除张、王、李、赵、刘之外，郅、白、孙、宋、聂、郑等族人亦有不少，焦、马、牛、薛、巴、游、房、韩、曹、郎、费、周等姓氏亦有在小关繁衍生息。二、从宗教信仰方面来说，佛教、道教、天主教等各有信众并自由发展，和平相处。宽松的信仰自由，让佛教、道教在小关留下了丰富的遗产。虽然这些宗教文化大多已经无迹可寻，但在小关人的印象中是难以磨灭的。比如小关的两件宝——青龙偃月刀、大铁钟，就让老一代津津乐道。

先说一下青龙偃月刀。

清代和民国时期，小关村有三把重在七八十斤以上的大刀，一是老街关爷庙的青龙偃月刀，还有两把分别为清末前阌张氏六合堂老三、曾任小关凤山学校校长的张茂成（字星五）和老六张茂绪习武所用。中华人民共和国成立后，前阌张家祠堂对面老槐树下放有一把大刀，有人说是关爷庙的青龙偃月刀，也有人说是前阌张星五习武用的刀，现在已经不好考证了。

青龙偃月刀原在小关老街街心关爷庙。小关关爷庙具体建于哪个朝代，因为这座飞檐斗拱、金碧辉煌的庙宇已经消失得毫无踪迹可寻，地方史志也没有相关记载，庙宇里原有的数通石碑也不知去向，因而现在考证起来非常困难。但是，中华人民共和国成立后，关帝庙成为公产，小关派出所曾长期在那里办公，故有人看过碑文，虽然没有记录下来，但是据说最早是元代所立的碑，清代的碑自是不必说了。

小关关爷庙有关羽塑像、关平塑像、周仓塑像，周仓手持青龙偃月刀。据说就是这一把青龙偃月刀后来从关爷庙移出来长期放在前阌。青龙偃月刀是什么时候从关爷庙移出来的？为什么放在前阌？对此我曾经做过一番调查。1948年11月，巩县第八区委、区政府成立，办公地点在前阌张家祠堂。新生政权巩固之后，关爷庙成为公产并成为政府办公场所，这样庙里的塑像、神龛、祭台、祭器及兵器架等都要清除，青龙偃月刀自然在挪移之列。将其放置何处呢？区委、区政府办公地点在前阌，前阌自然是最佳的放置地点了。青龙偃月刀应该是在20世纪50年代初从关爷庙挪移到前阌的。

青龙偃月刀挪移到前阌后，就放在张家祠堂门外一棵大槐树下边的地上。我是1953年在前阌上的小学，小孩子好奇心都比较重，放学后我和小朋友们经常围着大刀玩。小关关爷庙的青龙偃月刀可不是唱戏用的道具，那是货真价实的“宝刀”。据中国古典小说《三国演义》的描述，关羽所使用的兵器叫青龙偃月刀，重82斤，因为关羽用其斩杀了不少武将，所以后世也称青龙偃月刀为关刀。小关的青龙偃月刀不知道铸造于哪一年，也不知是生铁铸造、青铜铸造还是铜铁混铸，并且加进去的还有什么元素，只知道这把大刀放置在地上，历经夏季烈日暴晒、雨水浇泡，冬季大雪覆盖，刀身仍然光滑，不见一点锈斑。这一点小伙伴们都感到很惊奇，因为好奇、惊奇，所以对它观察得就多一些，印象也比较深刻。偃月就是半月的意思，刀头阔长，形似半弦月，背有歧刃，刀柄有一把多粗，有没有82斤不清楚。我们在张家祠堂读了一年多书，还有比我们年龄大的同学，没有一个人能拿动它，别说拿起来了，双手抱住刀把能够抬离地面一拃高都不容易。我们还听说整个小关村能拿起青龙偃月刀转一圈的也没有几个人。这把青龙偃月刀就静静地躺在前闲大槐树下，没有人移动，也没有丢失，可见小关人的淳朴。可惜不知道哪一年它消失了。

小关的第二宝是大铁钟。小关有一个凤山寨——因为在小关南部所以小关人都叫它“南寨”。南寨上建有几座庙，坐北向南的是火神庙，火神庙的背后，即面对小关老街的是钟楼。钟楼长宽各有两米，下面一层是个1米多高的砖砌台子，我十来岁的时候到南寨上玩，爬上钟楼需要搬三四块砖头垫在脚下才行。上面一层四面都是砖砌拱券，四角四根砖柱，属于透空建筑，这样有利于钟声传出。上部有一根碗口粗的木棍，大铁钟就吊在木棍上。小孩子都淘气，我们只要爬上钟楼，一定会拿砖头块敲打铁钟。大铁钟有多大？当时我们钻进钟里伸展胳膊可以摸到左右钟帮，因为在上面吊着站在里边可以直起腰，但是摸不着钟顶。这口大铁钟是哪个年代铸造的？有多重？现在已经没有人能说清楚。

南寨是小关镇的制高点，20世纪80年代以前小关没有高楼，东边过了关谷堆、西边在茶庵岭，就能看到南寨，在这个地方架一口大铁钟，声音能传出很远。大铁钟的作用有两个：一是平时报更，二是动乱时报警。民国后期，南寨的庙宇里已经没有道士，“局子”——管理小关治安的机构设在那里，有人负责打更。过去没有钟表，用“更香”计时。更香比祭祀用的香粗，一个更次正好燃完一炷香。一更敲一下大铁钟，间歇性地再敲两次；二更敲两下，三更敲三下，直到五更。第二个作用是报警。民国时期社会动荡，既有“刀客”——土匪，又有战争，如果有警情，就会紧急敲响大铁钟，并且不分点数乱敲。当年起码玉皇庙以东、米河以西，只有这一口大铁钟，夜深人静之时洪亮的钟声会传出很远。人们听到钟声乱响就知道是有警情了，会赶快躲避。例如日本鬼子途经小关进攻巩县时，南寨的大铁钟就敲响过好几次，村民们纷纷扶老携幼到南岭、北岭的庄稼地里躲避。

中华人民共和国成立后，社会安定，人民安居乐业，大铁钟失去了昔日的作用，渐渐淡出了人们的视野，除了偶尔有小孩子到南寨玩敲击几下，再也听不到那洪亮悠长的钟声了。大约在1956年，小关小学扩建，因为物资贫乏，扒掉了南寨上的魁星楼和钟楼，木料和青砖都用于建校。那时我们刚到主院上课，教室就是校园西边的小楼。放学后老师就组织我们到南寨背砖。记得砖和木料全部运走后，我还到南寨玩过，大铁钟孤零零地卧在草丛中，好像一个垂暮老人，身上显出绿锈。因为钟扣在地上，虽然下面支有砖头，但是任你敲打，再也发不出震耳欲聋的声音了。

二十世纪六七十年代，大铁钟还扣在那里，不知道在哪一年，也不知道什么原因，大铁钟便消失得无影无踪了。

青龙偃月刀、大铁钟，当年小关的两件宝，就这么消失了。

民主选举丢豆子

○ 郅公林

1948年，解放战争的隆隆炮声响彻了中原大地，并以摧枯拉朽之势横扫国民党政权。当年4月7日，巩县获得解放。4月9日，解放军派兵东进，国民党地方残余势力闻风逃窜，崇仁乡（辖今小关、米河、新中三镇）回到人民的怀抱。

巩县县委和县政府在剿匪平叛的同时，建立地方政权。11月，巩县第八区委、区政府成立，辖区为原崇仁乡。区委、区政府成立后，立即着手组建各村政权，以稳定社会秩序，恢复生产，支援全国解放战争的顺利进行。

共产党最讲民主，组建基层班子自然是民主选举了。但是有一个问题摆在区委面前：民国时期农村教育十分落后，读书识字的人很少，一般农家子弟读过三年书的就算是知识分子了，绝大多数是文盲，连自己的名字都不会写。在这种情况下如何让全体民众普遍参与民主选举？那个时代人们还不懂举手表决，再说当众举手选谁不选谁农民也会有顾虑，不举谁的手岂不是得罪人？为了充分发扬民主，又不让农民有顾虑，区委想出了一个办法——丢豆子。

丢豆子前先经过协商，确定候选人，然后召开小关全村民主大会。凡是年龄在18岁以上、具有选举资格的村民，不分男女都要参加。农村妇女第一次被当人看待，既新鲜又好奇，不知道什么叫选举，也想看稀罕，因此选举那一天人到得特别齐。因为候选人都是小关村人，大家都熟悉，选举前几个候选人先要面向村民作一简单介绍：姓啥叫啥，哪个村（自然村）的，今年多大了等。接着转过身子，背对着村民坐在最前排，每人身后放一只碗。区委领导宣布选举规则和方法：实行差额选举，比如从七个候选人中选出五人；指定监选人和统计选举结果人。然后给村民发黄豆。黄豆的数量比背对着村民坐在前面的候选人少两个，比如有七个候选人但发到村民手里的豆子是五粒。你愿意选谁就把豆子丢在谁背后的碗里，可以少丢也可以不丢，但是谁也没有办法多丢，因为你的手里只有五粒。村民们排着队依次丢豆子。豆子丢完了，统计选举结果——在监选人的见证下当众数豆子，并且当众宣布选举结果，不需要领导再讨论，碗里豆子多的当选，真正做到了民主、公开、透明。

对于这一次选举，那时候我的年龄小没有目睹，但是小关村民非常满意，事情过去几十年还津津乐道。到了二十世纪七八十年代还常听村中父老谈起此事，说起来他们就会眉飞色舞，怀念之情溢于言表。他们为什么对这件事印象深刻、念念不忘？我想大概有以下几个原因：

一是世世代代乡村政权都被头面人物把持，虽然他们当中的多数人平时办事比较公允，但毕竟不是平民百姓选出来的，在农民的意识中压根儿不知道选举是何物。今天让大家来参加选举，人人都有权“丢豆子”，按照区委领导的话说是体验了一下“当家做主”的味道，所以印象深刻。二是过去农村妇女只管家里事，不管社会上的事，按照小关的俗话就是“只管三尺门里，不管三尺门外”，虽然说“豆炸地麦掉头，姑娘小姐都下楼”，农忙时与男人一样下地劳动，但公共事务从没让女人参与过。这一次选举她们与男人们一样有“丢豆子”的权利，该是一件多么有意义的事情啊！三是村民们自己选出来的干部，很珍惜这份荣誉，能按照党的政策真心实意为小关村民服务，在接下来的土地改革等运动中秉公办事，基本上没有发生什么矛盾，因此小关村村民对那一时期风清气正的政治氛围具有浓烈的怀念情绪也就在情理之中了。

记忆中的孩童时代

○ 张林报

小时候常听老年人讲：“哎，这记性越来越差，现在的事老是记不住，过去的事忘不掉。”当年听了不以为然，现在年逾古稀，也成这样子了。特别是孩童时代的一些人和事及童年所处的生活环境，仿佛是昨天发生的一样，历历在目，久久不能忘怀。

从我记事起，我们家就住在小关老街西头的一条胡同内。这一条胡同临街修有大门，大门上面是一平顶晒台。20世纪40年代末和50年代初，逢年过节，尤其是古庙会，常有文艺活动。因为小关老街商铺林立，小关地区最辉煌的庙宇关爷庙就在老街中心，所以小关老街是所有表演队伍必到的场所。小关、孙寨、赵寨、竹林、口头、郑沟等村的大水（大鼓、大镲、大锣等打击乐器）、“故事”（踩高跷）、舞狮子都会从东到西穿街而过，我们就站在平台上观看。胡同口有两扇坚固的木制大门，过了这个大门，一条胡同里面住的都是我们张氏族人。胡同尽头是一道影壁墙，影壁墙过后，是一座雕花和彩绘的大门楼。门楼两边是上马石，上三个石台阶，进了大门，再下三个台阶，左侧进入二门，又是一道影壁墙，院内上房三间坐北向南，癸山丁向。东西两边厢房各五间，石头砌的地基，墙由青砖砌成，顶上覆盖蓝瓦。院内住着我们张家几十口人。这是一座标准的四合院，现在恐怕在小关再也找不到这样的院子了。这座四合院是什么年代、经谁修建的，现在我也不清楚。大门外墙上有拴马石。还有一棵两个大人分开双臂都搂不住的大槐树，应该有300多年的树龄。1958年被砍伐，大槐树解的木板，外地剧团来演出时，能搭起来一个大舞台。

我们家在老街还有几间临街房，既是商铺也是住房，父亲在这里开肉铺，我们跟着父母亲就住在临街房内，出门就是老街，所以我对老街的印象特别深。

1964年以前小关没有电，1953年前，家家户户照明大多用的是铁灯。铁灯有巴掌大小，1厘米多深，一头有个嘴，一头有个把，添的都是食用油——槐楝籽油、棉籽油，用灯芯草或者棉线做灯捻（灯芯）。铁灯都有个灯台，一般是用陶土做的，也就是瓦灯台，高度有30厘米左右，下面是个平底，上面是个圆盘，中间的立柱一般是竹节形，这就有个俗语叫“高照低明”，因为铁灯放在灯台上，下面必然有一片照不到，所以就有了“灯下黑”的俗语。还有一首儿歌：“毛老鼠，上灯台，偷油吃，下不来。叫小妞，逮猫来，吱扭吱扭就下来。”说的就是这样的灯台。

供销社成立后，加速了商品流通，煤油进入小关市场，铁灯逐渐被煤油灯替代。煤油灯是用一个小玻璃瓶，倒进去煤油，用薄铁皮卷一个筷子头粗细的圆管，中间穿一根灯芯就可以了。煤油灯的制作说起来简单，可是小玻璃瓶不好找，家有学生的，买一瓶墨水，墨水用完了，墨水瓶就可以做煤油灯。那时候家庭照明，学生做作业，上早自习、晚自习用的都是这样的煤油灯。

煤油灯虽然比铁灯的照明效果好，但是生意铺夜里使用光线还是不够，商铺用的都是玻璃罩灯。玻璃罩灯约有20厘米高，下边是个圆盘，中部凹腰便于用手拿住移动，上面用螺丝拧上一个铁制的蛤蟆嘴，穿入一根扁灯芯，拧动齿轮控制灯芯的长短，再装上一个玻璃罩就行了。

小关老街戏楼唱夜戏，照明用的是大铁灯，有二三十厘米大，小关人叫它“老鳖灯”。戏楼前台两边的柱子上约离地一米半横着一块木板，在上面绑上一个大铁灯，一次添的油能用一个多小时。灯芯有中指那么粗，两盏“老鳖灯”能把整个戏台照得通明，演员的表演包括面部表情都可以看得清清楚楚。“老鳖灯”的抗风能力还极强，一般的风不会把灯吹灭，只是有一个毛病——要不断剪灯花，油灯点一会儿，灯芯被烧焦就会结一个结，影响照明，需要把焦结剪掉，这叫“剪灯花”。唱夜戏的时候有一个人拿一把剪刀专门做这件事。

我的启蒙教育即小学一年级是在东河小关小学上的。学校门楼比较高，得上十几个台阶才能进入学校。小关小学是什么时间建的，我不清楚，我只记得那里原来是老君庙、龙王庙，我还在东北角老君庙里上过课。那时候老师是当地的有文化的老先生，他们完全是老的教学方法，讲究师道尊严，对学生十分严厉，记得一个同学犯了错，老师用戒尺打学生的手，把手都打得通红。还有先生打学生的脸，学生们都是不敢吭一声的。

学校前面是一条四季流水的弯弯曲曲的小河，顺着学校下边的青石路往西四五十米，有一座石砌的大拱券门。券门上中央有一块儿青石板做的匾额，上面刻着“筱關鎮”三个繁体字，字体遒劲有力，不知道是谁的手笔。

进了这券门，是一条铺着鹅卵石的西高东低的街道，也就是小关老街。进入老街便是几家骡马店，也叫大车店。店门宽大，马车可以直接进出。里面有客人休息的地方，有马棚喂骡马的地方。

过了骡马店，便是油坊地。这里有一家油坊，主要加工芝麻油，老远都能闻到香油的味道。打油的设备是一个长方形的大木，中间开有木槽，一头放入油料，一头是木头，加上木楔用大锤往下砸，把木楔挤向油料的一边，把油挤出来，流进容器内，所以很远都能听到工人们砸木楔的咚咣声和用劲的哼哼声。

油坊的前面是小关街的菜市场，农民自家种植的各种蔬菜挑到这里卖，摆满一街两行。那时候农民种的菜，是真正的有机蔬菜，既没有打农药，也没有施化肥，那个年代根本没有这些东西，浇地用的是一年四季流淌的河水，菜园的井水也没有被污染。

紧临菜市场的老街北边有一棵大槐树，槐树北边是一家染坊。农民自家纺织出来的白粗布，送到染坊，加工成蓝色、土黄色及各种印花布。

顺着老街再往西，南北商铺林立，一家挨着一家。杂货店、点心铺、布行、棉花铺、中药铺、粮食坊子、烧饼铺、包子铺、银匠铺、肉铺等。这些商铺都是带着前廊的房子，门面是用木板一块儿扣一块。打开木板，便是商铺，里面摆放着各种商品。

一般店铺柜台前摆放一张八仙桌，上面放有一个插鸡毛掸子（小关方言读作“鸡毛呆子”）的花瓷瓶，放一把瓷茶壶和几只茶杯。老板坐在八仙桌旁的罗圈椅上，手里拿着铜制的水烟袋咕噜咕噜吸着水烟。伙计在柜台里面忙活着，看见客人来了，老板先站起来，迎上去，寒暄几句，便让伙计接待。不管是老人还是孩子，老板同样热情，笑脸相迎，笑脸相送，价格是童叟无欺。中药店都有医生坐诊，老先生戴着眼镜，一手捻着花白的胡须，一手搭在病人的手腕上，眯着眼给病人诊脉，写好方子，伙计给病人抓药。那时候各家药店对中药的炮制都非常用心，离中药店十几米远，都能闻到中药的味道。特别是端午节，药店早早开门，配置一包包香料，无偿送给前来的客户。糕点铺，各式各样的点心很是招人喜欢。记得我小时候很想吃点心，点心店老板的儿子喜欢吃肉，我们俩商量，我偷偷拿点儿卤肉给他，他偷偷给我拿点儿点心交换。有几家粮食坊子，伙计们在门前放几个用竹子编的箩筐，里面是小麦、蜀黍（玉米）、黄豆等各种粮食，有人背着自家的粮食卖给粮坊老板，卖几个钱去置办他需要的物资，有的人拿着空袋，到粮食坊子购买自己需要的粮食。

老街中间，是小关的政治、经济、文化中心，那里有一座关帝庙，小关人叫关爷庙，这座庙宇常年香火旺盛。关帝庙不知道是初创于明朝还是清朝，其建筑雄伟壮观，在我的印象中小关地区所有庙宇的辉煌程度没有能与关帝庙比肩的——有不少庙宇的院子比关帝庙大，但是就建筑艺术而言却无法相比。关帝庙临街一面全部是木门窗，门窗下部雕刻有精美的图案。关爷庙殿顶覆盖黄色琉璃瓦，四角飞檐斗拱，上面装饰有仙人走兽，拜殿内雕梁画栋。前殿后寝，寝殿是具有小关建筑特色的内拱外殿——里边看是青砖拱券窑洞，外面看是琉璃瓦覆盖的殿顶。关帝庙的地基比街道高三四尺，山门前是由青石组成的石护栏，中间是石台阶，青石栏板上雕刻有各种花卉图案。拜殿中间端坐着一手捋着胡须一手握着书的威武的关圣帝君，在专心看着《春秋》。右边站着周仓，手里拿着关二爷的青龙偃月刀；左边站着关平，手里捧着官印。关帝庙前方是戏楼，每逢节日、庙会，便有戏班演出。那时候农村娱乐活动少，只要有大戏演出，小关周边十里八村的群众都会来小关看戏。关帝庙和戏楼之间是一块儿空地，能站数百人——观众基本上是站着看戏，尽管如此，观众的兴趣一点都不少，还不时爆发出叫好声。周边有不少小摊贩在做生意，有水煎包子、烧饼、花生、茶鸡蛋等。

过了关爷庙再往西，除了几家店铺，有一家豆腐坊早上磨豆腐，有时做粉皮、下粉条，此处有一棵大槐树，这地方便是夏秋季的水果市场。每到夏秋季节，农户将自家采摘的杏、李子、桃子、梨、西瓜、甜瓜等，扤着荆篮、挑着箩筐来卖（也叫赶集）。顺集时也有不少客商来到这里批发水果，一买就是几十斤，南山来卖水果的小贩大多没有能称十斤以上的杆秤，我们几个住在西头的孩子，谁家有能称几十斤重的秤就背出来给他们用。他们交易之后就拿几个水果给我们吃，算作感谢和报酬，吃到水果的小孩儿心里也是美滋滋的。

过了水果市场，来到了肉类市场，平时这里只有几家有固定铺面的卖肉商户，到了庚集、庙会，尤其是腊月集，杀猪宰羊的多起来，鸡鸭也不少，这些临时商户放个架子支起一块案板，就可以营业了，肉案真是一家挨着一家。肉类以猪肉、羊肉为主，也有鸡肉，但多数是卖活鸡的，还有熟肉，如酱牛肉、垛子肉、烧鸡等。卖牛肉、驴肉的很少，因为牛、驴是农民的半个家业，老得不能再干活了才会杀掉，没有专门饲养肉牛、肉驴的，好好的牲畜被杀掉会受到人们的指责。

说到肉类市场，现在回忆起来我小时候从没有发现有卖鱼的，其实小关有一条一年四季流淌不息、清澈见底的小河，河水清亮到什么程度，我举一个小例子：那时妇女们在河边洗衣服，大部分都用皂角板，皂角豆落在河水里，尽管和小石子混在一起，我们也能看清楚，一粒一粒地把皂角豆捞回来做游戏用。河里有鱼、虾、螃蟹，在水流缓慢迂回的地方，水比较深。夏天我们在河里洗澡、戏水，可以看到水中的小鱼小虾自由地游来游去，摸着摸着就能在石缝里摸到斤把重的大鲫鱼，逮住一条鱼都觉着很好玩，把鱼拿回家不是自己吃，而是喂猫。为什么呢？都说鱼腥不能吃，主要是不知道怎么做，所以肉类市场上没有卖鱼的。在市场上偶尔可以看到有人拎着个口袋，手中举着棍子，棍子上挑着个老鳖，后来才知道那叫甲鱼，在街上叫卖。据说老鳖能治好几种病，有人会买回去治病。大约在1956年前，鱼也好，虾也好，老鳖也好，虽说是野生的，河水没有污染的产物，但平常根本无人问津。到了1956年，发生了很大变化。小关地区的铝矿石储量既丰富品位也高，武汉417地质勘探队来小关勘探，南方人喜欢吃鱼，他们在小关河打鱼捉虾，受其影响，我们才慢慢地知道了鱼的做法和吃法。

儿童时代最盼望的事，就是过大年。小时候家庭都不是太富裕，平时很难吃到白蒸馍，别看我父亲是开肉铺的，平时也不能吃肉，只有过年才能吃上白面馍，吃上饺子，吃上肉，穿上新衣服，还可以到长辈那儿领到几个压岁钱。所以一到腊月，天天扳着指头算，总是埋怨日子过得为什么这样慢。过了腊八，盼腊月二十三小年。腊月二十三祭灶，是灶王爷上天向玉皇大帝汇报工作的日子。为了不让灶王爷上天汇报不好的事情，所以家家户户都买糖瓜，供奉灶王爷。因为糖瓜是用麻糖制作的，有黏性，可以封住灶王爷的嘴，让他不能乱讲。当然灶王爷一点儿也没吃，都是我们小孩子吃了。

过了小年，虽说离春节不远了，可我们总觉得过得还是太慢。到了腊月二十五，我们到河道里去挖些细沙，回来装香炉，插香供佛和祭祀历代祖先。从二十五日这天起，家家忙里忙外，打扫卫生，用铁蒸笼蒸过年吃的花馍，还拿上红纸到村里老先生家让给写对联。“二十七剃精细”，这一天，不论是几个月大的婴儿，还是八九十岁的老人，凡是男性都要剃头，图的是个好兆头。“二十八贴嘎嘎”（嘎嘎，小关方言，指图画，这里指门神），这一天，家家户户都在自家门上贴上红彤彤的对联和门神。过去穷人欠债比较多，小关有个民俗，贴上对联就等于过年，大年下都要讨吉利，人家已经贴上对联了，债主就不能上门来讨债，只有等到过了年才行。所以有些欠债的人家在腊月二十七就贴对联的。

越是快到年关，小关老街越是热闹非凡，吃的、穿的、用的、小孩玩具等，各种商品一街两行、琳琅满目。从天亮到日头落山，办年货的人山人海，大多都是满载而归。

除夕这天家家包饺子，然后我们跟着大人带上供品、鞭炮，到祖坟祭奠先人。在自家的中堂，贴上历代祖先的牌位，摆满供品，点上大红蜡烛，求佛祖及历代祖先保佑全家平平安安，万事如意。家家张灯结彩，年味十足。

除夕夜，我们小孩子都在小关街中的空地玩捉迷藏，一直玩到半夜，直到筋疲力尽才回家，倒下就睡。在沉睡中，被噼噼啪啪的鞭炮声惊醒，急忙起床提上灯笼，到大街上商铺门前拾没有点燃的鞭炮。

天色大亮，我们不再去拾鞭炮，而是回到家中，母亲把饺子煮好，端到桌上，我们狼吞虎咽吃起来。吃过饺子，穿上新衣服，先给祖先牌位磕头，然后给父母亲磕头拜年，父母亲给压岁钱，之后我们便到本家伯伯叔叔家去拜年，他们给些水果、糖、花生、核桃，偶尔也有给一些压岁钱的。见到大人们都是双手合十作揖，相互祝福。

正月初七是南寨火神爷的生日。到了晚上，人们各自手提各式各样灯笼聚集到关帝庙前，然后从老街开始经过西沟向南岭白家洼缓缓行走，最后回到南寨。因为是夜晚，远远望去如一条巨龙在夜幕中盘旋，十分壮观。

正月十五这天，小关街中心关帝庙前更是热闹非凡，人们都带上供品，拿着香烛，到关老爷塑像前烧香磕头，期待关老爷保佑全家财源滚滚，人丁兴旺。

正月十六是小关的古庙会。天不亮，各地的客商挑上自家的商品，从四面八方拥向老街。由于小关老街只有一条街道，各地的客商再加上原有的商铺，老街实在容纳不下。商户们只好沿着小关河道摆放，卖吃的有油条、麻辣烫、凉粉、五香花生、芝麻糖、糖葫芦、茶鸡蛋，还有卖针的、卖线的、卖木梳的、卖头绳的等等，各种生活用品十分齐全，还有小孩儿玩具刀枪棍棒、皮老虎、拨浪鼓等。人们早早从乡下来赶会，人山人海，有些地方特别拥挤，特别是东河龙王庙前的空地上，各村来的文艺表演队轮番上阵，有舞狮子、打鼓、唢呐、笛子等，各显神通。

说到小关老街的治安，那可是人人参与，为了家家户户平平安安，每天夜里各个商铺轮流敲锣打更。记得轮到我们家时，我就提着灯笼，父亲提着铜锣，走几步，咣！咣！咣！敲三下，口中拉长声音喊道："小心门户，小心灯火！"从街东到街西巡视一遍回到家中。那时候家中没有钟表，只好点燃一炷香，等着燃完了，再去巡视一遍，直到五更天，才能结束。

小关街西头有一口水井，井水甜甜的，我们都是饮用这口井的水。据说这口井是一位老婆婆家的水井，后来不知什么原因，老婆婆把水井无偿奉献给街坊邻居。乡亲们和商铺老板们为了感谢这位老婆婆无偿把水井供大家使用，在水井前临街处修建了一个碑楼，以此告诫我们"吃水不忘打井人"，纪念这位老人。

记得一天天不亮，我要到学校去上早自习，打开门一看，吓了一跳，街两边靠近商铺的门前，都是身穿黄军装的士兵，他们都坐在自己的行军背包上，枪放在胸前，两手抱着枪头靠在臂上睡觉。天大亮了，小关农会的干部、商会的干部都出来了，说这些都是咱们老百姓自己的队伍，安排各家各户给解放军做饭。解放军纪律非常严明，尽管我们住在临街房，可他们是什么时候到的，连我父亲都不知道。到了学校，老师组织我们学生扭秧歌、打花棍，欢迎解放军亲人到来。

茶庵——古人的善举

○ 孙云灿

茶庵位于小关镇西五里远的高岗上，海拔近400米。这里虽然只是五尺道，但是从明清直到民国时期，为郑州、荥阳至偃师、洛阳间东西必经之路。从荥阳西部的竹川到小关，顺河道而行，经过小关再往西，南为嵩山余脉，北与邙山、佛山余脉相连，都是

施茶庵官地碑

连绵不断的山岭，到处沟壑纵横，行走困难。只有翻过茶庵岭往西，沿着河道才可以通行，故茶庵岭就成了东西必经之路。这条路东来是上坡，过茶庵西去是下坡，坡道既陡又长，一年四季，东西过往行人、商贾，尤其是脚夫、小商贩，爬了一程坡既累又渴，必在此处休息，喝水解渴为当时要事。从清康熙三十九年（1700年）至民国3年（1914年），当地先辈曾三次修建卷棚、茶亭（茶庵），供过往行人、客商饮水。

现存卷棚东西宽10米，进深5.5米，为四根方石柱顶大梁建筑，人称“墙倒屋不塌”。始建后石柱上刻有楹联：“供水解炎，善果亘古今不朽；烹茶济渴，福缘与日月并存。”落款为“东周苏景辙作书”，卷棚和石柱至今犹存。

清乾隆四十六年（1781年），竹林沟（今竹林镇）人李汝汉为茶庵捐地连段13亩，让种地者一年四季负责给过往行人供水。这13亩地因为用于公益事业，故称“官地”。这一段地在茶庵天爷庙北边一处斜坡，得名“官地坡”。官地地块零碎，而且大都是坡地、石渣地，一遇到天旱就收不了多少粮食甚至绝收。民国时期种地、供水的都是茶庵人，有张全生、张毛。在张全生门前的石岗上也有一块官地，由张全生耕种。说起来有13亩官地，但是由于这些都是斜坡岗地，收成很差，茶庵岭上又缺水，张全生挑水要到2000米外的孙寨村，也是非常辛苦，但是他从来没有让这里断过水。民国3年，重修茶庵时，在天爷庙庙前修了一座碑楼，高5米，上边有五脊六兽，四周有几个小铜钟，一刮风铜钟叮当叮当响。民国时期供水方式比较简单，在碑楼后面2尺多处靠石墙，离地2尺多高，有一半圆形拱券，青砖砌池子，可盛四担水（约300斤），里边放一水瓢，人们可以站着舀水喝。这就是茶庵地名的由来。

由于茶庵地势高，东西俯瞰较远，战争时期如果谁占领这一高地，居高临下有一定优势，因此这里自古以来就是兵家东征、西进必争之地。晚清时期在这块弹丸之地上曾经发生过一次规模较大的战斗。据《巩县志》《小关乡志》等记载，清咸丰十一年八月十一日（1861年9月15日），捻军（因为清廷颁布剃发令，强迫汉人依照满俗剃去前半部头发，而太平军和捻军反清则要留发不剃，故当时人们称太平军、捻军为“长毛反”）王怀义、刘狗部数万人，于巩县、汜水边界仙家店大战丁元吉、程作瑶率领的巩县东路乡勇（团练），乡勇战败，仅小关地区乡勇就有27人被杀，捻军攻破仙家店。八月十二日，王怀义、刘狗部分三路西进，在茶庵岭天爷庙东约1里，地名八亩地，就在刘坤家北边，又与巩县知县袁修翰率领的巩县西路乡勇（团练）展开大战，杀声连天，声震四野，乡勇再次失败，多人被杀，其中一个乡勇头目被杀死在天爷庙西边30多米处，周围百姓也受到不少损失。捻军攻破巩县县城，八月十六日东去。太平天国和捻军失败后，巩县当局曾在茶庵岭上乡勇（团练）和捻军战斗过的茶庵天爷庙西20米处修建一座4米高的碑楼，碑文记载了这场战斗的经过和战殁的民团的首领和乡勇名单。中华人民共和国成立后碑楼被拆除。

解放战争后期，国民党军为了控制制高点，在茶庵周围几个高岗上修建了五处防御工事（称碉堡），准备和解放军对抗。只是战局的发展超出了国民党当局的预料，国民党军很快崩溃，这里才没有发生战斗。

随着社会主义建设事业的发展，小关地区延续数千年的“官道”已不能适应时代的需要。1956年，政府修筑了从上街到巩县的初级乡村公路，线路绕开茶庵岭南移，从此茶庵失去了往日的地位和辉煌，供水解渴的善举成为历史，但茶庵在小关地区的影响及佳话必将流传给子孙后代。

1942年凤山寨上的舍饭场

○ 张丰西

民国31年（1942年），河南遭受严重水、旱、蝗虫灾害。南岭、北岭的农田，夏秋两季大部分绝收，稍微好一点的比较耐旱的地，也不到正常年景的三成，不少人去巩县老城湖水里挖蔺草，榆树皮都被刮光了，路边是一棵棵白花花的树干。卖儿卖女、妻离子散的惨景几乎天天都有。有的逃荒路过小关，贫病交加，常常病死路旁。无名尸体被送到小关东河小学对面的荒坡上埋葬。因为不分姓氏，不分性别，所以老百姓都把那个荒坡叫乱葬坟。小关人耳闻目睹了这些惨状，有的为了活命，只好掩儿带女，背井离乡，出外逃荒。我父母抱着不满周岁的姐姐，和二叔一道，随着难民潮到陕西逃荒。后来，父亲多次给我说起逃荒的经历：他们到了巩县火车站，那里等着扒火车西去的难民把火车站都挤满了，有的两三天才能扒上车。火车上挤得水泄不通。车厢内、车厢顶盖上都是难民。还有扒不上火车的，就顺着铁路两旁的人行道，三五成群，担着小孩，扶着老人、病人，连绵不断，向着陕西方向蠕动。走着走着，不少人晕倒在地，有的死在路旁。中华人民共和国成立后，我们全家才从陕西回到自己的故乡——巩县小关前闵。

小关前闵张氏六合堂老六张茂绪，乡亲称张老六。读书出身，喜欢习武，清末县里比武年年夺冠，援例赠从九品。1958年以前，到过前闵的人都见过两把大铁刀，大的重120斤，小的重80斤，就是六合堂老三张茂成和老六张茂绪平时习武用的。张茂绪文武双修，为人豪爽，急公好义。在人命关天之际，他打开自家的粮仓，在小关凤山寨办起了赈灾济贫舍饭场，恤穷济贫，每天两顿小米粥。协助张茂绪开办舍饭场的有其子张荣八、其侄张荣周之次子张光林。

需要救济的，都由小关各村乡邻评出名单，张光林负责造册，每天两顿。到领舍饭时，张荣八负责敲凤山寨上的大铁钟，大钟一响，家里断炊的父老乡亲，都端锅、提罐到凤山寨领舍饭，张光林念名单，有序供饭。

2015年，我对1942年张老六在凤山寨开舍饭场一事作了详细调查，小关八旬以上的老人大部分都知道此事。张氏六合堂老五张永阜之孙张东晃（张荣权之子），生于1934年，现住小关后纸房。他说："大灾荒那年我才八九岁，每天跟荣八叔到凤山寨舍饭场，当凤山寨的钟声响后，领舍饭的人三五成群，络绎不绝，像赶庙会一样。我跟荣八叔说，给我一碗吧，荣八叔说册上没有你的名字，不能给。舍饭场开有四个月左右。后来，我还见过六爷胸前戴的赈灾济贫奖章。"

小关前闵张氏第24世张荣奇，出生于1921年。他说："大饥荒那一年，小关六合堂张老六在凤山寨办舍饭场，我记得很清楚，时间有四个月左右。尽管饭不太好，但救活了不少人。"

二、现尚存世的碑铭

创立观音堂碑（明万历十八年）

○ 王全营/译注　李培涛/图

创立观音堂碑（明万历十八年）

大明[1]万历十□年，岁次庚□[2]，二月癸酉□[3]，十之□□，□□河南河□阴董，赐各男□□□□，地名小关村，一境居住。信士[4]社首[5]张德稳、得昌、得诣，愿合社人等[6]各施财帛[7]，于本境[8]创立观音堂一所、卷棚[9]一间，□绘（下残），□往来善男信女[10]，焚音[11]□□，□祈一方风调雨顺，国泰民安。直□信人等或施银，或砖瓦木植[12]等件，得祐家家清吉、户户均安。施财者刻石不朽[13]。

计开[14]姓名刻列于左

正尊[15]李门董氏[16]男李慎元　左尊赵良知　右尊张门李氏

社首李得昌　李天才　赵　应

张时昂　李重庆　张佳通　张尧中　王汉林　仲守仁　郭廷玉　张德稳　李得才　张保业　何　府　李门曹氏　杜希孟　李重华　赵门石氏　刘荣周　张得平　赵门张氏　杜以鹏　李友才　周　平　赵良会　李□□　赵　林　赵得宠　闫友才　陈友习　赵求恩

【注释】

该碑现存小关南沟观音堂后院，嵌于墙壁，故虽经400余年岁月，大多数字迹依然可以辨识。该碑为长方形，竖排，正文9行，满行17字，共143字，碑文中的残字及辨识不清之处，用“□”代替，过多者作“下残”。

[1] 大明：指明朝。

[2] 万历十□年，岁次庚□：岁次，每年岁星所值的星次与其干支叫岁次，也就是这一年的甲子纪年。碑文“十”字下面有一残字，右边有一撇。查万历十年至十九年，天干为“庚”的只有万历十八年，是年为庚寅年，故此处应为“万历十八年（1590年），岁次庚寅”。

[3] 二月癸酉□：查万历十八年二月癸酉朔（1590年3月6日），即二月初一干支纪日为癸酉。故此处缺字应为“朔”。

[4] 信士：信仰佛教而没有出家的人。

[5] 社首：一个社的管事人称为社首。社，古时民间以庙宇（宗教）为纽带，以经济为目的组织的团体，在小关村就有观音社、关爷社、火神社、老君社、牛王社等。一个人可以参加几个社。

[6] 合社人等：本社的所有人员。

[7] 各施财帛：施，捐献；财帛，金钱布帛，亦泛指钱财。

[8] 本境：指小关南沟村。观音堂在小关村南部，故小关人习惯称这里为“南堂”。

[9] 卷棚：中国古代宫殿建筑的屋顶样式，主要有庑殿式、歇山顶、悬山顶、硬山顶、攒尖顶、盝顶、卷棚顶。卷棚顶又称元宝脊，屋面双坡相交处无明显正脊，而是做成弧形曲面。现在的观音堂几经重修，内拱外殿，已经不是卷棚顶而是硬山顶，且正脊有脊刹。

[10] 善男信女：指信仰佛教的人们。观音是佛教的菩萨，观音堂拜殿是佛教布道场所，故使用佛教用语。

[11] 焚音：“焚”为“梵”字之笔误。梵音，佛教徒做法事时念诵经文的声音。

[12] 砖瓦木植：砖瓦、木料。

[13] 刻石不朽：刻石，在石上刻字，即刻碑。除了天灾人祸，石材一般不易毁坏，刻在碑上的文字可以流传后世，故称“不朽”。

[14] 计开：逐项开列。古人在清单的行头习惯用这两个字提示。

[15] 正尊、左尊、右尊：笔者在其他碑刻中没有见过这样的文字，辞典中也没有查到此词，故应该怎样注释，不敢妄下定义。根据碑文，此次创立观音堂主要捐资人是李门董氏及其子李慎元和赵良知、张门李氏，以此推测，似等同于其他碑文中的“功德主”。此说仅供参考。

[16] 李门董氏。在中国古代社会，女子出嫁后，姓氏前边要冠以夫姓，“李门董氏”就是李家的媳妇董氏，即过去小关人说的“李董氏”，故其子即“男李慎元”。

【译文】

大明朝万历十八年二月癸酉朔（1590年3月6日）……李董氏给儿子买了地，修建了庄园，地名在小关村。小关村的居民有不少人信奉佛教，还组织有观音社，观音大士的信徒有张德稳、得昌等。众人商量，希望全社人都行动起来，凭各人的力量施舍金钱，于小关创建一所观音堂。观音堂拜殿屋顶是卷棚样式，彩绘了观音大士法身。观音堂的创建，使善男信女念经拜佛有了场所，梵音得以传播。并祈观音大士保佑一方风调雨顺、国泰民安。为了创建观音堂，合社的信众都十分踊跃，有的施舍银两，有的贡献砖瓦，有的拿出了自家的木料，以求庇佑信士家家清吉，户户安宁。现在把这些捐献钱物者的名字都刻在石碑上，永垂不朽……

【点评】

这通碑文给我们传递了如下信息：

1. 该碑明确无误地记载了观音堂创立的时间——“万历十八年二月癸酉朔”“创立观音堂一所”。“创立”，初次建立。明万历十八年即1590年，到现在已经有420多年了，虽然清代历经多次重修，但是仍然可以称为小关村最古老的建筑物。这是小关现存年代最早的碑刻。

2. 该碑最亮眼的一点是：观音堂是由女性为主要出资人创修的——正尊李门董氏、右尊张门李氏，捐资人还有李门曹氏、赵门石氏。除这一通碑文外，在小关的明清碑刻中再也见不到女性的名字，这在小关庙宇创修史上是唯一的，在其他地区也是不多见的。

3. “地名小关村”，说明小关这个地名有悠久的历史，是名副其实的古村落。

4. “社首”“合社人等”，说明民间结社由来已久，起码在明万历前小关村已经有观音社。

5. 南沟观音堂初创时的拜殿是卷棚顶。

6. 敬神拜佛实际上是一种功利交换：善男信女建了观音堂，让观音大士免受风雨，享受供奉，但是神灵也要有回报，就是要保佑小关村年年“风调雨顺，国泰民安”“家家清吉、户户均安”。

重修观音堂三仙殿白衣堂并拜殿山门萧墙[1]碑记（乾隆三十八年）

○ 王全营/译注　郅立新/图

盖闻[2]锡胤送嗣[3]，昉[4]自莲台[5]，兴云致雨，咸□□花。而慈航普渡[6]，则归美于梵呗[7]，弥佗佛[8]□所谓救人□世灵应□□者也。此地左有玉仙[9]殿，右有白衣堂[10]，观音大士[11]□□□居于中。拜殿[12]□□于前，说者谓创建于万历十二年[13]，补□于乾隆之二载，周围居民得以□祷，于斯庆□□焉。无奈年□□□□□□，为风雨所倾圮[14]，神无复为相，□□□□□□，集而处者，其又何以安乎！夫乡□张君性复、郅君珩、赵君曰昇、张君廷昇者，□□□□□，贝□心……三圣[15]之何等？遂以观音香火地[16]屡年所出稞赀[17]，兴工动众，□坛墉而……老幼至而……神功告竣[18]。□渐而买官地[19]，筑山门……资依礼，旗帜、制钟鼓□，社日……之庙貌□□神……然可观哉。古人云：□小善……今观前人之善念，览诸君之功德，固均一小矣，而又可漫也耶。食□□□碎，固陋……颠末[20]勒诸贞珉[21]，以示不朽云。是为记。

重修观音堂三仙殿白衣堂并拜殿山门萧墙碑记（乾隆三十八年）

本镇后学[22]宋光祖恭手撰书[23]

功德主[24]　张廷昇、郅珩、张性复、赵曰昇、赵信

乾隆十七年（下残）

乾隆二十年（下残）

乾隆二十一年十月十四日（下残）

重修金妆一切，共□钱七十八千二百四十文（下残）

本社……钱四十五千三百三十八文（下残）

（疑）重修观音堂三仙殿白衣堂并拜殿山门萧墙碑记碑头（乾隆三十八年）

（下残）

时皇清乾隆三十八年岁次癸巳[25]如月[26]仲浣[27]吉旦[28]

【注释】

该碑现存南沟观音堂前院，露天存放。碑文中的残字用“□”代替。残字过多者作“……”“下残”。

[1] 萧墙：院内作为屏障的矮墙，即照壁。

[2] 盖闻：盖，语气助词，多用于句首。盖闻，听说。

[3] 锡胤送嗣：锡，赐予。《诗经·大雅·崧高》：“既成藐藐，王锡申伯。”意思是说申城建好后，周王又赐给申伯一些礼物。胤，后代、后嗣。嗣，子孙。“锡胤送嗣”，是说菩萨赏赐孩子，让家族人丁兴旺。

[4] 昉：天才亮的时候，引申为开始。

[5] 莲台：佛像的底座多呈莲花形，故称其为莲台，也叫莲座。这里以莲台代指菩萨。

[6] 慈航普渡：佛教用语，谓佛、菩萨以慈悲之心度人，如航船之渡人，使脱离生死苦海。

[7] 梵呗：佛教做法事时念诵经文的声音。

[8] 弥佗佛：即阿弥陀佛，佛名，净土宗的主要信仰对象。能接引念佛人前往西方极乐世界，故又称“接引佛”。

[9] 玉仙：玉仙圣母，是道教供奉的神祇。

[10] 白衣堂：供奉佛教菩萨白衣大士。

[11] 观音大士：即观音菩萨。原名“观世音”，唐代避李世民讳，故去“世”字，略称“观音”。佛教徒把她描写成救苦救难、大慈大悲的菩萨，民间又赋予其送子功能，不少地方称“送子观音”，故这一篇碑文开宗明义即云“盖闻锡胤送嗣，昉自莲台”。

[12] 拜殿：祭祀神灵时，摆放供品、举行祭祀仪式的殿堂。今观音堂迎面的建筑即拜殿。

[13] 说者谓创建于万历十二年：说者谓，有人说。这一句话充分说明此碑文撰写者

宋光祖行文比较严谨，观音堂“创建于万历十二年”只是有人（可能是主持这次重修的功德主）这样说，宋光祖并不认可但又没有依据不想辩驳，故加上“说者谓”，留给后人考证空间。

[14] 倾圮：倒塌，毁坏。

[15] 三圣：指上文说到的玉仙圣母、白衣大士、观音菩萨。

[16] 观音香火地：供奉、供养观音菩萨用的田地。小关村大的庙宇都有结社，如关爷社、火神社、老君社、牛王社、观音社等。由“社”购买的田地，小关人称为“官地”，官地地租收入用于该庙宇的祭祀。

[17] 稞赀：观音堂官地的地租收入。

[18] 告竣：完工。

[19] 官地：同 [16] 。

[20] 颠末：自始至终的经过情况。

[21] 勒诸贞珉：勒，雕刻。珉，像玉的石头。贞珉，旧时对碑铭的美称。勒诸贞珉，就是把这件事刻在石碑上。

[22] 本镇后学：镇，明清时期区划名，有一定的聚居人口，有商业税收，称镇。本镇，小关镇。此句说明乾隆时小关称“镇”。后学，读书人自称的谦辞。

[23] 恭手撰书：撰书，碑文撰写和书丹都是一个人完成的。恭手撰书，恭恭敬敬地撰文并书写了碑文。

[24] 功德主：主持这次重修观音堂的主要出资人。

[25] 乾隆三十八年岁次癸巳：乾隆三十八年即公元1773年。岁次，每年岁星所值的星次与其干支叫岁次，也就是这一年的干支纪年。乾隆三十八年的干支纪年为癸巳。

[26] 如月：月份的代称，为农历二月的别称。乾隆三十八年二月为大月，公元纪年为1773年2月21日至3月22日。

[27] 仲浣：浣，洗涤。唐代官吏每十天休息一次，称作休浣，后因称十日为浣，每月上、中、下旬分别称为上浣、仲浣、下浣。“仲浣”即中旬。这是古代碑文注明时间时常用的话。

[28] 吉旦：即吉日。

【译文】

听说向神灵祷告祈求能得到子嗣，是从菩萨那里兴起的。菩萨还能兴云致雨，使五谷丰登。而普度世间大众脱离苦海，则要归美于念诵经文，阿弥陀佛会接引念佛人前往极乐世界。此地左有玉仙殿，右有白衣堂，观音大士居于中，拜殿于三圣殿的前边。有人说观音堂建于万历十二年，补修于乾隆二年。观音堂周围的居民有了祈祷的地方，是值得庆幸的事情啊。

无奈因为年代久远，观音堂为风雨侵蚀，有的地方倒塌，神灵没有安身之所，居住在周围的人，怎么能心安呢？

小关镇乡耆张性复、郅珩、赵曰昇、张廷昇等，见此状况，互相商量说：我们不能让三圣终日受到风吹雨淋啊。于是以观音堂的香火地历年所收入的地租，对庙宇进行修缮。此举得到了民众的支持，无论老幼，都主动前来做工，很快工程就完成了。修缮完工后，又为观音堂买了官地，修筑了山门、照壁。剩下来的钱依照祭祀礼仪，购置了旗帜、钟鼓等法器，做观音社的时候也很热闹，庙貌焕然一新，神灵有所依附，整座观音堂十分壮观。

古人云：即使行一小善也会得到善报，今观前人创建观音堂之善念，看现在诸君修缮观音堂之功德，虽然是一小善，但是岂可忘记？有鉴于此，本人不揣浅陋，将这一次修缮观音堂的始末，撰文刻在石碑上，以传之后世，以期永垂不朽。是为记。

本镇后学宋光祖撰文并书丹

…………

乾隆三十八年二月中旬吉日

【点评】

这一篇碑文给我们传递了如下信息：

1. 观音菩萨的送子功能。没有子嗣或者嫌孩子少，向观音菩萨祈祷可以生子。小关人习惯称观音菩萨为送子奶奶。古代社会讲究多子多福，追求人丁兴旺，祈子祈福几乎是家庭主妇供奉神祇不变的主题，故清代和民国时期观音堂的香火是比较旺盛的。

2. 佛道共处。小关村不但不同姓氏、家族能和平相处，宗教信仰也能相互包容而不排斥。到20世纪50年代，小关村的庙宇以佛教命名的布道场所只有这一座观音堂，而在清乾隆时期观音堂里就供奉有道教神仙玉仙圣母，后又增加了道教大神后土、蚕姑，佛道两教的大神共处观音堂接受人们的供奉、祭祀，共保一方平安。

3. 观音堂仅乾隆年间就进行过多次修缮，时间先后在乾隆二年（1737年）、乾隆十七年（1752年）、乾隆二十年（1755年）、乾隆二十一年（1756年）、乾隆三十八年（1773年）。

4. 观音堂有香火地即官地，民间组织有观音社。

5. 观音堂有一套祭祀礼仪，购置有旗帜、钟鼓等法器。

6. 碑文作者宋光祖行文比较严谨，“说者谓创建于万历十二年”，说明两点：一是万历十八年（1590年）创立观音堂碑，经过183年到了乾隆三十八年，因风雨剥蚀等原因，“八”“寅”两字已残。二是古时可供学者使用的字典、词典很少，乾隆时仅有《尔雅》《说文解字》《康熙字典》等少数几种，即使是宋光祖看到了万历碑，因对碑文上的残字无法断定，而其对万历十二年这一说法并不认可，故用“说者谓”，点出这只是一种说法。

7. “本镇后学”，说明乾隆朝小关的人口、商业及税收都有一定规模，在巩县的区划仍然称“镇”。

在这里需要补充一点：石碑碑额一般是椭圆形，而现存的乾隆三十八年碑碑额却是平的，不符合常理。在这一通碑的右边还有一块残碑、一块浮雕，不知道是否是这一通碑的碑额。

金妆神像[1]并创立石基[2]序（乾隆五十四年）

○ 王全营/译注　郅立新/图

盖闻事有必至，理有固然。惟天下之静者乃龙见，然而如实也。巩治东南三十里许[3]，地名小关，古钜镇也[4]。南山之麓[5]，旧有后土、蚕姑、花娘娘洞府一座，五村创之，董其成者[6]，赵公天佑也。跨水临（下不清）实衣食之源流[7]。礼[8]所谓“有功德于民者则祀之”[9]乎？（二十六）年秋[10]，水溢，水及洞扉之（下不清），倾圮[11]几尽，赵公复与众重新之。迄今已廿余年矣。然□别落，识者谓□时□新（下不清）诸君等六七人，慨然曰：圣像蒙垢，且□基倾坏，逼近洞所，土崩瓦解，□神（下不清）旦夕矣。此之不图，遑[12]问其他？于是鸠合[13]五村，共筑石基，妆神像，不逾月[14]而厥功[15]告竣[16]矣（下不清）之报也，往往有祸伏肘腋[17]、害在目前，犹且宴然[18]不知所戒者，犹燕雀处堂[19]之（下不清）祠，诸君之治于未乱，□于未危者，其为人贤不肖何如耶！《易》[20]曰：“思患预防”[21]，《书》[22]曰“不□□□”（下不清）诸君之谓乎！是诚所谓见微知著[23]而不愧夫天下之智者也。斯为序。

莲屏[24]张□身撰并书[25]

化主

孙士贞钱七百六十文　赵大武钱七百六十文　王克让　赵大□　张居朝　张□　孙士英　□天祺　□□昇　郎永□　白现□　孙有合　郅天保　郅□□　王□□　王九用　白现月（注：下面还有近百人，名字大多看不清。）

大清乾隆五十四年[26]岁次[27]己酉[28]孟□[29]□旦

金妆神像并创立石基序碑（乾隆五十四年）

【注释】

该碑现存南沟观音堂后院，镶嵌在墙壁上。因年代久远，部分文字看不清，字数少的以“□”代替，字数多的注明“下不清”。

[1] 金妆神像：原有神像，因为年深日久色彩黯淡或者脱落，重修予以彩绘。

[2] 石基：基础，即小关人说的根子。通观此文，这里说的石基应该是为了防止洪水冲毁三仙洞府而垒砌的一道大堰。

[3] 巩治东南三十里许：巩治，巩县衙门所在地，即巩县县城。这里是说小关镇在巩县县城东南30多里。

[4] 古钜镇也：“钜”，现代汉语作“巨”的异体字。古汉语“钜”字有多种释义，其一为大，巨大。古钜镇也，是说小关在古代就是大镇。

[5] 南山之麓：南山的山脚。

[6] 董其成者：主持创修后土、蚕姑、花娘娘洞府者。

[7] 实衣食之源流：此句上文看不清，据道光二十年碑文，应指后土、蚕姑、花娘娘三仙。

[8] 礼：《礼记》，儒家经典十三经之一。

[9] 有功德于民者则祀之：《礼记·祭法》曰，“夫圣王之制祭祀也，法施于民则祀之，以死勤事则祀之，以劳定国则祀之，能御大灾则祀之，能捍大患则祀之”。碑文这一句话是《礼记·祭法》的缩略语。

[10]（二十六）年秋：碑文中“十”“六”二字勉强可辨，上面一字看不清，此处据道光二十年碑文添补，正与下文“迄今已廿余年矣”相符。

[11] 倾圮：倒塌，毁坏。

[12] 遑：何暇，怎么能。常用于反问句。

[13] 鸠合：纠合，聚合。

[14] 不逾月：不到一个月。

[15] 厥功：厥，代词。厥功，指金妆神像和创立石基这一工程。

[16] 告竣：竣，完毕。告竣，工程完成。

[17] 祸伏肘腋：肘腋，胳膊肘和胳肢窝，比喻极近的地方。祸伏肘腋，指在身边或者极近的地方隐藏着祸患。

[18] 晏然：安闲。

[19] 燕雀处堂：语出《孔丛子·论势》：“燕雀处屋，子母相哺，煦煦焉其相乐也，自以为安矣；灶突炎上，栋宇将焚，燕雀颜色不变，不知祸之将及己也。”后以“燕雀处堂”比喻处境危险而不自知。

[20]《易》：《易经》，即《周易》，儒家经典十三经之一。

[21] 思患预防：语出《周易》第六十三卦《既济》，象曰：“水在火上，既济；君子以思患而预防之。”

[22]《书》：即《尚书》，儒家经典十三经之一。碑文所引文字无法辨认，故不知道是《尚书》哪一篇。

[23] 见微知著：见到一点儿苗头，就能知道它的发展趋向或问题的实质。

[24] 莲屏：古人署名前一般会注明地望，但是查不到“莲屏”这个地名；如果是撰书者张□身的字，不应该放在“张”姓前，笔者推测“莲屏”可能是撰书者的号或者书斋名。

[25] 撰并书：碑文的作者及书写者。

[26] 乾隆五十四年：公元纪年是1789年。

[27]岁次：每年岁星所值的星次与其干支，也就是这一年的甲子纪年。

[28] 己酉：乾隆五十四年的干支纪年是“己酉”。

[29] 孟□：“孟”下边字残，不知道是春、夏、秋、冬哪一个字。

【译文】

常听人们说，做任何一件事只要意志坚定就一定能做到，道理本来就是如此。天下平安黄龙乃见，历史上的事实也是这样。在巩县县城东南30多里，地名小关，古代就是大镇。小关南山的山脚下，原有后土、蚕姑、花娘娘洞府一座，是五村村民共同创立的。主持创修三仙洞府者，是赵公天佑。三仙洞府跨水临岸，享受人们的祭祀同时也在护佑一方平安。后土、蚕姑、花娘娘给予我们的恩惠，实为衣食之源。《礼记》有载："有功德于民者则祀之。"小关人祭祀三仙正符合《礼记》的规定啊！

乾隆二十六年秋季，秋雨连绵，导致洪水泛滥，水满河道，淹没了三仙洞府的庙门，庙宇虽然没有倒塌但也是岌岌可危。赵天佑和大家商量，把三仙洞府重修了一次，到现在已经二十多年了。庙宇漏雨，三仙神像黯然。有识之士说：现在不修，将来费工就大了。孙士贞、赵大武等六七人慨然曰：圣像蒙垢，且石基倾坏，河道逼近洞所，一遇大雨，洪水必然威胁到三仙洞府的安全，倘若庙宇土崩瓦解，神灵也不安啊。此事危在旦夕，现在不予重修，其他什么事情都不用说了。于是集合五村民众，共筑了一条大堰阻挡洪水保护庙宇。原有神像因为年深日久色彩黯淡或者脱落，重修予以彩绘。不到一个月的时间，金妆神像和创立石基这一工程就完成了。

五村民众出钱重新金妆神像并创立石基，并不是求什么福报。世上往往有一些人，在他身边或者极近的地方隐藏着祸患、危害，犹且不觉反而像没事人一样，不知道有所警戒，这就是古人说的"燕雀处堂，不知大厦之将焚者也"。赵大武诸君在三仙洞府尚未倒塌之前就创立石基，其为人贤与不肖的分别由此可见啊！《易经》说"思患预防"，《尚书》也有类似的话，参与捐钱金妆神像和创立石基诸君不就是这样的吗？这就是见到一点儿苗头，就能知道它的发展趋势或问题的实质，不愧为天下之智者也。斯为序。

莲屏张□身撰并书

大清乾隆五十四年岁次已酉

【点评】

1. 这一通碑立于清乾隆五十四年，距清朝入关（1644年）仅有145年，文曰"巩治东南三十里许，地名小关，古钜镇也"，这一个"古"字应该指清代以前，说明那时小关不但是镇，而且是"钜镇"。虽然关爷庙等古碑今已无存，这一句话足以说明起码在明代小关就是个大镇。我们据此是否可以断定小关老街就是明清一条街？

2. 祭祀神灵都含有功利交换的目的，我给你摆供品祭祀，你要保我平安。"后土、蚕姑、花娘娘洞府一座……实衣食之源流"，就说明了这一功利交换的目的，符合《礼记》"有功德于民者则祀之"之祭法。

3. 碑文说"南山之麓，旧有后土、蚕姑、花娘娘洞府一座"，并没有三仙洞府原在南沟村的只言片语。但是，到了51年之后的道光二十年（1840年），赵奎聚撰书的《创建后土蚕姑花娘娘暨大圣祠碑记》中却出现了这样的文字："三圣凡衣食之源流也。粤稽斯庙创建之始，遗迹俨在。嗣因洞府塌陷，启迁村口，依山傍水，识者称吉。"到底是南山之麓旧有洞府，还是因洞府塌陷，启迁村口，我们无从考证。但是小关人世代传说赵奎聚能言善辩，善于打官司，我们把这两通碑文对读，是否可以佐证民间这一传说?

重修观音堂玉仙殿白衣堂暨拜殿[1]山门萧墙[2]碑记（道光五年）

○ 王全营/译注　郅立新/图

斯庙也，创修有碑，增修有碑，自本朝几二百年。重修□已毁，（下残）亦多倾圮[3]。居此地者，□委之风雨，视其□□不之顾。（下残）之意何哉?赵君奎聚谋于众，众皆□梵音[4]事赴，而不阅月[5]而告成。是其修□□。□□又见此鸟重□两翼重飞矣……然不于斯而见□。因勒诸石[6]，以□后之乐善不倦云。

后学张□寿谨识[7]

化主[8]　赵奎聚三千文　郅万程二千七百文　张简七百五十文　张润□六百十三　赵法奇一千二百文　孙钟俊一千八百文　张居朴一千七百文　王九如三千文　王有林五百文　孙士英一千二百文　王宗圣七百文　铁匠李有合施钱三百文　泥水[9]任凤友　铁笔[10]王秉元　住持僧[11]普通

道光五年[12]岁次乙酉[13]小春月[14]既望[15]榖旦[16]仝立

道光五年重修观音堂碑

【注释】

此碑现存南沟观音堂前院。因露天存放，受风雨剥蚀，字迹多漫漶不清，碑文中的残字及辨识不清之处，用“□”代替。过多者作“下残”或“……”

[1] 拜殿：祭祀神灵时，摆放供品、举行祭祀仪式的殿堂。

[2] 萧墙：院内作为屏障的矮墙，即照壁。

[3] 倾圮：倒塌，毁坏。

[4] 梵音：佛教徒做法事时念诵经文的声音。

[5] 不阅月：不到一个月。阅，经过；阅月，经过一个月。《新唐书·李景俭传》：“延英奉辞，景俭自陈见抑远，穆宗怜之，追昭为仓部员外郎，不遣。阅月，拜谏议大夫。”郭沫若《月饰》：“我们回到上海来不觉已五阅月了。”

[6] 勒诸石：将文字刻在石碑上。

[7] 谨识（识音zhì）：谨，郑重地；识，记载。谨识，郑重记叙。古代序跋和碑文常用“谨识”结尾。

[8] 化主：本是佛教僧职，四处募化钱物供寺院使用。这里指捐资人。

[9] 泥水：塑神像时，先由泥水匠用细腻、黏性强的泥土澄成泥浆，掺和草梗、麦秸、棉花，阴干后双手均匀地慢慢揉搓，拍成方块，仔细包好，备用。此处指泥水匠。

[10] 铁笔．因用刀代笔在石上刻字，故称为铁笔，亦借指雕刻艺术。

[11] 住持僧：住持，寺院中的负责人，亦称方丈。

[12] 道光五年：公元纪年为1825年。

[13] 岁次乙酉：岁次，每年岁星所值的星次与其干支，也就是这一年的甲子纪年。道光五年干支纪年是乙酉年。

[14] 小春月：亦作“小阳春”，指农历十月。《岁时广记》卷三七引《初学记》：“冬月之阳，万物归张之。以其温暖如春，故谓之小春，亦云阳春。”

[15] 既望：月亮圆的那一天为望日，通常指农历每月十五日；望日的次日为既望，后来专指农历每月的十六日。

[16] 穀旦：良辰，美好的时光。旧时常用作吉日的代称。碑文末尾一般都有“穀旦”或者“吉日”二字。

【译文】

观音堂这座庙宇，创修时立有碑，每次重修、增修，也立有碑，历次修缮碑文记载非常清楚。自本朝（清朝）初次重修到现在也将近两百年了。重修后的观音堂，由于年深日久，受到风雨剥蚀，神像有的已经毁坏，殿堂也出现倾倒。在这里居住的人们，虽然知道这是风雨所致，但是也不能视而不见、不闻不问，但又不知道该怎么办。赵奎聚见到这种情况，就和众人商量，大家都说拜佛念经是我们的心愿，我们愿意为重修观音堂而出力。在众人的襄助下，不到一个月就修好了。重修后的观音堂，面貌焕然一新。这件事不可让其泯灭，于是把它刻在石碑上，以昭示后人要乐善不倦。

…………

道光五年（1825年）乙酉十月十六日吉日仝立

【点评】

1. 南沟观音堂自明万历创修以来，仅清初到道光五年，就有过多次重修、增修，说明观音堂的香火还是比较旺盛的。

2. 小关近代有一个名人，他没有功名——不是举人，也不是贡生，但是有许多与其有关的故事，此人叫赵奎聚。这一通重修观音堂碑立于1825年，碑文明确记载这次重修发起人是赵君奎聚。赵奎聚能有一定的号召力并且有人听他的，其年龄起码在不惑之年，也就是说赵奎聚应该出生于乾隆年间。

金妆[1]观音堂十大闫君暨白衣堂神像碑记（道光十四年）

○ 王全营/译注　郅立新/图

尝谓通□国人□□而□身，尤戒寡色，人道不朽，神□□愿□□□之德，然而□□□□人不□。小关镇南沟有观音堂□□□□，神像衣冠楚楚，循属可观。讵十大闫君暨白衣堂神像多（下不清），五村（下不清）。资财，（下不清），而功告竣。□神像已光辉照人矣。而五村人等之善念，则□□不容后世□者，□□□□，俾后世目睹己识，倘复有所触而仿斯善念，愿其□焉。（下不清）仁人之至意也。聊□为记。

共使钱七千八百文

密邑、新邑[2]金塑匠　苏□烈　丁振　铁笔匠[3]　李首法　僧会司[4]　普通

大清道光十四年[5]秋七月上浣[6]立

观音堂金妆神像碑（道光十四年）

【注释】

该碑现存南沟观音堂。此碑文字为行草，且刻画较浅，故多数文字不好辨识，分别以“□”和“下不清”表示。

[1] 金妆：小关的所有神像没有铜铸的，全部是泥塑。所谓金妆、金塑，都是在泥塑的神像表面涂上一层金粉，看上去金光闪闪而已。金塑匠，给神像涂金粉的匠人。

[2] 密邑、新邑：密县（今河南新密市）、新郑县（今河南新郑市）。

[3] 铁笔匠：因用刀代笔在石上刻字，故称为铁笔，亦借指雕刻艺术。铁笔匠，雕刻这一通石碑的匠人。

[4] 僧会司：管理佛教事务的机构，管束一县的僧人，颁发度牒。长官为僧会。

[5] 清道光十四年：公元纪年是1834年。

[6] 上浣：浣，洗涤。唐代官吏每十天休息一次，称作休浣，后因称十日为浣，每月上、中、下旬分别称为上浣、仲浣、下浣。上浣即上旬。

【点评】

该碑文字本就不多，而不好辨识之处又不少，故不再翻译。

该碑有“僧会司”，一叶知秋，观音堂地处比较偏僻的南沟，此次并没有重修庙宇，仅是给神像刷一层金粉，也要报经僧会司，据此是否说明小关的庙宇及和尚、道士，均被纳入僧会司、道会司管束？如是，则可知小关的庙宇供奉的神佛，均属于官方认可的正祀。

创建后土[1]蚕姑[2]花娘娘[3]暨大圣[4]祠碑记（道光二十年）

○ 王全营/译注　李培涛/图

尝谓养口之具，悉凭土物，□身之美，咸称丝棉。相提并论，三圣[5]凡衣食之源流也。粤稽[6]斯庙创建之始，遗迹俨在。嗣因洞府塌陷，启迁村口，依山傍水，识者称吉。适乾隆二十六年[7]，秋雨连绵，积水涨发，波淹洞扉[8]，庙貌仅存，神失所矣，民奚赖乎？幸老成有人，目睹心伤，率集同志，公酌久远之计，鸠工庀材[9]，各主其职，筑石基，修墙垣，不数月而神像庙貌焕然一新。讵五十五年[10]秋，暴雨势如倾盆，平地水深数尺，各村房舍倾塌，几若一家。往视圣庙，石基、墙垣业已尽付于东流，危哉斯庙剥落，命反掌矣[11]。切思[12]斯庙□难以历久，不若易旧以更新。谋于众，皆曰善。因择地建庙，选吉迁神，创修、修补，各□合并，列于庙前，以昭来兹[13]。再者，外有大圣神像一尊，灵应如响[14]，甘泽屡施[15]，久无安驾之所。合另建新祠，以隆祀典。此创修、补修之勤苦劳瘁，均不可任泯没而不彰[16]也。因原斯庙之本末而谨为之序。

创建后土蚕姑花娘娘暨大圣祠碑记（道光二十年）

功德主[17]

乡耆[18]赵奎聚撰书[19]　三千文　孙荣二千文　张定宗三千四百文

乡耆孙钟俊三千五百文　孙元璋一千文　王文炳四千文　赵伯乾二千文

乡耆张福禄八百文　乡耆王进安一千五百

文 郅万程一千六百文 赵伯元一千二百文 张建麟一千一百文 张文海五百文 张世华五百文 赵伯□一千七百文

塑匠[20]李如峰 木作[21]曹启运四百六十文 泥水[22]白万洋一千一百文

召匠[23]李可法五百文

道光二十年[24]岁次庚子[25]孟夏[26]穀旦[27]五村同立

【注释】

该碑现存南沟观音堂，露天存放。此碑系小关名人赵奎聚撰书，为瘦金体，刻划较深，故虽然露天存放170余年，字迹仍能基本辨识，不好辨识的字以“□”代替。

[1] 后土：指土神或地神。古人认为天地能主持公道，于是就尊称天和地为皇天、后土。在中国古代阴阳学中，认为天为阳、地为阴，男为阳、女为阴，这样，后土就成了一位主宰大地山川的女性神。由于女性又称后土娘娘，与主宰天界的玉皇大帝相配，即所谓“天公地母”。

[2] 蚕姑：即蚕神。在中国古代社会即农耕经济时期，男耕女织是基本的生产方式，栽桑养蚕是重要的农事活动。古代官府出于对栽桑养蚕的重视，把蚕神作为重要祭祀对象之一。

[3] 花娘娘：笔者查找了多种典籍，也没有找到与花娘娘有关的信息。我们且看一下该碑碑文是怎么说的。该碑碑文开宗明义云：“尝谓养口之具，悉凭土物，□身之美，咸称丝棉。相提并论，三圣凡衣食之源流也。”这段话是说，与人们生存息息相关的三种生活必需品——粮食、蚕丝、棉花，都是三圣恩赐给我们的，三圣是“衣食之源流”。三圣当指后土、蚕姑、花娘娘无疑，三圣各管一物，就是后土管粮食，蚕姑管蚕丝，花娘娘管棉花。通过分析我们可以得到一点启示：“花娘娘”是小关人供奉的、保护并让棉花获得丰收的神祇。

[4] 大圣：不知道敬奉的是哪一路神仙。从碑文“灵应如响，甘泽屡施”看，似乎为猴爷。民国以前，小关地区在王沟、口头等地建有多座猴爷庙，赵寨老君庙南边建有孙神庙。天旱时人们会在猴爷庙摆供、唱戏，向猴爷祈雨。笔者小时候就在口头南边半坡的猴爷庙前看过戏。

[5] 三圣：指后土、蚕姑、花娘娘。

[6] 粤稽：粤，助词，用于句首，表示审慎的语气。稽，查考、考查。我把这一座庙宇的创建始末进行了认真考查。

[7] 乾隆二十六年：公元1761年。

[8] 波淹洞扉：洪水把窑洞的门都淹住了。扉，门扇。

[9] 鸠工庀材：招聚工匠，筹集材料。指土木工程兴建前的准备工作。

[10] 讵五十五年：讵，相当于“岂”，表示反问。五十五年，指乾隆五十五年，公元纪年为1790年。“讵五十五年”，没有料到乾隆五十五年秋天又下了一场特大暴雨。

[11] 命反掌矣：反掌，翻一下手掌，如“易如反掌”，形容事情极容易办。命反掌矣，是说在石基、墙垣都已经被冲毁的情况下，这一座庙宇毁于洪水也在反掌之间。

[12] 切思：仔细思考。

[13] 以昭来兹：昭，显示，宣示；来兹，来年，今泛指今后。以昭来兹，让后人都知道。

[14] 灵应如响：灵应，灵验；如响，像拍巴掌一样，两只手拍在一起就发出响声。

[15] 甘泽屡施：只要出现旱象就会降雨。甘泽，即甘雨，农作物最需要的时候下的雨。《后汉书·循吏传·孟尝》：“昔东海孝妇，感天致旱，于公一言，甘泽时降。”

[16] 泯没而不彰：从此消失没有人再知道。泯没，行迹、功绩等消灭、消失；彰，表彰，显扬。

[17] 功德主：发起捐资者。

[18] 乡耆：耆，60岁以上的年纪。乡耆，社会上德行高尚、受人尊敬的老人。

[19] 撰书：碑文和书法都是赵奎聚一个人完成的。

[20] 塑匠：指塑神像的匠人。

[21] 木作：木匠要做的事情。塑神像要先制木架，亦称“立骨”，是坐像还是站像，什么手势等，都要先做好，并固定在底座上。此处指木匠。

[22] 泥水：塑神像时，先由泥水匠用细腻、黏性强的泥土澄成泥浆，掺和草梗、麦秸、棉花，阴干后双手均匀地慢慢揉搓，拍成方块，仔细包好，备用。此处指泥水匠。

[23] 召匠：无考。

[24] 道光二十年：公元纪年为1840年。

[25] 岁次庚子：每年岁星所值的星次与其干支，道光二十年干支纪年是庚子年。

[26] 孟夏：农历四月。

[27] 榖旦：良辰，美好的时光。旧时常用作吉日的代称。碑文末尾一般都有“榖旦”或者“吉日”二字。

【译文】

人们常说，解决吃饭问题，要靠地里的庄稼；要想有衣穿而且冬天不受冻，就离不开蚕丝和棉花。把吃饭穿衣相提并论，后土、蚕姑、花娘娘是人们获得衣食之源。为此，我把这一座庙宇的创建始末进行了认真考察，这座庙宇初建的遗迹，依然存在。该庙最初是在南沟村一所窑洞，由于年深日久，洞府塌陷，往南迁移到村口。这里坐北向南，依山傍水，阴阳先生说这是吉地。到了乾隆二十六年（1761年），秋雨连绵，山洪暴发，滔滔洪水把洞府的门都淹没了，只有庙宇还存在，神灵无法安坐，老百姓更没有依赖了！

虽然遭遇到这么大的水灾，幸有老成之人，目睹心伤，找了一些志同道合的人，大家共同商量，为久远之计，对庙宇进行重修。说干就干，一边召集工匠，一边筹集材料，做好工程兴建前的各项准备工作。几个人还作了分工，各司其职，用石块修筑挡水的大堰，修建了院墙。由于众人齐心协力，几个月就竣工了，神像、庙貌都焕然一新。

谁知仅过30年，到了乾隆五十五年（1790年）秋，特大暴雨再次来袭，势如倾盆，平地水深数尺，各村房屋大量倒塌，几无一家幸免。洪水过后去看圣庙，只见原以为很坚固的石基、院墙，全部付于东流，仅剩孤零零的庙宇，也是摇摇欲坠，倒塌就在反掌之间。

面对此情此景，人们进行了认真思考：虽然这座庙宇建在村口，依山傍水地形不错，但是经常受到洪水的威胁难以历久，不若迁移他处重建新庙。这个想法告诉了周围民众，众人都赞成。于是就选择地址重新建庙。新的庙宇建成后，选了一个黄道吉日，把三圣的神像请了过来。现在将以前创修、补修庙宇，这一次迁移神像等过程，合并写了这一篇碑文，刻石立于庙前，让后人都知道。

另外，这里有大圣神像一尊，非常灵验，遇到天旱，只要人们祈雨，就会有甘泽普降，解除旱情，使五谷丰登，遗憾的是大圣神像没有安驾的地方。经众人共议，趁着这次为三圣迁建庙宇的机会，新建了一所大圣祠，从此，人们祭祀有了场所，祭奠仪式更加隆重，神灵也有所归依。这一次创修、补修庙宇之勤苦劳瘁，不可任其从此消失没有人再知道。因此，将三圣祠、大圣祠修建的过程作一详细记录，刻立石碑。特作此序。

乡村老人赵奎聚撰文并书写

道光二十年四月吉日，小关五村民众同立

【点评】

1. 南沟观音堂后殿分别供奉有后土、蚕姑、花娘娘，并且说明了三圣的功能以及给人们的恩惠——“三圣凡衣食之源流”。谁能保护百姓、给百姓带来福祉，百姓就会感恩戴德，诚心诚意地供奉她，这就是三圣祠为什么能屡毁屡建的根本原因。

2. 该碑碑文详细记载了三圣祠的创建、补修、重建过程。南沟的庙宇现在叫观音堂，创建于明万历十八年，250年后的道光二十年，三圣祠迁建于观音堂拜殿的后边。观音堂属于佛教的布道场所，三圣祠则属于道教。小关东河、南寨、西沟等处的庙宇，虽然有多座神殿，但都属于道教神灵，唯独此处是两种不同教派的大神共处一堂。起初笔者以为这反映了小关人的兼容并包，看了这通碑文，认为事情并非那么简单，三圣祠能在观音堂后院占有一席之地，必然经过一番曲折，“粤稽斯庙创建之始，遗迹俨在”，婉转地说明了这一问题。“因原斯庙之本末而谨为之序”，更是以刻碑的形式向世人及后人宣示这一“主权”。

3. 碑文中说到乾隆年间的两次大洪水，一次是乾隆二十六年，这一年“秋雨连绵，积水涨发，波淹洞扉，庙貌仅存”；一次是乾隆五十五年，此次洪水造成的灾难更为惨烈：“五十五年秋，暴雨势如倾盆，平地水深数尺，各村房舍倾塌，几若一家。往视圣庙，石基、墙垣业已尽付于东流，危哉斯庙剥落，命反掌矣。”查1986年《小关志》“自然灾害·水灾”无此记载，这是重要的地方史料，值得珍视。

4. 清代小关有个名人叫赵奎聚。赵奎聚出生在什么年代，由于家谱语焉不详不得而知。这通碑的落款为“乡耆赵奎聚撰书”。耆，指60岁以上的年纪；乡耆，指社会上德行高尚、受人尊敬的老人。该碑立于道光二十年，由其自称“乡耆赵奎聚”可知，道光二十年时赵奎聚应在60岁以上，即使刚刚60岁，前推60年，当出生于乾隆四十五年（1780年）。如果道光二十年时已经60多岁，当出生更早。

5. 小关人传说赵奎聚能言善辩，尤其擅长打官司，我们从这篇由其撰书的碑文前后两段话也可以看出端倪。“粤稽斯庙创建之始，遗迹俨在。嗣因洞府塌陷，启迁村口。”这一段话强调虽然时间过了不知道多少年，但“斯庙创建”的“遗迹俨在”，既有遗迹理所当然可以迁回老家，这是强调了“根”。碑文的末尾说：“此创修、补修之勤苦劳瘁，均不可任泯没而不彰也。因原斯庙之本末而谨为之序。”这是强调已经建成的“后土、蚕姑、花娘娘暨大圣祠”之现实，今天将“斯庙之本末”清清楚楚地刻在碑上，再也“不可任泯没而不彰”，避免后世再生纠葛。通篇碑文结构严谨，说服力强，似可以为赵奎聚擅长词讼作一注脚。

6. 晚清时期，南沟还有个大圣祠，既然与三圣祠同时创修，以理推测应该也在观音堂后院，但是现在已经没有了大圣祠，不知道是什么原因。

重修观音堂白衣堂玉仙殿碑记（光绪三十四年）

○ 王全营／译注　郅立新／图

因果报应之说创自佛氏[1]。世俗感之[2]，而士君子乐善不倦之心、不与焉[3]。镇南观音堂、白衣堂、玉仙殿，历有年所[4]，岁时香火，裕如神奇[5]，灵祷辄应[6]，庇益甚众[7]。乃时久而神像庙貌未免黯然[8]。其□者赵公保成，张公清兴、清选，顾而心恻[9]，于是率众捐赀，鸠工庀材[10]，不数月而焕然一新，灵其妥矣[11]。岂曰邀福，聊以副乐善不倦之心而已。属余文[12]，是为记。

癸酉科[13]举人[14]丁以静谨识[15]

丁酉科[16]拔贡[17]教谕[18]张彦卿谨书[19]

督功化主[20]

职员张清兴钱七千二百文　监生[21]赵保成　钱二千　职员张清选钱三千

监生赵省吾钱一千　职员张敬修钱一千　赵玉隆钱一千　霍清洪钱一千

监生郅大陞钱五百　郎九元钱一千文　广生祠[22]钱二十二千五百文

龙门沟　南沟村　西沟村　前纸坊　小关　后纸坊　柏茂号　合盛永　元仁局　林茂永　协盛号　以上各钱二千文　祥兴号钱三千文　监生李枝超钱三千文

贡生[23]李枝乔　赵万成　郅文全　生员[24]雷启堂　房万　王法　牛鸣山　赵玉朝　孙玉奇，以上各钱

重修观音堂白衣堂玉仙殿碑（光绪三十四年）

一千文　和顺堂钱一千一百文　张同万钱七百文　王景堂钱五百二十文　张大德钱五百四十文

张有三　张有亭　职员张芝魁　孙金章　张保甲　郑照　张清和　张心敬　张殿甲　宋拴　张元成　焦保　王光布　监生连文林　以上各五百文

郑润山钱五百文　张□成钱五百文　赵本礼　赵印　张心山　李海　李保　李银保　白兴隆　以上各钱四百文　郅游　张书榜　赵心正　赵老末　以上各钱三百文

白林　李小孩　赵拴　赵玺　以上各钱二百文

金塑匠[25]（不清）　泥水匠[26]（不清）　铁笔匠[27]（不清）

大清光绪十四年[28]仲春之月[29]上浣[30]榖旦[31]

重修观音堂白衣堂玉仙殿碑记
（光绪三十四年）

【注释】

该碑现存南沟观音堂拜殿，镶嵌在山墙上。惜该碑前面新竖了一通高大的石碑，基本上将其遮挡严实了，故拍照的效果非常不好。看不清的字分别以“□”“不清”代替。

[1] 因果报应之说创自佛氏：佛氏，佛教；因果，佛教名词，指事物的起因和结果。佛教宣扬今生种什么因，来生结什么果，善有善报，恶有恶报。因果报应是佛教用来说明世界一切关系并支持其宗教体系的基本原理。

[2] 世俗惑之：世俗，指俗人，普通人。清人朱克敬《暝庵杂识》卷二：“世俗以势力为是非，皆此类也。”惑，迷惑。《吕氏春秋·月度》：“使人不能执一者，物感之也。”高诱注：“感，惑也。”世俗惑之：因果报应本来是佛教的说教，普通百姓也受到了迷惑。

[3] 不与焉：与，参与。“士君子乐善不倦之心、不与焉”，是说读书人乐于做善事，但是对于佛教“因果报应”那一套是不参与即不赞成的。

[4] 历有年所：所，不定数词，表示大概的数目。年所，年数。

[5] 裕如神奇：裕如，形容宽容，和顺。

[6] 灵祷辄应：祷，祷告。在神前烧香、点燃黄表纸、摆供品，磕头许愿，向神祈求保佑，希望能有子嗣或者发财、病情好转等，如果达成心愿就以某种形式还愿。辄，每每，总是。

[7] 庇益甚众：庇，在这里作保护、保佑。庇益甚众指许多人得到了保佑。

[8] 黯然：黯，阴暗。黯然，心里不舒服，情绪低落。

[9] 顾而心恻：顾，转过头看，如环顾；恻，悲伤。顾而心恻，看到“神像庙貌未免黯然”而感到伤心。

[10] 鸠工庀材：鸠，聚集；庀，备办。鸠工庀材，招聚工匠，筹集材料。指土木工程兴建前的准备工作。

[11] 灵其妥矣：妥，安坐，妥当。此句谓神灵有了享受祭祀的地方。

[12] 属余文：属，古文同“嘱”，嘱咐，嘱托，托人办事。属余文，重修观音堂的人嘱托丁以静写碑文。

[13] 癸酉科：明清时期举人、进士参加考试的科名不以年号而以干支纪年，这样可以避免行文时因为粗疏而造成的混乱，即以此碑文落款“光绪十四年”就肯定有误（见注[27]）。丁以静虽然没有注明是何年之癸酉，但光绪时丁以静撰写这一篇碑文，可以肯定的是其人中举的癸酉年是同治癸酉，即同治十二年（1873年）。

[14] 举人：明清两代的秀才经过乡试（省一级的考试）录取者为举人。考取举人才有资格进京参加会试，再度考取者为进士。

[15] 谨识：作者恭恭敬敬地撰写了碑文。

[16] 丁酉科：应是光绪丁酉，即光绪二十三年（1897年）。明清乡试在子卯午酉年，会试在辰戌丑未年。丁以静为癸酉科举人，张彦卿为丁酉科拔贡，二人均为正科。

[17] 拔贡：贡生之一，地方选拔的优秀人才贡献给朝廷。乾隆七年定十二年（逢酉岁）一次，由各省负责教育的学政从府、州、县学选拔一名文行兼优的生员，贡入京师，称为拔贡生，简称拔贡。拔贡经过朝考合格，入选者一等任七品京官，二等任知县，三等任教职。

[18] 教谕：正八品，主管一个县的教育。

[19] 谨书：谨，郑重地；书，书写。

[20] 督功化主：功德主、化功主的合称。主持这次重修观音堂的人和捐资人。

[21] 监生：在国子监就读的学生。清代未入府、州、县学也就是没有取得生员（秀

才）资格而欲应试者，就需要捐纳成为监生。监生未必在监读书。监生经过朝廷考职，可以用作州判、州同、县丞、主簿、吏目等。

[22] 广生祠：今不知道该祠在什么地方。

[23] 贡生：科举制度中生员经学政选拔一部分优秀者上报朝廷，谓贡生。清代的贡生有恩贡、拔贡、副贡、岁贡、优贡、例贡，统称贡生。

[24] 生员：经本省考试，取入府、州、县学学习者，即习惯所称的秀才。

[25] 金塑匠：根据所塑神像的样式，将准备好的泥块在钉制好的木架上层层附着积累，塑出神像形体的姿态以及衣服纹饰后，再以多种颜料涂塑，最终形成彩绘的神像。小关有一句俗语："画匠不给神磕头，我知道你是哪把泥。"说的就是金塑匠。金塑，是塑神像最后也是最关键的一道工序。

[26] 泥水匠：塑神像时，先由泥水匠用细腻、黏性强的泥土澄成泥浆，掺和草梗、麦秸、棉花，阴干后双手均匀地慢慢揉搓，拍成方块，仔细包好，备用。

[27] 铁笔匠：因用刀代笔在石上刻字，故称为铁笔，亦借指雕刻艺术。铁笔匠，雕刻这一通石碑的匠人。

[28] 光绪十四年：公元纪年为1888年。张彦卿为丁酉科（光绪二十三年）拔贡，光绪十四年为戊子年，既非"酉"年，且早于张彦卿出贡九年，故可以肯定的是此处必定漏掉了一个字。光绪三十二年张彦卿为凤山寨撰写的《创修奎星阁记》署名为"署教谕"，此碑为"教谕"，即已经由代理转为正式，据此可知，此碑应立于光绪三十二年之后，应是光绪末年即光绪三十四年。

[29] 仲春之月：农历二月。

[30] 上浣：浣，洗涤。唐代官吏每十天休息一次，称作休浣，后因称十日为浣，每月上、中、下旬分别称为上浣、仲浣、下浣。上浣即上旬。

[31] 榖旦：良辰，美好的时光。旧时常用作吉日的代称。碑文末尾一般都有"榖旦"或者"吉日"二字。

【译文】

因果报应的说法，是佛教创立的并用来支持其宗教体系的基本原理，普通百姓也受到了迷惑。读书人是乐于做善事的，但是对因果报应那一套是不相信的。

小关镇南沟观音堂、白衣堂、玉仙殿，自创建到现在，已经经历很多年了。这里香火旺盛，观音菩萨、白衣大士、玉仙圣母，都很慈祥和顺，而且是很神奇的，只要在神前烧香祷告，都能达成自己的心愿，许多人得到了神灵保佑。可惜由于上一次重修以来年月过久，不论神像还是庙貌，未免有点黯然失色。赵公保成，张公清兴、清选等，看到这种状况，感到很伤心。于是，他们带头捐资，筹集了一笔钱，招聚工匠，并购买各种材料，做好工程兴建前的一切准备工作。由于准备工作做得好，仅仅用了几个月重修工程就完工了，神像和庙宇都焕然一新，神灵有了享受祭祀的地方。众人这样做并不是为了邀福，而是让乐善不倦之心得到安慰而已。众人邀请我写一篇文字，于是写了这一篇碑记。

同治癸酉科举人丁以静撰文，光绪丁酉科拔贡、教谕张彦卿书丹。

【点评】

我们从这一碑文中可以读出下述信息：

1. 行文实事求是，不隐瞒自己的观点。丁以静、张彦卿，都是黉门弟子，并不信佛，但是举人、拔贡在乡村是稀有的身份，是有名望的学者，令人尊重的乡绅，虽然儒、释、道教义不同，但重修庙宇、再塑金身，是一件非常神圣的事情，马虎不得，因此主事者请二人分别撰文、书丹，以求借助他们的声望提高庙宇的知名度。如何处理儒、释两教的关系，也考验着二人的智慧。开篇一句“因果报应之说创自佛氏。世俗感之，而士君子乐善不倦之心、不与焉”，既肯定了佛教的因果报应之说，也表明了儒生的态度，但对于行善还是支持的。

2. “镇南观音堂、白衣堂、玉仙殿”，到了清朝末年，小关仍然称“镇”，说明虽然历经战乱，小关地区的经济、文化遭受的破坏程度相对较轻，故仍为“镇”的建制。

3. 碑文记载的捐资者有柏茂号、合盛永、元仁局、林茂永、协盛号、祥兴号，这些都是小关老街的商铺字号，捐资都在两三千文，这说明两点：一是小关镇各商铺的生意还是比较兴隆的；二是商人已经走上了前台，积极参与地方事务。

4. 清朝末年，小关士子在科举上取得功名的除举人、拔贡外，碑文记载的捐资人还有贡生、监生、生员，这足以说明小关人是重视文化教育的，正是优秀文化的传承不辍，才使小关人能跟上时代前进的步伐而不致落伍。

5. 碑文记载捐资人有龙门沟、南沟村、西沟村、前纸坊、小关、后纸坊，说明两个问题：一是验证了前文“岁时香火，裕如神奇，灵祷辄应”，过去人们烧香拜佛，为的是祈求平安，给心灵一个慰藉，而且从众心理很重，来观音堂拜佛的不仅仅是小关的民众，龙门沟也有人常来烧香；二是从龙门沟等六家各捐钱二千文看，应是东家十文、西家八文一点一点凑起来的，这样看来参与重修观音堂捐钱的人数就很多了，也就是说观音堂的香火是比较旺盛的。

6. 碑文记载广生祠捐钱“二十二千五百文”即22串半，是此次重修观音堂最大的金主，比七家商铺捐资总额还要多，可是广生祠在什么地方，现在没有人知道。据笔者推测，观音堂后院应该有一间是广生祠。

笔者的推测源于下述资料。除广生祠外，捐钱最多的是此次重修工程的督功化主、职员张清兴，捐钱七千二百文，再者是张清选，捐钱三千文。据民国27年张星五墓志铭云：其父清兴，曾充小关市市长，特别喜欢创修庙宇。张清兴去世后，星五之长兄茂仁复以小关各村庙宇倒坏、神灵受到雨淋而不安，“乃继父之志，重修圣母、老君、广生各庙，起会备社”，这里是将“圣母、老君、广生各庙”连在一起的。我们将此次重修观音堂等碑文和张星五墓志铭对读，是否可以这样认为：此次重修观音堂、白衣堂、玉仙殿时，一共收到捐钱90860文，其中以张清兴、张清选及张清兴为首的广生社，捐钱32700文，占总数的36%，这才在观音堂拜殿后院与后土、蚕姑、花娘娘等祠并列建了广生祠。由于广生祠是张清兴主持创建，故其子茂仁见庙宇倒坏才会重修广生各庙。此推论能否成立，这里只是提出一条思路，真实情况还有待田野考察等论证。

重修后土[1]蚕姑[2]花娘娘[3]暨大圣祠[4]碑记（宣统二年）

○ 王全营／译注　郅立新／图

祭义云：“有功德于民则祀之，能捍灾患则祀之。”[5]况土地所以植五谷，蚕桑所以为衣服，棉花所以□后人无冻馁之虞者，皆三圣[6]之功也。则修祠宇以妥神，不等淫昏之祀，荐馨香而报（偿）[7]，岂同谄媚者也哉！斯庙之建近七十年，而庙貌神像黯淡无色，且兼观音堂、圣母殿、白衣殿、大圣祠，亦皆砖瓦脱落，墙垣倾颓，数年以来，未有起而修之者。而张公茂松、焦公鸣琴，睹之心恻，遂以斯役[8]为己任，因□集诸善士而告以修庙之举，佥[9]以为善，均愿出赀以襄[10]厥事[11]。张公鸠泥、塑两工[12]以兴斯役，月余之间而工告竣[13]。余不文，谨将督功[14]、化主[15]及出材姓字镌之于石，使

重修后土蚕姑花娘娘暨大圣祠碑记
（宣统二年）

后之善士能步张公后尘者，则诸庙历久常新矣。

候选巡检[16]王玉璠　文[17]

爱竹轩[18]赵润猷书丹[19]

督功化主

广生社钱五千　张茂仁钱八千　焦鸣琴钱五千　张茂魁钱三千　张振声钱二千　张清林钱二千五百　张芝魁钱一千五百　张乙贞钱一千　张文□钱一千　白金锡钱一千　牛丙炎钱一千五百　郑玉奇钱八百　房万钱一千五百　李喜钱一千五百　赵润身钱二千　赵玉印钱一千　赵豹钱六百

监生赵省吾钱五百　赵玉朝钱一千五百　王狮子钱二千　赵培心钱一千二百

王德　王毛　赵润　宋发　以上各钱一千五百　张清选　张明奇　王清和　张纯　郅平　王景山　王喜德　张保才　以上各钱一千　张殿□钱五百　龙门沟　赵玉茂　张元成　白二妮　以上各一千文　王川　张五群各钱八百　赵玉琢　张心魁　孙丙盛　韩大臭　地亩社　钱各□□　王二货钱六百　张丙先钱五百五十　木胡峪　石板　钱五百

大山怀　郎窝　钱五百（下残）赵遂　李松池　张聚和　张妮　以上各钱五百　郎七

张海□　各钱四百　赵三妮　赵□□　张春□　李□□　以上各钱□□

下残

大清宣统二年[20]□□

【注释】

此碑现存南沟观音堂，镶嵌在拜殿墙上，因为该碑前边新竖了一通大碑，基本上将其遮挡严实了，故拍照的效果不好。碑文中的残字及辨识不清的字，以“□”代替。过多者作“下残”。

[1] 后土：指土神或地神。古人认为天地能主持公道，于是就尊称天和地为皇天、

后土。中国古代阴阳学认为天为阳、地为阴，男为阳、女为阴，这样，后土就成了一位主宰大地山川的女性神，因其是女性故又称后土娘娘，其与主宰天界的玉皇大帝相配，就是所谓“天公地母”。

[2] 蚕姑：即蚕神。在中国古代社会即农耕经济时期，男耕女织是基本的生产方式，栽桑养蚕是重要的农事活动。古代官府出于对栽桑养蚕的重视，把蚕神作为重要祭祀神灵之一。

[3] 花娘娘：参见道光二十年《创建后土蚕姑花娘娘暨大圣祠碑记》之注释 [3] 。“花娘娘”可能是小关人供奉的、保护并让棉花获得丰收的神灵。

[4] 大圣祠：参见道光二十年《创建后土蚕姑花娘娘暨大圣祠碑记》注释之 [4] 。

[5] 有功德于民则祀之，能捍灾患则祀之：《礼记·祭法》曰：“夫圣王之制祭祀也，法施于民则祀之，以死勤事则祀之，以劳定国则祀之，能御大灾则祀之，能捍大患则祀之。”碑文这一句话是《礼记·祭法》的缩略语。

[6] 三圣：指后土、蚕姑、花娘娘。

[7] 荐馨香而报（偿）：荐，向神灵祭祀时摆设祭品。碑文“报”字下面一字无法辨认，根据文义补入“偿”。报偿，即报答，补偿。

[8] 斯役：斯，指示代词，指这个。斯役，指重修后土、蚕姑、花娘娘暨大圣祠这一工程。

[9] 佥：副词，全部的意思。佥以为善，都认为重修后土祠是一件善事。

[10] 襄：帮助，相助。徐迟《哥德巴赫猜想·祁连山下》：“许多画家愿意拿出他们的画来，一些收藏家也乐意襄助这一善举。”这里是说众人都愿意出资把重修祠宇这件事做好。

[11] 厥事：厥，代词。厥事，指重修后土祠这一工程。

[12] 泥、塑两工：即泥水匠和塑匠。塑神像时，先由泥水匠用细腻、黏性强的泥土澄成泥浆，掺和草梗、麦秸、棉花，阴干后双手均匀地慢慢揉搓，拍成方块，仔细包好，备用。然后由塑匠根据所塑神像的样式，将准备好的泥块在钉制好的木架上层层附着积累，塑出神像形体的姿态以及衣服纹饰。

[13] 告竣：竣，完毕。告竣，工程完成。

[14] 督功：即功德主，发起捐钱并主持这次重修工程的人。

[15] 化主：本是佛教僧职，四处募化钱物供寺院使用。这里指捐资人。

[16] 候选巡检：明清两代在离县城较远的经济发达或者交通要道设巡检司，置巡检一人，从九品。候选巡检，已经有了巡检的资格但是没有“岗位”，等到有空缺就可

以去上任。

[17] 文：撰文的省称。即碑文的作者。

[18] 爱竹轩：据字义分析可能是书丹者赵润猷（南沟人）的书斋名。

[19] 书丹：碑文的书写者。

[20] 大清宣统二年：公元纪年为1910年。

【译文】

祭义说：有功德于民者可以祭祀，能以消除灾害保证五谷丰登人们康乐的可以祭祀。人们都知道土地是种植五谷的，栽桑养蚕是为穿衣服的，棉花是让人们免受冻馁之苦的。我们之所以能取得好收成，都是后土、蚕姑、花娘娘三圣之功啊。那么我们重修祠宇，让神灵有安享祭祀的地方，与淫祠是不一样的。向神灵献上新鲜的供品而获得报偿，这与向神灵谄媚是完全不同的。

后土祠创建到现在已经近七十年了，庙貌和神像都有点黯淡无色，况且观音堂、圣母殿、白衣殿、大圣祠，都有砖瓦脱落的现象，墙垣也有倒塌，多年以来没有修缮过。而张公茂松、焦公鸣琴，看到这种状况感到悲伤。遂以重修后土祠为己任，于是召集诸善士而告以修庙之举，众人都认为是件善事，并且愿意出赀以赞助这件事。张公茂松召集泥水匠、塑匠，开始了重修工程，一个多月就完工了。

本人不善于写碑文，在这里谨将主持这一工程者和捐钱、出材料者的姓名刻在石碑上，如果后来的善士能步张公之后尘，则所有的庙宇都可以历久常新了。

候选巡检王玉璠文　爱竹轩赵润猷书丹

大清宣统二年（1910年）

【点评】

1. 社，古时民间以庙宇（宗教）为纽带，以经济为目的组织的团体，在小关村就有观音社、关爷社、火神社、老君社、牛王社等。这通碑文有广生社，这些都是以庙宇为纽带组织的团体。该碑捐资者有“地亩社”，这在小关地区现存碑刻中是孤例，本人研究地方史数十年在文献中也没有见到过“地亩社”的记载，是否小关特色，值得研究。

2. 捐赠者除小关村民众外，还有龙门沟、木胡峪、石板、大山怀、郎窝等村庄名，看来后土、蚕姑、花娘娘的信众已经超出了小关村，在南沟附近村庄也有一定的影响。也就是说香火还是比较旺盛的。

买官地碑记（乾隆六十年）

○ 王全营/译注　郅立新/图

立文契人李法秀，因无钱使用，今将自己□□地连段一分，坐落西沟南坡[1]，其地各畛[2]不同：东至河沟，以水为界，西至房起全，南至房起全，北至白宪顺，（四）至明白。上下土木金石相连[3]，尽在卖数。今同官经纪[4]□曰福说合，情愿出卖于牛王社[5]管业。言定时值价钱四十二千正，带行粮下地[6]一亩五分，刊石为志。其地上边有墓冢一个[7]，除坟地二分[8]；下边墓冢两个，起后牛王社管业。

买官地碑记（乾隆六十年）

合社姓名[9]刊列于左：

孙士贞、李文法、王□□、白大义、武顺、孙友合、李法成、白宪同、刘朝顺、房起全、白献宿、孙友安、费学秀、孙之功、孙友山、李普智、郅良、费有才、李梅、费有德、霍修成、费□、（费？）梅、郅□、李二贵、赵廷温、费天林、孙之龙、刘其贞、郅大才、郅功 仝立。

铁笔匠[10]赵世兴

时大清乾隆六十年四月初八日[11]

【注释】

《买官地碑记》，现存小关西沟牛王庙，镶嵌在墙上，故保存较好，大部分字迹清晰。碑文中的残字用“□”代替。

[1] 坐落西沟南坡：在西沟南坡头一块地，土地改革时分配给了张报子。到现在西沟人还称其为“官地”。

[2] 畛：界线。各畛不同，是说这一块地四周的界线。

[3] 上下土木金石相连：这一句话在清和民国时期小关地区的土地、房产买卖契约中几乎是必不可少的，“上下土木金石相连”，意思是说凡是与这一块土地有关的都归买主所有，包括建筑物、庄稼、树木、地下的矿产等。

[4] 官经纪：经纪，即经纪人，为买卖双方介绍交易以取得佣金的中间人。过去一般买卖如房屋买卖、土地买卖、牲畜（牛、驴、骡、马、猪、牛、羊）买卖等，都有经纪从中说合价钱，帮助达成交易。官经纪，在官方设立的交易所备案即取得一定资格的经纪人。

[5] 牛王社：明清和民国时期，小关民间有多种以所供奉的神佛为纽带组成的结社，如关爷社、老君社、龙王社、观音社、牛王社等。也有以纯经济结社、文学社等，如清末时小关村的读书人就结有齐文社。

[6] 带行粮下地：古代社会官府为管理社会掌管有户口册（又叫“丁口册”）、地亩册（又叫“鱼鳞册”）。地亩册主要是为了派征赋役、保证税收。除注明该地块的四至、面积外，还有需要缴纳田赋（税金）的数额（银两）。有的农户因为灾荒或者家遭横祸急于用钱被迫卖地，买主就会故意压价甚至买地不过银，卖地户没有了地每年还要向官府纳粮，造成“有地无银，有银无地”的极不正常的现象。“带行粮下地一亩五分”，即这一亩五分地的地亩税同样由买主缴纳。

[7] 墓冢一个：在这一块官地中部偏东有一个墓冢，一直存在到1975年前后生产队平坟时才被平掉。此前无论是个体耕种还是集体耕种，都没有受到损毁。但是从民国时期就没有人上过坟。

[8] 除坟地二分：保留二分坟地，牛王社不得耕种。

[9] 合社姓名：牛王社的全体人员。

[10] 铁笔匠：因用刀代笔在石上刻字，故称为铁笔，亦借指雕刻艺术。铁笔匠，雕刻这一通石碑的匠人。

[11] 大清乾隆六十年四月初八日：公元纪年为1795年5月25日。

【译文】

立卖地文契人李法秀，因无钱使用，今将自己祖业田地一段出卖。该地段坐落于西沟村南坡，其地四至分别是：东至河沟以水为界，西至房起全，南至房起全，北至白宪顺。四至明白。地上地下的所有附属物，尽在其中。今经过官经纪说合，情愿出卖于牛王社为业。言定时价制钱四十二串（贯），带缴粮地一亩五分，今刻立石碑作为证明。

这块地上边有墓冢一个，除坟地二分；下边墓冢两个，起后归牛王社管业。

牛王社合社姓名刊列于左（略）：

大清乾隆六十年四月初八日（1795年5月25日）

【点评】

这一通碑文给我们提供了如下信息：

1. 土地买卖文书范本。合作化运动前，大部分农户家中都保存有土地买卖契约。随着人民公社的普遍建立，公有制的推行，土地买卖契约以及土地改革时颁发的土地证一并失去了财产证明的作用，土地买卖契约、土地证被遗弃或者损毁、丢失。《买官地碑记》可以使我们一窥旧时土地买卖契约书写的方式及内容：卖主姓名、卖地原因、土地坐落及四至、中人、买主、地价、附注说明等。碑文内容使我们窥知小关部分民俗由来已久。过去小关有一句话叫“卖庄不卖门、卖地不卖坟”，碑文中“墓冢一个，除坟地二分”，就是这一习俗的注脚。“上下土木金石相连”，是房屋、土地买卖契约中必不可少的一句话，直到民国末年，房屋、土地交易中仍然有这一句话。笔者多次见过土地、房产买卖契约，据记忆所及文字一字不差，从乾隆到民国末，房地产交易契约都有这句话，可见其对交易双方所具有的约束力。

2. 这通碑立于乾隆六十年，买主是牛王社。牛王社是为供奉牛王爷而组织的民间结社，也就是说牛王社在买这块官地前，已经有牛王庙，现在牛王庙里只有金妆神像碑而没有牛王庙创立碑也说明这一问题。牛王庙创立于乾隆六十年前，距今已经有200多年的历史。

创修[1]马王庙暨金妆神像碑记（嘉庆七年）

○ 王全营/译注　郅立新/图

尝思畜类之硕大繁滋，虽人力之牧养，岂非神灵之默助哉！盖观于马而有以知之矣。今者小关镇西南隅[2]，居民稠密，养马甚众，而生息之余，犹□博硕[3]，肥腯既佶[4]。而且闲时曰[5]：“騋牝三千。”又曰：“斯马是藏。”[6]吾盖于此咏马

创修马王庙暨金妆神像碑记
（嘉庆七年）

矣，要非神佑不至此。然则事神[7]之典顾可废乎哉！现有白君讳[8]宪舜、孙君讳士□，联合村众，谋立庙宇，因卜吉牛王庙侧。盖人以类聚，神亦何独不然也。于是各捐赀财，鸠工庀材[9]，不数月而工告竣[10]。迄今观庙貌之巍峨，睹神像之焕然，未尝不叹天地间美不自美，因人而彰。斯庙也非有白君、孙君善念之动，成此巨业，则供奉无地，而神恩不几澌灭[11]而不彰乎？然则□功不可没而德莫可尚也。勒诸贞珉[12]，以示后之不朽云。河南府学[13]生员[14]张丽三撰并书[15]

卜吉先生[16]赵河钱三百

督功、化主[17]　孙士贞钱十二千文　白宪舜钱八千文　费□秀钱六千文

白宪章钱六千四百文　白宪周钱四千八百文　房起全钱三千二百文　霍修成钱三千二百文　李成申钱三千二百文　孙士祥钱三千二百文　霍修身钱二千五百文　孙士秀钱二千四百文　孙士美钱二千四百文　李梅钱一千八百文　李本申钱一千七百文　李兴钱一千六百文　李振梅钱一千六百文　李进忠钱一千六百文　费有德钱八百文　孙忠灵钱八百文　李法成钱五百文　王永平钱三百文　郅梦鳌钱三百文

铁笔[18]张居喆　钱三百文　泥水[9]巴元福钱三百文

塑匠[20]丁奎峰钱二百文　木匠[21]王九合钱一百文

摇匠[22]朱天□钱八十文

时大清嘉庆七年岁次壬戌[23]五月下浣[24]穀旦[25]

【注释】

该碑现存西沟马王庙，镶嵌在墙上。正文7行，满行37字，第7行22字，共244字。残字以“□”代替。

[1] 创修：创建，即第一次修建。据这通碑可知马王庙创修于嘉庆七年即1802年。

[2] 小关镇西南隅：说明清代小关的建制为“镇”。隅，角落。西南隅，小关镇西南部。

[3] 犹□博硕：缺字疑为“冀”，意为希望，希图。如希冀、冀求。博，大，如“宽衣博带”；硕，硕大。犹冀博硕，希望家家户户养的马能体大而且强壮。

[4] 肥腯既信：肥腯，牲畜膘肥肉厚。《左传·桓公六年》：“吾牲肥腯，粢盛丰备，何则不信？”

[5] 闲时曰：平时常说。

[6] 騋牝三千，斯马是藏：騋牝三千，语出《诗·鄘风·定方之中》：“匪直也人，秉心塞渊，騋牝三千。”“騋牝”，指騋马与牝（雌）马，后来泛指马。斯马是藏，如此肥壮的马家家都喜欢喂养。

[7] 事神：敬神，祭祀神灵。

[8] 讳：敬称人的名字。

[9] 鸠工庀材：招聚工匠，筹集材料。指土木工程兴建前的准备工作。

[10] 告竣：竣，完毕。告竣，工程完成。

[11] 澌灭：消亡，消失。

[12] 勒诸贞珉：勒，雕刻；珉，像玉的石头。贞珉，旧时对碑铭的美称。勒诸贞珉，就是把这件事刻在石碑上。

[13] 河南府学：河南府办的官学。清代巩县（今巩义市）属河南府，府治在洛阳。

[14] 生员：经考试取入府、州、县学学习者，即秀才。

[15] 撰并书：撰文并书写。

[16] 卜吉先生：卜，推断祸福吉凶。卜吉，通过占卜选择风水好的地方。卜吉先生，就是小关人常说的阴阳先生。

[17] 督功、化主：督功主，创修马王庙的发起人；化主，捐资人。

[18] 铁笔：因用刀代笔在石上刻字，故称为铁笔，亦借指雕刻艺术。这里是铁笔匠的简称，即雕刻这通石碑的匠人。

[19] 泥水：此指泥水匠。

[20] 塑匠：根据所塑神像的样式，将准备好的泥块在钉制好的木架上层层附着积累，塑出神像形体的姿态以及衣服纹饰。

[21] 木匠：塑神像要先钉木架，亦称“立骨”，是坐像还是站像，什么手势，等等，都要先做好，并固定在底座上。

[22] 摇匠：摇匠在塑像时的工作待考，应是塑像时的一工种。

[23] 大清嘉庆七年岁次壬戍：“戍”当为“戌”之笔误。岁次，每年岁星所值的星次与其干支叫岁次，也就是这一年的干支纪年。嘉庆七年干支纪年是“壬戌”，公元纪

年为1802年。

[24] 五月下浣：浣，洗涤。唐代官吏每十天休息一次，称作休浣，后因称十日为浣，每月上、中、下旬分别称为上浣、仲浣、下浣。“五月下浣”即五月下旬。

[25] 榖旦：良辰，美好的时光。旧时常用作吉日的代称。碑文末尾一般都有“榖旦”或者“吉日”二字。

【译文】

我曾经这样想：牛、驴、骡、马等家畜体格硕壮，而且繁殖得也很快，这虽然是由于主人的精心饲养，但是也应该有神灵在暗中相助，为什么这样说呢？你只要看一下各家各户养的马一匹匹膘肥体壮就知道了。

小关镇西南几个村庄，居民稠密，养了很多马，这些马不但繁殖很快，而且都很壮实，一匹匹膘肥体壮。人们聊天的时候都会说，古人说“騋牝三千”，像这样的好马还是饲养的越多越好。虽然我们赞美自己饲养的马，但是要知道没有神灵的保佑是不会有这样的效果的。既然知道个中原委，那么祭祀神灵的典礼是不可以废除的！现在，有白君宪舜、孙君士贞二人，联合村民，共同商议为马王爷修建庙宇，经过风水先生的选择，决定紧挨西沟牛王庙侧建庙。为什么要建在这里呢？要知道人类喜欢群居，神灵何尝不喜欢在一起？于是，大家踊跃捐钱，选定工匠，购买材料，仅用几个月马王庙就建成了。现在举目观看，只见庙貌巍峨，神像焕然。不由让人感叹：万物并非天生自美，都是人创造的啊！马王庙的创修，如果不是白君、孙君动了善念，村民集资成此巨业，要想供奉神灵没有地方，而神恩岂不消失而不彰显？大家动善念、修庙宇，功不可没，为此特立这通碑，让后代都知道这件事。

河南府学生员张丽三撰文并书写

…………

清嘉庆七年岁次壬戌（1802年）五月下旬

【点评】

该碑给我们提供了如下信息：

1. 嘉庆初，小关村的居民分布已经很稠密，这就给小关继续为镇提供了依据。

2. 农业经济比较发达，居民生活相对稳定，才有可能“养马甚众”。

牛王庙金妆神像[1]石基[2]碑（道光二十年）

○ 王全营/译注　郅立新/图

牛王庙金妆神像石基碑（道光二十年）

功德主[3]　孙钟俊钱五百文　霍丙忠钱五百文　白宪尘钱五百文

化主[4]　费学秀钱五百文　白永贵钱五百文　白永旺钱五百文

孙荣钱五百文　孙莪钱五百文　白万麒钱五百文　孙士美钱三百文　白万里钱三百文　白永安钱二百文　霍丙礼钱二百文　白万寿钱二百文　白万年钱二百文　李可法钱二百文　霍丙智钱二百文　霍丙信钱二百文　白万盈钱二百文　房文福钱二百文　李□河钱一百六十文　王丙炎钱一百六十文　白永清钱一百二十文　王永平钱一百六二十文　郅忠孝钱一百文　李进忠钱一百文　赵振声钱一百文　李聚钱一百文　李全钱一百文　孙钟法钱一百文　白逢午钱一百文　白万斗钱一百文　白逢山钱一百文

金塑匠[5]王太元钱一百文　铁笔匠[6]王丙元钱一百文

时大清道光二十年[7]岁次[8]壬午仲春月[9]穀旦[10]

【注释】

该碑现存西沟牛王庙，镶嵌在墙壁上。碑文中难以辨识的字用□代替。

[1] 金妆神像：原有神像，因为年深日久色彩黯淡或者脱落，重新予以彩绘。

[2] 石基：即石堰。牛王庙在西沟村中部，门前是一条路，雨季就是河道。50年前夏季经常有洪水，白家洼、大长洼的洪水顺西沟村流入小关河。我家的石磨缺一块，

听先母说在20世纪40年代，有一年洪水暴发，将我家几百斤重的石磨冲到了村口（有四五十米远）。由于年年有洪水，为了保护牛王庙的安全，人们围着庙院垒了一道半月形、四五尺高的石堰。道光二十年修的石堰，到现在已经170多年了，仍然十分坚固。

[3] 功德主：发起捐资者。

[4] 化主：本是佛教僧职，四处募化钱物供寺院使用。这里指捐资人。

[5] 金塑匠：根据所塑神像的形体、姿态以及衣服纹饰，以多种颜料涂塑，最终形成彩绘的神像，从事这一工作的便是金塑匠。

[6] 铁笔匠：因用刀代笔在石上刻字，故称为铁笔，亦借指雕刻艺术。铁笔匠，雕刻这通石碑的匠人。

[7] 道光二十年：公元纪年是1840年。

[8] 岁次：每年岁星所值的星次与其干支叫岁次，也就是这一年的干支纪年。清道光二十年的干支纪年是壬午年。

[9] 仲春月：农历二月。

[10]榖旦：良辰，美好的时光。旧时常用作吉日的代称。碑文末尾一般都有“榖旦”或者“吉日”二字。

创修奎星阁[1]记（光绪三十二年）

○ 王全营／译注　郅立新／图

丁酉科[2]拔贡[3]署教谕[4]张彦卿撰并书丹[5]

山小关南有凤山寨，乃胜地[6]也。环而居者，类皆纯诚朴茂，有古遗风。乃业儒者夥，显达者少[7]，则又何也？屡经风鉴[8]，佥曰[9]文峰未起，职是故尔，惟于斯寨之巅建一奎阁，则人文蔚起，冠盖相从[10]矣。余铭诸心而苦无赀[11]。因齐文社[12]俾每年每人捐粟若干，不数年积钱七十八万零二十文。鸠工庀材[13]，而阁落成，使后之学者再能奋扬棹厉[14]，以图上达[15]焉，则余之厚望也。是为记。

捐款人（前缺）白小五、赵志成、张喜、张茂桐、赵庚、赵春、冯毛纲、张芝、郅心敬、张辉仁、张文祥、张辉耀、白金锡、赵玉茂、李福、游双林、张心魁、张海、张

创修奎星阁记（光绪三十二年）

聚和、张荣钦。

大清光绪三十二年[16]孟夏之月[17]立

【注释】

该碑20世纪80年代初还完整无损，惜当年过录时仅抄写了碑文没有抄写捐资者名字。今成了残碑，镶嵌在凤山寨火神庙后山墙上。缺失的文字注明“前缺”。

[1] 奎星阁：位于小关凤山寨，小关人称“魁星楼”。中国古代神话中主管文运、文章的星叫“奎星”，是二十八宿西方七星之首。科举考试将其奉为中式之神，因为考试得中第一名为魁首，于是改“奎星”为“魁星”，并以“魁”字的字形造出“小鬼踢斗”的形象。凤山寨上的奎星阁，民间俗称魁星楼，两层，在今凤山寨仅存的火神庙东边，借用火神庙的东山墙。1956年前后小关小学建校舍时被拆毁。

[2] 丁酉科：光绪丁酉年，即光绪二十三年（1897年）。

[3] 拔贡：贡生之一，地方选拔的优秀人才贡献给朝廷。乾隆七年定十二年（逢酉岁）一次，由各省负责教育的学政从府、州、县学选拔一名文行兼优的生员，贡入京师，称为拔贡生，简称拔贡。拔贡经过朝考合格，入选者一等任七品京官，二等任知县，三等任教职。

[4] 署教谕：教谕是正八品，主管一个县的教育。署，署理，署教谕，某县教谕暂时空缺由其代理。

[5] 撰文并书丹：碑文的撰写和书写。

[6] 胜地：有名的风景名胜之地。明代刘基（刘伯温）《养志斋记》：“华亭在松江之滨，胜地冠于浙右。”

[7] 业儒者夥，显达者少：夥，众多。显达，在官场上地位高而且名望也大。这一句是说小关村读书人有不少，取得秀才这一初级功名者也很多，可惜官位显赫的不多。

[8] 屡经风鉴：风鉴，风水术。屡经风鉴，历经多位风水师在这里看过。

[9] 佥曰：佥，副词，全部的意思。佥曰，来这里看过的风水师都这么说。

[10] 冠盖相从：冠，帽子；盖，车盖。冠盖，泛指官员的冠服和车乘，亦指仕宦、贵官。冠盖相从，当官的一路上往来不绝。

[11] 赀：通钱财。明张溥《五人墓碑记》："吾社之行为士先者，为张声义，敛赀财以送其行。"

[12] 齐文社：社，集体性组织，团体。古时民间有多种结社，小关村以庙宇等为纽带组成的社最为常见，如观音社、关爷社、火神社、老君社、牛王社等。齐文社，顾名思义应是读书人所结的文学社之类。

[13] 鸠工庀材：招聚工匠，筹集材料。指土木工程兴建前的准备工作。

[14] 奋扬棹厉：奋扬，奋发激扬；棹，船桨，借指船、划船；厉，振作，奋起。再能奋扬棹厉，希望后来学子能奋发振作，砥砺上进。

[15] 以图上达：上达，向上发展。宋代朱熹《李先生行状》："其后，熹获从先生游，每一去而复来，则所闻必益超绝，盖其上达不已，日新如此。"

[16] 大清光绪三十二年：公元纪年为1906年。

[17] 孟夏之月：农历四月。

【译文】

丁酉科拔贡署教谕张彦卿撰文并书写

山小关南有凤山寨，是名胜之地。凤山寨周围的居民，都很纯诚朴实，有古人之遗风。小关的读书人有不少，取得秀才这一初级功名者也很多，可惜官位显赫的不多。这是什么原因呢？经过多位阴阳先生来这里查看，他们都说是因为文峰未起，导致士子前途不畅。要想改变这种状况，唯有在凤山寨上建一座奎星阁，有了魁星爷的眷顾，就能人文蔚起，显达者络绎于途。

风水师的这些话我一直铭记于心，而要建一座奎星阁非一人之力所能完成，可是我又没有那么多钱。小关的读书人组织有一个"齐文社"，齐文社诸君都很乐意这件事，于是每年每人捐粟若干，数年之间就积钱七十八万零二十文。有了这一笔钱就准备砖瓦、木料、白灰等建筑材料，然后召集土木工匠开始兴建。现在，巍峨壮观的奎星阁已经落成，以后学者有了祭祀场所，再能奋发振作，砥砺上进，就能博取功名，这是我对他们的厚望。是为记。

清光绪三十二年（1906年）四月立

【点评】

1. 有人说小关凤山寨创建于1902年，其依据大概是凤山寨寨门匾额上面的文字："大清光绪廿八年季春上浣吉日立"，这一行字和"凤山寨"与《创修奎星阁记》的书法明显出自一人之手，而后者署名“张彦卿撰并书丹”，可知凤山寨匾额的文字同样是张彦卿之手笔。《创修奎星阁记》明确记载：“山小关南有凤山寨，乃胜地也。”“惟于斯寨之巅建一奎阁，则人文蔚起，冠盖相从矣。”“齐文社每年每人捐粟若干，不数年积钱七十八万零二十文。”这些记载说明三个问题：一是凤山寨本就是胜地，并不是因为创建奎星阁才出名；二是凤山寨上虽然有庙宇，但是没有主管文运的神灵，因此，唯有创建奎星阁，才能“人文蔚起，冠盖相从”；三是“屡经风鉴”之后，齐文社同人捐粟又经历“数年”才建起了奎星阁。

奎星阁建在凤山寨东北角，凤山寨中院是天爷庙等庙宇，正北是火神庙，因为地势所限，奎星阁的西山墙只好借用火神庙的东山墙。凤山寨如果是1902年才创建，奎星阁何不建在正位而偏处一隅？据此，我们可以肯定地说凤山寨绝不是创建于1902年，至于具体创建于何时有待后人考证。

2. 过去，学界几乎有一种共识：江南文化发达，北方文化落后，交通闭塞的山村文化更为落后。从总体上看笔者不否认这一说法。但是，一般中有个例，从小关村现存的一小部分碑文看，明清时期小关的文教事业并不落后，这里不但出有举人、拔贡，而且有大量的贡生、监生、生员（秀才）。就明清时期的民间结社而言，不但有以庙宇为纽带的组织，如关爷社、观音社、牛王社等，还有类似青苗社的地亩社。同时还有文人的结社齐文社。

文人结社，一般是同人社，在一块儿交流学术，诗酒唱和。此碑记载：“因齐文社俾每年每人捐粟若干，不数年积钱七十八万零二十文。”这一段话告诉我们，创建奎星阁的费用是齐文社同人捐助的，捐钱（制钱）78万即780串（贯），是不小的数目。现在残碑上的人名有20位，总数远不止此。依理推测，残缺的人名可能大部分是生员，还有就是进过考场的童生。由此可见清末小关文风之盛。

3. 虽然阴阳先生说只要在凤山寨建一座奎星阁，就可以“人文蔚起，冠盖相从”，但是张拔贡怕由此误导后人，无论学业还是事业，要想取得成功，单靠求神拜佛是不管用的，必须经过自己的刻苦努力才能取得硕果。故在碑文结尾时谆谆写道：“后之学者再能奋扬棹厉，以图上达焉，则余之厚望也。”“奋扬棹厉，以图上达”，这是前辈人对我们的鞭策啊。

项岭茶庵纪善碑文（康熙三十九年）

○ 王全营/译注　李培涛/图

项岭[1]者，东山古道也。□□山之□如人之有项者然，故曰项岭。或曰非也。说□□项公[2]之墓在焉，是以名也。□□□□□东西（下残）其难哉。□非□行之□也。冒雨者苦泥泞，欲就干而无处；遇雪者叹履冰，思避寒而无所。至于常日困□□□□□苦之（下残）载道，遑遑□□□。建庵放茶为□□□□之恩哉。乃当途之中旧有茶庵二间，创之者张□三（下残）程君者，讳□□□□□江南新安[3]人也，通地理[4]，晓医书[5]，荦荦[6]□□，□与□辈不同。一日□□□□□□□也……而庵之（下残）亲□茶三十□，张君乾秀，在□修东西□十余里，小□胼胝[7]之苦也。植槐柏（下残）是乎书。

邑学生[8]张越顿首拜撰[9]　庠生[10]程义枢　庠生张伯叙同□

（捐资人名字多难辨认，故从略）

康熙三十九年[11]岁次庚辰[12]麦秋[13]上浣[14]

项岭茶庵纪善碑文（康熙三十九年）

【注释】

该碑现存茶庵天爷庙。因为年代久远且露天存放，受到风雨剥蚀，碑文漫漶之处较多，过录时碑文中的残字及辨识不清之处，用“□”代替。过多者作“下残”或“……”

[1] 项岭：项，小关方言读作“行hang”（去声，即第四声）。今习惯称茶庵。

[2] 项公：不知道是何许人。

[3] 江南新安：歙州、徽州的别称。

[4] 通地理：地理，风水。通地理，精通风水学。为人选择阴宅、阳宅，以看风水为职业的人称地理先生，也就是小关人说的“阴阳先儿”。清人顾炎武《昌平山水记》卷上：“皇后徐氏崩，上命礼部尚书赵羾以明地理者廖均卿等往，择地得吉于昌平县东黄土山。”

[5] 晓医书：熟悉医药书籍。

[6] 荦荦：事理明显。

[7] 胼胝：老茧。

[8] 邑学生：见 [10]。

[9] 顿首拜撰：顿首，本义为磕头。作为敬辞常用在书信的结尾处。拜撰，恭恭敬敬地撰写了这一篇碑文。

[10] 庠生：邑，县的别称；庠，古代的学校。邑庠，县学，明清时考取生员（即秀才）为“进学”，称“邑庠生”。

[11] 康熙三十九年：公元纪年为1700年。

[12] 岁次庚辰：岁次，每年岁星所值的星次与其干支叫岁次，也就是这一年的干支纪年。康熙三十九年干支纪年为庚辰。

[13] 麦秋：通常指农历四、五月，语出《礼记·月令》：“孟夏之月……靡草死，麦秋至。”故古人遂以“麦秋”作四月的别名。

[14] 上浣：浣，洗涤。唐代官吏每十天休息一次，称作休浣，后因称十日为浣，每月上、中、下旬分别称为上浣、仲浣、下浣。“上浣”即上旬。

【译文】

项岭，在巩县东部山区，这里自古以来就是东西交通之路。项岭的地形东西低中间高，就像人的脖项，因此人们把这里叫作项岭。但是有人说项岭的来历不是这样，说是古代有一位项公的墓在这里，所以取名项岭，可是这位项公是谁，没有人知道。

项岭是东西往来的行商客旅必经之路，但是行人感到十分困难，东来西往都要走一段大坡，遇到雨天坡道上满是泥泞，想找个避雨的地方也没有；遇到下雪天要踏着冰碴子，到了岭上风雪飞舞，想躲避一下寒冷也没有地方。至于行人常年遇到的困苦就更多了，东边从小关往西、西边从玉皇庙往东，走到这里无不口干舌燥，想喝口水都难。在项岭建个小庵放上茶水为行人解渴，也是施恩啊。

在项岭路中间，原来有茶庵二间，是张君创立的，可惜由于年代久远损毁了。江南新安人程君，不但精通风水，而且熟读医书，明于事理，与常人不同。有一天他经过这里，认为项岭的风水很好，在这里设茶庵既可以惠及行人，也有利于地方。

于是，人们在这里重修了茶庵，还有人捐了田地，张君乾秀修了茶庵东西各十余里路，行人减少了辛苦。茶庵周边栽植了槐树、柏树，这里俨然可观了。这样的事迹需要记录下来。

秀才张越撰文

（捐资人姓名多难以辨认，故从略）

康熙三十九年（1700年）四月上旬

【点评】

该碑虽然残字较多，但仍然给我们提供了如下信息：

1. 茶庵原来叫项岭，并且介绍了项岭的来历。时至今日，一些老年人还称这里为“项岭”。

2. 康熙三十九年是重修茶庵，此前这里“当途之中旧有茶庵二间”，在这次重修时已经毁坏了。即使草屋毁坏也得几十年，以此推断，茶庵创修的年代应在明末清初，由此可知茶庵这一地名有近400年的历史了。

重修茶庵碑（乾隆十年）

○ 王全营／译注　李培涛／图

重修茶庵碑（乾隆十年）

第一行：……官……

第二行：……修……甚焉……于康熙三十四年人□异其创……

第三行：……三十四年□□重修□乾隆……人不厌其愿愧……

第四行：之□其求而不……喻……未假俱……

第五行：□所有赵君讳世清……

第六行：□□妙乎……人心不同然何克……

第七行：……张公讳太一，字□□守，廪膳生也。尝……

第八行：岭也东……不得息，汤不得饮，行人苦之……

第九行：乡之人名……饮□项大也……

（捐资人数十，因多数字迹漫漶不清，故从略）

泥工　木工　石匠

时乾隆十年[1]四月吉日立

【注释】

[1] 乾隆十年：公元纪年为1745年。

【点评】

该碑现存茶庵天爷庙。碑文中的残字用“□”代替，残字过多者作“……”。

此碑因年代久远，且露天存放，现在已风雨剥蚀严重，字迹多漫漶不清。字体为行书，书写比较随意，铁笔刻画也较浅，因而更增加了辨识难度。经反复辨认，可读出来的文字（不含人名）如上，惜连不成文句，故不作注释和译文。此碑虽然残损严重，从中仍然可以得出如下信息：

茶庵于康熙三十四年（1695年）、康熙三十九年曾经重修，到了乾隆初，已经显得有些破败，说明初创的茶庵比较简陋，经赵世清、张太一等联络村民，于乾隆十年（1745年）再次进行了重修。张太一是廪膳生员，说明小关地区历来重视教育，乾隆初期就有人中秀才，而且是食廪即领取月米（膏火银）补助生活的“廪膳生”，为一等生员。

庵前建筑月台碑记（嘉庆四年）

○ 王全营/译注　李培涛/图

功德化主

…………

赵廷□、张策、冯大儒、张功、张闰成、崔孝、张欣江、李芝、　李坤平、赵□儒、

庵前建筑月台碑记
（嘉庆四年）

张万普、郭如魁、张□德、张奉□、张□义、赵君校、郢梦□、孙士超、聂天□、孙士瑞、张居易、冯好个、冯振□、张润锡、赵君□、孙士□、郢梦□

廪生（不清） 增生赵廷儒

…………

大清嘉庆四年己未[1]仲春[2]仲浣[3]吉旦[4]

【注释】

此碑现存茶庵天爷庙，残损比较严重。上部为椭圆形碑额，中间竖刻“永垂不朽”四字，上刻“日”“月”二字。下半部分残损严重。

[1] 嘉庆四年己未：公元纪年是1799年，干支纪年是己未年。

[2] 仲春：农历二月。

[3] 仲浣：浣，洗涤。唐代官吏每十天休息一次，称作休浣，后因称十日为浣，每月上、中、下旬分别称为上浣、仲浣、下浣。“仲浣”即中旬。

[4] 吉旦：良辰，美好的时光。旧时常用作吉日的代称。碑文末尾一般都有“榖旦”或者“吉日”二字。

重修茶庵碑记（民国3年）

○ 王全营/译注 李培涛/图

古者命名，当有取义据实也。兹地[1]乃山径通衢，往来行人每止息焉[2]。冯寨村张君太□，□□□□□地设茶以待行者，而其地遂以茶庵名。年久倾圮[3]，名实违矣[4]。五统河村[5]张君申西，其裔也[6]，志□□□力不给，因约赵家寨村张君洪度、冯家寨村张君明珠，券捐[7]赀财[8]，重建斯庵。功既告竣，名实□□，□者称便。斯固张君之义举，而众人之乐助，均不可没。爰[9]勒石[10]以志之。

重修茶庵碑记（民国3年）

小关南沟鸿初赵润猷撰文[11]

五统河村卫生张相森书丹[12]

督功主[13]张申酉　张鸿度　张明珠

化工主[14]　张德林　张心举　赵德荣

化主[15]　孙青□钱□□文　张荣□钱五千文　德聚兴钱五千文　公义永钱五千文　刘锡□钱五千文　孙寨村钱五千文　□□□　□□□　□□□　□□□　□□公司　□鸣□　张□　竹林沟　张正　□盛天　张心怀　焦鸣岐　程杓卿　宋培之　和顺堂　玉皇庙村　□□□　李□堂　钱各三千文　□明□　张□□　张□□　钱各二千五百　张先钱二千二百　张□柱　张甲申　□三槐　张□静　张文祥　□斐然　天成□　张敬□　张敬镇　道梅□　太□□　德兴久　□茂正　岐兴□二千文　周□钱□千八百文　张马群钱一千八百文　王保□　王□□钱一千文　李心□　张□□　孙□□　万和□　□兴元　同□隆　西华盛　万聚隆　李根　冯福　豫立恒　泰茂成　□和□　钱各□□□　□□□　村□□　公克隆　□□□　□□社　冯□木　李□□　功□□　□□□　□□□　□□灵　张□成　赵元　孙　成　张心□　张心□　张心海　张□三各一千文　张□□钱一千文　张心□　张□成　曹升　孙□　张□□　张□□　□□□　□□□　吴□□　张□□　张心友　张□□　张□□　张□□　张□□　张□安　张心奇　钱各八百文　赵□□　张心□　赵□　□长□　张心□　张□柱　张聚　张心□　张心□　张大喜　钱各七百文　张毛旦　张□一　张心□　张□本　郑老□　张□　张石成　张□□钱各六百文　张阳发　张敬奇　张心五　张心元　冯□　□□　张□□　张豹仔　张□先　孙□三　孙□　赵保三　□□□　张来□　赵□□　张行仁　张芝北　各□百文　张□　□百文

（下面还有近50人的名字和捐钱数字看不清）

中华民国三年[16]孟冬之月[17]下浣[18]　立

【注释】

该碑现存茶庵天爷庙。碑文中的残字用“□”代替。

[1] 兹地：这里。

[2] 止息焉：在这里休息。

[3] 倾圮：倒塌，毁坏。《清史稿·灾异志三》：“（乾隆）十三年四月初五日，清河大风雨，民舍倾圮无数。”

[4] 名实违矣：有名无实，地名叫茶庵，但是没有供行人饮水的地方。

[5] 五统河村：又名五通河，即小关软枣树村。

[6] 其裔也：裔，后代。此处是说这一次倡议重修茶庵的五统河张申酉，是创建茶庵的冯寨村张太一的后代。

[7] 券捐：散发券票募捐。

[8] 赀财：钱和物资。

[9] 爰：连词，于是。

[10] 勒石：刻碑。

[11] 撰文：碑文的作者。

[12] 书丹：碑文的书写者。

[13] 督功主：主要捐资及负责工程施工和监理者。

[14] 化工主：负责捐资者。

[15] 化主：捐资人。

[16] 中华民国三年：公元纪年是1914年。

[17] 孟冬之月：农历十月。

[18] 下浣：下旬。

【译文】

自古以来，地名的命名，都有一定根据，或取义地形，或取义建筑物。这里虽然是山路，但它是东西交通的要道，东来西往的行人都会在这里歇歇脚。冯寨村张君太一（“一”字损毁不清，此处据乾隆十年碑文添补）有见于此，特地在这里购买田地，修建了一座茶庵，设茶以待过往的行人，从此，这里就得名茶庵。随着岁月流逝，供路人饮水的“茶庵”倒塌了，茶庵这一地名也名不副实了。

五统河村张申酉，是当年创建茶庵的张君的裔孙，他有意继承先人遗志重修茶庵，无奈自己的财力不足，于是和赵寨村张洪度、冯寨村张明珠，共同向民众募捐，重修了茶庵。工程告竣后，茶庵名实相符，来往行人到了这里，可以歇息、饮水，无不称便。重修茶庵是张申酉君的义举，并得到众人的赞助，他们这样的善举人们不能忘记。于是立了这通石碑，作为纪念。

小关南沟村赵润猷撰文，小关五统河村张相森书丹。

中华民国3年(1914年)十月下旬立

【点评】

1. 茶庵这个地名，是因为有人在这里修建了一座供来往行人歇息、饮水的“茶庵”而得名。这里本来有个古老的地名叫“项岭”。但是，现在“项岭”这一地名，在小关已经很少有人知道了，就是这里的天爷庙人们也说是“茶庵天爷庙”，而没有人说“项岭天爷庙”。为什么晚起的地名取代了古老的地名？个中原委发人深省。笔者以为这是人们对善行的推崇。一个人做了一件对地方有益的事情，后人会永远怀念他。

2. 茶庵重建于康熙年间，乾隆十年，由冯寨村张太一发善念再次重修，到民国3年，已经近200年了。由于年深日久，茶庵倒塌，张君的后代、小关五统河村张申酉，继承先人遗志，再发善念，倡议重修了茶庵。我们现在讲家风、家训，先人的善行为后人传承，这是不是最好的家风？

3. 为善之心人皆有之，善行义举会受到广大民众的支持。张申酉倡议重修茶庵，不仅得到张洪度、张明珠的鼎力相助，而且还得到社会各界的大力响应。从这通碑上记录的“化主”名单可知，除村庄、商号外，有150多人捐款，这在目前小关现存的明清碑刻中，是捐资人数最多的，而且捐款数额也比较大，如孙青□、张荣□、刘锡□，各捐资五千文；张心怀、焦鸣岐、程杓卿、宋培之、李□堂，各捐资三千文。这样的数额在明清时期是不多见的，这一现象透露出两个信息：一是民国时期的社会经济比之明清时期有一定发展；二是小关人对善行义举的热心度高于修缮庙宇。

4. 根据碑文记录，孙寨、竹林沟、玉皇庙分别以“村”的名义捐资三千文、五千文、五千文，这大概是一家一户你拿20文我捐30文集中的数目，说明善行义举受到民众的广泛支持。

5. 捐资名单列有“□□公司”（两个字认不清），这一“公司”值得注意，它明确无误地告诉我们：民国初年的1914年，小关就成立有股份制经济“公司”，说明小关人并不保守，“公司”这种新兴的经济组织，100多年前在这里就已经出现了。另外列有德聚兴、公义永、□鸣□、□盛天、和顺堂、天成□、道梅□、太□□、德兴久、岐兴□、万和□、□兴元、同□隆、西华盛、万聚隆、豫立恒、泰茂成、村□□、公克隆。可以认定这些都是商号名称。从这德聚兴、公义永、和顺堂等19家商铺字号，可以看出当年小关老街商业经济的繁荣。据笔者考察所知，这19家仅是民国时期小关老街商号的一部分，另外还有崇兴隆、柏茂号、合盛永、元仁局、林茂永、协盛号、祥兴号、鸣盛和、崇丰号、顺兴号等。窥一斑而知全豹，这些字号展示了小关老街昔日的辉煌。

龙王督工创建三官殿[1]碑记（乾隆三十八年）

○ 王全营/译注　李培涛/图

龙之□灵昭昭也。□而云除而雨润万物，□□群生，功诚莫□□矣哉！乃今（下残）三官殿，又见其功之赫赫焉。盖绿[2]此殿经始于丙□[3]季春[4]，落成于（下残）以妥□神□而福庇斯世者，何耶？说者□此□之力也。又曰众（下残）事必直。默□之主宰者，而后人力有所（下残）则三官□之或可知矣。方其始也（下残）非（下残）功之成作之者（下残）多也（下残）。

邑庠[5]增廪生员[6]赵朝□手撰[7]

皇清乾隆三十八年[8]季春榖旦[9]

龙王督工创建三官殿碑记
（乾隆三十八年）

【注释】

此碑现存赵寨老君庙。碑文中的残字用“□”代替。残字过多者作“下残”。

该碑长期露天存放，受到风雨剥蚀，大多数文字已经漫漶不清，故基本上连缀不成文章。个别信息在“注释”中已作说明。

[1] 龙王督工□建三官殿：残字疑为“创”。三官，道教所供奉的神，天官、地官、水官三帝的合称。传说天官赐福、地官赦罪、水官解厄。三官殿，供奉三官的庙宇。为什么用“龙王督工”，费解。

[2] 盖绿：“绿”应系“缘”字之误。缘，连词，因为。如苏轼诗：“不识庐山真面

目，只缘身在此山中。”

[3] 丙□：此碑立于乾隆三十八年即癸巳年，距离该年最近的天干为“丙”的是乾隆三十一年（1766年）丙戌年，此残字应为“戌”。据此可知创修三官殿用了7年。

[4] 季春：农历三月。

[5] 邑庠：邑，县的别称；庠，古代的学校。邑庠，县学，明清时考取生员（即秀才）为“进学”，称“邑庠生”。

[6] 增廪□□：残字应为“生员”。廪膳生员，简称廪生，以食廪即领取月米（膏火银）补助生活而得名，县学为20人，地位在生员中列居一等。明清时期在县学廪生定额之外再增加食廪名额，即增广生员，亦称增廪生员，在生员中列居二等。

[7] 手撰：亲手撰写。

[8] 皇清乾隆三十八年：公元纪年为1773年，癸巳年。

[9] 榖旦：良辰，美好的时光。旧时常用作吉日的代称。碑文末尾一般都有“榖旦”或者“吉日”二字。

张公星五暨德配郅孺人[1]墓志铭[2]（民国27年）

○ 王全营/注译　张丰西/图

一日，六岳祖父[3]抵余家，命我曰：“卜吉于十一月初五日殡葬汝三岳祖父，汝其志墓。”爰[4]为之志曰：

公讳综奎，字星五，世居巩县山小关屯[5]。始祖盐臣公[6]，原籍山西平阳[7]，元兵南下，避乱迁巩，子孙繁衍，因成望族。历传至公曾祖定标、祖书山、皇考[8]清兴。皇考幼读书，中业家，兼营市场，利起家[9]，援例清纵九品[10]，选充小关市市长[11]。专嗜[12]创修庙宇，好善乐施。后皇考卒，由长兄茂仁主家。公兄弟六人，身躯魁伟，复以五屯之内各刹[13]倒坏、神灵受形为憾。乃继父之志，重修圣母、老君、广生各庙，起会备社[14]，以张神德。同居多年，忍让之风称于乡党，赈乡赡族，恤穷怜贫，助款兴校，施舍医药，急公家之急，好义气之举，殆无虚岁，施恩获报，理所固然。由是“急公好义”之匾挂于门楣矣。 民国九年[15]，土匪滋扰，富名远播，公恐为匪所涎[16]，因析居[17] 用减富名。

初，长兄茂仁、二兄茂松，皆援例赠纵九品[18]。子一：荣超；孙二：光训、光诰。公推为张氏族长兼小关屯屯长[19]。二兄子一：荣乔；孙五：东铭、西铭、盘铭、汤铭、全铭。公推为小关街街长[20]。四弟茂恒，子一：荣裕；孙二：光聪、光庭。公清文生，绛帐授徒[21]，四方受其函文者甚多。五弟永阜，子二：荣周、荣权；孙二：光栓、东晃。业商慷慨，有气节，皆先公卒。六弟茂绪，子二：荣泮、荣八；孙一：北辰。读书出身，援例赠纵九品[22]，曾任民国公安局分局长。

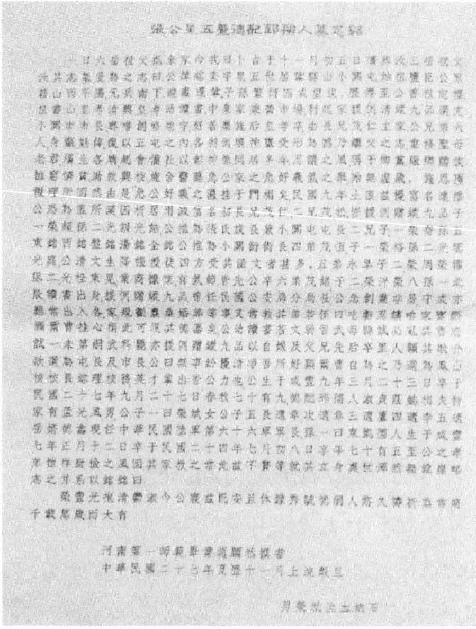

张星五暨夫人墓志铭

公念创业非易，守成亦难，常出入各家，规划农桑、婚葬等事。又常教其弟若侄曰："吃亏忍让咱家宝，顾愿尔曹[23]挂心梢。"此可觇[24]其德器矣。公幼读书，若文弱习武[25]，每县试必冠其曹[26]。府试一，未第[27]。嗣武科罢[28]，亦援例赠纵九品[29]以自娱。及父兄先后卒，里人顾其耿介[30]，欲选为屯长及市长[31]，公曰："无事纷扰，清净吾所好，顾尔曹自为之[32]。"乃选为凤山校校长，综理校务。英才辈出，皆公力也。

公生于咸丰九年三月二十三日[33]，卒于民国二十七年九月二十七日[34]，春秋七十有九[35]。德配郅孺人，淑贞庄懿，相夫持家，有孟光风[36]。男公子一：曰荣斌；女公子五：长适[37]章、次适章、三适芦、四适李、五适岳。婿德鑫，现任中华民国陆军第六十六军军长。孙一：曰东凯。孺人生于咸丰七年正月十二日[38]，卒于民国二十四年七月初八日[39]，享年七十有五。至公之孝弟恺祥，勤俭之风，固其家教之常，此兹不赘等[40]。就其立身处世，浑然无讹，崖略志之，并系以铭。铭曰：

荣丰光抱，清郁淑[41]。今公寝兹，既安且休。钟秀毓德，嗣人悠久。祷祈蒸常[42]，将千秋万岁而大有。

河南第一师范[43]毕业赵显然撰书[44]

中华民国二十七年夏历十一月[45]上浣[46]毂旦[47]

男荣斌泣血纳石

【注释】

据图片提供者张丰西先生介绍，张星五的坟墓原在九亩弯，大约在1994年，小关村砖厂挖土要张家迁坟，发现《张星五墓志铭》后，当时没有照相，也不会拓碑，只是抄写了一份，可能抄写时有误。这是抄件的照片。迁坟后该碑又埋进了墓穴，故只有抄件。

[1] 孺人：古代大夫之妻的名号，后来用于对妻子的通称。

[2] 墓志铭：墓碑是立于坟前，墓志铭是埋在墓里的刻有死者生平事迹的石刻。铭是韵文，多为四字句，用于对死者的赞扬、悼念等。

[3] 六岳祖父：即妻子的六爷，岳祖父亦称“祖岳父”。

[4] 爰：连词，于是。

[5] 小关屯：“屯”疑为抄录时“村”之异体字“邨”之误。此抄录之墓志铭“小关屯”“五屯”“屯长”共5处，均应为“村”之误，下不再作注。

[6] 盐臣公：前阙张氏家谱作“盐监公”，“监”的繁体字为“監”，疑此处有误。

[7] 山西平阳：在今山西临汾市西南，因在平水之阳而得名。

[8] 曾祖、祖、皇考：曾祖即父亲的爷爷，祖即爷爷，皇考即去世的父亲。

[9] 利起家：此语不通，疑有漏字。

[10] 援例清纵九品：此句不通，疑有两误，似应为“援例赠从九品”。

[11] 选充小关市市长：此处之“市”是市场之市，不是现代概念区划之“市”，清代的行政区划为省、府、州、县（厅），派出机构有道、巡检司。选充小关市市长，说明“市长”不是官职，是经小关镇商人民主选举的管理商务的负责人。

[12] 嗜：特别爱好。

[13] 刹：指佛寺。这里借指庙宇。圣母庙在南沟观音堂后院，老君庙在原小关小学东北角，广生庙今无存，遗址暂不清楚。

[14] 起会备社：即兴庙会和组织以庙宇为名的团体，如广生社、关爷社、观音社、牛王社等，社有庙产（土地），收入用于祭祀、修缮庙宇、会餐等。

[15] 民国九年：即1920年。当年爆发直皖战争，驻河南各地北洋军多次发生兵变，变兵、溃兵、失地的农民等结伙，或啸聚山林，或流动抢掠，社会极不安定。

[16] 涎：唾液，口水。引申为贪羡、贪图。如见到别人的好东西就想得到，为“垂涎欲滴”“垂涎三尺”。

[17] 析居：析，分开，散开。析居，即兄弟分家。

[18] [22] [29] 援例赠纵九品：援例，援照先例；赠，赠送。据《清史稿·选举志

五》，光绪二年规定："赠虚衔顶戴人员，止予赠衔。"晚清国力衰微，国库空虚，而战争、灾荒等又需要大量款项，某一地方发生了灾荒，当地富户拿出粮食救济灾民。于是清廷大开捐例，根据你捐给国家银子的多少授予不同的顶戴，给的官品叫"赠"。"纵九品"应为"从九品"之误。从九品是官阶不是官职。比如张彦卿的"教谕"是官职，官阶是正八品。从九品为登仕佐郎。这里只是个名号，"止予赠衔"，表示有此地位，家族大门前可以置石狮子，抱鼓石上可以刻鹿——谐音"禄"（俸禄）。

[19]小关屯屯长：即小关村村长之误。

[20] 小关街街长：管理小关老街的负责人。

[21] 绛帐授徒：绛帐，深红色的帐子。东汉有一个大学者叫马融，在他门下求学的常有上千人。马融讲学的高堂上常施以绛纱帐，马融坐在帐前给学生讲课，帐后排列女乐。后世因以"绛帐"为师门、讲席之敬称。绛帐授徒即教书先生。

[23] 尔曹：曹，这些人、这一类人。尔曹，你们。《神童诗》："天子重英豪，文章教尔曹。"

[24] 觇：观测。

[25] 若文弱习武：语句不通，疑有误。

[26] 冠其曹：即县武生考试第一名。

[27] 未第：不论文科还是武科，童生（不论年龄大小，凡是没有考中秀才的都叫"童生"）经过县试过关后，经过学政主持，在府学考试取中的叫"进学"，称生员（秀才）。未第，即府试没有被录取（没有能考取秀才这一功名）。

[28] 嗣武科罢：光绪二十七年（1901年），清廷下诏停武科，令各省建武备学堂。

[30] 顾其耿介："顾"，这里为发语词。

[31] 屯长及市长：即小关村村长及小关老街的市长（参考注[11]）。

[32] 顾尔曹自为之：此语不通，疑"顾"为"愿"（繁体为"願"）之误。

[33] 咸丰九年三月二十三日：公历纪年为1859年4月25日。

[34] 民国二十七年九月二十七日：公历纪年为1938年11月18日（是年农历闰七月）。

[35] 春秋七十有九：春秋指人的年岁，《幼学故事琼林·老幼寿诞》："春秋几何，问人寿算。"这里是说享年79岁。

[36] 有孟光风：孟光，东汉梁鸿的妻子。因梁鸿不愿做官，她就随着丈夫住在山里，布衣荆钗，耕织为生。后来梁鸿给人打工，孟光给梁鸿端饭的时候都是举案齐眉，表示敬爱。后世把孟光作为贤良女子的典范，用举案齐眉形容夫妻互敬互爱。

[37] 适：出嫁。适章，即嫁给章家做媳妇。后同。

[38] 咸丰七年正月十二日：公历纪年为1857年2月6日。

[39] 民国二十四年七月初八日：公历纪年为1935年8月6日。

[40] 此兹不赘等：此句不通，疑“此”“等”二字系衍文。

[41] 清郁淑：此语不通。墓志铭的铭文多为四字句，疑“淑”前有漏字。

[42] 祷祈蒸常：“常”疑为“尝”（繁体为“嘗”）之误。蒸尝，指祭祀。

[43] 河南第一师范：民国前期，河南省办师范学校校名按序号排列，开封师范学校为“河南省立第一师范学校”。

[44] 撰书：撰文并书丹，即文字、书写都是一个人。

[45] 中华民国二十七年夏历十一月：“民国二十七年”公历纪年是1938年，“夏历”指农历，当年的农历十一月公历纪年为1938年12月22日—1939年1月19日（是年农历闰七月）。

[46] 上浣：浣，洗涤。唐代官吏每十天休息一次，称作休浣，后因称十日为浣，每月上、中、下旬分别称为上浣、仲浣、下浣。

[47] 縠旦：“縠”应系“谷”（繁体为“穀”）之误。縠旦，晴朗美好的日子，语出《诗·陈风·东门之枌》：“縠旦于差，南方之原。”旧时经常用为吉日的代称，各种碑碣末尾立碑时间一般都有“縠旦”二字。

【译文】

有一天，六岳祖父来到我家，对我说：“阴阳先儿已经择定了日子，十一月初五，你三岳祖父下葬，你写一篇墓志铭吧。”我爽快地答应了，写下了这一篇墓志铭。

张公综奎，字星五，世世代代居住在巩县山小关村。始祖盐监公，原籍山西平阳县，金朝后期，蒙古兵南下，山西各地经常受到蒙古兵的抢掠。为了躲避战乱，盐监公携家带口辗转来到巩县，在这里开基立业，繁衍子孙，成为望族。历传至星五曾祖父定标、爷爷书山、父清兴。父亲幼年读书，中年开始管理家业，属于中产人家。同时开设商铺，农、商兼营，家业逐渐兴旺，援例赠从九品，选充小关市市长。清兴公非常喜欢创修庙宇，又乐善好施。父亲去世后，由长兄茂仁主持家务。茂仁公身躯魁伟，复以五村之内庙宇倒坏、神灵受到风吹雨淋而感到不安，于是继承父亲喜欢创修庙宇的遗志，组织重修了圣母、老君、广生各庙，并且每座庙宇都起会备社，增强了人们对神灵的敬畏。茂仁公兄弟六人，同居多年，忍让之风称于乡里。他赈济乡邻，周济族人，照顾贫穷之家，赞助兴办学校，施舍医药，急公家之急，好义气之举，这样的事情年年都有。施恩获报，理所固然。于是人们把“急公好义”的匾额挂在了他们家的大门上。民国9年，土匪到处抢劫，茂仁公因为这个大家庭是远近有名的富户，恐怕成为土匪抢劫的对象，于是弟兄们分了家产，从而减小了名气。

大哥茂仁、二哥茂松，皆援例被赠予从九品。茂仁有一个儿子，名荣超；两个孙子：光训、光诰。族人公推茂仁为张氏族长，各村推他为小关村村长。二哥茂松有一个儿子，名荣乔；五个孙子：东铭、西铭、盘铭、汤铭、全铭。小关镇商家公推茂松为小关街街长。四弟茂恒，一个儿子，名荣裕；两个孙子：光聪、光庭。茂恒为清代秀才，设塾教授生徒，周边各村来这里求学的很多。五弟永阜，两个儿子，名荣周、荣权。两个孙子：光栓、东晃。永阜以经商为主，为人慷慨，有气节。上述兄弟都先于星五公去世了。六弟茂绪，两个儿子：荣泮、荣八。一个孙子：北辰。茂绪读书出身，援例被赠予从九品，曾任民国公安局分局长。

星五公知道，要想家业兴旺不是容易的事，而子孙不让家族衰败也是难事，为此他经常到各家，帮助规划农业生产、婚丧嫁娶等事。他还常常教导其兄弟、侄子，说：“吃亏忍让是咱的传家宝，希望你们牢记这句话。”从这一句话可以看出他的品德和气度。星五公幼年读书，文武双修，每年参加县里的考试都是第一名。到河南府参加一次考试，未录取。光绪二十七年（1901年），清廷取消了武科考试，星五公亦援例被赠予从九品。父兄先后去世，村里人认为他为人耿直，欲选他为小关村村长和小关市市长，他说：“我不想管那么多事，喜欢清静，你们把这些事情担起来吧。”于是就推选他为风山校校长，综理校务。小关培养出一批英才，就有星五公之力。

星五公生于咸丰九年三月二十三日，卒于民国二十七年九月二十七日，享年79岁。夫人郅氏，为人贤良文静，协助丈夫管理家务，有孟光之风。他们有一个儿子，叫荣斌；五个闺女，分别为章家、章家、芦家、李家、岳家的媳妇。婿德鑫，现任中华民国陆军第六十六军长。孙子叫东凯。夫人郅氏生于咸丰七年正月十二日，卒于民国二十四年七月初八日，享年75岁。至于星五公之弟兄和睦，为人和气，勤俭之风，都是习以为常的事，就不再多说了。

……………

【点评】

这一篇墓志铭给我们提供了如下信息：

1. 星五的父亲清兴，曾经被选充小关市市长。清兴生于道光元年即1821年，卒于光绪二十五年即1899年，被赠予从九品后，选充小关市市长，当在不惑之年即40岁上下，约在同治年间。为什么要选“市长”？这充分说明咸丰、同治时期，小关镇经济繁荣，有不少商铺，商人也多，商业活动需要有人管理，制定行规，于是才有了“市长”这一岗位。

2. “从九品”的激励导向作用。据《墓志铭》载：前闲张氏仅“六合堂”一支，22、23世就有清兴、茂仁、茂松、星五、茂绪5人，援例被赠予从九品。

据《清史稿·选举志》载：鸦片战争后，外患频仍，边疆多事，灾荒不断，国库空虚，“道光以后，捐封例开”。光绪中，海防捐、河工捐、善后赈捐等，更是一个接着一个，政府根据报捐数额赠给官阶。明清文官为九品十八级，均有正、从之分。“从九品”为登仕佐郎。赠的品级是虚衔，是“品”不是“官”，没有俸禄，所以墓志铭中才有“亦援例赠从九品以自娱”之语。尽管如此，这个“从九品”仍然具有很大的激励作用：中国古代读书人出路狭窄，读书做官是最大追求。“援例赠从九品”虽然不是官也没有俸禄，但是有一定的身份、地位，在农村可以称为“乡绅”而不是常说的“绅士”，大门口的抱鼓石上可以雕刻鹿，取其谐音“禄”之意，并且可以激励子弟刻苦读书以便在举业上获得成功。

3. 《墓志铭》说：张星五的父亲清兴公“专嗜创修庙宇”，长兄茂仁复以五村之内各刹倒坏，“乃继父之志，重修圣母、老君、广生各庙，起会备社，以张神德”，南沟观音堂现存的两通碑文可以证明此语并非夸大之词。光绪三十四年《重修观音堂白衣堂玉仙殿碑记》载：此次重修庙宇张公清兴不但率众捐赀，而且还捐钱七千二百文；宣统二年《重修后土蚕姑花娘娘暨大圣祠碑记》复载：张茂仁捐钱八千文。这一资料可以佐证《墓志铭》中提到的张家有五人“援例赠从九品”“选充小关市市长”“小关街街长”等，都是可信的。

三、小关老街暨工商业经济

小关明清一条街

○ 郅公林

在巩义市东部40多里处，有一个千年古镇——小关镇。这里虽然地处嵩山北麓，境内丘陵起伏，沟壑纵横，但却是明清时期巩县东部经济最繁荣、规模最大的集镇。

汴洛铁路修通前，从开封、郑州到洛阳，只有两条道：一是经荥阳、汜水、虎牢关西进，这是古人常走的路。这条道沿途深壑大沟，险阻重重；一是经荥阳、峡窝、两河口、小关，翻过茶庵岭顺河道经玉皇庙、杨里、柏茂，到达巩县县城鳌岭。这条路从两河口到巩县，除小关到玉皇庙外全是河道或者河边小道，因此相对好走，但是到了雨季河水大就难行，尤其山洪暴发，常常将简单的道路冲毁，行旅商贩就会中断。但是巩县人的东西交通，尤其从玉皇庙到两河口的农民，无论是串亲访友，还是赶庙会，小关是东行西去的必经之路。小关又是巩县以东居民最多的地方，行旅歇脚，商品集散，自然形成了集镇。

小关镇历史悠久，仰韶文化时期就有先民在这里繁衍生息，最迟在元代就有庙宇建筑，古代就有手工作坊，在这里暂不作考证。明清至民国时期小关老街是方圆数十里农副产品的集散地、中级市场，每年都有大量的粮食、山货、布匹等商品在这里买卖，这些也不作论述。此处仅就小关老街的建筑作一简述。

首先说一下关爷庙。先说关爷庙有三个原因：一是关爷庙建庙较早，据说庙里有一通元代立的碑，元代已经有了关爷庙，那么小关是明清一条街自是无疑；二是关爷庙飞檐斗拱，巍峨壮观，庙内有全套祭器，有兵器架，尤其有一把八十多斤重的青龙偃月刀，是小关一宝；三是关爷庙对面是戏楼，在明清和民国时期是小关人主要的娱乐场所，小关关爷庙和戏楼远近闻名，明清时期应是小关的地标性建筑。

小关是一条东西街，东边从老君庙、龙王庙下边一条青石铺就的“大道”进入街区。这条路路面高出河道八九尺，龙王庙下边是石砌的大堰，任凭洪水冲击，从来没有垮塌过。由河道进街区，要上一条石砌的坡。小关镇东边街口有一个寨门，高约两丈，寨门正中有一块青石匾额，上有阴刻“筱關鎮”三个遒劲有力的大字。这座寨门建于哪个朝代，现在已经没有人知道了。1942年大旱之后，下了一场特大暴雨，滚滚山洪冲毁不少田舍。在这场洪灾中，小关镇东寨门被冲毁，寨门上的匾额也随水而去。后来又重修了寨门。1949年后，地方经济有了较快发展，先是铁轮马车，再往后是胶轮马车，因为影响交通寨门被扒掉，仅留下南北两个券腿，北边的券腿因为与街道相连，被逐渐蚕食掉，南边的券腿因为在地里，20世纪70年代还在那里，不过只是一堆残砖碎石。

进寨门就是小关老街。老街路面一色的青石铺成。青石虽然不是小关的特产但是产量巨大，小关南部的山都是青石山，一到夏季山洪暴发，洪水会将大量的青石带离大山，到小关后河道变宽，落差也小多了，于是这些青石就留在了小关。几百斤重的称为卧牛石，需要用时，先看好石头的纹路，用錾子在上面凿出一个约二指宽半拃深的窑，放进去铁楔子，用大锤狠击，就可以将卧牛石劈开，作为建筑材料，因此在小关的各类建筑中青石使用特别多。青石既软又硬，说软是可以加工成各种造型，比如石雕；说硬是耐磨性强。小关街道铺的就是这种青石，谁也不知道这条街道存在了多少年，只知道路面早已被踩踏得平整光滑。

小关街从东到西长约一里半，街道宽三丈多，南北两边均有建筑。街道两边的建筑一部分是民居，有的是前店后宅，有的是临街房出租后边居住，但是绝大部分为商铺。由东进入街道有五六十米之后，上一个小坡，街道南北地势出现差距。街南边地势低，建筑与街道相平。商铺的院子都比较深，一般是三间或者五间门面房，后边是两厢房，厢房一边有五间，最里边是坐南向北的上房。有的门面房还建有前廊，碗口粗的木柱支撑，宽有三四尺，便于下雨时赶集的人在那里避雨。街北边地势高，关爷庙以东所有建筑物普遍比街道高四五尺，有砖砌台阶。街北边的建筑与南边差不多，也是几间门面房，后边是两厢房、上房，不同之处是坐北朝南。

小关老街的建筑一律是青砖灰瓦硬山墙，门面房不论是三间还是五间，都是通扯即大空间，进深都是一间，而且都是一层且不太高，因此有梁无柱也没有二梁。厢房四五间不等，一间间隔开，所以都是硬山无梁。门面房用八砖铺地，厢房也是砖铺地。上房的地基都高出院子半米以上，大多是两层小楼，木楼板、木楼梯。

门面房要招揽顾客，让路人看到里面是卖什么的，所以都是大窗子，即不论三间还是五间，临街一面都是通扯，落地板搭门顶住上檐。每天早上开门营业前，要先将木板一块一块卸下来放在一边，这样走在街上可以把店里的商品看得清清楚楚。板搭门上下都有一道槽用来安装木板。用硬木料做成约一寸厚、八寸宽的木板，天黑后商铺打烊——即关门时，将木板一块块放进槽里，木板里边中部横穿几道木棍，然后上锁。

商铺柜台外边一般都要放几条板凳，让顾客坐。有的人并不购买商品，只是坐在那里聊天，掌柜的并不驱赶，这可以显得铺子里人气旺。有的商铺还免费向顾客和来聊天者提供旱烟、茶水。如果跟掌柜学做生意，首先要学的就是热情待客。小关流传一个笑话：一个少年在商铺当学徒，夜里掌柜回家了，留下徒弟看门。半夜时分，一个小贼撬门进入店内，蹑手蹑脚正要偷东西，正好小徒弟发癔症（方言，即呓语、说梦话）：“来啦，坐这儿。吸烟？喝茶？”小贼吓一大跳，以为被人发现了，转身就走，只听小徒弟又说：“走哩，不送。”发癔症把白天学的几句话全说出来了，结果吓跑了小贼。

20世纪五六十年代，小关老街部分建筑的外表已经斑驳陆离，给人沧桑之感，似在无声地告诉你它已经经历过几百年风雨。最显著的莫过于街东头老君庙大殿和街中心的戏楼。老君庙大殿本是飞檐庑殿顶，殿顶的仙人走兽造型生动。50年代我们在那里读书时，殿顶上长满了瓦瓦松，仙人走兽、部分琉璃瓦已经脱落；关爷庙对面的戏楼也显得没有一点生气：戏楼上的两根柱子、前台后台之间的隔板，油漆都快要脱落完了，露出木料的本色，戏楼底部砖墙的青砖，不少已经碱化——本来平光的墙面凹进去一块一块，这些表象告诉你戏楼的年代比较久远了。

仅据小关现存的碑文记载，清末小关老街的商号有柏茂号、合盛永、元仁局、林茂永、协盛号、和顺堂、祥兴号、鸣盛和、崇丰号、顺兴号等。

关爷庙里元代的石碑、小关街被行人脚步磨得平光的青石路面、戏楼底部凹进去的砖墙——这些都在告诉你，小关是有着数百年历史的古镇！

小关镇的贸易

○ 白俊爵

清代和民国时期，小关镇的集贸市场相当发达，活跃的经济，方便了周围数万人的生活，还为镇周围一批无地的穷人提供了部分做事挣钱的机会。小关镇地处从郑州、荥阳到巩县、洛阳的东西交通要道，豫东通许、尉氏等地要到小关运煤，山区货物要外销，当地日用品的购进，巩县邮差送信件，等等，小关都是必经的食宿之地。为了服务行商客旅，小关镇的商业、服务业应运而生。我所记得的20世纪40年代小关镇的商业活动大体如下。

小关镇商铺林立，有三家粮食坊子主要经营粮食：戏台下边的张盘，西头张镇邦、张培桢。有三家杂货店：街东丁书，还有两家记不清店主的名字。三家药店，记得有帽匠沟程家。四家饭店：刘保成、张正怀、张茂森、丁有。一家棉花店，一家估衣店，一家理发店。东头有两家马车店：郅元中、张茂森。马车店临街房是饭店，后院是大车店。街西头一家染坊是西沟张远成开的，街东一家可能是李坡开的。关爷庙东西都是有门面房、两厢房、上房（两层楼）的京广杂货店，可以说是店铺林立。

小关集市贸易是逢双日为顺集，单日为背集。凡是顺集，行商、客户、各类卖货小贩都到，小关周围南边到狄坡、北边到佛山怀、东边到月明山、西边到茶庵岭的村民，都会来小关赶集。集市上卖小吃的应有尽有，比较有名气的如西头张报的水煎包子，后闲郅长青的绿豆凉粉，西沟王彦的豆腐汤，西沟李西庚的酱牛肉，李太光、宋福友的豆腐，等等。京广杂货更是琳琅满目。小关东边十六里米河镇的集市，和我们的相反，它是逢单日集市贸易，有能力的商户单日也有到米河去的，这样可以多一点收入。逢庙会那才是人山人海，例如正月十六扮故事（小关方言，踩高跷）、大水（牛皮大鼓、大锣、大镲等）、舞狮子等文艺大会演，三月初八的庙会，四月小满会，七月二十四庙会，等等，卖牲口的、卖农具的、卖日用品和小孩玩具的，应有尽有。因为山村的群众到集市来买日用品多是拿粮食换钱，粮食坊子也是整天开张。这些古会还常常有戏剧助兴，这样更增加了人气。而且庙会不仅是物资交流，也为农民互通有无提供了一个平台。

过去由于生产力落后，人们抵御自然灾害的能力差，灾荒年还是有的，尤其小关的农田基本上是梯田，靠天收，一遇到干旱就会大减产。1942年，也就是民国31年，河南大旱，小关镇灾荒也相当严重，同时还有蚂蚱（蝗虫）、冰雹，蝗虫把太阳都遮住了，落到哪块地，三尺高的玉米全部吃光。家里地少的人家就到地里去赶，也能保住一点。第二年小蝗虫又出来了，灾情也很严重。

那一年冰雹下了半尺厚，西沟王占的骡子都被砸死了，庄稼全部被砸坏，秋季基本上绝收，造成不少人家到西边逃荒。东河老君庙下边河南沿有一片乱葬坟，经常有饿死的人，被拉到那里埋葬。

鳞次栉比的商铺

〇 郅公林

小关，是个具有悠久文明史的古镇。小关能成为文明古镇，笔者认为主要有以下三个条件的支撑。

一是具有悠久的手工业生产。从一些村庄的名字就可以知道，古代的小关手工业经济就有一定规模。小关村名的命名方式一般有三种：一是以地形命名，如小关老街西头的村庄叫“西头”、老街后边的村庄叫“后闸”、老街前面的村庄叫“前闸”，还有“东弯”“南沟”“西沟”。二是以家族聚居命名，如“白家洼”“王家洼”。三是以建筑物命名，如黄鹭坡（古代这里有黄鹭寺）。可是，除这三种方式外，小关还有以手工业作坊命名的村庄，就是“前纸坊”“后纸坊”“瓦窑坡”“瓦窑”。这几个村庄名字的来历没有人能说清楚。但是从这些以手工业作坊命名的村庄名字推测，古代社会小关就有手工业作坊。比如“前纸坊”“后纸坊”，说明古代这里有造纸作坊。纸造出来以后就要销售，按照现在的话说就要有批发商和零售商，因此必然要有市场。而前、后纸坊的村名形成于哪个朝代？这里何时有造纸作坊？方志没有留下只言片语，民间也没有任何传说，至于造纸作坊更是没有留下任何蛛丝马迹，这就说明一个问题：“前纸坊”“后纸坊”的村名历史悠久，起码有数百年了。再看“瓦窑坡”和“瓦窑”。现在的年轻人只知道310国道小关段大楼北边的村庄叫“后闸”，但它还有一个名字叫“瓦窑坡”，如果问一句为啥叫“瓦窑坡”，同样没有人能够回答。从字面推测，瓦窑是烧砖瓦和陶器的厂地，虽然说20世纪70年代以前，在后闸的后沟——今小关小学西边有砖瓦窑，但它不足以形成地名。那么“瓦窑坡”之名的历史可以说有一定的时间了。“瓦窑”的村名也是如此。“瓦窑”不仅仅是烧砖瓦，由于过去铁产量非常低，农民的生活用具、生产用具不少是陶制品，例如盛面用的“面瓮”、洗脸用的“洗脸盆”、担茅粪用的“茅罐”等，而这些陶器制品长途运输又容易损坏，销售半径一般在一二十里地，因此应有其销售市场。据此我们是否可以推断：古代的手工业作坊为小关市场的形成初步奠定了基础。

小关是巩县东部居民高度集中的村庄之一。数据显示：1929年，小关镇有21117

人，其中小关村有2197人；1965年，小关公社18个大队，有29594人，其中小关大队为3013人；1974年小关公社为36194人，其中小关大队有3803人。每个时期小关村（大队）的人口数均占全镇（全公社）总人口的10%强。加上辐射周边地区的数万人，这是小关形成商品集散地的第二个原因，即居民人口的支撑。

适中的区位优势和交通要道是促成小关商业发展的第三个原因。清及民国时期，出巩县城往东30多里，小关是唯一较大的村庄，又是往米河、荥阳的必经之地。行旅歇脚，商品集散，这里是最佳选择。小关前闲和老街是远古形成的冲积台地，河道围绕着这块台地由南边而过，无论多大的山洪这块台地都不会被淹，这应该是古人选址的优先考虑。这些综合因素使小关在古代社会就建筑起一条商业街。

小关老街的形制，我在《小关明清一条街》一文中已有叙述，这里就不再重复。本文要说的是民国后期至20世纪70年代以前小关老街的商业概况。为了给读者一个相对清晰的概念，主要以从东到西的顺序叙述，个别行业则适当集中。需要说明一点的是，民国时期小关老街的门面房全部属于私房，各家门面都有字号，如前闲张家的“崇兴隆”，开设有杂货铺、药铺、饭铺、粮行、大车店等，西沟焦家的“鸣盛和”，开设有杂货铺等。这一段历史，虽然小时候听老人们说过，但过去了几十年，我基本上忘光了，因此，本文回忆的老街商铺以20世纪50—70年代为主。

由东西行经过老君庙、龙王庙下边的青石路，进入小关老街之前，路边有一个小铺，是南沟张学的钉秤铺。别小看钉秤，这可是技术活和良心活。过去没有电子秤，用的全是杆秤，秤杆一般是枣木做的，说技术活其技术关键就体现在秤杆的刮制上。秤杆都是一头粗一头细，粗的一头是秤钩（包括秤盘），根据秤的大小，距离秤钩一定尺寸在秤杆上包一个铁箍，铁箍上边有一个铁鼻儿，一根细铁棒从上到下穿过并在下部固定好，上面用一根菱形的细铁棒穿过铁鼻，菱形铁棒上面是用来提或者抬起秤的秤毫，小关人叫“毫器”。小秤用皮条或者麻绳，大秤用铁丝。毫器用菱形铁棒是因为受力面小，能保证称出来的重量准确，也就是农民常说的“秤很灵”。钉秤用一个非常细小的钻，在秤杆上打上小眼，用铜丝插入小眼后，用一把锋利的板凿或者刀顺着秤杆将铜丝切断，再拍打一下，在秤杆上就留下了明亮的小星叫秤星。钉秤先找准定盘星的位置。过去都是16两秤，半两处一个星，一两处上下两个星，半斤处上下三个星，一斤处是梅花星。秤星全部钉好后，用细纱布将秤杆来回打磨，使秤杆整体光亮。一般一杆秤有两道毫器、两道秤星，提起来以后看到的秤星叫“怀里”，上面的秤星叫“面上”。用距离秤钩第一道毫器称重看怀里，用第二道毫器看面上。比如面上可以称5斤，怀里则可以称10斤。这种小秤是做小生意和家庭使用的。还有秤粮食或者其他重物品的要用大秤，可以秤重数十斤甚至一二百斤。一个很不起眼的小铺为什么啰啰唆唆说这么多？因为钉秤既是技术活也是良心活。张学钉秤既和气又坚持原则，无论是谁，也不管你出什么价钱，想让他在秤上做手脚可是一点门儿都没有，因此他在小关钉秤几十年从没有人找过麻烦。

过了钉秤铺进入老街，南边是张茂贵、张荣卿的两家大车店。因为生意的关系，店门都很宽。20世纪50年代以前，西起巩县东到峡窝，走的全是小路，除了独轮车外，各商铺购进货物和外运农副产品，除了肩挑就是骡、马、驴驮运，铁轮马车只能担负从两河口到孙寨的短距离运输。小关又是巩县东部的商品集散地、中级市场，太平年月这两家大车店的生意还是比较红火。中华人民共和国成立后，先是修了乡村公路，又修成沙土路，道路的修建也给交通提供了方便，铁轮马车有了较快发展，接着是胶轮马车的普及，大车店的生意就更加红火了。大车店是店宅合一。临街门面兼营饮食业。大车店后院有一口水井，店主人既给客人提供食宿还管饮喂骡马。

50年代后，大车店对面是照相馆。50年代初，民主选举的时候，选民有选民证，上面要贴照片，绝大多数选民都是有生以来第一次照相，感到很新鲜，虽然是半寸黑白照，不少人一直珍藏着作为纪念。那时照相使用的底版是玻璃片，背景是一面墙大小的布画，画面有高楼，有山水，有树木，有花草。山村人没有见过高楼，所以年轻人都喜欢在有高楼的布景前照相。

照相馆西边是理发店。民国以前叫“剃头铺”，顾名思义就是用剃头刀将头发全部刮掉即剃成光头。50年代已经有了理发推剪，不过男人们仍然习惯剃光头，所以不叫“理发”叫“剃头”。50年代中期，随着区政府、税务所、派出所、邮政局、银行、卫生院、供销社、学校等部门和单位“干公家事”人员的增多，用推剪理发日益时兴，年轻人也开始改变剃光头的习惯，改用推剪理发，留小平头，人们也习惯把“剃头铺”改称“理发店”了。60年代最盛行的是背头。不过四五十岁以上者还是喜欢剃光头。

街北边过了理发店是几户民居，都是临街房、两进院子，前店后宅，也有的将门面房长期用于出租，60年代一家的门面房就是后闵的磨坊。

街南边大车店往西是粮管所，粮管所所占用的地原来是庄稼地和菜园，叫油坊地，因为那里有一个打油的作坊。50年代马戏团到小关演出，地点都在油坊地，演出的节目有的非常惊险，比如上老杆，竖起一根大约三丈高的木杆，木杆顶部横着绑根木棍，演员在没有任何保护措施的情况下爬到杆顶，在横着的木棍上拴一根绳套套在脚脖上，头朝下做多种动作，让人看得胆战心惊。

粮管所西边是白宽夫妇开的牙科诊所，既治疗牙病，还可以拔牙、补牙、镶牙、安装满口牙。

牙科诊所西边是饭店，因为当时经济贫乏，多是为远路到小关赶集、做小生意的人提供家常饭，以面条、蒸馍、烧饼、油条（小关人叫“麻糖”）为主，也卖白酒、炒菜。

饭店的后边是油坊。当年小关有两个油坊，一个在油坊地即饭店后边，50年代后慢慢歇业了。另一个在后闲。老街关爷庙东有一条去后闲的小路，路东有一个大院叫油坊院，70年代仍然在经营。小关的油坊主要加工三种油料：芝麻、棉籽、槐楝籽，加工成的油分别叫香油、棉油、槐楝籽油。香油现在叫小磨油，香味纯正，是最好吃的；棉油浑浊，味道也不太好；最差的是槐楝籽油，吃一点儿就会刺激喉咙，小关方言叫“滋辣”。棉油尤其槐楝籽油主要用于点灯照明。

油坊的工具主要有一个双灶台、一盘碾、一根大榨槽木、一个悬空的油锤、几十个铁圈和木楔等。榨油时要先把原料（芝麻、棉籽）放入灶台大锅之中炒到香而不能焦。原料炒好后在碾盘上碾成粉末。碾成粉末后一次将一个饼的料用木甑放入小锅蒸，见蒸气但不能熟透。接下来将蒸熟的粉末倒入用麦秸垫底的圆形铁箍中踩实，一次四个铁箍，做成坯饼，一般一榨有50个饼。将铁圈箍好的坯饼装入由一根整木凿成的榨槽里。油槽由一根粗硕的槐木做成，长度在一丈五尺以上，直径有二尺多，两头有铁箍，中部凿出油槽，油槽长六尺左右，宽能放进去带铁箍的油坯饼。50个饼填装好，在右侧将一根根楔子揳入就可以开榨了。木楔约五寸厚，上宽下窄，上头有铁箍可长期击打。开榨时掌锤师傅执着悬吊在空中大约30斤重的油锤，悠悠地撞到油槽中的木楔上，掌锤师傅喊着号子，一锤一锤不停地撞击木楔，待木楔全部打入后，再排好一层木楔，就这样一层一层地打进去木楔，直到把50个油坯饼挤得严严实实，一缕缕金黄的清油开始从油槽中间的小口流出。直到油几乎榨尽，就可以出榨了。50年代初期小关还没有机器工业，人们也很少有夜生活，夜深人静时，后闲油坊榨油喊号子的声音，就在小关的夜空中回荡。用这种传统工艺、木制压榨机榨出的香油，颜色金黄且味香，热度低。后闲赵文、赵壮就有很好的榨油手艺。小关地区的老油坊已经消失，传统工艺也失传了。

牙科诊所斜对面有一条通往后闲的青石路，路东边有一个低矮简陋的小铺，50年代初，有一个叫刘二信（音）的老人在这儿租房开了一间杂货铺，卖日用品，有火柴、煤油、食盐、小学生用的纸笔等，也卖鞭炮、火药。有一年正月十六小关古庙会，赶会的人山人海，老街更是摩肩接踵，小孩子走在人群中间双脚抬起来不挨地，能“走”四五尺远。那个年代人们都没有什么安全意识，市场上也没有人维持治安，不管人多人少谁想放炮就放炮，结果一个大红炮飞进了刘二信的杂货铺引起火药“轰”的一声着起来，刘二信被烧伤。小关有个方言，如果某人好在人前显摆即表现自己比别人聪明、富有，人们就会说“看他烧哩”，刘二信被烧伤就落了个歇后语：“刘二信卖火药——烧哩不轻。”不过在我的印象中，刘二信虽然遭了灾但还不是很重，因为后来我上学路过小铺门口，见他又坐在那里做生意了。

过了通往后阙的小路，是李坡家开的染坊，这是前店后宅。当年小关老街共有四家染坊。老街除李坡家的染坊外，白家洼张富高、张铁振兄弟合开一家，西沟张光润、张远成叔侄在街西头开有一家，出老街在凤山寨下李家园，冯寨冯书勤开有一家。过去，农民自家种棉花、纺线、织布，或者买棉花织布，织出来的白布（又叫粗布）都要送到染坊染成毛蓝布、蓝布、黑布、印花布等。染坊晾布要从街北到街南扯一根离地两丈多高的铁丝，只要不是下雨天，染好的布从铁丝上垂下来，散发出蓝靛的味道随风飘摆，行人在下面走过，也是一道风景。方圆数十里的农民，都会把需要染的白布送到小关，仅在小关街就有四家染坊，由此可以看出小关这个中级市场的地位和小关老街商业活动的概况。

李家染坊西边，有一个不大的小店，这个小店虽然不大但是很有特色，它是小关有着浓厚文化底蕴的小店——刻章铺。五六十年代时的店主人叫武艺（音），龙门人，五六十岁的样子。武艺不但为人和气，而且刻章刻字的手艺也不错。刻出来的字有楷体、隶书、大篆、小篆，刻字方法有阴刻、阳刻，刻章的材料有木质、化学、牛角。篆刻就是一件艺术品。小关地区周边数十里，凡是刻章——不论私章还是公章，都来找武艺，武艺能刻出几种字体，说明他有较深的文化功底，可惜我只知道他会刻章，其余什么也不知道。

街北再往西是修理门市部。这个门市部有比较大的门面，五六十年代这里经营农具并进行简单的农具修理，门市里除了卖汽马车（即胶轮马车）、架子车、铁水车等的配件，还有一部小车床、钻床，后院有铁匠炉，门市里有角铁、钢筋等。这个农具修理门市部后来发展成了小关公社机械厂。

街南边过了饭店是邮政所。临街是门面房，办理日常业务，如接收外寄的信件、包裹，办理长途电话业务，收发电报等，门市后边是两厢房、上房，总机房、职工宿舍都在后院。那时候小关邮政所负责整个小关地区的邮政业务，报纸、信函、汇款单等，都要由邮递员步行着亲自送达，比如去狄坡、虎脑、杨树洼，不像现在有公路，全是山间小路，往这几个村送邮件、报纸，天蒙蒙亮邮递员就得上路，有时候遇到雨天路滑，天黑了才能回到小关。但是他们都任劳任怨，出色完成任务。

邮政所往西，是百货门市部。各色布匹、衣帽、鞋袜等琳琅满目。挨着百货门市部的是小关税务所，单门独院，大门向西，大门外就是小关戏楼东边的花坛。

老街路北过了修理门市部往西，是小关大队诊所。门面房是两间一过道，东西分别是挂号室和中、西药房。经过过道进入后院，两厢房是中、西药仓库和加工中药的地方，上房三间是诊疗室，医生看病、给病人输液都在这里。

诊所西边是银行。50年代初期发行的“爱国公债”就是由小关银行负责办理的。公债一股新币一元，年息4分，每年兑付一次，给你的凭证就像8分钱邮票大小，周围有小孔，一年撕下来一块给你4分钱。

银行西边是通往后冈的砖铺小路，路西就是明清以至民国时期小关镇建筑最为辉煌、香火最盛的关爷庙。1949年后这里是小关派出所的办公地点，到了70年代初，关爷庙被拆毁，小关公社在原址上盖成了红瓦房，后为小关供销社的一个门市部。

关爷庙西边是杂货门市部，经营油盐酱醋、笔墨纸砚、点心糖果、火柴煤油等。

杂货门市部对面是收购门市部。农民将各种地产药材、山货、废品等，拿到这里出售。

收购门市部西边是农具门市部，主要销售各种小件农具，如耧、犁、锄、耙、镢头、锨、桑杈、木锨、水桶等，家庭用品如碗、筷、瓢、盆，农资如化肥、农药等。

农具门市部对面即老街路北，民国及50年代初期有几家药铺、粮行。民国时期，小关老街有四五家粮行，小关人叫粮食坊子。50年代初期，粮食统购统销前，在街西头还有两家。当年粮食坊子经营的粮食，并不像有人说的全部是从外地运来，常言说百里不负重，大量的粮食由山间小道怎么驮运？粮食坊子经营的粮食主要还是地产地销。当然外地也运进来一些。除今小关地区外，还有玉皇庙、琉璃庙沟的农户需要交换的粮食也在小关出售。一些大户人家土地多，生产的粮食吃不完，就要拿到粮食坊子出售；无地和少地的农民则要想方设法买一点粮食度日。灾荒年月也从外地运进粮食，年景好也有少量粮食外运，但是这些都不是主流。许多无地或者少地的农民，多来小关买粮。小关曾经流传过一件事：某富裕人家家业日益败落，不论想什么办法都无法挽救颓势。最让主人不可思议的是库房的门锁得好好的，里面的粮食却无缘无故就少了。主人大惑不解。一天晚上，他揉了一把小纸球撒在粮圈里，搅了搅，锁好了库房门。第二天库房的门还是锁得好好的，于是他到小关街几家粮食坊子挨着转悠，终于在一家粮食坊子的粮圈里发现了纸球。他暗自一声长叹：该自己败家人家发家了。这个故事在小关传得很广，说是皮子精（小关方言，指狐狸精）干的。我们且不去探讨这件事的真实性，它至少说明一个问题：小关粮食坊子售卖的粮食是以地产地销为主。

粮食坊子不论籴、粜粮食，量器都是斗而不是秤。小关地区的量制为一石（音“dàn”)十斗、一斗十升、一升十合（音“gě”）、一合十勺。小关人常说的“斗”指五升斗，即两五升斗为一斗。一升4斤，一斗（十升）为40斤，一石为400斤。一五升斗20斤，搬运时重量正合适。农户家使用的五升斗一般是圆形的，粮食坊子使用的一般是方形的，口大底小，即四面稍微敞开。小关有一句俗话，叫“斗满秤平是人心”，做生意讲究公道，粮食坊子都雇用有专门量斗者，坊子不论是买进还是卖出，都是用斗量，一斗粮食装满后，用一根二尺来长的刮板在斗面刮过，以示公平。

粮食坊子和药铺往西，有一家铁匠炉。最西头有一家染坊。

老街南边农具门市部西是小关供销社大院，几间大房子是办公室、仓库等。院子里有不少大水缸，供销社在这里生产酱油、醋。大院西边是供销社的养猪场、屠宰场。农民饲养的猪都是赶到这里售卖。

供销社的养猪场、屠宰场西边有一家弹、轧花坊，这家作坊与前阿的弹、轧花坊一样，原来使用的都是畜力，1965年以后用电作动力。为了给农民加工棉花，这两家弹、轧花坊70年代还存在。

上面说的主要是20世纪50—70年代小关老街有门面房的生意铺。除上述铺面外，还有天天在老街固定摆摊设点但是没有门面房的小本生意，比如瓦窑郅元池的豆腐摊。他制作的豆腐细腻白嫩，并且诚信经营，童叟无欺，在小关有极好的口碑。再加西沟孙顺在税务所前边摆张桌子织袜子，王桂菊摆个地摊卖针头线脑，还有的生个炉子卖烧饼，卖垛子肉，卖烧鸡，等等。至于农民临时摆个摊卖青菜、鸡蛋、老母鸡，夏天卖桃、梨、西瓜，就是十分平常的事情了。

小关的集市分顺集、背集、年关集，这三种集统统是按照农历的日子计算。农历逢双日即二、四、六、八、十为顺集，一、三、五、七、九为背集。顺集赶集的人多，卖菜、卖鸡蛋等农副产品的人也多，背集赶集的和卖东西的人少。年关集是一过腊月二十，天天都是大集，从东到西除商铺外，街两边全是摊点，各种商品琳琅满目。尤其到了二十五六，买卖年货的人能挤满整条老街，那种火红的场面令我至今不能忘怀。

我所知道的小关供销社

○ 靳宏昌

我自幼生长在郑州市，父母及兄弟姊妹都居住在郑州。但是，在我17岁那年，即1962年6月，我来到小关供销合作社工作，历任营业员、门市部会计、财务出纳、物价员等职，直到39岁即1984年11月调到北山口供销社做业务主任。其间在小关工作、生活了22年半，我的青春年华都留在了小关，小关是我实实在在的第二故乡。小关的山山水水、集镇村庄，现在回想起来依然历历在目。小关几十个老同志共同撰写当地传统文化，主编全营、公林二位老弟向我约稿，让我把我所知道的供销社的情况整理一下，我愉快地接受了。参与撰写这本书的全部是小关人，二位老弟约我是没有把我当外人，我也把小关看作是自己的故乡，而且小关老街现已不复存在，为了给后人留下记忆，我也有责任把自己所知道的一些情况如实记录下来。下边我就按照时间顺序，根据回忆排列如下。

1962年，正是国民经济遭遇三年困难时期，郑州市不少单位都在裁减员工，我所就读的郑州水利专科学校也连续放假两年。可是老让同学们在家也不是个事，当年6月，校方经过多方奔走，为我们有郑州市户籍的同学联系到郑州市上街区有关部门当一年合同工，等待学校复课后再返校继续学习。这对我们来说是个很不错的消息，当合同工工资再低总能顾住吃喝吧，父母不用再养活我们了，所以虽然要离开郑州，但父母也还是支持的。

6月24日，我们一行60多位同学背着行李卷，带着学校给我们办好的粮食、户口关系，到上街区报到。到上街后，我们分别被分配到粮食系统、供销社系统等部门，我被分配到郑州市上街区供销合作社。当时我根本不知道供销合作社是干什么的，大家都是服从组织分配，不管男生还是女生无不愉快地接过了报到通知书。

我们一行14个同学到上街区供销社人事科报到。人事科事先已经接到了通知，看了看我们的报到通知书，几个人简单研究了一下，把我们分为两组，每组7人，分别到米河、小关两个基层供销社工作。周子山等7人被分配到米河，我和刘小军、王巧荣、马淑荣、马秀枝等被分配到小关供销社，从此我与小关结下了不解之缘。

上街区供销社的同志帮我们小关、米河两个基层社14个人合租了郑州铝厂小关矿山的一辆拉货大卡车，小关供销社派驻上街的采购员张锡法，领着我们几个分到小关的同学来到卡车前，大家背着行李卷爬上了车厢。说老实话我们14个人谁也没有听说过小关、米河，更不知道小关在哪儿、米河在哪儿，反正有了工作单位——尽管说是合同工不过只是一年过渡期，以后学校复课我们还回郑州继续上学，当时心里还是很高兴的。

当年从郑州到上街可不像现在这样路两边全是建筑物，那时候一过郑州大学就是农村，除了荥阳县城就是几个小村庄。郑州到上街的公路是柏油路，路面不宽，车辆也很少，汽车跑起来不太颠簸。大卡车一出上街立马就变了，公路只是比较宽的土路，6

月又是夏季，气候干燥，一到峡窝就是尘土飞扬，城里头长大的孩子哪见过这阵势，尤其是几个女孩子一边娇喊一边又是闭眼又是捂嘴。等到下了大坡，互相打看，浑身上下全是土，简直就是一个“土人”。我们这些十六七岁的孩子哪里受得了啊，有几个当时就哭了起来。

其实尘土飞扬还只是小儿科，更大的考验还在后头。下了大坡到竹川，河道就是公路，遍地坑坑洼洼，满眼都是拳头大小的鹅卵石，汽车在这样的路上行驶，上下颠簸，左右摇晃，城里长大的孩子哪里经历过这样的阵仗，说笑声没有了，一个个头昏脑涨，五脏六腑都在摇晃，恨不得把胃里的东西都倒出来。

汽车在弯弯曲曲、坑洼不平的河道缓慢行驶，经过竹川、金谷堆、草店、寒山寨、小里河，到了米河。那时候的米河老街可不是现在的米河，还在310国道西南约1公里。老街是个斜坡，长不过百米，在这里我们都下车休息了一会儿，和分配到米河供销社的7个同学告别，分配到小关供销社的同学继续踏上征程。从米河往西，两边是无尽的冈岭，还有一道一道的山沟，我们的心里更堵了：米河老街就那么大一点儿地方，“小关”还不知道小成什么样子，小关供销社是不是只有几间房子、几个人？

大卡车先把我们拉到了郑州铝厂小关矿山职工生活区。到这儿一下车，哇，心情一下子开朗了不少：这里有一排排整齐的楼房，有俱乐部，有平坦的街道，这是我离开上街后见到的最大的居民社区了，虽然属于矿山，但小关应该比米河强吧！这也是一种自我安慰。

在张锡法同志的带领下，我们从矿山粮店后边下了一道小坡，顺河道往西，在小关小学下边是一条一米多宽青石铺成的路，顺路进入小关老街。我们几个人不约而同地首先打量小关是个什么样子：一块块青石铺就的街道，街两边是鳞次栉比的青砖瓦房，往西看不到头，不知道街道有多长。我们几个人互相对视了一眼，虽然都没有说什么，但是从眼神可以看出都有点暗自庆幸：小关这个地方可比米河强多了。话虽然如此说，但是由城市来到交通不便的山区，心里总不是个滋味。

晚饭后供销社的领导和我们谈话，简单询问了一些情况，对我们说：我们供销社有一位副主任陈有庆，家也是郑州的。你们都是城里长大的，对农村尤其山区农村不熟悉，先住在咱们供销社的旅社，休息几天，熟悉熟悉周边的情况再上班。

一同来到小关的7个人中，有两个同学的家庭有些背景，他们不愿在山沟待，第二天就不辞而别了。

小关老街中心有一座辉煌的庙宇，叫关爷庙，关爷庙对面有一座戏楼。领导让我们到附近转悠熟悉情况，我们就顺着戏楼过道往南走，路边有一座高大的碑楼，砖雕、石雕都非常精美。我们欣赏了一番，抬头看到南边高耸的山丘，上面还有房子，我们以为这就是山了。过河道顺着路一边走一边问，通过一道土洞上到了山顶，四周一看，原来这里不过是个土岗，南北都是无尽的山岭。在这个土岗上，我们见到一口大铁钟，砖头支着扣在地上，我们都很奇怪，这个大铁钟是干什么用的？回到供销社一打听，才知道我们爬上去的土岗叫南寨，以前南寨上有好几座庙宇。

接下来我们就到小关附近的山上转悠。我们往南到过龙门、大山怀，往北到过冯寨、郑沟。最多的是小关和米河两地同学之间的互访。我们这些同学在离开郑州以前大部分没有见过山，因此开始还有点儿新鲜感，时间一长就不安心了。离开父母从城市来到山村，不通公共汽车，想回郑州一趟都非常困难，尤其那两个同学的回城对我们影响很大，因此大家在一块经常谈论的话题就是得想办法离开这里回郑州。离开容易，一说到具体问题谁也没有办法，比如户口怎么办？粮食关系怎么办？现在说粮食关系年轻人根本不理解，那时候是计划经济，吃粮按户口供应，根据不同工种吃不同标准，商业职工每人每月29斤，吃饭凭粮票就餐，没有计划你连一碗面条都买不到。我们的父母没有什么权力，办不了事，一说到粮户关系大家就傻眼了。

供销社的领导也看出来我们几个人思想不稳定，接收我们是上级交给的任务，怕我们“溜号”，就派副主任赵振邦每天陪着我们，从生活上关心我们，要转悠就跟我们一块去，既当向导又照顾我们的安全。领导的关怀感化了我们，再说也没有办法离开，慢慢地大家就安心了。

就这样过了一个多月，我们就上班了，成了小关供销社的员工。

这是我由一个城市青年融入农村的经过。下边就我记忆所及，谈一下20世纪60年代初期的小关供销社概况。

60年代初的小关供销社可不是只管小关地区，业务范围包括小关公社、新中公社、大峪沟公社这3个公社和新中煤矿、大峪沟煤矿这两个大型国有煤矿，数万人民群众、国家职工的生产、生活所需物资的采购、供应，农副产品、土特产品的收购、销售、外运工作。为了方便业务，小关供销社分别在新中公社、大峪沟公社、玉皇庙、口头、狄坡等设立了5个综合门市部，就是“小关供销合作社大峪沟综合门市部”“小关供销合作社新中综合门市部”等。我是过来人，在这里可以毫不夸张地说：20世纪60年代初，小关是巩县东部的经济文化重镇。

小关供销社除口头综合门市部外，各个大队都设立有代购代销点，就是“小关供销合作社××大队代销点”，大峪沟公社、新中公社各大队的代销点由该驻地的综合门市部领导。

设立代销点是为了进一步方便群众购买生产生活用品及销售土特产品。特别是山区群众离小关街较远，比如狄坡、虎脑、杨树洼等大队的居民，到小关赶一趟集，来回需要差不多一天，如果不是急需购买物品，不到庚集或者庙会，很多人常年都不下山。人民群众的日常生活必需品如煤油、火柴、食盐、红糖，针头线脑，小学生的作业本、铅笔、墨水、红纸白纸，销路比较大的布匹、小件农具等，都是由代销员从小关供销社进货，一根扁担挑两个竹筐，翻山越岭挑到代销点向群众售卖。农民空余时间采摘点药材、山货，也由代销员收购再卖给供销社。可以说在那个时代代销员起到了乡村商品流通非常重要的桥梁作用。

小关老街的历史有多久，我不清楚，但是从老街中心关爷庙和戏楼的建筑样式、历经风雨剥蚀的情况看，应该有几百年了，小关的老年人都说这是明清一条街，我这半个小关人也表示赞同。

回忆起来，小关老街长有五六百米，街道宽有十二三米。从东边进入老街五六十米上一个小坡，街道南北有明显的落差——北边的地势高、南边的地势低，也就是说街北边的建筑物都高出街面，最高的有一米多，这些铺面夏季也不会受到雨水的威胁；南边商铺虽然高出街道不多，但都有一拃多高的台阶，上了台阶还有一米多宽才是铺面。街道的地面全部是青石铺成，西高东低，老街中间关爷庙前戏楼过道有一条往南通行的两米多宽的青石铺成的路，夏天不管是连续阴雨还是大暴雨，雨水都会迅速地往东、往南排入小关河，街面从来没有积过水，更不用说水漫门市部了。小关老街和郑州有些巷子比起来一点都不逊色。

街面上从东到西各种门市部鳞次栉比。这些门市部以及后面的厢房、上房，全部是清和民国时期的建筑——清一色的青砖到顶，上覆蓝瓦，五脊六兽。所有建筑物屋顶椽子上边铺的都是八砖——约八寸见方、一寸厚的青砖，椽子上边铺八砖可以保证建筑物的寿命，临街房地面铺的是青砖，后院厢房、上房暨院子的地面铺的都是八砖，青砖、八砖铺地可以保持清洁。每一个门市部都是一个独立的建筑单元，大体上属于“口”字形的四合院。说口字形并不是像一般民居那样基本上是正方形，这些商铺没有一个是正方形，从临街房到上房通体属于长方形，即院子比较深，通过门市部进入院子，是两厢房，左右厢房一般各四间，有的各五间，厢房供营业员住宿和做仓库使用。正面是上房，供销社各门市部的上房全部是两层小楼，木楼板、木楼梯，私营经济使用的门市部上房是一层。上房都是建在台地上，上房的地面高出院子半米以上，有三级青砖台阶，叫“平升三级”，个别院子是五级台阶叫“五子登科”。上房一层很宽敞，屋里的老式家具显得古色古香。

门市部门前有一米多宽的前檐，这是让赶集的农民遇到下雨天避雨的地方。进入门市部一米多宽是柜台，柜台上面装有玻璃，每个柜台高约一米、长两米，一个一个柜台并排连起来就是一道隔离墙，柜台外边是顾客挑选商品的地方。柜台后边是木制货架，上面分布着大小不等的木格，以便摆放不同的商品。营业员站在柜台和货架中间，帮顾客挑选商品。每个门市部没有专职收银员，谁销售谁收款放入钱斗里；个别业务较大的门市部如农具门市部等设有收银台，收银员由营业员兼任。

所有门市部临街一面没有墙壁，每间门面房中间有一根木柱，木柱上都有铁抱箍，两边安装板搭门，最右边是两扇供开关的木门。板搭门由一块块高2米、宽25厘米、厚3厘米的红松木做成，以门市部为单元每块板的背面都编有号码，以3空为例，编号为：东1、2、3……，中1、2、3……，西1、2、3……以便按照顺序上门。木板的后面即里面的一面高低不等、错落有致地钉有约3厘米宽、2厘米厚、超过门板宽度10厘米以上的木板——这叫步子，其作用是让数十块板搭门装上后连成一体。板搭门的下边是一道高、宽均为20多厘米的门槛，这一道门槛原来都是青石砌的，两头都直抵房山墙。门槛上有一道槽，横梁下面也有一道深四五厘米的槽，板搭门按照编号顺序一块块装进上下槽里，板搭门上好后就是一道木墙。晚上打烊后，将板搭门一块块按照号码的顺序装上，为了安全起见，用一根两把粗的硬木棍，两头用铁抱箍卡住再上锁。早上，营业员将板搭门一块块卸下摞起来，整个商店里光线充足，同时站在门外看里面的商品也一目了然。这些能装卸的板搭门朝向大街的一面漆成天蓝色，给人一种温馨、柔和的感觉。

60年代初小关老街南边商业网点的布局从东到西大致如下。

街东头第一家是干马店，属于私营经济，但听从供销社管理。当时公路交通比较落后，笨重货物运输主要靠骡马驮运和马车运输，干马店就是为这些提供服务的。临街门面是饭店，卖有烧饼、面条、炒菜等。后院有一口水井，备有喂牲口的槽，上面搭有棚，店里平时备有铡好的饲草和饲料，供客商喂牲口用。

干马店西边是粮油交易商行，由王保生、张金荣负责。有磅秤、大杆秤、木斗、升子。一位姓李的经纪人负责过秤和量斗，斗是方形的，口大底小。他工作时右手拿一根木尺，掂满一斗粮食再用木尺在上面刮一下，表示斗里的粮食是平的，买卖双方都不吃亏。这就是小关的一句俗话“斗满秤平是人心”。粮油交易商行就是小关粮食管理所的前身。但大多是使用磅、称。

粮油交易商行的西边是小关饭店，掌勺师傅有马四聚、部春、郎丰瑞、孙户等。因为当年别说农民了，就是国家职工收入也不高，因此饭菜的品种以家常饭菜为主，主食有汤面条、臊子面、烧饼、油条、蒸馍、包子等，炒菜也是以大路菜为主，平时备有粉条、粉皮、鸡蛋、豆腐、猪肉，鲜菜有大葱、菠菜、韭菜，秋冬有萝卜、白菜等。不论顺集、背集（小关老街每逢农历双日为顺集、单日为背集）小关街都有卖鲜菜的，所以饭店都是每天早上购买，绝对是鲜菜。我才到小关那一阵子就是在这里吃饭的。

饭店西边是干鲜果品交易行店，当时工作人员只有岳茂业和我。我们俩不仅负责管理干鲜果品交易、牛驴骡马等牲畜交易、生活用品的寄卖等，而且还负责开牲畜交易手续费票据、代开税收票据，并且对整个市场的非公有经济和临时商贩进行管理。

行店的西边是小关旅社，负责人是李璐通。旅社是一座比较大的四合院，临街门面是接待登记室，后边的厢房，东西各有4间，是作为单间使用的；上房是三开间两层楼，木楼梯、木楼板，用凳子凳铺板，是供多人住宿的大铺。我才到小关的时候就住在那里。在小关旅社住宿的主要是外单位驻小关办事处的工作人员，还有就是来小关采购商品或者推销商品的业务员、外地来小关赶庙会的小商贩，偶尔有一些老家在狄坡等南边山区的由外地回来，到小关时天色已晚，怕走夜路不安全，会投宿一夜。

紧挨小关旅社的是日用杂品门市部，由杨林渠负责，营业员有张石柱、王三等。主要经营锅、碗、瓢、盆、瓦罐等，还有新中耐火材料厂生产的各种型号的水缸，农民买水缸除了盛水还盛粮食，盖上盖可以避免鼠吃。该门市部还管给群众漂染衣物和布匹，经营各色颜料。人们都习惯称其为染坊。门市部后院有几口大缸用于漂染，扯着几道铁丝晾晒衣物。染出来的布主要是藏蓝色、黑色、蓝色，印花布的花色以菊花为主。漂染使用化学颜料。染布配料是很有讲究的，杨林渠就很有经验，经他染的布不但颜色鲜而且不褪色，人们口耳相传，小关地区自不必说，西到西村、北山口，东到米河、刘河，南到涉村、夹津口，凡是来店里漂染的，或者买颜料回家染布、染衣服的，都非要找老杨不可。当年实行布票，购买布料按票供应，人们过日子都很简朴，衣服穿得颜色发白了怎么办，就再漂洗一下当新的穿。

日杂门市部的西边是小关邮电所，邮电所西边是小关税务所。税务所的大门是坐东朝西，门前有一片平台，这一片平台正对着戏楼，据说以前是女人看戏的地方。平台下边就是老街往南的大路。

老街关爷庙和戏楼中间有一个广场。广场西边是农具门市部，后院是两层小楼，小楼的东边就是戏楼。戏楼失去演戏功能后，供销社在小楼与戏楼之间架了一道通道，戏楼就成了农具门市部的仓库。农具门市部营业员有赵宪臣、房良才、李鸿道、刘俊婷等。主要经营老式犁、双轮双铧犁、耩地耧、扫帚、铁锨、镢头、木锨、桑杈、麻绳、猪毛绳、油毛毡、犁面、犁铧等。农具门市部除经营商品外，还负责政府发放给群众的救灾棉。每到冬季来临之际，公社要给贫穷的社员发放救济棉、布，供其套被褥、做棉衣，这些用于救济的棉、布也是由棉布组一块一块地撕好，社员拿着证明到门市部领取，可以说在救灾工作中供销社代行了部分政府职能。五金门市部和农具门市部在一块儿，经营的主要商品有圆钉（人们为了区别于铁匠炉打制的铁钉，称机制钉为“洋钉”）、电灯泡、电线、电工用品、铁丝等。

农具门市部西边是棉布、针织、百货门市部。

百货组主要经营棉帽单帽、各种运动鞋、各色棉线、丝线、毛线、牙膏、牙刷、肥皂、香皂、搪瓷脸盆、搪瓷碗、热水瓶、手电筒等。

常言说“衣食住行”四大件，棉布组担负的任务是比较繁重的。当时棉布组的营业员有张廷秀、马兴仁、马月琴、马淑容等。因为棉布的幅宽多在1米左右，所以棉布组的柜台比其他门市部的柜台都要宽，是1.2米宽的木质柜台。购进的布匹都是大捆，不方便销售。每天下午下班以后，棉布组的同志吃过饭就得加班，分别将各色布匹用一块110厘米长、10厘米宽、1厘米厚的木板卷成卷，一般一卷20米左右，贴上标签，写明该布匹的品名、幅宽、单价，摆在货架上，以方便群众挑选。卖布不但要会熟练地量尺、折叠，而且收款时既要交现金还要有布票，有1寸布票扯1寸布，因此社员需要先交布票才能撕布（小关方言，即“扯布”）。

针织组的营业员有殷学珍、王巧荣、张玉芬等。经营的商品主要有绒衣、秋衣、秋裤、袜子、毛巾、大方巾等。方巾有丝绸的、毛线的，丝绸方巾有白色的,也有带花的。毛线方巾有红色的、蓝色的、绛色的等。当时社会上物资贫乏，农村经济拮据，一条方巾都是女孩子所爱，凡是定亲、结婚，方巾是必买之物。

再往西是供销社业务组，业务组西边是供西头大部分居民饮水的“官井”。

官井西边是收购门市部，营业员有王同周、张圈、张宪忠、孙茂池、李景顺等。收购门市部的业务主要是将当地的土特产品统一收购起来，然后向外地发货。土特产主要有，果品类：柿饼、小平梨、李子、酸枣、核桃、橡子、橡子壳等。药材类：银花、山萸肉、地骨皮、远志等。木料类：扁担、镢把、铁锨把、锄把、锤把等。荆货、竹货类：荆篮、抿草篓、花眼篓、荆筐、箩头、荆席、竹箢子、竹篮、拾粪杈等。铁器类：镰刀、镢头、两头尖钉、把锯（把钉）、钩担钩等。也收购活羊、活鸡、鲜鸡蛋。在收购干鲜果品方面值得一提的是口头的李子。口头的李子个大、鲜红、好吃，收购来的李子用带盖的小竹篮装好，运到城里销售，还有的经外贸部门销售到香港。佛山的磨刀石也是小关的特产，磨菜刀、镰刀等，除锈性能极好，几乎是家家必备的用品，也是收购门市部的一项主要业务。先由石匠选好石头坑，把石块起出来，加工成长26厘米、宽9厘米、厚6厘米的长条石头块，正面还要直着冲5道浅壕，一块磨刀石就做成了。每块磨刀石重约6斤，收购价每块一等0.20元、二等0.18元、三等0.16元。收购来的磨刀石，每十块码放整齐用草绳捆扎住，经由铁路外运。小关的磨刀石在开封、漯河、驻马店等地很受欢迎，甚至远销山东，每年春天都有外地客商前来小关供销社签订购货合同。

除土特产品外，也收购农民家里的废旧物品，即相当于现在的废品收购站，例如破铜烂铁、破衣服、旧被套、牛羊猪骨头、废旧书刊报纸等。

收购门市部将收购来的土特产品和各种废品进行分类，然后再运出去。

收购门市部的后院是木器加工厂，自1958年全民大办钢铁、砍伐树木烧木炭，成材树木被砍伐殆尽。60年代初农村木材奇缺，农民修房盖屋用一根檩、梁，做一扇门，儿女结婚想做几样家具都弄不来需要的木料。供销社按计划每年可以购进一定数量的木材，再就是从外地采购一些计划外木材，用这些木材做成家具供农民购买使用，这样，木器加工厂应运而生。购进的木材除少数经批准卖给农民作盖房用的梁、檩、门板外，主要做农村常用的家具，如板箱（当年农村几乎是家家户户必备的盛衣服的箱子。一般长1米、宽60厘米、高50厘米，平放着，盖在上面）、三斗桌、椅子、小板凳、洗脸盆架、木床、坐婆（没有轮子的小木车，让6个月以上、不会走的婴儿坐在里边）等。当年农村是土葬，也为客户订做棺木。那时候木工活可不像现在使用电器加工，都是手工制作，用钉也很少，基本上是榫卯结构。木器加工厂有几位师傅的手艺非常精湛，李茂展、曹清治等尤其受人称赞。

木器加工厂后边是豆制品加工厂，由苏华兴负责，另外是临时雇用的师傅。主要加工豆腐、豆芽、绿豆粉皮、橡子凉粉、红薯粉条、红薯凉粉、绿豆粉芡、红薯粉芡等。逢顺集和庙会也加工豆腐脑。

木器加工厂西边是食品公司，农民习惯称为“屠宰场”“杀猪场”，顾名思义就是屠宰猪羊的地方。当年农民喂成一头猪谁也舍不得自家享用，都是赶到杀猪场出售，所以食品公司的猪圈里虽然常年有生猪，但那都是收购来的而不是自己饲养的。每逢顺集都要杀猪宰羊。到了年关，一过腊月二十三，人们就开始办年货，就不分顺集、背集了，每天赶集的人很多，用熙熙攘攘、摩肩接踵来形容一点儿都不过分。这时候是屠宰场最为繁忙的日子，天不亮就要把挑选好的生猪往圈外赶，一直要忙活到半下午。

食品公司西边是西头生产队开设的磨坊、弹花房。

说了老街南边，再说一下小关老街北边商业门市部的布局，这里也从东到西说起，大致如下。

前纸坊往后纸坊去的那一条路即窑顶坡下边、小关河道北边，有一个铁匠铺，铁匠师傅是王才喜。这里主要是给大牲口即骡、马、驴修掌、钉掌，因此铁匠铺前边有一根固定的木桩用于拴牲口。在不给牲口钉掌的时候就打制农具，如镰刀、锄头、斧头、小镢镰（砍蜀黍秆用）、耙子、火钳子、炒菜铲、翻馍劈等生产生活使用的小件铁器。

进入老街东头第一家是杨进财的照相馆。当年别说手机了，私人连照相机也没有，学生毕业证上用相片、年轻人拍结婚照等，都得到照相馆拍照。照相馆有几架布景，高、宽像一道墙，有高楼、花草，农村没有楼，大部分年轻人照相都喜欢站在大楼的布景前。有一种已经彻底淘汰的照相用品——玻璃底片，只怕好多人没有听说过。那时候经济、科技都比较落后，照相底片胶卷奇缺，照相馆使用的大多数是玻璃底版，不易保存。个人照相取走照片就算完事了，也没有人要底版。

照相馆西边是小关四队即后闵的磨坊，有一风吹、小钢磨、碾米机，还有一台脚蹬的筛面罗等。

紧挨通往后闵那一条石坡路的是刘二信的火药、杂货店，这是一间名副其实的小店。火药是黑色的，主要用于喜庆日子放三眼铳。

再往西也是一家小店，是龙门人武艺的刻章铺。武艺刻章的手艺很不错，能刻正楷、宋体、小篆等字体。刻章门市部西边是白宽的镶牙、补牙门市部。

镶牙门市部再往西是小关大队诊所。

诊所西边是杨发财、郑长宗开设的理发店。

照相馆、刻章铺、理发店，都不是公有经济，但是都归供销社管理。

紧挨着理发店的是银行和小关信用社。

诊所、理发店、银行、信用社，都高出街道一米多，要经过砖砌台阶才能上去。

信用社西边是一条通往后闵的路，路西原来是飞檐斗拱的古建筑小关关爷庙，现在是小关派出所。派出所对面过一个小广场是戏楼。

派出所西边是杂货食品门市部，营业员有赵山、赵老铢、杨宗占、白淑娴等。主要经营各种烟、酒、糖果、糕点，以及食盐、酱油、醋等。

在这里我说一个当代人不理解的插曲。现在的烟民都是吸卷烟，几乎没有人吸旱烟。那时候绝大部分人抽旱烟，腰里别着旱烟袋，旱烟袋有三部分组成：嘴噙的部分叫烟嘴，有铜烟嘴和玉石烟嘴两种；装烟的部分叫烟袋锅，一般是铜制的，一根铜管一头弯曲上来，一个圆锅装烟末；连接烟嘴和烟袋锅的部分叫烟袋杆，一般是细竹竿，也有用铜管的。烟袋里装着揉搓好的烟末。在没有火柴的时候，打火用的是火镰，形状类似现在的皮钱夹，里边装有火煤子、打火石，火煤子紧挨着火镰朝火石上迅速划擦，火石冒出火花点燃火煤子，就可以点烟了。买卷烟抽的也和现在买烟不同。现在烟民买烟一般一次要买一条，起码买一盒，60年代初期就不一样了，那时候各种商品都匮乏，不但粮食、布匹按票证供应，卷烟也是凭票购买。烟票和粮票、布票不同，后者人人都需要，所以是按人供应，而烟票只有国家职工才有资格领取，农民是按照计划分配给各大队代销点。但是农民要想抽烟怎么办？拆整卖零，就是将一盒烟拆开卖，拆整卖零的大多是低档烟，“大众”牌香烟8分钱一盒，1分钱买2.5支，一次买5支，2分钱，也就是说一笔生意两分钱。买酒和买烟的情况差不多。三年困难时期由于粮食紧张，烧酒也很少，河南名酒张（弓）宝（丰）林（河），都是凭票供应。农民没有票，就只能买红薯干造的老白干酒，牌子叫“伏牛白”，喝一口又烧喉咙又上头，小关人叫这种酒为“一毛烧”。就是这样的一毛烧也很少有人整斤买，大家都是买散酒，一次买一两、二两。为了适应这种需要，门市部有一个大肚子圆口瓷罐酒坛，上面盖一个用多层布包着谷糠做的圆坨，严严实实地压在酒坛口上。酒坛里挂着用白铁皮做成的提子，有一两提子、二两提子，提出来的酒由聚口倒入购买者的瓶子里。当时销售的酱油、醋，也很少有瓶装的。社员买酱油、买醋，叫打酱油、打醋，小关供销社销售的酱油、醋，都是自制的，销售用的是大缸，上面盖一个木盖。社员提着瓶子，营业员像卖酒一样用提子提，不同的是卖酱油、卖醋的提子一般是用直径六七厘米的毛竹做的，分为半斤、一斤。

食品门市部销售的糕点全部是自己生产的，是前店后作式的，门市部的后院就是制作糕点的作坊。门市部需要什么食品列出单子报给后院的作坊，作坊进行配料加工。当年小关供销社生产的糕点主要有鸡蛋糕、三刀、梅豆角、大京枣、兰草根、芋头酥、饼干、方酥等。至于一些季节性的食品，比如元宵（汤圆）、月饼，也是临时突击加工。每年元宵节来临前夕，供销社就该为准备生产元宵忙碌了。中秋节前十来天同样要为生产月饼而忙碌。那时候供销社出售的各种糕点全部是手工做的。作坊的案板是核桃木的，既光滑如镜又结实耐用，擀面杖是枣木做的，饼干是人工和面，在案板上用擀面杖推擀，就像擀面条一样擀成长方形的面片，再用木模具一个个扣压出来，再放入铁烤盘里推入炉中烤制而成。销售糕点和现在也不一样：现在是称重后装入塑料袋就行了；那时候是用一张马粪纸（学名“黄纸板”，用稻草、麦秸等制成，质地粗糙，用来作纸盒或者包装，色黄，俗称“马粪纸”），将顾客买的糕点堆码整齐，四角包好，上面放一张用红纸印好的标签，然后用纸绳捆扎好。

供销合作社属于集体经济，由社员入股，持有股金证的社员购买部分商品打折优惠，年终按股金分红，因此，社员入股的积极性还是比较高的。

文具门市部就在它的右邻，主要经营笔墨纸砚，包括学生使用的红、蓝、黑墨水，墨盒，白、红、蓝、绿、紫、黄等各色纸，油光纸、毛边纸、草纸、卫生纸，钢笔、蘸笔、毛笔、铅笔，作业本，刻字用的钢板、铁笔、蜡纸、油印机，过春节时的对联、门画等。门市部还有一台石印机，主要印刷一些表格、收据，由时松林负责。

从60年代后期起，随着国民经济的恢复和发展，小关市场也日趋活跃，供销社的业务范围和规模都有所扩大，门市部的布局和规模有所调整，这里就不再叙述了。

供销社是为满足农村生产和生活需要而设立的销售生产工具和生活用品、收购农副产品的商业机构。是劳动人民为了改善生活条件，谋取社会利益，通过资金入股的方式，在平等互助的基础上组织起来的一种合作经济组织，乡村遍设营业网点。在整个计划经济时期，供销合作社是农村商品流通的主渠道，也是联结城乡、联系工农、沟通政府与农民的桥梁和纽带，在稳定物价、发展生产、保障供给方面发挥了重要作用。

当年营业员每月工资一般只有二三十元，还要经常下乡服务农业第一线。尤其夏、秋大忙时节，农民没有时间赶集，为了不误农时，供销社就要以实际行动支农，这时候下乡都不是空着手，而是肩挑背扛农资、日杂等农民生产生活必需品，爬山路一个个汗流浃背，广大职工没有一个人叫苦叫累。供销社与农民群众建立了休戚与共的亲密关系。

由于得到广大农民朋友的支持，小关供销社由小到大，由弱到强，门市部的设施得到改善，职工队伍也扩大了不少。交通运输方面60年代后期由原来的背扛肩挑，逐步发展到有三匹枣红马拉的汽轮马车，70年代又购置了三台汽车，80年代初建起了百货楼。年购销额由60年代初的十万元左右，到80年代初就突破了百万元。先后建起了小关、口头化肥仓库，口头樊寨、狄坡综合门市部，口头堂、小关烟叶收购站等。供销社真正成为服务当地农业生产，活跃城乡经济的一支重要力量。1984年11月，组织上调我到北山口供销社任业务主任，离开了小关。光阴荏苒，虽然几十年过去了，但是，每当我回忆起在小关供销社的日子，件件往事都历历在目。小关供销社，我永远怀念你。

附录：我记忆中1962年时的小关老街草图

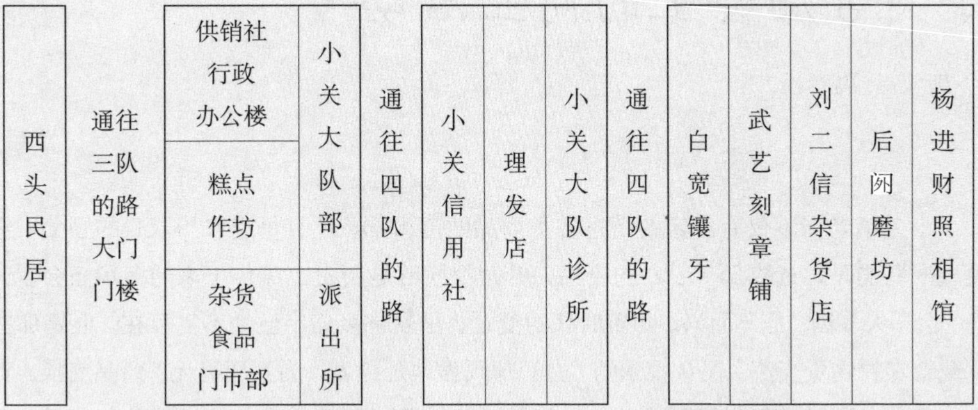

上面为老街北边坐北朝南的商铺　　中间为约12米宽的老街街道

下面为老街南边坐南朝北的商铺

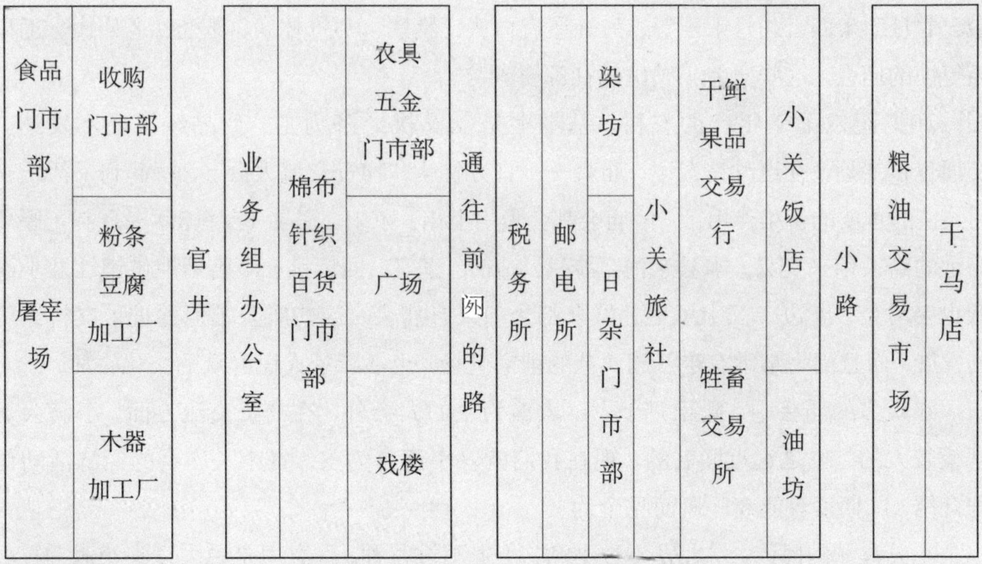

小关古庙会上的商业活动

○ 靳宏昌 冯春桃

小关镇老街不仅有固定的出售各类商品的门市部，还有每逢农历双日的顺集，规模大一些的是每逢农历二、六的庚集，更大规模的是历史上流传下来的多场庙会。这些“会”大多因“庙”而兴，随着时代的变迁，虽然许多庙宇已经不复存在，但是那些承载着农村物资交流、民众娱乐的“会”却顽强地延续着，为互通有无、商品交换、农业生产、人民娱乐起到了不可替代的作用。当年我们俩都是小关供销社的营业员，经常参与庙会的商业活动，现在就我们的记忆所及回忆如下。

在小关举办的庙会主要有正月十六、二月二十五、三月初八、三月二十五、小满会、七月二十四、九月十三等，另外还有口头、樊寨、小竹林庙、茶店、老庙山、玉皇庙等地的庙会，这些庙会小关供销社都要参与。

20世纪六七十年代的农村，基本上是以农耕经济为主，商品经济还不发达，交通也很滞后，在这种情况下，庙会——官方称为“物资交流大会”，就起到了活跃农村经济的重要的桥梁作用。一般庙会都会吸引上街、荥阳、密县（今新密）、登封、偃师等地的商人前来交易，本县米河、涉村、站街、孝义、回郭镇、康店等地供销社及小商贩也会与会，周边二三十里地的群众都会前来赶庙会。这些庙会不但促进了农村经济的发展，而且因为常常有走江湖卖艺的前来赶场，也活跃了人民群众的文化生活。

在众多的庙会中，除正月十六以表演为主的大会外，在物资交流方面，小满会是规模较大的，也是远近闻名的。现在我们就以小满会为主，将小关庙会的经济活动作一介绍，以期读者能窥一斑而见全豹。

小关有一句民谚：“大麦不过小满，小麦不过芒种。”意思是说大麦在小满前、小麦在芒种前都会收割完毕。小满一般在公历5月21日前后，芒种在公历6月5日前后。小关地区种植大麦不多，夏粮主要作物是小麦。以小关村而论，西头岭上的小麦一般在5月28日前后开始下镰，到6月1日前后，南岭、后沟等地即使阴坡的小麦也会收割完毕。也就是说小满会到下镰割麦中间是一个多星期，因此，小满会就是专为三夏大忙准备的。

每年一进入5月，农具门市部就要做好充分准备，购进铁、木、竹等各种农具。小满会前两三天，供销社各个门市部就该忙碌了。由于庙会规模大，参会的商品种类多，遇到庙会，小关老街根本容纳不下，主会场就自然而然地设在了东河小关小学下边的河道，有时候人太多，西边延伸到南沟口，东边到前纸坊窑顶坡下边，南边到小关河与南河交汇处。供销社还需要划分场地，商品区域的划分大体是这样的：小关小学下边即王麻子门下面是进入老街的必经之路，是整个河道市场的中心，因此这里就成了黄金地段，庙会商品交易的主角——餐饮、百货、布匹、儿童玩具等都在这一片；荆货、竹货市场从小关小学下面一直到南沟口那里；餐饮业市场就在小学下面，往东路南是百货、布匹服务区，路北是木制、铁制农具服务区，因为农具占地方大，往东边一直延伸到前纸坊下面河道；牛驴骡马牲畜交易区、猪羊交易区在小关河南面靠近公路的地方。

外县的商贩有头一天就来的，孝义、回郭镇、康店等供销社也要起五更往小关赶，为的是能占一个有利的摊位。到了小满那一天，天麻麻亮，四面八方就有人开始往小关赶了。就是小关供销社虽然占有地利之便，供销社的全体职工也是天不亮就起床，草草吃过饭就准备会上的事，各门市部备足商品迎接顾客，需要上会的商品开始往东河搬运。小关村的老百姓也很忙碌，他们既要赶会购买一些必需品——因为庙会上商品多、种类全，平时没有的商品在会上可以买到，还要准备接待客人——比如招待南山等地来小关赶会的亲戚吃饭、休息、唠家常。狄坡、虎脑等村距离小关比较远，那时候没有公路，走的是缠山路，来小关赶会的人起床也很早。段河、水道口、龙门等地的老太太想来小关赶会看热闹，就要骑一头小毛驴。各村前来赶会的青壮年肩膀上搭着捎马，捎马里装着干粮，挑着或者大荆篮里扤着土特产，三五成群结伴而行，说说笑笑往庙会上赶，也有的不为买卖就为看热闹。

上午8点多钟，做买卖的人就开始忙碌了。百货、食品、布匹、餐饮业都怕日晒雨淋，因此要撑起一块蓝凡士林布做成帆布篷。帆布篷中间用一根一把多粗的竹竿或者木杆顶住，四角各用一把粗的木棍撑起来。帆布篷的四角各裹一个鸡蛋大小的鹅卵石，系紧就是一个小圆疙瘩，用大拇指粗细的麻绳系在小圆疙瘩上部用力拉的时候绳扣不会被拉脱。棍子一竖、把帆布一顶、四角的绳子拉紧，一个个帆布篷就撑起来了。供销社因为经常参与庙会，麻绳的一头有一个一拃长带鼻的铁钉钉在地上。卖餐饮小贩的帆布篷麻绳的一头是捆在一块五六十斤重的石块上。要是站在高处看，这一片就像一个个蒙古包。

帆布篷里是各色买卖。主要是小商贩经营的餐饮业、供销社百货、布匹等。

卖餐饮的有水煎包、蒸包、胡辣汤、油条、咸食（小关地区油炸食品名。用炸油条发开的面，钳成汤圆大小的圆疙瘩，下到滚油锅里翻转，炸成焦黄色捞出）、炸糖糕等。庙会上不卖炒菜，如果喝酒就到老街饭店。卖餐饮的要提前两天盘好火炉，为了让炉火旺还要有风箱，和铁匠炉的风箱一样只是小一些。再就是支一块案板，备一口水缸或者两个木桶盛水、一个大盆洗碗筷。

百货、布匹市场的摊位用门市部卸下来的门板、职工的铺板，拿板凳支起来一个个“柜台”，还要用多块木板做货架，把布匹摆在上面供顾客挑选。

竹编、荆编、草编，集中在一块，有竹篮、筛子、拾粪杈、竹扫帚、竹筢子，荆席、荆筐、扤草篓、箩头、荆篮，草帽、扇子等。

木制农具有桑杈、筋杈、木锨、扁担、耩地耧、镰把、镢把、锨把等。铁器农具有犁铧、犁面、耧铧、库镰（镰刀的右部是连体铁箍，镰把被铁箍包着，制作难度较大，但是这样的镰刀比较耐用）、刀镰（镰刀是一块钢板，右边是齐头，有两个眼，用钉子钉在镰把上，镰刀制作比较容易，价钱比库镰便宜。但是不能砍较硬的东西，例如树枝，否则容易使镰把毁坏）等。可以说三夏需要的农具样样齐全。

此外还有山萸肉、金银花、核桃、磨刀石等农副产品出售。

要说交易市场占地面积最大的是牲畜交易区，地点在小河南边靠近公路地势比较开阔的那一片。凡是大牲口即驴、骡、马都在这里进行交易。类似小满会这样的大型庙会，米河、涉村、玉皇庙等地的经纪人都要参与。小关地区较著名的牲口经纪是南沟赵子强（赵老丙）。此人为人豪爽，讲信誉，来赶会的所有经纪人都要听赵子强的。庙会前两天，我（宏昌）都会亲自到赵子强家，和他商量牲口交易的一些规则和细节。紧挨着大牲口交易市场的是牛的交易市场，为首的经纪人叫雷举。再挨着的是猪羊交易市场，主要经纪人叫张赖。

牲口交易不是买卖双方面对面公开地讨价还价，而是由经纪分别和买主、卖主在衣襟下面摸指头商量交易价格。摸指头一根手指代表一，五个指头在一起就是五，拇指和食指捏在一起代表六，拇指、食指、中指捏在一起代表七，拇指、食指伸开其余三指弯曲代表八，食指弯钩其余四指握拳代表九。我（宏昌）就是跟着赵子强学会摸指头的。比方有人看中了一匹马，经纪先询问卖主准备要多少钱，两个人开始摸指头。卖主伸出食指、中指说“这是整”，再伸出三根指头说“这是零”，经纪就知道是要价230元。然后经纪同买主摸指头。经过几番讨价还价——当然这中间少不了经纪人的说合——买卖双方对价格大差不差达成一致时，经纪人就会说：“我当家，喊价了啊！”

价钱就公开了，由经纪人领着双方到交易所办理手续。凡是遇到庙会，供销社负责交易的同志（靳宏昌就常常担任这一角色）就把办公地点搬到会场，摆放一张桌子，两个人坐在那里，负责开票据、收钱。牲口的价钱由卖主直接收取，交易所要收买卖双方的手续费，并且代税务所收取税金。小关的牲口交易还有个不成文的规矩：卖牲口不卖纼子。这时候从中说合的经纪就递给买主一根食指粗细的麻绳给牲口换上，这根绳子是要收费的，这也是经纪人的一项小收入。

大牲口交易市场还有一道风景线，就是给骡、马、驴钉蹄子的。小关周边村庄的铁匠师傅也会带着工具到庙会上为牲口修蹄子、钉蹄子。东边“咴儿咴儿……”的红马嘶鸣声还没有落音，“啊……呃……啊……呃”，震耳的驴叫声又从西边传来，整个市场一片人喊马嘶的热闹场面。

常言说行有行规，每一次庙会结束后，所有经纪人在赵子强的召集下分取报酬，除生意成交的经纪人提取一定报酬外，余下的每人一份，不论是否有成交生意，都可以分到一点钱。

庙会上的经济活动除餐饮、百货、农具、牲畜几个大的交易区外，小的商品和服务类行业更是三步一摊、五步一点，整个东河河道都被交易区和摊点占满了，几乎没有空地。小满会虽然是以备战三夏为主，其他行当的商贩谁也不会错过这个挣钱的机会，小商小贩们都会起早贪黑来赶会。卖姜、卖蒜的，钉秤的、锢露锅的，卖油的，张罗的，卖针头线脑的，卖小孩儿玩具拨浪鼓、呜嘟嘟、皮老虎、琉璃咯嘣的，卖膏药的，掐八字算命的，小鸟叼卦的，打把式卖艺的，等等，真是行当齐全，商品琳琅满目，应有尽有。拉着声音的叫卖声，此起彼伏，好似一部交响曲。

上面说的口头、樊寨、小竹林庙、茶店、老庙山、玉皇庙等地的庙会，其规模都无法与小关庙会相比，正月十六故事会、小满会更是如此。要说小关大型庙会赶会的人有多少，用人山人海、摩肩接踵、哈气成云、挥汗如雨来形容，一点都不过分。不论在哪个交易区，到处都是熙熙攘攘的人群。买东西货比三家，挑选好了还要讨价还价（供销社的商品是不还价的），那种场面至今想起来还记忆犹新。虽然庙会主会场在东河河道，小关老街各门市部同样比顺集还要忙碌，除布匹、百货门市部抽出一部分职工参会外，其他门市部都还要照常营业。尤其是饭店比平日更忙，老街上同样是川流不息的人群。为了弥补人手不足，行政人员除留下一人值班，其余的包括主任在内都要站柜台，有时还抽调代销点的人员来帮忙，庙会的规模就可想而知了。

小关集市及庙会

○ 郅春光

民国时期，小关镇属巩县四大镇（回郭镇、孝义镇、站街镇、小关镇）之一。

巩县东部系低山丘陵地貌，交通闭塞，小关地区由于开发较早，大约在明代中晚期已经形成集市。随着社会的发展，人气日益兴旺，为商业发展创造了条件。到清朝康熙时，小关镇商业已具有一定规模，成为农产品、农业生产工具及日常用品的交换、集散地。大宗商品如粮食等，交易尤为频繁，由初级市场发展成为中级市场。晚清的洋务运动促进了小关工商业的发展。小关地区的土煤窑到处开挖，小关东边4公里的琉璃庙沟煤窑的产量更大。煤炭除地销外需要大量外运，向西则要经过小关运往巩县，经铁路或者水路转运。由于小关是离琉璃庙沟煤矿距离适中而且是西去的必经之地，加之小关地区也有不少小煤矿、小煤窑，除传统市场外，小关就成为煤商们洽谈生意的最佳之地。有相当数量的小关人加入贩煤的队伍，还有的人组织马帮运煤。当时的运输工具主要靠骡、马、驴驮运，一队队骡马、毛驴，每天在小关经过或歇脚，促进了小关骡马店的兴起，也带来了餐饮业、客栈业的兴旺。同时流动人口的增多，带来了新的商业信息，进一步促进了商业的繁荣和发展。除煤炭外，各种商品进一步流通，骡马帮从巩县运来棉花、布匹、粮食、药材、糕点、烟酒、首饰、百货等，又把小关的农产品运往外地。一部分小关人迅速富裕起来，小关集镇商业体系逐渐得到完备，交易活动日趋活跃。至清末小关商业已十分成熟，成为远近闻名的商品集散地。小关老街是清一色明清建筑，青砖小瓦，鳞次栉比；板搭门，廊柱。青石街道，宽阔平整，几棵古槐，街中点缀。店铺主要有杂货、布庄、药房、食品糕点店、烟酒铺、油漆行、首饰店、铁货店、鞋帽店、饭店、染坊、粮食坊、弹轧花坊、油坊、豆腐坊、骡马店、客栈等，基本涵盖了生产和生活需要的各个方面。除了这些固定的商号，还有几个规模较大的集贸市场，主要有牲口、生猪、竹货、荆货、铁货、农具、蔬菜水果。

随着商业体系的逐渐完备，为规范商业行为和促进商业发展，商人们民主公议成立了商会。商会在大力发展商业经济的同时，非常重视精神层面的建设，小关镇的管理者和商会紧密配合，在发展道教文化方面做了大量的工作，小关的道教盛于佛教的文化体系。首先是建庙。无论何种宗教，都有自己活动的专用场所，庙宇是传播道教文化的重要阵地。根据阴阳五行、周易八卦的理念，小关镇的建设者规划建设了众多的庙宇。依据地形地貌，镇南边山梁似凤凰展翅，按照“南朱雀”和“南方为火”的定位，在镇南边凤山寨上建火神庙、魁星阁、钟楼和天爷庙。凤山寨是祭祀的地方，还是小关村公所所在地。小关街东，小关河在此绕过，按照“东苍龙”的定位，在小关街东小关河北岸建龙王庙，这里是祈求风调雨顺的地方。因小关街在庙前经过，在灾荒年这里也是政府施粥行善的地方。在小关街中心最宽阔的位置修建关帝庙，这里是小关最热闹的地方，是小关政治、经济、文化中心，小关的许多大事都在这里办理。按照“西白虎”和“西方为金”的定位，在小关街西边建七星庙。小关镇的先民们靠牛马种地过上了殷实的生活，靠骡马运输富裕发家，所以非常爱惜牛马，分别在小关镇的五通河、南沟、西沟等地修建了牛王爷庙、马王爷庙。土地是农民的命根子，人们希望拥有土地，期盼农业丰收，遂普遍崇拜土地爷，各村建有土地庙。小关人宽容、包容，儒、释、道文化同在，还在南沟修建了观音堂。

在建庙的同时，小关人把文化传播同经济活动紧密结合，相继出台了庙宇祭拜办法和庙会的时间。小关街庙会按内容分为三种形式：一为庆祝型庙会，如正月十六元宵节庙会；二为节气型庙会，如小满会；三为祭祀型庙会，如三月初八龙王庙会，九月十三关爷庙会，三月二十五、七月二十四的相关庙会。

元宵节是中国的传统节日，全国各地都过，大部分习俗差不多。小关人不但过元宵节，还把正月十六定为元宵节庙会。这是小关镇每年的第一个庙会，也是最热闹的庙会。小关十里八村的人们，过了初二就开始筹备庙会节目，俗称“社火”，力争在庙会“社火”表演中夺得头彩。当时最有代表性的表演有郑沟村的舞狮子、“大水”，张庄村的旱船，孙寨村的“大水”，小关村的“故事”，口头村的“大水”、旱船，楼子沟村的花棍、“故事”，山怀村、荻坡村的高跷、小家什（锣、鼓、镲、笛等乐器表演），竹林村的武术表演等。正月十六当天，各村会首率领各自的“社火”表演队伍，浩浩荡荡出发，沿大街一边鸣放鞭炮，鸣锣开道，一边按部就班踩着鼓点演出，样式各异，内容丰富，诙谐有趣。关爷庙前是他们一展风采的地方，在此他们表演所有节目。晚上前纸坊下边的河道有火烧秦桧活动，关爷庙前有戏剧表演。当时人们把春节称“过年”，把元宵节称“过节”，过了元宵节叫“年过节尽”，人们将收起玩心，专心从事生产。

“小满”是农历二十四节气中第八个节气，其含义是小满时，小麦已经籽粒饱满，但尚未成熟，所以叫小满。小关农谚有“大麦不过小满，小麦不过芒种”，也就是说小满过后，再有七八天小麦就成熟了，将进入农忙时节。把这个时候定为庙会，让人们通过“赶会”购买所需物资，为将要到来的麦收做准备，证明了人们对农业的重视和确定庙会时间的睿智。

三月初八，龙王庙会。龙是中国传说中的一种善变化、能兴云雨、利万物的神异动物，为众鳞虫之长，居四灵（龙、凤、麒麟、龟）之首。龙王在神话中是海底世界的主宰者，在民间是祥瑞的象征，帝王统治者的化身。每逢风雨失调，久旱不雨，或久涝成灾时，民众都到龙王庙烧香祈愿，以求龙王治水，风调雨顺。龙王爷的神诞之日，各种文献记载和各地民间传说均有差异。小关人把龙王庙会定为三月初八，这天可能是小关区域治水龙王的生日。

九月十三，关帝庙会。据有关资料记载，每年的九月十三为关羽的忌日，关羽被后人称为“武圣人”“武财神”，被明清皇帝多次封为帝君，被认为是“万全之神”。小关建有关帝庙，小关人将九月十三的关羽忌日定为关帝庙会。

如前文所述，小关建有龙王庙、马王庙、牛王庙、火神庙、天爷庙、七星庙、观音堂等寺庙，过去这些寺庙大多有会社，如观音社、牛王社等，都可能有庙会。20世纪50年代后，多数寺庙先后被拆毁，但是庙会保留了下来，如三月二十五日、七月二十四日的庙会。只是由于时间久远，现在已经说不清是什么庙会了。

小关庙会规模宏大，热闹非凡。组织者把祭祀活动和商贸活动、文化娱乐融为一体。人们把参加庙会活动称为“赶会”。小关镇十里八村的人们以及巩县东半部米河、琉璃庙沟、玉皇庙，相邻的汜水、荥阳、登封、密县等地，商人和农民都会在庙会日会聚小关赶会。商家们提前备足了商品，各种商贩带足商品提前赶到小关。小关老街，一街两行，商品琳琅满目，应有尽有。祭祀活动肃穆隆重，有序认真；商贸活动紧张繁忙，各取所需，各有所获。只要是庙会，关帝庙前必然演戏。有些路远赶会的人看完夜戏回到家时天已放亮。

小关人在规划庙会的同时，也确定了集市日，农历双日为顺集。顺集比较热闹，主要是十里八村农民剩余农产品和时令水果蔬菜的交换。人们把集市活动称为“赶集”。还规定了腊月二十以后为年集。年集时人们购买年货，准备过年，喜庆而热闹，热闹程度不亚于庙会。

20世纪50年代以后，除正月十六庙会外，小关的其他庙会亦成为一种纯商业活动。尤其是改革开放后，小关人迅速富裕起来，“社火”表演改为文艺会演，巩县亦改为巩义市，小关成为建制镇。小关镇正月十六元宵节文艺会演增加了现代化的新内容，热闹程度胜过以前。小关的社火团队参加巩义市文艺会演多次拿一等奖，并多次代表巩义市到郑州市参加演出并获奖。

概说小关古庙会

○ 张清凡

我的老家在小关老街西头，就在小关医院东边的下边，门前是菜园。出大门往东五六十米，上一个小坡，就是小关老街，小时候和小伙伴们经常在老街玩，上小学尤其在东河上学，不论是上学还是放学回家，来回都要穿过一里多长的老街，对老街的古建筑——金碧辉煌的关爷庙，关爷庙前的戏楼，老街南北一家挨一家的商铺，到现在还记得非常清楚。老街的情况已经有几篇文章谈到，我就不再说了，在这里单说一下小关的古庙会。

明清和民国时期，小关就是巩县东部的重镇，是周边地区经济文化的中心。农业经济时代，商品流通、交换，除平时的集市外，就是庙会。庙会的规模一般都比较大，邻县的商人也会参加，小关的庙会就常常吸引荥阳、汜水、密县、偃师等地的商人，还有走江湖卖艺的，前来赶会。大的庙会常常是人山人海，老街根本容纳不下，会场就在河道，以小关小学下边东河的河滩为主，从窑顶坡下边一直到南沟口，各种商品琳琅满目。老街上的人更是拥挤不动，记得有一次放学正赶上大会，从学校出来走到家用了半个多小时，当然这里面也有小孩子看稀奇影响走路的因素在内，不过这足以说明庙会的热闹场面。

除了春节，小孩子最盼望的就是庙会了。因为这一天，他们可以跟着爷爷奶奶或爹娘去赶会，撒撒娇就能得到一件小玩具，买点吃的打打牙祭。每一年小关都有好几个古庙会，不过给我印象比较深的有下面几个。

正月初七灯笼会。小关凤山寨（南寨）上有一座火神庙，民间传说正月初七是火神爷的生日，正月初七灯笼会主要是祭祀火神爷。因为火神爷给人类带来了温暖，带来了光明，人们对火神爷很敬重；另外，过去住的除了窑洞，就是茅草房或者砖瓦房，这些房屋时时都要提防发生火灾，因此也要供奉火神爷让他老人家保佑四季平安。正月初七晚上，小关村所有的青壮年男子，都会提一个灯笼，参加灯笼会游行，也有十来岁的孩子跟着大人看热闹的。

正月初七天黑后，小关各村几百个人手提各种灯笼，陆续聚集到老街中心关爷庙前。灯笼基本上是各家自己制作的：有十二生肖灯，如猴灯、马灯、羊灯、虎灯、兔灯等；有花鸟鱼虫灯，如莲花灯、金鱼灯等；有各种绘画灯，绘画的内容都是民间故事或者历史故事。给我印象最深的是有一家参加了三个人，各提一个灯笼，灯笼上的画组成了一个故事——孙悟空三打白骨精，好多小孩子都跟着看。灯笼的形状有仿宫灯、有方形灯、有圆形灯。参加灯笼会游行的人到齐了，会首提着龙头灯走在最前边，跟着是鼓乐队，接着是游行队伍灯笼队，几百个人的队伍排开能有一里多长，从关爷庙前出发，走西头，绕道瓦窑，顺着西沟一直到西沟岭上的白家洼，再经过王家洼回到南沟，（因为国家开矿，白家洼、王家洼都不存在了）上凤山寨祭祀火神爷，直至半夜方才结束。正月初七灯笼会大游行，老街到南岭白家洼三里多地，灯笼队伍就像一条长龙，灯光点点，蜿蜒曲折，站在高处观之煞是好看。

要说最热闹的就是正月十六大会了，可以称为小关人的狂欢节。这一天，不只是小关村，小关镇各村的文艺队伍都要来小关表演。每年一进入腊月农闲季节，各村就开始准备节目。正月十六这一天，八九点钟时，各村的队伍在三眼铳的轰鸣声、鞭炮的噼啪声、锣鼓的敲击声中，从四面八方向小关集中。小关村的“故事”、孙寨村的“大水”和“故事”、竹林沟村的武术、郑沟村的狮子、口头村的“大水”等，纷纷亮相，男女老幼到小关赶会看热闹，那真是人山人海，万人空巷。

各村表演的节目，有狮子、高跷、旱船、“故事”、“大水”（盘鼓类节目）、赶犟驴、小家什（墩子鼓、小铜锣、小钹、木鱼、碰铃等组成的清脆悦耳、节奏明快的打击乐表演）等。节目中最吸引观众眼球的当属舞狮子。狮子皮是用老山羊皮做的，狮子的身子用彩绸结花披戴，狮子有一个大头，嘴巴张开有一尺多，表演者双手抓住上下嘴唇，嘴巴就能开合。两个人披着狮子皮，后边的人什么也看不见，两手抓住前边表演者腰里束的腰巾，跟着前边表演者的步子和鼓点走动、进退，两人配合得十分默契。主要节目有狮子滚绣球和狮子上高台。狮子滚绣球，斗狮人拿一个绣球，在狮子的前后左右引逗狮子做各种动作。表演者把狮子演得活灵活现，惟妙惟肖，十分逼真。前边的人顶着狮子头勾回脖子为狮子后臀啃痒痒，后边的人抬起狮子后腿用狮爪为狮子脖子抓痒痒，逗得观众哈哈大笑。逗狮人更是把绣球挥舞得上下翻飞、前突后仰，引得狮子上蹿下跳、左旋右转，用尽了各种招数也抢不到绣球。外围的助阵演员不时燃放小火鞭、甩响长鞭，节奏感极强的锣鼓声更是平添了热闹的气氛。

正月十六大会除了各种表演，附近几个县的生意人也来赶场子，当地的小商贩更是不能错过这个挣钱的好机会，因为人多，卖吃食的一家挨着一家。小孩子会求大人给买几个水煎包，有的吃一碗炒凉粉，有的喝一碗胡辣汤外加一个小烧饼。

农历三月初八庙会，民国时期是在五通河（软枣树村下边的河道），为什么在五通河起庙会，我也不知道。中华人民共和国成立后庙会移到了小关东河。两地虽只有大约1公里的路程，但是庙会的规模却相差很大。一是五通河地方小，二是相对偏远。小关东河就在老街东头，交通方便，东河与南河连接，河滩要宽得多，因此三月初八会挪到东河以后，规模一年比一年大，各种农用物资都在会上交流。

小满会也是小关重要的庙会之一。小满是二十四节气之一。小关农谚有“大麦不过小满，小麦不过芒种”，意思是说大麦在小满前成熟，小麦在芒种前成熟。小满会买卖的大多是农具之类，诸如杈耙扫帚牛笼头、桑杈金杈和木锨、扁担镰刀枸子绳等，为麦子的收割作准备。

农历七月二十四，正处于天气酷暑的季节。人们不在家避暑却要赶会，原因我也说不清。七月二十四的会上还可以添件新背心、新裤衩……

农历九月十三大会。小关民谚“九月九不下等十三，十三不下一冬干”，意思是说九月九是下雨的日子，如果九月九不下，九月十三一定会下，九月十三再不下，整个冬天就很少有雨了。这天的庙会很可能是祈求上天下雨的庙会吧。

现在小关虽然还是这几个庙会，但传统性、趣味性、可观性都大不如以前了。

今昔小关镇记

○ 郑红昌

小关镇，地处巩义市东部，曾名凤山镇。是古代从郑州、荥阳西入洛阳的必经之路。今枫林公司和矿山职工医院那里的土岭，叫关谷堆，在公路修通以前，也就是1958年前，关谷堆南边和丘陵相连，北边直通河岸，高高的关谷堆是一座天然屏障，将经小关东西通行的道路隔断，东来西往的行人必须绕着关谷堆北边仅有几尺宽的小路通过，小道北边是高岩坡河道峡谷，隔河是壁立五六十米高的陡崖，关谷堆南边是无尽的丘陵，这里是名副其实的关隘，有“一夫当关，万夫莫开”之势，因较巩义、荥阳交界的历史名关“虎牢关”小，故名“小关”。又因巩义沙鱼沟黄河滩区也有个“小关”，人们便称沙鱼沟为“滩小关”，这里地处山区，因此称“山小关”。

据小关村南沟观音堂中的碑文记载，明万历十八年（1590年）已有小关镇，至今已有400多年。清乾隆五十四年(1789年)的碑文中又有“巩治东南三十里许，地名小关，古巨镇也”的记载。

我这里所说的小关镇，不是作为巩义行政区域的小关镇，而是作为我们这里农村商贸场所的小关老街。

小关镇有一条东西走向长约500米的街道。街道南边是前闲，北边是后闲，居民房舍相连，人口稠密，有几条青石铺成的小道与街道相通。街道两边是鳞次栉比的商铺，整条老街北靠绵绵土岭，南临曲曲小河，与雄立的凤山寨隔河相望。站在凤山寨上向北俯瞰，整个小关镇尽收眼底。

镇中的街道宽约12米，大部分是青石铺的路面，经数百年踩踏，石面非常光滑。街道东部约三分之一呈漫下坡走势，稍有弯曲，出街口便是青石大路。说是“大路”，其实并不大，宽不足两米，因为它在一道石堰上，北靠老君庙、龙王庙庙院和后院菜地的墙根，石堰下边就是河道。顺这条路一直往东，下到与河道相平处才逐渐宽敞起来。街口以东的这一地段，人称“东河”。街道西部，一多半较为平坦，到街道尽头向西南拐下河道，便是向西去的大路。这一地段人称“西头”。前闲、后闲、东河、西头的地名，都是以小关老街为坐标而得名的，可见小关老街历史的悠久。

街道中部，坐北向南有一座关爷庙，是小关地区建筑最辉煌的庙宇。关爷庙飞檐斗拱，四角挑檐上有仙人走兽，殿内雕梁画栋。庙前拾级而上，大殿门前不宽的院子有石柱石屏围挡。街道南侧，正对着关爷庙是一座高出地面约两米的戏楼。戏楼前面的看场北高南低，大小可容数百人。每逢小关庙会或其他节日，都有民间剧团在戏楼演出助兴。戏楼后边的大片区域是张家的十几座四合院，并建有张氏祠堂、碑楼、牌坊各一处。

民国时期，关帝庙两侧，数十家店铺南北分列，东有粮食坊子、油坊、杂货铺、饭店、文具店，西有估衣店、棉花店等。戏楼看场东边是从巩县鲁村来的孙锡有在那里开的医院。名为“医院”，其实只是个小小的诊所，当时小关全是中医和中药铺，只有孙锡有学的是西医，给人治病用西药，而且会打针，所以尽管房子只有一间，大夫只有一个，也挂起了“医院”的招牌。小关街最繁华的地段也就是街中部这一段了。街的东西两头多是前店后宅。东头接近街口处，有两家车马大店，可供远途客商和骡马食宿。在街道的两头和中部偏东，共有三家染坊，其中街中东部是我爷爷郑金钟开的“郑氏染坊”，在小关街是开办最早的（1891年），规模较大，也是生意最好的一家染坊。

在街西头靠街北岭下，还一度开过一家煤窑。

小关街道东口，原有一座青石券门，高约4米，门楣上嵌一石匾，上刻“筱關鎮”三个大字，券门雄伟，字体遒劲，显得庄严而又肃穆。这就是小关镇的东大门。

券门以东的东河地段，靠西路北是座老君庙，庙门高出路面两三米，两侧各有台阶可供上下。院内挨着山门还建有龙王庙。老君庙以东，沿路北有两家烧饼铺，一家饭铺，还有一个王家铁匠铺。铁匠铺的主要业务是打制农具和给骡马钉掌。在当时骡马为山村主要的生产工具和交通工具，铁匠铺是一种不可缺少的行业。

每逢农历双日是小关的集日，叫顺集，单日则叫背集。顺集商人和赶集的人多，背集人少。每年到了腊月二十以后天天有集，以便人们置办年货，叫作年集。平时的顺集也有大小之分，逢二、逢六是大集，也叫庚集，其余为小集。大集与小集的区别，在于大集有骡、马、牛、驴、猪、羊的交易，小集则无。所以大集又叫牲口集。牲口集设有专供进行牲口交易的牲口市。小关街上的牲口市就设在东河。每逢顺集，街道中段是最热闹的地方，买卖交易大多在这里进行。每逢大集和大会则扩延到东河和西头。农历的正月十六、三月二十五、七月二十四、九月十三是小关古庙会，大会时连河滩里也遍布摊贩，人群熙熙攘攘，摩肩接踵。尤其是正月十六，因有舞狮子、旱船、高跷、细乐等民间文艺表演，会上更是人山人海，拥挤不动。平时就冷清许多，只有关爷庙里不时有善男信女前来烧香叩拜。此外，街上的三家染坊也算是可观之景：那被染匠师傅染成黑、蓝、青等各种花色的布匹，高高挂起进行晾晒时，经风一吹，随风飘舞翻卷，犹如彩旗招展。还有最值得一看的是碾布，染匠师傅把即将晾干的布匹卷在染布轴上，放于碾布石下，然后叉开双腿登上几百斤重、两头高翘的碾布石，忽左忽右来回碾压，把布面碾得又平又光。碾布那架势、那动作，简直像演杂技一样，常常引得街上过往行人驻足观看，赞叹不已。

1948年4月9日（农历三月初一），中国人民解放军冒雨进入小关，小关解放。当年11月，成立巩县第八区，第八区辖今小关镇、新中镇全部和米河镇大部，竹林镇之竹林、孙寨、丁烟村，大峪沟镇之将军岭，共27个乡，区委、区政府驻小关前冈。1952年10月，巩县第八区分为八区（小关区）、十区（米河区），小关区辖12个乡。自巩县第八区成立以来，无论叫区也好，叫乡也好，叫人民公社也好，叫镇也好，小关这一带行政区域的政府机关一直都设在小关村，这里成了这一地区的政治、经济、文化中心。政府机关最初就设在小关街戏楼后面前冈没收的一座四合院里，后来路东南的张家祠堂也成了政府机关的一部分。

随着形势的发展，小关的镇容镇貌发生了明显变化。原有的粮食坊子、棉花店、油坊、估衣店等都没有了，新增了银行、税务所、邮政所。后来，关爷庙拜殿为公安派出所使用，再往后关爷庙寝殿和后院的张家祠堂是小关大队部。

1952年12月1日，新成立了小关区人民卫生所（现小关镇卫生院的前身），街上孙锡有的“医院”，并入了区卫生所。小关区卫生所初建时设在前闲区政府机关以西，20世纪70年代曾经是小关大队部的四合院里，后来又改称小关医院并增设门诊部在区政府西邻。医生多数是从县里调来的，也有从本地选拔的，中西医都有。镇上街道的西半部，自关爷庙以西，南北两侧全是供销合作社的门市部。小关供销合作社创建于张庄村一队，当时称曹郑沟合作社，1950年10月搬到小关街上。初始仅有两个门市部，后经逐步发展，已细分为百货、布匹、日杂、文具、食品、农具、收购等多个门市部。还设有制作糕点、酱油的作坊。农业合作化以后，有相当长一段时期，镇上的私人经济除了理发店、车马店、照相馆和一个刻章铺，其余的都是集体所有制，要买东西只有上供销社。小关街东部的南面，原是一道墙，墙外从前开过一家油坊，所以叫“油坊地”。后来，油坊地建起了一座国营粮店。这是国家实行粮食统购统销的产物。再往后，街东门以里的骡马大店没有了，街两头的染坊也没有了，街北的骡马店换成了照相馆，东街口又新开了两家理发店。

东河老君庙里设立小学，起初只有初小，1946年增设了高小，中华人民共和国成立后改名为“巩县第二十五完全小学校”，简称“二五完校”。那时，巩县全县仅有三所中学，二十六所完小。二五完校初级学段1—4年级招收小关村的学生，高小学段五、六年级面对小关全区招生，也只有四个班，一百余人。之后的十余年，教育迅猛发展，到20世纪六七十年代，该校已变成了只收小关本村孩子的“小关学校”，而且增设了初中部。

小关东河以东的地方，古名月弯。20世纪50年代，位于上街的国营铝厂“五〇三厂”就着手开采小关南岭、火石岭、老坟沟和龙门一带的铝矿，矿山的管理机关和职工生活区就设在月弯，名之曰“工人村”。这里建有篮球场、礼堂(工人俱乐部)、花园、商店、澡堂、子弟学校、职工医院和职工家属区。整个工人村几乎与小关镇规模相当。

铝矿的开采，工人村的建设，给小关镇的发展带来了巨大的生机。根据矿石运输的需要，1959年一条专用铁路从上街修到小关。从小关到龙门沟的一条盘山运矿小铁路也相继修成。不久，从郑州到洛阳的乡村公路横贯小关，这便是310国道的前身。之前的小关人大多连汽车、火车都没见过，此时出门却可以乘车往返了。

公路的畅通，促进了小关老街的市场日渐向公路两侧转移，路边的商铺犹如雨后春笋般应运而生。20世纪六七十年代，小关公社曾在小关东河通往龙门村的路口处建起一座水泥厂，厂西建起一个机械厂，机械厂的西邻是一所新建的“五七高中”，再往西是农村信用社。五七高中对面，是供销社兴建的两层营业楼，再往西过去桥是两家商店，商店以西就是粮店了。粮店原先只有面向老街的北门，公路通了以后，又开了个临公路的南门。设在前闲的小关医院也因发展需要于1968年搬迁到了小关老街西头软枣树。那时公路过了水泥厂，不再上坡走月弯岭、楼子沟，而是北拐经工人村门口之后，沿河道向东了。工人村原有的矿山商店，除了蔬菜门市部未动，其余都搬到了大门以外的公路两边。路东高台上，新建的矿山商店高大宽敞，商品齐全，商业竞争力比小关供销社毫不逊色。

公路的修通带动了经济的发展，小关已不分顺集、背集了，每天都是人来人往，热热闹闹。农历二月二十五的王沟庙会、三月初八的五通河会，还有茶庵的小满会会址都挪到了小关，更加强了小关镇的繁荣兴旺。

中华人民共和国成立后这半个多世纪，特别是改革开放以来，在党和政府的领导下，小关镇发生了翻天覆地的变化。现在的小关镇，高楼林立，商店成群，摊贩比肩，而且经营品种先进时尚，繁多齐全，可谓欣欣向荣，蒸蒸日上。尽管如此，小关镇的发展脚步并未放缓，新的建设蓝图，政府正在绘制之中！

繁荣的小关老街

○ 李培涛

我的老家在封门沟。过去小关老街东头开大车店的张银聚是我姥爷，张荣卿是我舅父。小时候我经常在姥爷家住，常常和表哥张木一块儿在老街玩耍，对一街两行的商铺、金碧辉煌的关爷庙、关爷庙对面的戏楼、正月十六大会、平时的集市、庙会上玩把戏的、买卖各种商品的等都非常熟悉。现在回忆起童年逝去的往事，仍然历历在目。根据记忆，我整理出下面这一篇文字，倘若有不当之处，尚希小关父老指正。

小关地处巩义东部，东有塔山，北有佛山，南有嵩山。数百年来，小关始终是古都开封和洛阳之间的交通要道。东来的行商，经过小关西进要翻越茶庵岭，西边过来的客旅经任家闲、茶庵岭已经疲累，小关老街正好给他们提供了一个歇脚的地方。凭借这一地理优势，古镇小关的商贸业，就顺势发展起来。一里多长的老街，两边商铺林立，吸引周边商贩往这里流动。东边琉璃庙沟、米河、刘河、峡窝、崔庙直至荥阳，西边张沟、玉皇庙、杨里、岳寨，南到登封、密县，北至董陵、将军岭等，商贾和群众都来这里赶集，自然形成方圆近百平方公里的经济和物资交流中心。尤其遇到庙会，如农历正月十六、二月二十五、三月初八、三月二十五、小满节、七月二十四、九月十三的大会，四方客商汇聚小关，东到月弯、东河，西边贯穿数百米长的老街，到处人山人海，人声鼎沸，摩肩接踵，熙熙攘攘。卖油条的高声叫喊“油条、包子、咸食、胡辣汤喽……”卖纺花车易损件儿的高喊“锭子……锭子……纺花锭子……”卖杈耙扫帚牛笼头的，皮匠卖鞭鞘儿、皮条、骡马纫子、撇绳的，竹货有竹篮、筛子、竹扫、竹篵子、粪杈、牛愁等，荆货有荆篮、荆席、花眼篓、荆筐、扢草篓、箩头等，铁器有镢头、锄头、镰刀、铁锨、铁索、犁铧、犁面、耧铧等。还有卖核桃、柿饼、大枣、花生等各种干鲜果的。总之，凡是农村群众生产生活所需的农资农具、生活用具、日用百货、风味小吃，小到针头儿线脑，大到家具农具，可以说是应有尽有。

1949年前，由于自然灾害的侵袭、战争的破坏，农村经济凋敝。尤其那些失地、少地的农民，衣食无着，生活极度贫困。在集会上，不时有夺馍吃的现象。我就亲眼见过一个瘦骨嶙峋的人抢油条吃。那是一次大庙会，就在小关最东头，小关街东头儿小关学校西边张定的门面房那里，一间是开饭铺炸油条的。油条摊儿上，锅里的油冒着烟，掌柜的忙着和面，扯面炸油条，案桌上堆着炸好的焦黄的油条。突然，一个蓬头垢面的汉子，来到油条摊儿前，趁人不注意，从怀里掏出一个老式的剃头刀（上边是齐头，木把儿），照着自己额头上“嗤”的就是一刀，顿时鲜血顺脸而下。只见他挤进人群，两手从摊上掐起一大把油条，往自己脸上一抹，就着带血的油条，边吃边跑。后边炸油条的家人大声喊“截住他……截住他……”这边又不敢丢下油锅和油条摊儿不管，干着急没办法。旁边也有看热闹的人说：“哎呀，算了吧，你就是撵上，你那油条别人也不吃了，就让他吃了吧！”卖油条的吆喝着，骂着，眼看着那汉子跑掉，也只好作罢。

每年的正月十六古会，是小关农村传统文化交流展示的大舞台。歇了一冬的人们，带着对新一年生活的憧憬和希望，迫切通过民间传统文化形式给予充分的展示和表达。小关自古就有“铜器一响，黄金万两”的谚语，每到正月初，都要痛痛快快地热闹一番，或演员，或观众，人人参与，这样一年就会交好运，发大财。所以，进入腊月各村都要准备节目，正月十六那一天，各村的民间文化节目都拥到古会上来了。唱大戏、说大鼓书的，舞狮子、“大水”、要猴、玩杂技的，踩高跷、扮“故事”、抬花轿、拉犟驴、装花车的，节目有唐僧师徒西天取经、二鬼扳跌、扭秧歌等，各种文艺节目轮番表演。要表演好节目，各文艺队都要组织专人打场子，就是在拥挤的人群中挤出一块空地，才能表演节目，展示他们的才艺。会上看热闹的人挤得水泄不通。街上、路上、台阶上、墙头儿上、屋顶上、树杈上，到处都是人。古会上，人声鼎沸，鞭炮声、大铳声、唢呐声、喧闹声，构成欢乐的海洋。这是一场群众自发的才艺展示平台，这是一场农村文化的盛宴，这是一次农村群众文化交流的盛会。

小关商贸业的发展，繁荣了市场，搞活了经济，促进了交流，方便了群众。古镇小关商贸、文化交流的传承和发展，经久不息。

小关老街

○ 赵宏斌

小关村南沟观音堂现存乾隆五十四年（1789年）《金妆神像并创立石基序》碑曰：“县治东南三十里许，地名小关，古巨镇也。”乾隆五十四年称“古巨镇也”，由此可以推测明代小关已经为镇。小关老街何时形成，虽然没有明文记载，但从上述碑刻推测应不晚于元明时期。

小关老街东西长一里，南北宽三丈多。街中心建有关爷庙，坐北朝南，关爷庙对面是戏楼。街道两旁的商铺鳞次栉比。出老街往东一里半，是关谷堆，再往东是口头村。口头又曰“口流”，取“小关之关口”或“河水在关口中流出”之意。出老街西一里半地为五通河，据说这里清代以前叫“大栗树关”，清初顾祖禹《读史方舆纪要·河南方舆纪要·巩县》记载：“大栗树关，在县东南三十里，崎岖险阻，元置，今废。”大栗树关口以西是孙寨村，原名石鼓村，古时因村的“三眼泉”南有一个形状像大鼓的铁性石而得名，自姓孙的在这里形成村庄后改名为孙寨。

紧挨着老街南边的是前冽，这里有一片四合院。过前冽，一直往南五六里是郎洼口。过去，小关老坟沟与郎洼口之间的地名叫“石板”，一石管两村。因河内有一块巨大石头，石板上面平整光滑呈斜坡形，河水涨过以后常有小孩子在水中游泳后上到石板上面玩，因此得名“石板”，1958年开矿后石板被埋。

老街关爷庙后是后冽，又名瓦窑坡，因古时这里建有烧砖瓦的窑厂而得名。瓦窑坡东边是前纸坊，前纸坊北是后纸坊。造纸是中国古代四大发明之一，这两个小村庄可能因有造纸作坊而得名。

交通发展带来新气象

○ 郅公林

巩县属于豫西山区，境内山峦起伏，沟壑纵横。古代社会小关镇虽然处于东西交通要道，从竹竿川到巩县，所谓的“官道”，也是顺着河道蜿蜒曲折而行。从小关西行，并不走大峪沟，当年那里全是崇山峻岭，交通极不方便。从东边西行到软枣树，要翻过茶庵岭，过任家㓟，走玉皇庙，继续顺河道西行。交通的阻滞严重制约了经济社会的发展。小关镇虽然是巩县东部最大的商品集散地，但是货物的输入、输出，费用都非常高。比较重的商品，如煤炭、铁器、粮食等，要用牲口就是骡子、马、驴驮运；一般商品例如棉花、布匹、食盐、药材、针头线脑等，则需要肩挑，非常辛苦。购买棉花、食盐的小商贩从巩县或者上街进货，最怕下雨天。遇到雨天，道路难走不说，肩上的棉花会越来越重，食盐则会越来越轻。

小关有一种说法，谁要是打喷嚏，就是有人说他。有一个和挑夫有关的笑话：几个人结伙到外地挑水缸贩卖，有人在路上经常打喷嚏，别人问他为啥打喷嚏，他说：“我老婆在家说我哩，怕我饿，怕我渴。”有一个人信以为真，回家后埋怨他老婆：“人家出门老婆在家里忧虑，你就没有忧虑过我。”老婆问他：“你咋知道人家的老婆忧虑，你老婆不忧虑呢？”这人说：“人家经常打喷嚏，我就没有打过喷嚏。”他老婆说：“放心吧，你再出门我就不停地念叨你。”过了几天，此人又和同伴去挑水缸，他老婆事先用极细的辣椒面在他的粗布手巾上揉了揉。此人回来时挑着水缸，上了一道大坡，路既窄又遇到拐弯，正赶上中午，火辣辣的太阳烤得他满头大汗，他掏出手巾就在脸上擦汗，辣椒面吸进了鼻孔，连着打了几个大喷嚏。这一打喷嚏不要紧，肩头一晃，扁担一斜，“扑通”一声，一口水缸掉下来滚到了两丈深的地沿下。此人一看，剩下一口水缸，十几里地咋弄回去？干脆不要了，于是抡起扁担硬是把这一口水缸敲碎了。别人说他：“你也不看看那一口水缸烂了没有，就把这一口缸给敲碎了？”此人一听有道理，于是到下边一看，地面松软，水缸好好的，他叹了一口气，只好背着这一口水缸回来，到家后对他老婆说：“以后我再出门，你可千万不用再忧虑我了。”这虽然是个笑话，但也足以说明挑夫的艰辛，可见人们盼望改变交通状况的迫切的心情。

中华人民共和国成立后，琉璃庙沟煤窑收归国有，但是生产方式还十分落后，煤炭从井底提升到地面，使用的还是畜力，就是由大骡子拉套。大约在1956年，新中煤矿购进了一台大锅炉。锅炉经铁路运到巩县火车站，当时没有公路，由巩县火车站到琉璃庙沟这一段运输是个不小的问题。为了运锅炉，煤矿出动了一辆推土机，沿途推出三四米宽的土路，来回碾压以后，在土路上放上滚木，锅炉放在大木架上，由人力拉拽。当时我们正在读小学，听说了这件事，一个比一个兴奋，放学后，几十个小朋友喊着叫着去看稀罕，一直跑到茶庵南边的岭上。看推土机在锅炉前边开路，大家都非常惊奇：这是啥车，力气咋恁大，“轰隆轰隆”就把三四尺高的地给弄平了！这件事给我们的印象特别深，五六十年过去了，只要想起来就如在眼前。

这条土路大约是由茶庵南边走煤坡岭，过五通河以后，就顺着弯弯曲曲的河道，由东弯上坡，经过竹园沟、楼子沟，翻过土岭到达琉璃庙沟煤矿。

就是这样一条十分简易的土路，就给小关的交通带来了改善，巩县的汽车就可以颠簸着通到米河了。说是通了汽车，不过是琉璃庙沟煤矿、小关、米河的供销社等单位进货时，偶尔跑一趟。农民从来没有见过汽车，听说有汽车，都想看稀罕，只要汽车到了九亩弯下边的河道，各村的人就喊开了：汽车来了！汽车来了！那时河道并不是现代意义上的公路，只是简单地把河道平整一下，不仅坑坑洼洼，还有许多鹅卵石，汽车根本跑不快，但是再慢也比人跑得快。农民一听说汽车来了，男女老少都跑到路边看，离路近的可以看见汽车的后影，离路稍远一点的连汽车的影子也看不到。有的人为了看一眼汽车是个什么样子，干脆就坐在路边等汽车，有时候一等就是半天，终于看到了汽车，这一下在别人面前就有话说了。

可不要小看这一条土路，它在小关交通史上可是相当重要，它初步改变了小关地区的交通状况，原来由小关去琉璃庙沟卖煤、赶脚的发煤，到东弯都得顺着张毛孩门下就是现在的矿山停车场下边，上一段很陡的石坡，过了竹园沟，走苏屹崂，那路照样难走。自从有了这一条土路，再去新中买煤就方便多了。另外，这一条土路还奠定了原郑洛公路小关段的基础。路基、路面不断地拓宽、平整，1974年以前，郑洛公路一直都是走新中这一道线。直到1974年春，郑洛公路改线，米河往西不再绕走新中，走口头、黄鹭坡，将关谷堆拦腰挖断，基本上就是现在310国道的路基。

1956年前后，国家矿业勘探队在小关、龙门、封门沟进行大面积的勘探，发现小关和豫西宜阳两地不但铝资源丰富，而且铝矿石品位较高，品质优良，储量也大，约占全国已经探明铝矿石储量的1/4，于是决定在上街建铝厂。

1958年8月，503厂（当时为了保密，多数现代工厂都是以代号命名。503厂即今郑州铝厂）在上街动工兴建。这在当时是中国自行设计兴建的、国内规模最大、机械化和自动化程度较高的以生产氧化铝和铝锭为主的大型工业联合企业。503厂的原料主要由小关和豫西宜阳的铝矿石基地供应。

为了运输小关地区铝矿石，修筑了一条由上街到小关503厂铁路专用线。这一条专用线的终点站是小关，在东弯岭上建有火车站。

国家在小关进行了大规模建设，修建了火车站、站台、破碎车间、机修车间、停车场、职工生活区，在红土坡（老坟沟）、火石岭、西沟南岭，开了三个工区，还一度建有从南岭到破碎车间的小铁路。

上街—小关503厂铁路专线的修筑，给小关带来的变化是巨大的。第一，给人们的出行提供了方便。这条铁路的修筑，使农民有机会走得更远，可以了解外部世界。503厂运输部到小关拉矿石，每次都要挂两节客车，由小关到上街每人每张票4毛钱。当年在上街读高中的学子，星期六回家，基本上都是乘坐这条线路的火车。你要是没有钱或者想省钱，只要不怕脏、不怕风，可以偷偷地爬进拉矿石的翻斗车，连4毛钱都省了。第二，方便了货物运输，促进了小关地区经济社会的发展。小关可以说是物华天宝，人杰地灵。地上、地下，资源丰富，但是因为运输条件的制约，世世代代只能以农业为主，虽然有煤窑开采，有柿饼等农副产品输出，但是外运主要依靠畜力、人力，运输量既小运价又高，致使经济发展迟滞。这条铁路开通后，小关地区的工矿业迅速发展起来，好几个大队建了砖厂（机制砖、新式轮窑），公社开了小煤矿、建了水泥厂，在火车站西边建起了耐火厂。这些厂矿生产的产品——机砖、煤炭、水泥、耐火材料等，都是在小关火车站装车，经503厂铁路专用线运往上街，转陇海铁路运往全国各地，从而有力地促进了小关经济的发展。

另外，矿山建设既带动了小关经济的发展，也部分改变了人们的生活方式。以用电为例，20世纪50年代以前，小关人根本不知道“电”是何物，照明用的是铁灯、植物油；50年代中后期，有了乡间简易公路，煤油进入小关市场，人们都觉得煤油灯比铁灯亮多了。随着矿山建设的进展，电被输入小关，它与公路、铁路并列为影响小关经济社会的三件大事。1960年前后，小关公社机关，社直部门如医院、供销社等用上了电。1965年前后，小关大队各村的农民家庭大部分用电灯照明。1966年，农业生产用上了电。统计数据显示，1965年小关大队无电力农机数字。1966年，小关大队有马达（电动机）39台（全公社89台）、马力129.1匹（全公社394.3匹），有电动水车11

部、水泵4台，可浇地145亩。不论是照明用电还是农业用电，使用的时间在河南都是比较早的。

铁路、矿山建设给小关送来了文明，但不可否认的是，小关人为矿山建设也付出了巨大的贡献和牺牲。1958年，老坟沟、白家洼全村搬迁，1965年，王家洼也被挖掉。老坟沟（红土坡）、火石岭、王家洼、白家洼、西沟南岭，都变成了503厂矿区；小关村的粮仓——月弯，成了矿山职工的生活区。在全国一盘棋、无偿支援国家建设的口号下，面对搬迁，小关人说拆就拆，说搬就搬。搬迁农户房屋的赔偿是极其低廉的，老坟沟、白家洼不少农户，原来住的是石券窑、砖瓦房，搬迁后长期居住在黑暗的土窑洞，不少人家因为没有能力修建新居，黑窑洞一住就是几十年。1965年王家洼搬迁时，农民房屋的补偿比1958年高了不少，瓦房按建筑面积每平方米15—20元；土窑洞每立方米3元。至于土地的价格，让你无法想象。1958年每亩地的价格是多少不清楚，1965年，是按照土地3年的产量折价计算，平均一亩地大约是130元。地里正在挂果的柿子树，一棵大约30元。在人多地少的小关村，具体说小关人为矿山建设提供了多少亩可耕地、拆毁了多少间房屋，现在已经无法统计。从上面的事例可以看出，小关人的胸怀是宽广的，曾经为国家建设做出了一定贡献。

小关郑氏染坊

○ 郑红昌

小关老街在民国时期和20世纪50年代初，有三家染坊，分别设在街东头、西头和街中部，其中街中部一家是我爷爷郑金钟开的“郑氏染坊”，也是小关街开办染坊最早的一家。

我爷爷郑金钟，清光绪初出生于小关镇郑家沟村。1880年前后随我曾祖父郑玉奇（郑氏十七世）由郑家沟村迁居小关村后纸坊。1891年到小关街上开办染坊，当时他还没结婚，后来经人介绍与郑氏染坊后边的瓦窑坡村李氏女结婚。婚后爷爷在此经营染坊40多年，1940年爷爷去世，染坊停办。

我是1945年出生的，对于爷爷在小关街开染坊的事自然毫无印象，但是在我青少年时代，父亲和我大哥郑增臣倒是多次向我说起过这件事。我只记得50年代，有一家人在老街开染坊，父亲说那里是郑氏染坊的原址，我仅仅是留意那时染布的场面。为了解郑氏染坊的情况，2016年春我和已84岁的大哥畅谈了好几次。经我大哥回忆，那时候他常跟着我奶奶到小关瓦窑坡李松铃家（李松铃是李卓的二伯）串亲戚。我爷爷还经常带他到染坊去，有关开办染坊的情况，染布的工艺，他还能清楚地记得。根据我大哥的回忆，整理出了这一篇文章。

小关老街郑氏染坊建在小关街道中部北侧，一条通往瓦窑坡青石路口西边，原李松铃杂货铺西邻。染坊坐北向南，染坊门前长着一棵需两人才能合抱的大槐树，大槐树枝繁叶茂，树冠能遮阴大半个街道。大槐树下常年放着一块碾布石，

横跨街道高空设有许多根晾晒布匹的铁丝，一匹匹被染成黑、蓝、青等各种颜色的布，高高挂在铁丝上进行晾晒，晾晒时布匹经风一吹，随风飘舞翻卷，犹如彩旗招展。晾晒后还将染好的布匹放于碾布石下（碾布石因为形状像元宝，又叫元宝石），然后染匠叉开双腿登上几百斤重、两头高翘的碾布石，忽左忽右来回碾压，把布面碾得又平又光。碾压布那架势，那动作，简直像演杂技一样，常常引得过往行人驻足观看，赞叹不已。那时候，街上郑氏染坊也算得是一处可观之景。

听我大哥说，我爷爷经营的染坊，染的布色质纯正，染技精湛，花色齐全，价格低廉，又诚信经营，很受当地人的信赖与欢迎，周边十里八村的人们都到郑氏染坊来染布。染坊生意很红火，染坊活儿多干不过来时，我大伯也去店里帮工，还找有帮忙的伙计。

听我大哥说，染布有三种染法，称“三缬”：绞缬（扎染）、蜡缬（蜡染）、夹缬（夹染）。

绞缬法：染花布时根据花布的设计图案的效果，用线或绳子以各种方式绑扎布料或衣片，放入染缸中，绑扎处因染料无法渗入而形成自然特殊图案。

蜡缬法：先用液状蜡在布料上绘制图案，然后入染，蜡液浸入纤维后，有防水的作用，染液不能进入，经染色后除去蜡质而成。

夹缬法：夹缬布的颜色和图案是用雕版夹印出来的，将布固定在两块镂空版之间，在镂空处注入色浆，解开镂空版后花纹就出现在布上了。

绞缬的工序：扎染要经过扎花、浸染、出缸、拆线、漂洗等工序。

扎花：在白布上用针线缝扎出各种花纹图案，是整个扎染制作工序中的第一道工序，同时也是专门由女性承担的一道工序，对扎染图案的成形十分关键。首先在白布上印好图样，然后按照印好的图样扎花。缝扎时针线的松紧要均匀，并且不同的花有不同的针法，不能扎错。缝扎好后的布料缩小成一簇簇、一团团的疙瘩布。

浸染：是整个扎染制作工序中的第二道工序，先在染缸中放入水，加入土靛，用染棒调匀后，还要再加入适量的辅料。在浸染布料时要根据染布的深浅来配放原料。浸染前先将布料放入清水中浸泡，然后拧干放入染缸中浸染。用土靛染布要反复浸染多次，先染一道晒干后再次浸染，如此反复，浸染的工序也因布料色彩的深浅而有所不同。染布颜色的深浅除与浸染的次数有关外，还与浸染技术、染料的配置、晾晒、天气等有关。在第一次浸染前先要配置染料，俗称“发缸”，届时在缸中按比例放入土靛、水等，使之发酵，待发酵后再加入适量的辅料。

出缸：是整个扎染制作工序中的第三道工序，将已浸染好的布料从染缸中取出，届时先将经反复浸染后已染好的布料搭在染缸的染棒上滤水，然后拧干、晾晒。除染缸外，一般还有一个副缸，体积略小于染缸，其中放满清水，出缸时一般先在副缸中过一遍，这样既防止染料沾在染布上，又可以节约染料。从副缸中取出晾干后，便可以开始下一道工序了。

拆线：是整个扎染制作工序中的第四道工序。染好后的扎染布经晒干后，便可以拆线了。这道工序不复杂，但须小心谨慎，一旦拆破布料，则前功尽弃，因此这道工序一定要谨慎操作。

漂洗：是整个扎染制作工序中的第五道工序。在水池或水缸中放入清水，将拆好的扎染布投入其中，反复漂洗。漂洗看似简单，其实也要凭经验，洗不够不行，洗过了也不行。漂洗这道工序掌握不好，会影响扎染布花纹的成色。

漂洗后把将近晾晒干的布匹卷在碾布轴上，放于碾布石下，而后染匠站在碾布石上碾压，直到把染好的布匹碾压得平平展展，这样扎染的全部工序便完成了。

染布用的染料：染布用的染料大都是天然植物染料或矿物染料。植物染料是利用自然界之花，草，树木的茎、叶、果实、种子、皮、根，提取色素作为染料。

染料通常有如下几种：

蓝色染料：蓝草中提取靛蓝；

红色染料：茜草、红花、赤铁矿粉、朱砂等；

黄色染料：槐花、姜黄、栀子、地黄、黄檗；

紫色染料：紫草、紫苏；

棕褐染料：薯莨；

黑色染料：栎实、橡实、五倍子、柿叶、冬青叶、栗壳、莲子壳、鼠尾叶、苏木、乌桕叶等。

靛蓝的制作方法：靛蓝染料通常由马蓝、菘蓝等几种蓝草制备而成。制作方法是每年的农历六七月份，将采摘的靛蓝草放到专设的“靛蓝井”里浸泡一周，待“井”水色为深蓝并发出腐朽腥味后把靛蓝的叶子捞出，将适量的细石灰粉按比例掺入“井”中，用木棒猛力搅拌一小时，待“井”面上浮起大量的绿色泡沫即停。为防雨水进入，靛蓝汁变坏，需用植物茎叶将靛蓝“井”口密封，经过约三小时后，石灰和靛蓝水化合沉底，“井”底凝固的半固态靛蓝汁即为靛蓝染料。

小关老街车马东大店

○ 张光林口述　李培涛整理

谈起过去繁荣的小关老街，不得不说说老街东头儿俺家的车马大店。最早店主是我的爷爷张银聚。爷爷是小关前闲张氏“茂”字辈，同胞弟兄四个。我爷爷为长，二爷张茂思，三爷张茂森，四爷张茂贵。我父亲叫张荣卿。

民国30年（1941年），曾祖父病故。曾祖母张闫氏携四子艰难度日。后遇灾荒之年，我爷爷与母亲及三个弟弟商议，情愿空手出外析居。曾祖母不忍他空手出门，遂于民国30年秋邀请同族张林东、张三旺、张聚太、张茂正、张茂应等做见证，立分书为凭分家。爷爷分得小关街东头新瓦房三间，前后院东至路中、西至李彩亭家、南至张茂应家、北至街心。后院西边草房一间、瓦房两间。（下图为分单）分家析居后，爷爷携全家艰难度日。在临街宅地搭建草棚一间，开始做卖饭、卖茶、为煤窑磨面的生意。磨面主要是给县西的几家煤窑供应面粉。那时磨面都是用牲口拉石磨磨面，磨面中最苦最累的活儿要数罗面了。一个大竹簸箩，里边横担一个罗床，石磨上磨下来的碎麦子，收起倒入筛罗面，然后在罗床上前后拉动筛罗面粉。根据面粉的粗细要换用不同细度的罗来控制。有粗罗、细罗之分。一般情况下，石磨半天可加工麦子四五十斤。

当时，在俺家磨面的累活儿都是由我母亲不分昼夜地干。听母亲说，为了多磨面，她生下我后的第三天就开始磨面了，以致母亲到晚年身体很差，常年有病。

磨好的面给煤窑上送，都是由我父亲负责。驴驮人背，送到西边的山川、温延、南官庄等地。有一次父亲冒雨去送面回来，一双破旧的布鞋都磨得光掉鞋帮了。

艰难的生活，苦难的岁月，坎坷的磨难，磨砺了一个普通庄户人的创业意志。历十

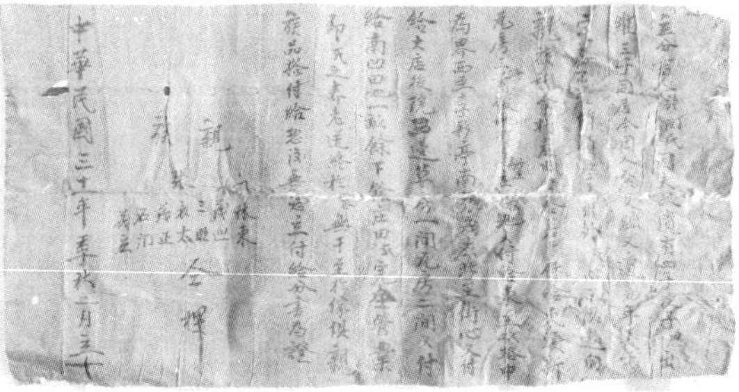

分家立的分单

余年后，祖父开始筹建临街房。因小关街东头儿地势较低，西头儿雨水较大，常遭冲淹，所以，建房必须用石头深挖高砌房墙跟脚。没石头，就趁每年夏季东河涨水之机，携全家去河中捞上游冲下来的河石。日积月累，筹足建房钱，备齐材料，建成临街四间大瓦房。大房长17.8米，宽4米。东边两间上合木棚，棚上供客商住宿。住宿是铺草打地铺，提供被褥。每人住宿一晚两毛钱。大店西两间开有2.7米高、2.5米宽两扇大木门，使大店南北通透，方便住宿客商的牲口车辆出入，从临街前门可直接进入大店后院。

大店最东一间为套间，做账房兼掌柜住宿用。东边第二间为饭店厨房，主要经营捞面条、蒸馍、油馍、烧饼等。捞面条是两毛钱一碗，烧饼原来一毛五，后来两毛钱一个。逢会卖茶（白开水），二分钱一碗。由于食宿价廉实惠，所以终年客商不断，凡是周边来小关做生意的都在这里食宿，生意红火。到现在我还记得有一个荥阳的皮匠叫马富中，成年做皮货生意，是大店的常客，大店几乎成了他的家。像马富中这样的客商还有很多，只是因年代久远，都记不起他们的名字了。

为满足客商和生意的需要，同时在临街房后中院靠南房墙建骡马草棚十余间，供做生意和路过的客商喂牲口用。喂骡马是客商自带草料，免费养喂。店家的收益是骡马留下的粪肥。

祖父一生忠厚勤俭，家教严谨，经营有方。苦心经营饭店及车马住宿生意，十余年后，建成当时小关街规模最大的车马大店，俗称东大店。

东大店总体规模是占地0.62亩（即我家祖传宅基地）。建筑临街瓦房4间，长17.8米，宽4米余；中间后院饲马草棚10余米长；后院住宅瓦房3间，长10余米，宽4米余。后院西边紧邻小关粮店围墙下有石券窑两孔。后院直抵后来的粮管所面粉厂后墙。东南角有大口井一眼。

先祖创业维艰，守业不易。然世事沧桑，到1997年，小关老街及国道改造，俺家祖业老宅被拆除。当时补偿标准：大瓦房合棚的两间，每平方米99元；没合棚的每平方米78元。最后，六分二的祖传宅基地，七间两层大瓦房，两孔砖石结构的窑，外加附属建筑物，共补偿21470元钱。

已经消失的行业

○ 郅公林

党的十一届三中全会以来，中国社会发生了天翻地覆的变化，就生产领域而言，诞生了一批新的行业，同时也有一批传承数百年的行业退出了历史舞台。就小关地区来说，20世纪70年代以前同农民日常生活密切相关的一些行业，如今大多已经成了绝响。现在回忆起来，那些消失了的行业仍历历在目。消失的行业有很多种，本文摘要记录下列几种。

1. 小炉匠

过去小关人过日子非常节约，农民常说的一句话就是“一分钱掰成两半花”，穿衣服是“新三年旧三年，缝缝补补又三年”，用具同样是修修补补，能再用就不买新的，这样，修补行业就应运而生了。在农村的修补行业，人们最熟悉的莫过于小炉匠了。

小炉匠出门一副挑子，挑着两只小木箱。一只木箱上边是抽屉，装小工具，有砧子、锤子、钳子、钢锉、钻等。钻有摇臂钻、扑拉钻和陀螺钻，均用于钻孔。一般摇臂钻用于锔缸，扑拉钻用于锔锅、锔陶器，陀螺钻用于锔瓷器。前两种安装锋钢钻头，陀螺钻安装金刚石钻头，所以也称金刚钻。下边是与木箱连体的风箱。另一只木箱装着坩埚、小火炉、铁锤和煤炭。挑子上还有装煤炭的口袋、修补用的铁片、铝片，再就是钳子、铁剪子、烙铁、焊锡、焊水（镪水）、锉刀等常用工具，还有干活时束腰用的帆布围腰、帆布手套、小板凳。

小炉匠的生意是锢露锅、锔锅、锔缸、锔盆、锔碗盘等。也修补酒壶、香炉、灯台等铜锡小什件和器具。小炉匠担起挑子每到一个村，小铜锣叮当叮当一敲，就有人喊“锢露锅的来了”。小炉匠摆好摊子，束好围腰，一边敲锣一边生起小火炉，各家各户有需要修理的器皿，就会拿出来，等着修、补。

下面我们将小炉匠的主要生意作一介绍。

一是锢露锅。从前人们做饭用的锅主要有两种：砂锅、铁锅。砂锅是由不易传热的石英、黏土等原料配合烧成的陶瓷制品，经过高温烧制而成，具有通气性、吸附性、传热均匀、散热慢等特点，农民主要用它熬小米稀饭、炖菜。砂锅因为是陶瓷制品，所以有个致命的缺点就是很容易被碰坏，稍微不小心被碰一下就会有一道裂痕即璺，这就有了“打破砂锅璺（问）到底”这一成语。家庭用的锅如做饭、炒菜、蒸馍的等都是铸铁的，即生铁锅。生铁如果被碰一下最容易裂璺，再就是用的时间一长，很容易出现漏眼儿。不论出现哪一种情况，丢掉很可惜，只要用铁补一下还能用。小关小炉匠最拿手的就是锢露锅。锢露锅有两种方法：“锔”和“补”。

锔锅的前提是铁锅只是裂了一道小璺，会渗水，也害怕璺继续延长。锔的时候，用拐钻在璺的旁边钻眼儿，璺的两头儿要各打两个眼即需要钉两道锔子，然后用锔子——用熟铁打成的扁平的两脚钉钉起来铆好，铆完后在锅里面用白垩腻子抹平裂璺就行了。

锅底有了小窟窿眼就不能锔只能补，就是锢（即“补”）露锅。和锔锅相比，锢露锅就复杂多了。补锅先要找好窟窿眼并且做个记号，再把窟窿眼周边打磨出新碴。这些工作准备好以后，在小火炉中间埋一个坩埚，坩埚里边放着碎锅铁，右手“呱嗒呱嗒”地拉着小风箱，猛烧一阵，火炉中央的火焰红中透着白的时候，铁水就已经熔化了。这时候小炉匠戴好手套，用一只旧鞋底托起一把谷糠，谷糠正中弄一个小凹坑，将坩埚里化好的铁液倒进谷糠坑内，对准铁锅上的孔，在铁液似凝非凝时向上一托，铁液从孔中露出一些，另一只手拿起预先准备好的约有三四寸长的湿布坨用力一按一拧，待铁液冷却凝固，撤掉鞋底和布坨，再打磨一番，漏洞即被补好了。在小关，会锢露锅手艺的师傅有好几个，其中以后阙赵彦的技术最好。

二是锔缸。以前过日子，家家户户都有水缸，水缸的主要用途是盛水，也有的用来盛粮食。水缸分大号缸、二号缸、三号缸、条缸等。豆腐坊、粉坊、染坊等手工业作坊使用的是大号缸，能盛十来担水；农户则根据人口的多少，使用二号缸或者条缸，一般可以盛三到五担水。水缸属于粗陶器，使用时间长了会被碰烂或者裂璺。造成这种情况主要有两个原因：一是往缸里倒水时被水桶碰破。二是被冻坏。20世纪60年代以前，冬季常常大雪封门，据气象资料记载，小关地区最低温度曾达零下17摄氏度，家里即使有煤火，为了省煤，不做饭的时候都要把火糊住仅留一个小眼不至于把火捂死，夜里屋里的温度就可想而知。早上起床后，头天晚上洗的碗如果没有将水控尽就会冻成一摞，水缸就会结冰，冰块膨胀就会将水缸撑破，轻的也会撑一道璺。这就必须锔缸。

小炉匠先把有璺的水缸用绳子摽好，按缸壁厚薄，裂璺长短，挑选几个铁锔子。将锔子背敲打出与水缸相同的弧度，按锔子型号的大小，用钻在璺两边钻眼儿，将锔子爪嵌入孔内，敲平敲实。一个水缸打几道锔子，要看璺的长短，一般三四寸距离打一道。水缸锔好后，沿璺涂抹腻子。腻子是用白口铁烧红后在红石头上擦成铁粉，用卤水拌湿，再用鸡蛋清调和均匀做成的。

三是锔瓷器。前文说过，小关人过日子非常简朴，家庭使用的餐具基本上属于粗瓷器，但是也备有细瓷餐具，比如细瓷碗、细瓷盘等，这些瓷器价格高，平时舍不得使用，待客和祭祖时才用。大户人家的瓷器种类更多，档次更高，除了瓷碗、瓷盘，还有茶壶、小碟、盖碗等，用的时间长了难免会碰裂璺甚至碰坏，裂璺了还舍不得扔，这就衍生了锔瓷器这一行业。由于细瓷硬度高，一般钻头无法打眼，只有金刚钻才行，小关有一句俗话："没有金刚钻，甭揽瓷器活儿。"锔碗、碟、茶壶等瓷器，要用金刚钻钻眼儿钉锔子。一般人家锔瓷器用铜锔子，大户人家比较讲究，高档瓷器碰破或者裂璺了，使用银锔子。我小时候在一户乡邻家见过一个大瓷碗，上面有三个铜锔子，仍然在使用。

四是配钥匙等。过去锁门大多是铁锁，也有铜锁。不论铁锁还是铜锁，都是长方形，长约三寸、高约一寸，呈凹字形，上部有一根铁（铜）条叫锁鼻，下部二指多宽，里面是锁簧。下部右边有个小孔插钥匙，钥匙卡住锁簧一推，上部的锁鼻往左退，中间出现空隙，锁就开了。除了民间常用的门锁，还有块头比较大的铁锁（铜锁），主要是小关老街生意铺、大户人家仓库使用。另外还有生意铺钱柜子用的箱锁，户家衣柜、抽屉用的锁，妇女首饰匣使用的小巧玲珑的银锁等。不管是什么锁，钥匙用的时间长了会损坏或者丢失，这就需要配钥匙。小炉匠就会配各种钥匙。

2. 张罗

20世纪60年代前，农村粮食加工有三种方式：磨、碾、舂。谷子加工成小米用石碾；红薯干要加工成面粉也要先用石碾碾成小碎块再磨；少量的谷子加工成小米用对碓在石头窑舂，小关话叫"碓对"。粮食加工的主要方式是磨，小麦、玉米、豆子、红薯干，都是经过石磨才能加工成粉。原粮由石磨研磨下来的粉颗粒粗细都有，这就需要用罗筛面，就是罗面。经过罗面将细粉漏下，粗的继续在石磨上研磨。罗面的工具就叫"马尾（音'yǐ'）罗"。因为马尾质地光滑，结实耐用，使用寿命较长，遂成了编织筛网的首选材料。

马尾罗由罗圈、罗底组成。罗圈一般是柳木做的，厚约3厘米，深约12厘米，直径约35厘米；罗底是由马尾编织的网，类似现在常见的窗纱，故称马尾罗。罗有粗罗、细罗之分，所谓粗罗就是网眼少，细罗就是网眼多。比如到了60年代，罗底都是机制，有80号、100号、120号之分，80号是粗罗，120号是细罗。一般磨小麦用细罗，磨玉米用粗罗。罗面用的时间久了，罗底会往下耷拉甚至掉底，或者罗底出现小洞，就需要换罗底，这就有了一种行业——"张马尾罗"，也叫"张罗"。

张罗的人出门做生意挑着一副担子，带着使用的材料，主要有罗圈、罗底、竹篾、皮条等；工具有小刨子、扑拉钻、螺丝刀、锥子、钳子、剪子等。因为小关老街每逢农历双日是顺集，一年还有多次古庙会，张罗的一般在顺集和庙会时才在老街摆摊，两河口、玉皇庙等地有庙会时去赶会，偶尔也游乡。

说张罗其实主要是换罗底，因为罗圈很少损坏，坏的都是罗底。农民把旧罗交给张罗的人，需要换什么样的罗底说明白了，张罗的人将罗底朝上扣在地上，将旧罗底撕掉，拿出来一张稍大于罗面的新罗底蒙上，拿出一条约2厘米宽的竹篾做成一个与罗圈内壁周长相同的圆圈。张罗的技术就在这个圆圈上：大一点儿压不进罗圈，小一点儿罗底绷不紧。一切准备好了，将小圈紧贴罗圈内壁用力把罗底压进罗圈。接着再用竹篾做一个与头一个小圈内圈周长相同的小圈，把露着的罗底余一指左右剪齐剪圆，用这个小圈压住露出的罗底用力压进去，使那一点罗底紧紧地夹在两个小圈之间。再用小钻在罗圈底部打一二十个小眼，用细竹签将罗圈和两个小圈铆好，用竹刀拍打一下再削平，这张罗就算张好了。

到了60年代，随着工业的发展，罗底的材料也丰富起来，有呢绒的、丝线的、铜丝的等，但是不管什么材料，人们仍然习惯叫“马尾罗”。

先在小关张罗的手艺人有荥阳人安三、袁金柱。后来，西沟张呼兰、张荣典兄弟学会了这门手艺，常常挑着担子赶集、赶会。20世纪60年代中后期，随着农村用电的普及，先是小钢磨、一风吹，接着是立体式的磨面机。70年代有了面粉加工厂，农民不再用石磨磨面，不但是石磨，连同马尾罗也退出了历史舞台，张罗这门手艺自然被束之高阁，以至失传，这一行业也随之消失了。

3. 铁匠铺

《世说新语》中有一个故事：三国时有个人叫钟会，既精细又有才智。他原先不认识大名士嵇康，于是就邀请了当时的贤俊之士，一道去找嵇康。嵇康正在大树下打铁，“竹林七贤”之一的向秀拉着风箱。钟会等人下了车站在一边，嵇康看都不看仍然抡着锤打铁，好像身旁没有人一样，好久没有说一句话。钟会起身离去，嵇康这才问道：“何所闻而来？何所见而去？”钟会说：“闻所闻而来，见所见而去。”这个故事说明早在1700多年前，在铁匠铺在农村已经非常普遍。

铁匠铺的主要工具有大小铁锤、风箱、长短夹钳、砧子（铁墩）、凿子、钢錾子、淬火水槽等；铁匠铺中间一盘火炉，地下有烧火用的炭块。铁匠铺生产的产品，大都是农民日常生产、生活用品，前者如耙齿、锄头、铁锨、镢头、镰刀、铁耙子、出粪杈、刮板等，后者如菜刀、锅铲、剪刀、钩担钩、桶箍、桶鋬、门搭、门环、泡钉、马勺等，还有各种各样的马蹄铁。

20世纪60年代以前，小关有五家铁匠铺。一家在老街西头，由南沟赵太营经营。这个铁匠铺的规模比较大，20世纪50年代初，以这个铁匠铺为基础成立了小关铁工组，人数达20多个。1958年小关人民公社成立后，铁工组成了社办企业，职工发展到80多人，有车间、刨车、翻砂炉，能铸造犁铧、犁面等简易农具，但主要还是烘炉打铁。一家在东河窑顶坡下边，前纸坊王才喜、王全父子经营；一家在老街西头，张六经营；南沟赵小五在通往龙门、山怀的路口开有一家；白家洼白治兄弟在自家院子里设有一盘烘炉。这四家铁匠铺都只有一个草棚，没有围墙自然也没有门窗。一般在棚子的正中放个大火炉，炉边架一风箱，风箱两头各有两个方眼，风箱往前推的时候这一头儿两个眼进风另一头儿两个眼关闭，往回拉则相反，随着"呱嗒呱嗒"的声响，风进火炉，炉膛内火苗直蹿。因为风箱是两头儿进风，就有了一条歇后语："老鼠钻进风箱里——两头儿受气"。开始工作的时候由徒弟拉风箱，师傅将需要锻打的铁块放在火炉中烧，一边拨动炭块一边翻转铁块。等到锻件烧得红透了，师傅迅速用大钳将烧红的铁块钳到砧子上，徒弟停止拉风箱，手持铁锤等着锻打。师傅左手握铁钳翻动铁料，右手握小锤一边用特定的击打方式指挥徒弟锻打，徒弟抡起铁锤按照师傅的指示锻打，这时候会不停地飞溅铁花，不一会儿砧子下面就是一片铁屑。为了防止铁花烧伤，师傅和徒弟都要束帆布围腰。有的农具，比如给镢头、铁锨、斧子加钢（小关叫"钢镢头""钢锨""钢斧子"）、石匠用的錾子磨秃了让其锋利等，需要淬火，铁匠师傅把铁器锻好后夹住放入水槽（小石槽）内，随着"吱啦"一声，一阵白烟倏然飘起，淬火完成。淬火时放入水槽的深浅、淬火时间的长短，全凭实践经验，淬火掌握得好，可以大大提高工具的质量和耐用度。

随着社会变革，新生产力的出现以及人们生活方式的改变，原来常用的农具或者由手工打造变成了机制，或者没有了用武之地，随之铁匠铺也只好关门大吉了。

4. 钉掌

钉掌又叫钉蹄子，就是给马、骡、驴大牲口钉上蹄铁以利行走。如果不钉掌或者马蹄掌掉了，走路会一瘸一瘸的，主人就知道该给牲口钉掌了。在私有制时代，牲口是农民的半个家业；农业合作化后，大家畜也是生产队的主要财产，饲养好牲口和扩大牲口数量是生产队非常重视的大事。档案数据显示，1965年小关大队有驴78头、马18匹、骡子30匹（小关公社分别有319头、137匹、214匹），1974年发展到马31匹、骡子67匹。这些牲口每年都要钉几次蹄，尤其拉车的骡马更是如此。20世纪50年代，小关村的几盘烘炉，铁匠铺的师傅都会钉掌。

铁匠铺都备有用铁锻打成和牲口蹄子大小一样、留有缺口的马蹄铁，马蹄铁上留有小眼以便钉钉子。钉掌的工具主要有夹子、小锤、掌起子、蹄铲、镰刀，一个矮凳上面铺垫帆布，用于钉掌时垫蹄子。

王才喜、王全父子开的铁匠铺在前纸坊窑顶坡下面，占据地利优势，因而这个铁匠铺钉掌的生意比较多。因为经常有人牵牲口到王才喜的铁匠铺钉掌，故而他的铁匠铺前边有一根固定的桩子用于拴牲口。小关人平时开玩笑，谁的鞋底破了，人家就会对他说“去找才喜吧”。

在小关庙会时，东河——就是王麻子家下边对着南河那一片，地势比较宽敞，历来是牲口集，即进行牛、驴、骡、马交易的地方，铁匠师傅都会到那里给牲口钉掌。埋好一根木桩，放好矮凳，摆好工具，需要钉掌的就知道了。

钉掌时，由主人将牲口拴在木桩上，强制牲口的一条腿跪在矮凳上，钉掌师傅用掌起子将残掌铁起掉。用蹄铲给牲口切蹄，即修蹄甲。蹄铲长1尺左右，一端为宽约3寸的锋利铲刃，另一端安装丁字柄，可以用肩窝夹住便于用力切去老厚的蹄甲。然后用一把刀窄背厚刃利的镰刀，将蹄尖及周边削光滑。蹄子切削修整好，就可以钉掌了。先根据牲口蹄子大小选出合适的掌铁，用锤子敲打掌铁使其弧度与牲口蹄子吻合，以便牢固地钉在蹄子上。钉掌时钉尖要斜着从蹄甲边上露出来，然后用掌起子方头顶住钉尖，用锤子继续敲打钉帽，使钉尖弯曲在蹄甲外。一副铁掌钉完，钉掌就算结束了。

5. 锻磨

前文说过，过去粮食加工主要靠石磨、石碾。石磨虽然不是家家都有，但每个村都有几盘，前冽还有公用石磨，每个村都有公用石碾。石磨是上下两扇。上扇有两个磨眼儿，磨眼儿是凿透的圆孔以便下粮食，上扇扣在下扇上，从眼儿里向两扇磨之间注入原粮，原粮从磨眼儿流入磨膛龙口。下扇固定在磨盘上，下扇磨的中间有个磨脐，就是一个小坑安装一个高出磨膛约一寸高的硬木棒（一般使用老栎木，为了耐研磨上面套一个铁环），上扇下部中间也有个小坑正好放在下扇的轴头上，既能转动又不会挪位。两扇磨都凿刻有沟槽——磨齿，通过沟槽反切，将原粮粉碎，研磨成粉。石磨长期使用，磨齿受到磨损会变浅、变平，就会影响磨面的速度，为了解决这一问题就要锻磨。

锻磨师傅都是石匠，工具有锤子、錾子、剁斧。剁斧的形状像斧子，只是剁斧的刃比较厚，没有斧子锋利。锻磨时先将上扇抬下来磨齿朝上平放在地上，用锤子敲打錾子，将一道道磨齿凿好了，就用剁斧加工，把每一道磨齿修得没有毛边，最后将石末扫干净，这一扇就算锻好了。然后锻另一扇，两扇磨都锻完，这一盘磨就好了。

随着机械面粉加工的兴起和迅猛发展，石磨、石碾退出历史舞台，锻磨这一行业随之消失。

消失的不只是锻磨，许多石匠工艺都失传了。首先是石雕、砖雕。手艺高的匠人会多种雕刻，小关老街关爷庙山门前石栏板上的图案，前闲四合院的砖雕、石雕，前闲张家贞节坊上的砖雕、石雕，以及老君庙、火神庙、牛王庙、观音堂等庙宇的砖雕、石雕，是其代表。今天残存的雕刻作品还有前闲井沿支辘轳的石雕、南沟观音堂一通石碑上的石帽、凤山寨火神庙庙门正上方的二龙戏珠砖雕、西沟牛王庙前檐下的砖雕等。从民国时期直至20世纪60年代，小关地区有许多石券窑（砖券窑）、暗券窑，券窑先要用木料架模子，现在的泥瓦匠恐怕没有人能揽这样的活儿了。还有石匠都会用青石打石碳（石碳的学名为“碌碡”）、石碾、牛槽、香炉、门墩、对窑、对杵等，所以那时的泥瓦匠要拜师学艺三年，各种手艺都学会才能出师。70年代以后，砖瓦窑厂遍地开花，石质材料不再被人们使用，这些传统工艺没有了传承人，也就失传了。

6. 磨剪子抢菜刀

现代家庭一般都有油石或者磨刀器，如果菜刀、剪刀不锋利（小关人叫“笨”）了，只用来回蹭（小关人叫“逼”）两下就行了。过去就不这么简单了。那时候虽然说家家户户都有磨石，磨镰刀也要费一些时间，真要是磨剪子和菜刀就困难了，一是磨石不行，二是技术不行，这就又衍生了一项服务行业——磨刀剪。

磨刀人属于手艺人，没有店铺，靠走街串村招揽生意。工具是一条板凳，板凳的一头钉一个“∩”形铁锔，用来顶磨刀石和插抢刀剪的木托，凳子腿上有一小水桶，里边盛水，还有一把小刷子。凳子的另一头搭一条布搭子，内放有抢子、小锤子、小砧子，还有一把破布头。抢子用马钢制成，宽约寸半，长六七寸，前边是非常锋利的刃口，后部安装六七寸长、一把粗的圆木棒便于两手握住用力推。到了村中树下，放下板凳，扯开嗓子有韵有味地喊一声“磨剪子来抢菜刀——”就像现代京剧《红灯记》的台词一样，谁家需要磨刀剪，就拿出来了。

磨菜刀先用抢子抢去铁锈，将已经变钝的刃口抢薄，然后用磨石将菜刀两面的刃口磨锋利就算磨好了。磨剪子不仅要将刃口磨薄，而且要让剪子股儿合在一起时“合口”。剪子磨好后，能剪细线，剪薄布很轻松而且剪口不落茬，既不能有毛边，也不能有剪不断线的毛毛。

磨剪子抢菜刀看似简单，但也是手艺活儿，而且全凭自己的体会和经验。比如，剪子口松时剪不住东西，将剪子轴垫在砧子上，轻轻敲两下，口就紧了。剪子口紧时，手握剪子中间，用锤子轻轻敲轴，即可使剪子口变松。技术的关键就在这敲击上，敲几下，敲多重，就要凭感觉和经验。剪子磨好后，交给顾客，再递过去一块破布头，让他们用剪子剪布头和线头，自己检查行不行，顾客满意了才算合格。

随着人们生活水平的提高，生活习惯的改变，青年妇女几乎没有人会做衣服，更不用说做鞋、做袜子、做帽子了，甚至不会用针、用剪子，磨剪子失去了生存的基础，这门手艺在小关地区失传也就在情理之中了。

7. 黑白铁（钣金工）、铜匠、银匠、修伞

黑白铁即工厂的钣金工，在小关做黑白铁活儿手艺比较高的是后闳赵彦。20世纪60年代后期，随着我国工业的发展，民用黑铁皮及镀锌铁皮（白铁皮）也可以买到，小炉匠赵彦与时俱进也做起了黑白铁生意。他先在老街摆摊，随着郑（州）洛（阳）公路的扩展，将生意铺设在了今职业高中下边的公路边，用黑白铁皮做水桶，用镀锌铁皮换钢精锅底、换茶壶底等，生意一度不错。只是随着时代的变迁，这门手艺也走到了终点。

铜匠。铜匠的业务主要是用薄铜板或铜片为原材料，制作铜管、水烟袋、柜子（抽屉）饰件，厨房用具铜壶、铜锅、铜瓢、铜铲、铜茶盘之类，以及修理各种铜器。维修用的烙铁，一端是木柄，一端为紫铜制成的有刃的烙铁头，在那没有电的年代，焊接铜（锡）器皿时，把烙铁放在火上烧到一定热度，熔化焊镴，就可以焊接了。

银匠。银匠首先要把熔炼过的白银反复锤打制成薄片、银条或银丝，然后利用压、錾刻、镂等工艺，制作出精美纹样，再焊接或编织成形。小关银匠比较有名的是西沟张呼兰，他会制作和修理多种银首饰，如银簪、银耳环、银项圈、银镯子、小孩子戴的银锁等，做工精湛，样式也好，50年代以前很受民众欢迎。随着生活方式的改变，妇女不再挽纂子，银簪没有了市场。受政治气候和生活环境的双重影响，银项圈、银锁等也不再受人青睐，银匠这门生意日趋没落。张呼兰已经作古，现在的小关没有银匠这一行业了。

修伞。过去使用的雨伞有两种，一是布伞，一是纸伞。布伞的布要刷数遍桐油，伞戗、伞柄都比较坚固耐用，价钱也较贵，60年代时一把撑开直径140厘米的布伞，需要4元钱。纸伞也是刷桐油，一般较小，撑开直径都在1米左右，价钱在2～3元。无论布伞还是纸伞，伞戗都是竹篾，容易折断，这就需要找人修理，一般是换伞戗。也有布伞烂了予以补或者缝合，然后刷上桐油的。现在桐油伞已经绝迹，纸伞成了文艺演出的道具。修伞这一行业也走到了尽头。

8. 牙行（经纪）

前文说过，农耕时代牛、驴、骡、马是农民的家业之一。犁地时两头牛或者两匹骡马拉一张犁，为一犋，民国时期谁家要是喂有几匹骡马，或者牛驴一犋，是很让人羡慕的。乡村成立合作社、人民公社后，公社、大队都设有负责大家畜饲养、防疫的干部。档案数据显示：1965年小关大队共有牛、驴、骡、马236头（匹），小关公社18个大队共有牛、驴、骡、马2915头（匹）；1969年，小关公社共有牛、驴、骡、马3453头（匹）。农户（生产队）出于多种原因，会不断买进卖出这些大家畜；还有的专门买马驹、骡驹饲养大了卖出赚钱，比如后闸郅笃、南沟赵太池等就很会给生产队做这门生意。经纪人主要是大家畜交易时，为买卖双方从中说合价钱者。说合时为了不让第三方得到信息，于是就摸指头。经纪撩起衣襟，卖方伸出指头让经纪摸。5以下的数目一根指头算1；拇指与其他指捏在一起代表6；7、8、9是“捏七叉八勾九”。比方一匹马准备卖，卖主把手掌伸开让经纪摸，说：“这是整。”再把拇指、食指、中指捏在一块，说：“这是零。”经纪就明白卖主要价是570元。有买主相中了这匹马，同样与经纪在衣襟下面摸指头。买主伸出指头并报出整、零，如果报的价高于卖主的价，经纪也会说需要给主家商量。经纪与主家摸指头通报价钱以后，会象征性地对买主说：“能不能再添一点？”买方知道与主家要价相差不多，坚持不添，经纪再与主家摸过指头，生意成交。成交一笔生意由卖方付出一定数量的佣金。现在的小关村已经没有了牛、驴、骡、马，小关庙会的牲口市也绝迹了。

小关地区牲口经纪比较有名的是南沟赵老丙（音）。赵老丙为人豪爽，结交了不少朋友，在这里我说说亲耳听赵老丙讲述的一件事。“文革”期间，某一天赵老丙从贵州探亲回小关时，坐在火车上抽雪茄烟。这种烟又粗又长，烟味很冲，一般人抽不了。那时候公共场所抽烟没有人制止。当时一些生活用品、消费品虽然不像三年困难时期那么紧张，但是各项物资仍然很贫乏。赵老丙对面坐着一位五十来岁的老者，眼巴巴地看着他抽烟。赵老丙心里明白，此人的烟瘾犯了，于是非常大方地抽出一支雪茄递了过去，对方谦让了几句，接过雪茄大口大口地抽起来。两人越聊越投机，对方告诉赵老丙，他在兰州工作，要到北京去，问赵老丙叫什么名字，家住哪里，赵老丙说了，老者旁边一位年轻人赶快掏笔记了下来。车到上街，赵老丙要下车了，把包里的一条雪茄掏出来递给老者。老者收下烟，随手掏出1000元钱递给赵老丙，硬是让赵老丙收下。粉碎“四人帮”后，有一天赵老丙突然收到一封由兰州军区寄来的信，说是某月某日有人路过小关，去看望他。赵老丙一看信，赶快准备钱到时候好归还人家。到了那一天，有个军人找到赵老丙，经过核实后，对赵老丙说：“我代表我们司令员来看望你。”赵老丙一听吓了一跳，原来那位老者是兰州军区副司令员。赵老丙掏出1000元钱要归还，对方不但没有收，反过来又给他撇下一笔钱。这一段佳话说明，江湖人并不是只看重钱，还有像赵老丙这样重义气者。

9. 煤窑

小关地区盛产煤炭，古代就有煤窑开采。到了近代，小关后阌后沟、赵寨老君庙、煤坡岭等地均有煤窑。从现在的小关小学往里走，还有一口井，就是民国时期留下来的煤井眼。民国时期小关地区比较有名的煤窑主是南沟赵三喜。煤窑开采在一定程度上为小关经济、文化的发展增添了助力。主要表现在两个方面。一是搞活了经济，扩大了就业。挖煤不但用人力，而且提升动力靠骡马，井口架一个大轮子，用牲口拉套将煤筐由井底提升到井口，一套需要四匹骡子，骡马派上了用场。挖出的煤除了地销，绝大部分要外运，这又促生了“发煤”队伍的壮大。农民省吃俭用买一头小毛驴，天不亮就赶到窑上，买一布袋煤，一般在120斤上下，有的还要再肩背十来斤，或者东到荥阳四所楼，或者西去巩县火车站，将煤卖掉，一天连人带牲口能挣几毛钱，这就叫“发煤”。发煤的艰辛可想而知。还有煤窑为了防止冒顶，需要大量的撑木和梢，因此经常可以见到山区农民挑着大担梢送往煤窑。二是煤窑主会支持地方文化事业，比如掏钱唱戏、支持办戏班等。但也不可否认的是，旧式煤窑的生产条件十分恶劣，挖煤都是弓着腰拉拖，害怕挖煤工人逃跑，常常一出井口就像押解犯人一样被关进卧铺里。煤窑还经常发生冒顶、透水等事故，造成人员伤亡，引起纠纷。故而在小关有四大气之说，即“打煤窑，唱戏，娶小婆，过继”。煤窑由于生产、安全条件太差，1949年后被全部关闭了。

现代化的大生产，极大地摧毁了农耕时代的手工业生产和相传下来的各种手艺，上述这些在小关地区传承了几百年的手工业，如今只是存留在人们的回忆里，无法再现了。

四大不中听

○ 郅公林

小关人不仅为人忠厚，热爱生活，而且对各种娱乐也有极大的兴趣，例如自办戏班、扮“故事”（包括踩高跷、划旱船、二鬼扳跌等），还常常将日常生活中的一些事象用最简单的语言进行高度概括，形成生产、生活、天气等谚语或者优美的语句。这些谚语和语句既是小关人实践经验的总结，有的还富有哲理，能给人以启迪，还有的则记录了已经消失的行业，“四大不中听”就属于后者。

民国时期至20世纪五六十年代，小关有“四大中听”“四大不中听”之说。这里的“中”是方言，形容词，“好”的意思。“四大中听”是指“撕绫子，打细碗，新媳妇说话，马叫唤”。细碗，指“薄如纸、声如磬”的细瓷碗；“打”是小关方言，指跌破、掉在地上被摔破。一个高档细瓷碗掉在石板上，那种清脆的声音自然十分悦耳。新媳妇就是新娘子，过去的婚姻都是父母之命媒妁之言，女孩子一般十六七岁就要出嫁，婆家什么样，丈夫什么样，一概不知，嫁到夫家自是既羞涩又生疏，还怕公公婆婆脾气不好，说话自然是态度柔和，小心谨慎，慢声细语，因此新媳妇说话就好听。

“四大不中听”则是指四种行业，其内容是“发大锯，端铁锨，砸铁锅，驴叫唤”。这四句话的意思恐怕40岁以下的年轻人大多不懂，因此有必要作一说明。

先说什么叫大锯。现在将树干解成厚薄不同的木板用的是电锯，将树干抬起来放在工作台上，定好厚度，按下开关就行了。过去可没有这么简单。先将树干平放，木工用墨斗打出墨线，然后把树干靠着树或者木桩竖起来，用绳子捆好，树干两边各斜着放一块木板，两个木工站在两边拉大锯。大锯的锯条是由好钢板做成，约三寸宽、四五尺长，锯齿大且较稀。没有锯梁，锯条两头各有一个孔，横穿一根短木棒，两人从上到下拉动大锯将树干解成木板。大锯使用一两天，锯齿就会不太尖锐，影响工作进度，这就需要“发大锯”，就是将大锯卡住，用锉刀将每一个锯齿都锉一下让其锋利。锉刀和大锯都是好钢，两者来回摩擦发出的声音十分刺耳，所以是第一不中听。

说起“端铁锨”，年轻人就更不知道了。铁锨，是农民常用的工具，家庭必备。现在的铁锨都是机器压制，过去就不一样了。民国时期中国的钢产量微乎其微，就是中华人民共和国成立后，直到20世纪60年代以前，我们国家钢铁产量仍然很低，少数的钢板又要优先用于发展重工业，用在民用方面的很少，这样，各种农具——镢头、锨、锄等，都是铁匠师傅一锤一锤敲打出来的。尤其铁锨，要有一定的厚度、弧度，还要有边筋、开口，铁匠师傅要将一块铁板加工成铁锨，需要站在熊熊的火炉旁，将铁板烧红，钳住放在砧子上千敲万打，这个过程就叫“端铁锨”。“端铁锨”的时候发出的声音非常大，十分刺耳，而且端一把铁锨需要的时间长，所以被列入不中听。小关的几个铁匠炉，铁匠师傅都会“端铁锨”。现在这些铁匠炉均已退出了市场，更遑论“端铁锨”了。所以再也不会听到“端铁锨”这一不好听的声音了。

“砸铁卖锅”是过去农民常说的一句话，意思是说农民如果遇到困难，想方设法筹钱也要办这件事，比如为了给家人治病等，常说的一句话叫“砸锅卖铁也得办”。铁锅是农民做饭的用具，为什么要砸？因为锅是生铁铸（小关人叫“倒”）的，经过长期火烧，会把某一个点烧透成漏洞，这就衍生出来一个行业——锢露锅，即将漏洞补上。如果漏洞太多或者太大，这口铁锅就不能使用了。还有就是不小心把铁锅碰坏了，那么这口锅就算彻底报废了。于是就又衍生出来一种行业——收废铁。游乡的小贩挑着箩头（小关地区的一种工具，用荆条编成的箩筐，有四根比拇指稍粗的枝条从底部穿过，上面用筷子粗细的铁条将其固定住，两个箩头为一对，农民常用它挑东西）到乡下收废铁。小贩到一个村庄，会拿出来一块铁板敲打，农民听到声音就知道是收废铁的来了，于是谁家有破锅就会拿出来卖。一般铁锅都比较大，如果不将其敲碎，两口铁锅就会把收废铁的箩头装满。于是，小贩收到铁锅后，就从箩头里拿出来一把铁锤，将铁锅砸成碎块，这就是“砸铁锅”。这种砸铁锅的声音也是非常难听的。现在人们早就不用铁锅了，因此，收废铁、“砸铁锅”也就消失了。

“驴叫唤”，指驴的叫声。唐代散文大家柳宗元有一篇寓言叫《黔之驴》，因为这篇文章很有名，就有了“黔驴技穷”“黔驴之技”等成语。《黔之驴》的大意是：黔（贵州的简称）这个地方原来没有驴，有人从外地带来一头驴，因为用不着，就放在山下。老虎见它体型庞大，非常害怕，躲在树林里偷看了几天。老虎见驴只是低着头吃草，就从树林里走出来，“驴一鸣，虎大骇，远遁，以为且噬己也，甚恐”。驴大叫一声，能把老虎吓得远远躲避，以为驴要吃它，心里非常害怕。当然这只是寓言，但也说明一个问题，就是驴的叫声很大、很难听。

尽管“驴叫唤”是四大难听声音之一，但是驴却是农耕时代农民必不可少的帮手。它既像牛一样可以犁地、拉磨，也像骡、马一样能乘骑、拉车、驮东西。而且驴的价钱比骡马便宜许多，所以一般农户都喂养有或者希望有一头毛驴。豫剧《人欢马叫》里吴大娘就有一段唱词：“宽他爹，咱要是有头小毛驴，你在后边扶犁子，我在前边把驴牵着。深一犁，浅一犁，也比咱镢头刨，铁锨剜，一镢一锨强得多。”直到20世纪六七十年代，每个生产队的大牲畜家族中可能没有大骡子，但是不会没有驴。

近年来，随着市场经济的快速发展，小关村已经从农耕时代进入工业时代，大牲畜饲养没有了，自然也就听不到“驴叫唤”了。

“四大不中听”实际上代表了四个行业，随着改革开放以来中国经济的飞速发展，中国社会的巨大变迁，这四个行业都黯然退出了历史舞台，人们再也不会听到那“不中听”的声音了。

小关名吃——蜀黍面咸食

○ 郅春茂口述　李培涛整理

俺爹叫郅秀，家族世代住在小关老街。原来老街往后闷有一条青石铺成的路，我家就在青石路的东边，有临街房、两厢房、上房。过去，小关古镇从东到西有一条老街。由于自家有临街房，所以民国时期我们家一直开饭铺做小生意。在我的印象中，记忆最深的是油炸蜀黍面（玉米面）咸食。

蜀黍面咸食这一小关民间小吃，就是按一定比例将白面掺蜀黍面，加入适量的食用碱和白矾，再放入适量的盐，用四五十度的温开水，调和成糊状，再用筷子钳成核桃大小的疙瘩，下到滚油锅里炸成焦黄色，捞出待售。

说起过去俺家的蜀黍面咸食，那在小关可是有名的。别家炸的咸食色黑、面瓷、不虚泛，吃着像吃面疙瘩，而俺家的咸食外观看一边金黄，一边白里透黄，外焦里酥，香焦酥软，回味悠长。整条街独一份儿，逢集逢会，食客不断。

过去小关有句俗话，叫“同行是冤家”，别的饭铺看到俺家的生意好，都想向俺父亲讨教炸蜀黍面咸食的秘方，但父亲就是不外传。有同行几次托人说想学俺家炸蜀黍面咸食的方法，最终俺父亲还是没答应。遗憾的是，因各种原因这种特色小吃在我们家也没有传下来。

民国时期，由于水旱灾害不断，群众生活极其困难，小关街上经常有憨傻痴呆或街混子抢食的现象。我经常听父亲说：“我当时算是行好了。街上那么多抢饭夺馍的，但从没有来祸害过咱家的。”后来我才知道，原来我父亲经常施舍接济这些人。每到集或会罢，我父亲就把一天卖剩下的咸食、面条、馍头儿等，再兑点菜，做一大锅汤。在临街搭个棚，到时所有乞讨者、流浪者、无家可归者都可以来免费喝汤，相当于过去的施舍粥棚。所以他们都感恩于父亲的善举，从不来打扰我家的生意。

我家除了开饭店卖些咸食、面条、烧饼、蒸馍，还在后院里开个磨坊，一头老黄牛拉着一盘石磨，旁边支起一个面柜子，柜子里面前后支起一个罗床，用粗细度不等的筛面罗在罗床上前后拉动罗面。每到磨面的时候，就听到母亲非常有韵律的“咣嗒咣嗒”罗面声。开始我还不知道为什么罗面会发出那么有规律的响声，后来才知道罗面时母亲手指上戴着一个顶针，顶针儿敲打着罗圈，才发出那好听的“咣嗒”声，目的是增加筛罗的震动，罗面快一些。

每每回忆起这些，我就经常想：勤劳朴实的父辈们，一生勤劳、朴实、善良，我一定把他们的美德永远传承下去，做一个爱国守法、勤俭自强、团结友善、敬业奉献的好公民。

纺棉花、织布

○ 赵西忠　张春英

20世纪50年代以前，小关农村仍然处于典型的农耕社会，粮食、衣物基本上是自给自足。农民身上的穿戴——衣服、帽子、鞋、袜子，男人腰里束的腰巾等等，凡是布制品，统统是妇女一针一线做成的。中华人民共和国成立后，机织布（小关人称其为“洋布”）、针织品进入农村并日益扩大市场。但是，在60年代农民穿衣仍然以粗布为主，这是因为一者农民手中缺钱，购买力低，二者布匹凭票供应，布票根本不够用。在小关有一句谚语：“家里没有纺花车响，没有小孩哭，不是过日子的人家。”因此，家家户户都有纺花车，大部分人家有织布机。所以那时候家庭主妇整年都非常忙碌，简单说就是三转：围着锅台转、围着磨坊转、围着纺花车转。

秋天，农民摘了棉花（转入合作社、人民公社后，生产队集体种棉花、收棉花，然后按人头不论大小平均分棉花），经过翻晒，去掉花里边的杂物如棉花叶、杂草等，到小关街轧花铺轧花，即去掉棉籽，再经过弹花机弹花，成了非常蓬松的皮棉。从皮棉到织成布，一般要经过下面这几道工序。

搓花集撮。到了农闲季节，一般在种麦后，大人孩子就开始搓棉花。搓棉花的程序是：把皮棉放在案板一头儿，拿一根搓花箭——长三四十厘米的茇草（类似高粱，但秆比高粱细，籽粒也比高粱小得多，一般种在蜀黍地边，蜀黍收获后，用茇草秆捆蜀黍秆，茇草是大牲口的饲料）秆，各家各户都备有很多这样的搓花箭，拽一点棉花铺在案板上，一般4指宽、30厘米长、虚虚的半寸多厚，把搓花箭放上裹起一点边，左手拿着搓花箭，右手拿着木制的锅盖，在上面搓，用不了三五下一根棉花棒（小关人叫“花集撮”）就搓好了。

纺线。搓好了花集撮开始纺线。纺线一般是妇女干的。盘腿坐在纺花车前，左手拿着搓好的花集撮，慢慢地抽出一点线头缠在锭子上，右手摇动纺花车，发出“嗡嗡”的声音，左手慢慢向后拉，抽出一段线再缠绕到锭子上，如此不停地反复，直到锭子上成了一个大线穗，把线穗取下来重新再纺。

拐线。等到棉花基本上都被纺成了线穗，就开始拐线。拐线要用拐子。拐子是用一根直径约2厘米、长约90厘米的圆木棍，木棍的两头儿各安装一个长约20厘米的圆木棍，抽出线穗上的线头缠在拐子的一头，左手搦住木棍的中间部位，右手拉着线，就可以拐线了。拐线的时候为了防止错乱，拐线的中间要用线绳系一下。一般拐够半斤就要把线取下来，是一拐线，系好放在一边。

浆线。要在晴天的时候，用白面熬成稀面糊，把拐好的线和面糊都放进一个大面盆里浸泡，浸泡透以后，就像洗衣服那样用手揉搓，要让面糊浸入线内，这个过程全凭经验。线浆好了，捞出来搭在比较粗的木棍上晾干，这里是晾不是晒，晾线木棍一般要有碗口粗细，细了怕线粘连到一块儿。晾一会儿，就要用拧线棍（擀面杖粗细，20多厘米长的木棒）套在线的中间用力拧，主要是拧掉水分，拧过后还要用力往下顿，这是避免因为拧线而使浆好的线变弯曲，每拧一次都要用力顿几下，这样晾干的线条就不会有一点弯曲的现象。直到浆好的线十透了，才能收起来。

络线。把浆好晾干的线撑到纺花车上，再倒在籰上。每个籰有八根木棒组成，其中四根各长约40厘米，上下各用两根长约20厘米的木棒十字交叉连起来，上下两个十字的交叉点各挖一个小圆洞，在一块木板上钉一个高约40厘米，呈90度直角伸出40多厘米的铁棒，小关人叫它“牵把把”，把籰套在“牵把把”上，就可以络线了。

经布。经布可是个技术活儿，布面准备织多宽，经300头？500头?准备织白布还是花条布、方格布？白布好说，要是打算织成花条布或者方格布，就需要认真计算了，一个村庄里头不少妇女不会经这样的布，那就要请人帮忙。过去乡里乡亲的人情味很浓，只要招呼一声，有经验的妇女就会很热情地给予帮助，大多数连饭都不用管。经布要用一根七八米甚至十来米长的经布杆，木杆上每隔两寸左右系一个小环，把这根杆固定到离地六七尺高的墙上，络好线的籰依次排开放在下面，把籰上的线头拉出来穿过经布杆上的圆环。地面上量出一定距离两头都楔上木橛，一边坐一个人，大人不得闲，十来岁的孩子也行，一个人拉着由经布杆的圆环穿过的所有线头来回走动，交给坐在木橛后边的人，将这一撮线挂在木橛上。经布的时候不断系红线，一是知道经了多长，二是避免弄乱。

入杼。线经好后，经过纺花车再缠成一大盘，放在簸箩或者簸箕、荆筐里，然后拿来捞爬——一个一把多粗分开像“人”字形的树枝，上部的连接处还要有一个呈90度的木橛，如果没有自然生成的就人工安上一个。把装线的簸箩放在捞爬上，距离捞爬一两丈远的地方，架有卷线的“剩子”，一个人拿着木梳把线梳理顺畅，卷到“剩子”上，再一根一根递线头经过综，最后入杼。这些程序都完成后，把“剩子”、综、杼都安装到织布机上，就可以织布了。

拾绳孩儿

○ 张光哲

小时候我常和伙伴们到煤窑上去玩，因为那时候小关区域内的煤窑很多，近处如后沟，稍远点的有侯里沟、楼子沟，再远点的有孙寨、口头等。再者就是，那时候平时最热闹的地方就是煤窑上，白天牵牲口赶毛驴的，还有人担人背的和推着独轮车贩煤的，东来西往的人流整天都不断。尤其是一到晚上到处都是一片漆黑，唯有煤窑上点燃着很多风都吹不灭的大油灯，远远望去也十分壮观。

那时的煤窑都是竖井，也就八九十米深，井口的上面用粗壮的木料搭起一个架子，离井口二十多米远的地方再竖起一个同样用木料做的直径约七八米的大绞盘，在这绞盘上缠上几圈有擀面杖粗的麻绳，绳的两头儿分别穿过井架上的两个滑轮，一根绳头儿直伸井底，另一绳头儿伸到井口，两个绳头儿上都有挂钩，离两个绳头儿约十几米处再系上有明显标志的布条，一套出煤的工序基本就完成了。再在大绞盘的下方穿过绞盘的中心轴装上一根套杆，套杆的两头各套上两头牲口，再配上两个赶套的人，出煤的动力也就完整了。

井口到绞盘之间有二十几米的距离，左右两边也较宽敞。这个区域叫作拾绳区。那时候所有煤窑的拾绳区都是两个十几岁的男孩儿在上岗，大伙都称他们为拾绳孩儿。拾绳区内靠井口一方搭建一个只有上盖的小凉棚，棚内挂着一个铁滑子，再配上一个小铁锤子，这就是拾绳孩儿上工的所有工具。当拉套的牲口（都是大骡子）拉动绞盘将煤从井下往上提升时，一个拾绳孩儿坐在棚下，手拿小铁锤，眼睛紧盯着上升的绳子，当绳子上系的布条穿过井架上的滑轮时，马上敲铁滑子，当！当！当！三声响，这是在向赶套人传去的煤筐即将到井口的指令，赶套人听到响声马上就停止了赶套的吆喝声，牲口这时也就很自觉地放慢了脚步。当煤筐出了井口，拾绳孩儿再紧敲一声铁滑子，这时四头牲口也很自觉地停止了步伐，两个赶套的人各自转身将两头牲口迎回头来个一百八十度的大转弯向原来相反的方向继续赶套，就这样两个绳头一上一下，绞盘不停地转动，煤也就一筐一筐地提升到了地面。当绞盘向相反方向转动的瞬间，才是另一个拾绳孩儿大显身手的时候，也是他最忙碌的时候。因为挂着重煤筐的绳子松不下来，井口负责摘挂钩的人没法把钩摘下来，也就没法再挂上空筐，但从绞盘上落下来的绳子又不能落到绞盘下面，那样就会绊住牲口，不但危险还会影响生产。所以当绳子松下来时，拾绳孩儿就得赶紧拾起绳子往外拉，绞盘转多快，他就得跑多快。那么井口负责摘挂钩的人动作能快点，拾绳孩儿跑的距离就会短点，当挂好的空筐投入井口后，这个拾绳孩儿拽绳的任务才算完成。但拾绳孩儿如果松手慢的话也会被急速下降的绳子拽个前趴。这个拾绳孩儿完成拉绳任务后，回到棚下赶紧接过另一个拾绳孩儿手中的锤子，做好向赶套人发指令的准备。刚才敲滑子的拾绳孩儿也在做着拾绳子的准备，两个十几岁的少年就这样反复做着有规律而又单调的工作，要坚持六个小时才能下班回家。

拾绳孩儿的工作看起来只是敲敲滑子，拽拽绳子，活儿不算太累，但责任重大，传指令必须准，拉绳子不但速度要快，还必须拽得紧，不然的话就会挨骂，有时还会遭井口掌班人的毒打。如果是冬季赶上井下往上排水，拾绳孩儿可就要受罪了。绳子全是湿的，有时绳子上都结了冰，即便如此，拾绳孩儿也得用手去拉绳子，全身都会弄湿，就这样十几岁的孩子也只能忍受着痛苦坚持到下班。

附录：小关庙会一览表（以农历日期为序）

○ 赵宏斌

序 号	时 间	地点及庙会名
1	正月十六	小关
2	正月二十六	曹沟瘟神庙会
3	二月初二	口头宝泉山龙王庙会
4	二月十九	佛山顶祖师庙会
5	二月二十五	小关会，原王沟观音堂庙会
6	三月初八	小关
7	三月十二	楼子沟庙会
8	三月十六	佛山火烧娘娘庙会
9	三月十八	竹林沟小竹林庙会（中王庙会）
10	三月二十二	口头白底庙会
11	三月二十五	小关
12	三月二十八	郑沟岱岳庙会
13	三月或四月	立夏日口头樊寨龙王庙会
14	四月中	小关小满会（原茶庵天爷庙会）
15	六月初一	柏沟红庙会
16	六月十二	口头龙王庙会
17	七月十四	郑沟岱岳庙会
18	七月二十四	小关会
19	九月十三	小关
20	九月二十一	口头白底庙会
21	腊月十二	口头白底庙会

四、乡村教育和民间文化

家乡回顾：我所知道的民国时期教育

○ 白俊爵

我家住在河南省巩县县城东30多里的小关镇西沟村。我小的时候，小关东河老君庙办有一所初级小学，简称初小，四年制，开设的是新式课程，有国语、算术、常识、体育、音乐等，但是当时人们的观念还比较陈旧，认为只有读书、写字才是上学，老君庙那里的新式学堂学不到东西，因此私塾还比较多。

我8岁那年，村里有十几个孩子都到了读书的年龄，大人们商量了一下，决定请先生办私塾。地点就选在我家西边一孔没有主人而且连门都没有的土窑洞，私塾就开张了。请胡建章老师教学，共有十九个学生，除了南沟的三个女孩子，其余都是西沟村的孩子。开学学习的是《三字经》《百家姓》。

当时县里大力提倡办新式小学，县督学不断到镇里检查，说我们上课的窑洞有危险，必须搬到安全的地方。私塾先生都要经过培训才能给学生教新书。在这种形势下，西沟村的私塾也进行了改良，第二学期迁到白本来家的房子里，还是那些学生，但学的是新书，第一课是“上学去，来游戏……”老师是南沟赵书太。第三学期又搬到西沟村庙南坡王法的晒台窑内，还是赵书太老师。

1943年村里的学堂办不下去了，我就到东河初级小学上三年级。东河小学是张镇邦、张芝轩等几个老师办的，是全小关村的学校，1936年开办。学校办得不错，开设的有国语、算术等课程。1944年5月，巩县沦陷，伪政权不让给学生讲新书，主要是不让开“国语”课，学校没有办法，只好教“四书”“五经”、古文等。教我们班的是老秀才张纯一，给我们讲过《论语》《孟子》《鉴略》等。我记得读《鉴略》时中间还有个小插曲：《鉴略》开头“乾坤初开张，天地人三皇，天形如卵白，地形如卵黄……女娲氏以立，炼石以补天。断鳌足立极，地势得其坚”，我问老师石头如何补在天上，张老师笑了，说：我读了一辈子书，也没想过这个问题。大家都笑了。

1946年的时候，在小关镇东边十来里地乡政府所在地米河高庙福昌寺，办有一所高级小学（简称高小），招收五、六年级。这是当年从玉皇庙、小关到米河，唯一的高级小学，报考的人数上千，每年招收五年级学生两个班120人。我们小关小学初小毕业的有七八个学生去报名考试，全都考上了，而且都在20名以前，我考了第四名。这件事说明小关小学的教学质量还是不错的。

我和同学们虽然考上了福昌寺小学，但是并没有在那里读书，因为当年小关就开始招收五年级学生了。先是1945年日本投降后，张镇邦、张芝轩等先生一边四处募捐扩大校舍——原小关小学西边的两层小楼就是在这个时期新建的教学楼，一边积极向巩县教育局提出申请办高小。第二年即1946年申请得到批准，增设了高年级即五年级、六年级，这样小关小学就成了完全小学，简称完小，当年叫巩县小关示范小学。高小的课程除了初小的课程，又增加了卫生、公民、历史、地理、自然等。我们这一辈就是小关示范小学的第一届五年级的学生，也即第一届高小毕业生。

1948年巩县解放，经人推荐、由区政府介绍，我和后阴赵景周、前阴白天佑、西沟孙运兴等，到巩县在芝田创办的中学读初中。在芝田读了一个学期，到了期末，两个学生带一张桌子，中学就搬到了县政府所在地站街。

1950年年底，中国人民解放军郑州军分区到巩县中学招收志愿兵，参加抗美援朝。我记得招人的标准主要有家庭出身好，拥护党和政府的领导，靠近组织，要求上进，学习成绩优秀，身体健康。我是第一批被学校领导推荐参军的。参军以后，我们没有上朝鲜战场，先到郑州军分区（当时军分区机关设在荥阳）教导队学习。1951年年底到1952年年初，“三反”“五反”运动逐渐展开，领导派我单独到150里外的登封一个村庄调查材料。从荥阳经密县到登封，是无尽的山岭、沟壑，有时候走一个小时连一个人影都看不到，路过村庄还会有群狗狂吠。当时虽然只有十八九岁，又是我独自一人徒步前往，但想到这是组织交给的任务，脑袋里只在想着怎样完成任务，就没有一点孤单、畏惧之感。途中到密县石坡口，和民兵住在一起，第二天才到登封县城。完成任务回荥阳，受到领导的表扬。这件事已经过去了60多年，回想起来还历历在目，虽然这不是什么大事，但对我来说是首次单独执行任务，身心都得到了锻炼，因此记忆特别深刻。

1952年，我随郑州军分区教导队的学员到河南军区军政干校学习，我当文书，四年内立三等功2次。1952年12月，加入了中国共产党。1954年到开封市兵役局当干事，1958年到东明县武装部工作。

1959年，西藏达赖集团发动叛变，我参加了平叛战斗。我随武汉军区抽调的武装人员到四川，编入成都军区阿坝藏族自治州藏十四团下连队当兵，参加平叛。阿坝藏族自治州是当年红军过草地经过的地方，在这里经过8个月的平叛战斗，深感红军长征的艰苦，这里冬季气温零下30多摄氏度，山高三四千米以上，追叛军、打伏击，蹚着冰水过河，一场战斗结束回到营地，脚和鞋冻在一起，要在屋里停一会儿才能把鞋脱下来。这次参加平叛虽然艰苦，但是我得到了难得的实战机会，意志得到了锻炼。

平叛结束后，我于1960年元月回到河南，调到开封军分区司令部动员科。1966年先后出席河南省军区、武汉大军区学习毛主席著作积极分子代表大会。1969年调登封县人民武装部任副部长。1971年任中共登封县委常委。1977年任开封县武装部副部长、部长。开封县人民武装部由比较后进变为先进单位，省军区在开封县开了3次现场会，民兵武器管理受到总参的表扬。后又历任密县、兰考、开封等县人民武装部部长。我说这些的意思是：没有小关完小的教育就没有这一切，由于小关的完小做基础，才出现了下边的一群青年为社会主义效力的事情。

现在回想起来小关小学的教学质量是相当不错的，我们几个考到县中学的学生，在班里成绩都不差，都是中上等，我还当了班长。这主要归功于张镇邦、张芝轩等老前辈的努力培养。如果没有小关完小的开办，小关地区的学生求学就困难了，很多人就没有机会读完小学。正是由于小关完小的开办，小关周边十几里范围内的学生都来了，他们才有了上中学的机会。小关完小的开办既为小关培养了一大批小学毕业生，为新中国的建设事业培养了一批人才，又奠定了中华人民共和国成立后“巩县第二十五完小”的基础。

就我记忆所及，20世纪40年代末毕业于小关完小、考入巩县中学，50年代初参加革命工作的学生有：

郭仲秋，1933年生，他老家不是小关的，而是住在小关老街。1951年到过朝鲜，转业后分配到湖北孝感县粮食局，后任孝感县人事局局长。

赵景周，1931年生，家住小关后阏。1951年参加工作，后在河南省水利厅工作，退休前为副处级调研员。

刘东克，家住小关前阏，1951年参加工作，退休前任开封市人事局老龄委主任。

白天佑，小关前阏人。1951年参加工作，退休前任荥阳县多种经营办公室主任（副县级）。

郎凤麦，小关南沟村人。先后就读于巩县中学、郑州师范，退休前任郑州营门街小学校长，高级教师。

郅三应，小关后阏人。1951年参加工作，退休前任郑州市上街区商业局局长。

张桂月，小关西头人。不仅是小关第一个大学生，也是小关第一个女大学生。县中毕业后，1953年考入开封第一女子高级中学，1956年考入北京邮电学院，毕业后在北京无线电学校任教，后调回河南，先后任开封县统计局副局长、开封市统计局劳资科科长，统计师。

这些都说明小关老一辈教育工作者对教育事业的执着与钟情，是他们与时俱进，创办新式学校，并在兵荒马乱的年月坚守教育阵地，咬定青山不放松，从而为中华人民共和国成立初期，在百废待举、急需人才的时期，为社会主义建设提供了一批基层工作人员。

我所经历的二十世纪四五十年代的教育

○ 张桂月

我是土生土长的小关西头人，1956年考上了北京邮电学院。小关人都说我是小关第一个大学生，是不是第一个我不知道，不过我没有听说过小关有谁比我上大学更早。20世纪50年代，国家的招生计划可不像现在这样一年几百万，1955年我国高校招生总额只有9万人，1956年增加了一倍多，为18.5万人。过去人们都说小关非常贫穷落后，那么在这个落后的山村，50年代怎么就能出一个大学生呢？我认为这不是我这个山村女孩子有多么聪明，而是小关人重视教育的传统培养了我。万丈高楼平地起，如果不是小关的基础教育培养了我，我怎么可能上大学。我今年85岁了，回忆起小关的乡亲，小关的教育，总有一种感恩的思想。现在我把自己亲身经历的20世纪四五十年代的教育概况写出来，也算是对小关老一代教育工作者的缅怀吧。

我小时候，小关老街东头老君庙办有一所小学，就是后来的小关小学，因为地方小满足不了小关村学童上学的需要，各村都办有小学。在那个年代女孩子上学的非常少，我一个女孩子为什么能上学呢？这要感谢我的父亲张镇邦。我在七岁那年，跟着我二姐一块儿上学，学堂在小关老街关爷庙后边张家祠堂，有十几个女学生。我的启蒙老师是邓桂荣，第一课学的是“上学去，来游戏”。大约过了一个多学期，我们这些学生就都合并到东河小学了。

东河小学设在小关老君庙，学校校长是我父亲张镇邦，老师有邓桂荣、李翰民等。这个庙有一个很大的院子，由十几个台阶上到山门，山门的东边是三间砖瓦房，坐南朝北，是龙王庙；院子的东北角是飞檐斗拱、琉璃瓦覆顶的老君庙，殿里有好几尊神像。我们就在大殿里上课，后来学生多坐不下，就把神像搬出去了。

原来的小关小学是初小即四年制，我读完四年就失学了。1946年，小关村在老君庙庙院西边建了一座两层小楼，木楼板。为了解决采光问题，小楼前后开窗，这在小关建筑史上还是首例。有了这两个“现代化”的教室，当年夏，经县里批准，小关小学由四年制的初小升格为六年制的完小，大门上挂的牌子是“小关示范小学”。第一届五年级招收两个班共80多个学生。当年从玉皇庙到米河，只有米河高庙和小关有完小，小关这个完小还是新办的，以前初小毕业生有很多，因此要想读五年级真比现在考重点高中还要难。我考上了五年级，在楼下教室，坐第一排。在我们快要小学毕业的时候，1948年5月的一天，我们正在上课，学校突然宣布立刻放学，并告诉学生不能在外面玩要赶快回家。放学还不让走大门，学校的大门从里面顶住，学生从后门回家。我们年龄小，也不知道发生了什么事，就听老师的话回家了。后来才知道是孔从洲将军率领国民党军第38军起义，一部分起义士兵路过小关，从西沟、南沟往南山去了。1949年后学校才复课，举行了毕业考试，1950年夏，我从小关小学毕业。当年12月，在小关加入中国新民主主义青年团（1957年5月，中国新民主主义青年团改为中国共产主义青年团）。

1951年2月，我以优异成绩考入巩县中学。当年巩县县城在鳌岭，就是现在的站街镇，小关到县城30多里地，走茶庵、任家冈、玉皇庙，顺东泗河经柏树圪垯、杨里、柏茂，道路崎岖很不好走，吃饭粮食自带，每星期回家一次，去上学的时候都要背上米面，有时候还要带点馍。

1953年初中毕业后，回到家乡，不知道以后该怎么办。正在我感到彷徨的时候，我的学友、也是我的未婚夫白俊爵给我来信，说建设新中国需要大量知识分子，鼓励我到开封报考女子高中。白俊爵的来信给我很大鼓舞，父亲也支持我继续深造，我想，任何事情如果自己不努力永远不会有成功的希望，于是决定试一试，通过书信联系了四五个巩县中学的女同学一块去了开封。

当时开封是河南省的省会，小关、巩县根本不能与其相比，我觉得开了眼了，什么都新鲜。小关后冈有一位叫赵智的叔叔，在开封治淮指挥部工作，离家时父亲说要我到开封了去找赵叔叔。赵叔叔热情地招待了我们，当天晚上我就住在他家。第二天参加考试，我们巩县中学去的五个同学有四个考上了开封女子高中。开封女子高中是河南名校，校园环境优美，教室宽敞明亮，教学设备齐全，教师水平高，学风正。我学习很努力，当了班长，还担任过年级团支部书记。经过三年努力学习，1956年考上了北京邮电学院。

北京邮电学院是中华人民共和国成立后，新建的八大院校之一，这八个院校在公主坟一带形成了高校区。我就在北京邮电学院工程经济管理系学习。

到首都读书已经超出了我的想象，更让我没有想到的是有幸参加了国庆大阅兵游行，见到了伟大领袖毛主席。我们入校时间不长，学校就挑选了一部分学生组织队列训练。大概是我在巩县中学、开封女子高中读书时曾经受到良好的训练，就被选中了。当时我们并不知道训练的目的是什么，但是同学们都很认真。

后来，我们得知：在1956年10月1日中华人民共和国成立七周年的时候，天安门广场要举行国庆大阅兵，我们学校和其他院校学生组成的大学生方队要参加毛主席的检阅！这是多么激动人心的消息！

10月1日一大早，我们大学生方队就向天安门广场出发了。天下着雨，同学们冒雨行进，队伍依然十分整齐，大家说这是老天爷在给我们洒道、洗尘。当我们的队伍通过天安门前时，我望着天安门城楼上的毛主席等党和国家领导人，激动得一个劲儿喊："毛主席万岁！"不知道是雨水还是激动的泪水，顺着脸往下流，谁也顾不上擦，我们实在是太高兴了。

我，一个山村出生的女孩子，能够参加国庆大游行，见到毛主席等党和国家领导人，是我终生难忘的一件事！

大学4年毕业后，我被分配到北京无线电学校任教。报到没有几天，学校就派我到人民大会堂听中央领导的报告。当时，人民大会堂建成不久，参观都受到限制，我能到那里听报告，这是又一件让我终生难忘的事。给我们做报告的是中共中央政治局委员、北京市委第一书记彭真。参加会议的可能都是刚刚走上工作岗位的大学生，彭真代表党中央给我们提出要求，要求我们在各自的工作岗位上努力工作，为建设新中国做出贡献。这次会议对我影响很大，在以后几十年的工作中，我都时时刻刻按照党的要求鞭策自己，为建设新中国尽一份心力。

1982年，我到开封县统计局工作，任副局长，被评为统计师。1989年年底任正科级协理员，1990年，在开封市统计局退休。

民国时期的小关小学

○ 郅春光

小关小学和国家命运紧密相连，从无到有，艰苦跋涉，一步一步走到今天。

明清时期小关和全国各地一样，以私塾教育为主。当时的私塾有两种形式：一种叫蒙学，又称散学，由村里人商定聘请秀才或者学究设馆授徒，每个学童一年分春秋两季给先生报酬，各家轮流管先生吃饭。一种叫家塾，也叫专馆，系家庭式学校，由宗族、家族或者少数富裕家庭请先生授徒。家塾所请的先生一般要有功名即秀才，或者当地公认的人品、学问兼优者。穷人家的孩子要想学习文化，一是靠家教，二是外出学徒，边干边学。光绪三十一年（1905年），清政府决定废除科举制度。小关也开始设学堂。但在当时的条件下，要兴办学校也不是一件容易的事。1911年10月10日，辛亥革命爆发，清王朝被推翻。1912年1月1日，孙中山在南京宣誓就任中华民国临时政府大总统。孙中山上任后，重视教育，强调在中国实行免费义务教育。为促进教育的发展，1912年中华民国临时政府明确规定“庙宇收归国有，用于办学。初小、师范、高等师范实行免费义务教育”。小关人迎来了创办学校的机会。政府要求新式教育，事实上私塾教育仍然占据主导地位。各村办的也有新学堂，只是采用一些新的教科书，教十个八个孩子。到了20世纪二三十年代，以东河老君庙、龙王庙作为学校校址，把部分私塾先生和青年学者聘请为老师，才有了比较正规的新式小学。

老君庙、龙王庙坐落于小关街东边小关河的北岸，坐北向南，后边是北岭，前边是小关街东行的道路和河滩。小关街南边一条小关河，清澈见底，一年四季由西向东缓缓流去。流经龙王庙时却变为南北向，河水由南向北直冲龙王庙西院后墙和小关街东行的道路，在此急转形成90°河弯而后向东流去。为保护龙王庙西院后墙和小关街东行的道路，不知道什么年代，人们紧贴老君庙、龙王庙西院后墙修建青石大坝一条，大坝东低西高，长约100米，宽2米，高出河床四五米，既保护了老君庙、龙王庙西院后墙，坝顶又是小关街东行之路。大坝东尽头河床变宽，河水渐缓，此处顺路建有梯形双向台阶平台一坐，平台高约3米，两头各有十几个台阶，台顶1米多宽，约7米长，出老君庙山门即是平台，也就是说，进老君庙要拾级而上，先登上此平台。由于老君庙、龙王庙地势较高，多少年来，小关河水涨水落，洪水不断，但再大的水，流经这里时，却变得驯服起来，从未出现过冲进龙王庙的现象。

老君庙、龙王庙都是清代建筑。山门是一个门楼，进深4米。正面大门上方横匾书“老君庙”三个大字。山门东边是龙王庙，三间，硬山顶，五脊六兽，庙内有三个神龛。山门西边是一小间屋子，可能是方丈室。穿过山门，是庙宇的正院。因灾荒年这里还承担着施粥和容留灾民的任务，所以正院比较大。东北角是老君庙，民国时期的小学就在这里上课。西边是庙院的菜地，约3亩地，有一口水井，用于吃水和浇地。菜地北部是靠山土墙，土质坚硬，有土窑洞数孔。紧挨着老君庙东边有一条小路通往后岭，约20米处有一小门，门外是一块土地，系老君庙、龙王庙的庙产，用作学生体育课的操场。上体育课时出后门去操场，操场上配置秋千、木马、单双杠等多种体育器械。

在老君庙里办学，当时人们封建意识较强，不愿拆掉殿堂和神像，也不妨碍祭祀活动。因此，学生就在老君爷的神像前上课。

1946年以前，小关只有初小，为了办高小，1946年，小关的精英们在老君庙庙院的西边盖了一座两层小楼，南边是办公室和藏书室，北边是上下两个教室。因为有了这一座小楼，小关村才办了完小，当时在巩县玉皇庙以东，只有米河和小关有完小。

1948年10月，巩县获得解放，教育也迎来了大发展的春天。中华人民共和国成立后，小关完小被县政府命名为“巩县第二十五完小”，学制6年，全日制公立学校，老师由县里统一调配，经费列入财政预算。

我所知道的二十世纪六七十年代的小关教育

○ 李启明

我的祖籍在郑州市。1962年8月至1985年1月，曾在小关工作23年。在小关工作生活、结婚成家，我的青春年华美好记忆有幸留在了小关。可以说，小关就是我难以忘怀的第二故乡。虽已离开30多年，小关的山山水水，一草一木，小关的学校师生，乡亲故友，亲情难忘；小关老街鳞次栉比的商铺，林木掩映的农舍，时时闪现在眼前；尤其是耳熟的乡音，无论在何时何地一听便知，顿感亲切。正因为感情使然，当王全营、郅公林两位老友主持撰写小关传统文化并向我约稿时，我是既感动又惶恐。感动的是他们没有把我当外乡人，惶恐的是自知才疏学浅，恐难履约。再则，离开小关时间较长，记忆多有不详，怕写不到位或出错漏，故迟未动笔。为此坐卧不安。再细想，毕竟在小关工作生活了20多年，经历了许多事，记下来是应该的。特别是这里有关照哺育我成长的父老乡亲，有支持帮助我成长的师长同事，有我的青春岁月、工作经历。把所知的事情记录下来，回馈家乡也是一件有益且有意义的事情。这才不揣浅陋，就20世纪六七十年代的小关教育概况进行回顾，整理出这篇小文，以从中了解小关中小学教育的发展轨迹。

1962年，我18岁，从郑州师范学校毕业，由郑州市教育局统一分配到上街区，再分配到小关公社竹林小学工作。那时正值三年困难时期，城市人口压缩，全国支援农业，到农村工作是大势所趋，作为年轻人能有工作就行。再说那时候的人，特别是青年人，一切听从党召唤，党指向哪里就奔向哪里，这是大家共同的理想。一个穷市民的儿子，能当教师，去山区教学也是蛮高兴的。

那年代，到农村工作的非我一人，学生分配和城市职工下放到农村，也是一场运动。就小关公社的学校来说，从城市先后分配来的有几十位教师。我能忆起的和我一块由郑师分配到小关的有7人：朱国华、徐小曼（分小关）、张连琴、邢德芳、杜仙菊（分孙寨）、沈建民（分龙门）、李启明（分竹林）。由河南冶金学校分到小关的下放教工有：张克诚、康瑞凤（分小关）、何继学（分竹林）、黄玉军、李长涛（分龙门）、毛荣秀（分冯寨），还有几位记不起名字了。这年从市属中学下放了一批教师：有34中王鸿林（分竹林），35中张聚宝（分竹林）、王福奎（分龙门），39中秦广山（分竹林），41中杜素云（分小关）、闫素云（分孙寨）、尹凤林（分荻坡），还有小关小学的董安澜、孙良增，孙寨小学的赵俊臣等，记不得由何处下放。据回忆想到了这些，实际应远不止此。1968年又相继从开封、洛阳、荥阳分配一些中师毕业生，如马绍敏、朱吉生、李宗礼、李秀珍、牛天才、司马×等。以上这些教师的先后到来，为山区教育的发展发挥了重要作用。同时，这么多外地、高学历教师进入小关，也是小关历史上不曾有的。

我在1962年初到小关时，小关公社隶属郑州市上街区。刚刚经历三年困难时期的磨难，经济正在复苏，地方干群关心教育支持办学，但教师严重不足。上街区为此想方设法从外地调入一批公办教师。这一时期除个别学校有几个代课教师外，整个小关公社没有民办教师，全是公办教师。我们这些刚走出校门的学生，没有经过岗前培训，还未熟悉工作情况，甚至还没有弄清学校的位置、山间的路径，秋后一开学就顶岗上班教书了。我的第一个岗位是竹林小学三年级二班班主任，担任本班语文、数学两门主课，兼任五、六年级三个班的音乐课和四年级美术。科目杂，课节多，按今天的情况看，不可思议，可当年就没想那么多，愉快接受，认真工作，还挺高兴。这就是当时社会大环境中的年轻人。

当年小关公社经济条件很差，但干群对学校十分关心。虽是国家办的公办小学，所在大队总把学校当作自己的学校看待。学校维修建设，大队出钱、出料、出劳力；老师在校起伙做饭，大队派炊事员，分文不要，由生产队记工分；学校遇到与当地相关的问题，大队都会出面解决，真乃是鱼水一家亲。

20世纪60年代初，小关公社原辖小关、冯寨、孙寨、竹林、龙门、荻坡六个大队，设置六所小学，全是公办小学。我到小关时刚作过大队调整：由竹林大队析置丁烟大队，由龙门大队析置大山怀大队，由荻坡大队析置虎脑大队、杨树洼大队。虽由六个大队析置为十个大队，但小学还是六所完小。新设立的四个大队暂无独立小学，仍是原学校分院，承担1至4年级教学任务。分院没有人权、财权，由主校统一安排工作。当四年初级教育结束后，到主校报考，方升至高小（五、六年级）。

鉴于山区居住分散、偏僻，尤其新析置的大队没有学校，所设置的分院，因学生少，有的一个年级一二十人，甚至十人以下，所以分院多实行几个年级合并编班，采用“复式教学”。所谓“复式教学”，是指相对于我们所熟悉的单式教学而言，但又不同于旧式的私塾学馆，是按照国家教学大纲，统一教材、教参组织课堂教学的。复式教学一般是一位教师在同一教室对两个或两个以上的年级的学生交替进行教学的一种课堂教学形式，是课堂教学中一种特殊的组织形式。我曾在竹林小学丁烟分院拜访并观摩了崔泽永老师一节别开生面的复式教学课，其实他天天都是这么教的。他所教的班有30余人，在一孔大窑洞里1至4年级共同上课。他先给二年级学生教多位加法，其他三个年级的学生分别写字、默读和做数学题；而后为三年级学生讲语文、认生字，其他三个年级的学生自习、作业。交替往复，一堂课层次分明，有条不紊，讲课重点突出，学生自觉主动。我有幸翻阅了他的教案，每页均隔为四行、平行分布，备出各年级同一时段不同的教学内容和要求，从备课、讲课到作业、考核，详细周到。足见崔老师复式教学功夫十分过硬。当时小关公社的分院教学中，多采用复式教学。大多是两个年级合班，少有三个年级合班，像四个年级合班的情况更少，而崔老师高超的复式教学艺术及优质成果，未见有第二人。

20世纪60年代初，小关没有中学，全公社最大的教育单位是小关小学。这所设在公社集镇上的学校，有着悠久的历史传统。当时小关小学一个主校区，三个分院，13个教学班，20多名教师，500多名学生，是小关公社的中心学校。校长许呈瑞，兼任小关学区党支部书记，负责全公社的学校工作；总务主任张克诚，兼管全学区财务工作。全公社六个学校在学区党支部领导下开展各项工作，当年是有声有色的。

当时学校体制是定编、定岗、按比例配备教师。小关小学作为中心校，规模13班，按1∶1.5配备教师（即定编一个教学班，按1.5人配备教师），为20人，加上学区书记共21人。其他五校均按1∶1.3配备教师：冯寨、孙寨各8个教学班，教师10人；竹林10个教学班，教师13人；龙门、荻坡各6个教学班，教师8人。全公社共有41个教学班，62位教师（时间久远，数字未必精准）。各学校教学班学生人数不等，小关小学学生多，每班大多在40人以上，其他学校一个班均在20～30人之间。学生虽不多，按大纲要求，各科齐开，制度明确。除课堂教学外，每日下午两节课后一小时课外活动，每学期一次文艺演出、运动会，文体生活甚为活跃。由此可见当年教师备课、教学、活动等负担还是较重的。

教师实行住校制，在学校起伙吃饭，平时不请假不准回家。周六下午学生没有课外活动，学生放学后老师即可“返里”——即回家。周日下午必须返校，晚上办公，纪律要求很严。我们这些家在外地的青年教师平时不回家，本地教师离家近的三五里，远的一二十里，全是步行，可辛苦了。老师们敬业守纪，在我记忆中少有迟到请假的。

那时农村还没用上电。学校教学办公条件都很简陋，校舍多是利用地方上原有的公产办学。小关村历来对教育事业比较重视。小关村因在集镇上，办学条件是全公社最好的。20世纪40年代后期就在老街东头老君庙、龙王庙的院子里坐西向东建了一座小型教学楼；50年代在楼对面，坐东向西建了6个宽敞明亮的教室；60年代在学校南边面向北建了两个教室，坐北向南建了九孔大型石券窑作为教师的办公室和寝室，其后又在九孔大窑上面建了砖瓦结构的教室。四方校院中间是一个篮球场，虽不能与现今比，在当时已是很好了，由此改变了教师办公简陋拥挤，学生教室紧张的状况。

小关公社其他学校就远不如此了。冯寨小学，分上院下院。上院原是三皇庙和对面的戏楼，下院是冯家祠堂。祠堂坐南向北，西侧是1958年建的一座二层教学楼，设4个教室。孙寨小学原也是一座坐北向南前后两进的古庙，东侧是村里50年代盖的一座二层楼。竹林小学校址在李家祠堂，上院是祠堂与两厢房，下院是家庙三孔石窑，对面有戏楼一座，校院有一棵高约数丈、挺拔高大的槐树，上挂铁钟，声震山间。后院有五孔窑洞和半截红瓦楼（另一半是卫生所）。这三处都是高低分布，新旧结合，教学条件都不是很好，但在当时已经算可以了。龙门小学是因国家采矿占地而建的简易校舍。值得一提的是荻坡小学，是在“大跃进”时期，由山里群众出钱出力盖起的石楼，山民炸山破石，用大块青石垒砌而成，外墙有一米多厚，虽笨点但相当坚固。这是山区群众为发展教育自力更生的一大创举，是值得山区人民骄傲的。美中不足的是那个年代资金有限，经验不足，楼顶漏水无法解决。当年曾有郑州市下放教师，星期天在漏雨办公室里打着伞读“毛选”，恰被下乡视察的上街区领导见到，受到表扬，成为美谈。

60年代，各学校办学条件都很差。小关小学是中心校稍好一点儿的学校，有一个小图书馆，其他学校图书、仪器、体育器材都是奢谈。因教室多在庙宇、窑洞，采光很差，学校操场小而不平。教师住校是寝办合一，大多是两人或几人共住一间房（或窑洞），一起办公。除了小关小学60年代初办公能用上电灯，其他学校都是煤油灯照明。条件好的学校校长、主任用罩子煤油灯，既明亮又干净。一般教师都是用简易油灯，多是自制。即到市场买一个灯芯管（是由薄铁皮管穿在一圆铁片上），里边穿上棉线或纸捻，放在油瓶中（一般是墨水瓶），注入煤油，就可以点燃照明了。当时农民家也多是用这种油灯。煤油灯光线黯淡，灯头大了，冒黑烟，熏得鼻孔都是黑屎。为方便长时间点灯，教师换成酒瓶或其他大瓶子，一次注入一斤多煤油，可以用几个晚上。点煤油灯办公常至深夜，满屋油烟，黑雾腾腾，那时心思都用在办公上了，没有人顾及污染与身体健康。后来学校挤出资金，让教师都用上了罩子灯，再后来用上了电灯。我所在的竹林小学是1964年冬由砂轮厂矿山支援架线，用上电灯的。

那个年月，虽条件差、生活苦，但老师们白天教学，晚上办公都是很自觉认真的，从没有打牌、下棋、聊天等现象。说是办公到晚上九点，老师们备课改作业细致认真，往往工作到十点以后甚至更晚。坐夜加班是自觉的、常态的，没有加班费和补助费，也从无人讲条件，要待遇。

农村学生的学习条件更差。教室有房和窑洞两种。房多是农舍，正面开窗，窗少且小，光线差。最差的是窑洞教室，窑洞冬暖夏凉，住人是不错的，但做教室就不行了。黑板在窑帮上，因窑洞宽不足丈，摆三排桌子，坐不到三十个学生。教师无讲台，背靠黑板肚顶课桌，活动十分不便。更严重的是采光不足，学生从窑洞口排到窑洞里，门口的学生向里看黑板一片黑，里边的学生向外看黑板反光，坐在中间的稍好些，所以每期为体现公平，都要调几次座位。更麻烦的是阴天，只好点灯上课了。至于桌凳，小关小学还好一些，其他小学就差了。高年级虽破旧还有桌有凳，有的是有桌无凳学生自带。三年级以下多是垒台架木板，自带小板凳，有的是土台子土凳子，讲台也是砖垒的。教室地面多是土地，少有砖铺的，更谈不上水泥地。当年曾流传一个顺口溜：土桌子、土凳子，上课坐群土孩子。作为在那个时代生活的人，学习条件十分艰苦，但他们觉得有学上，就比老辈的人强多了。随着经济社会的发展，进入70年代这些状况逐步有所改变。

尽管当时办学条件很差，但老师们都非常敬业，学生也十分勤奋。学校的教学活动、少先队活动、文体活动等，都开展得热火朝天。学校师生配合党和政府的中心工作，深入群众开展宣传活动。“双夏”“三秋”农忙时下队劳动，都积极参加。比如割麦，我们城市来的学生，割得慢、质量差，比不上农民。由于不会农活，麦芒扎在臂上脸上，弯腰背部酸痛，特别难受。但从无人掉队。不论地远地近，不论活轻活重，从不挑拣，也没有怨言。通过参加社会生产活动，我们这些青年教师从思想上、体能上都受到了锻炼。

1964年7月，因行政区划调整，小关公社由上街区又划归巩县，社队一级经调整，原属新中公社的八个大队划归小关公社。这八个大队的七所小学并入了小关学区（口头、杜沟、段河、水道口、张庄、郑沟、楼子沟等七所小学，封门沟大队无小学）。这样小关公社共13所公办小学。1968年，国家大力发展基础教育，特别加强农村教育，要求队队办小学，小关公社原是两个大队或三个大队一所小学，至此全公社18个大队共办18所小学。

为了方便山区孩子就近入学，适龄儿童全部有学上，一度还要求低年级学生不出生产队，人多的一个生产队一个班，人少的就近两个生产队或几个生产队办一个班或分院。当时要求校舍、用具生产队自备；教师、经费生产队自理，由公办小学组织管理，实施教学工作。一个小院，一间房子，几个学生，一位青年（教师），就是一座分院。此时全公社公立民办教师达到300人左右。这些早被人遗忘的教学形式，在当年普及文化教育中，发挥了重要作用。

1968年，按照上级要求，公办小学校一律下放大队来办。此时由于初中两年没招生，（全国的大、中学校都停止招生）小学已滞留两个年级的学生未毕业离校，而小学一年级的适龄学童连年招生。这样小学已达到八个年级，教师远不够用，上级无师可派，只有大队解决。就在这年冬天，中央要求外地教师一律返回原籍，全公社一下子走了40多位教师。这些人学历高、有经验，许多人还担任了领导职务。在那次返乡潮中，有些老师在小关工作多年，感情很深，这里也确实需要，他们并不想返乡，如当时在小关小学的安留群、董安澜、张克诚、张际昌等（别的学校也有）。无奈“一刀切”，不情愿，也只有黯然离去。此运动对小关的学校教育工作伤害极大。此时我和几个郑州市的同学因家居郑州市区，不许回城，便留了下来，在小关继续奉献青春。

本来教师就不够，40多位教师这一走缺口更大，个别学校无奈停课。解决的唯一途径由大队派教师，缺啥补啥，缺多少补多少。此时全公社18所学校仅有50多名公办教师和少量民办教师。经调整，每所学校分派3到5名公办教师，其余的全由民办教师顶岗。至此公办学校由公办教师做领导，民办教师成为教师队伍的主要力量。尤其是小学初中戴帽后，原有公办教师一是年龄偏大，二是文化程度偏低，中学的教学任务主要由返乡的青年学生任民办教师担当。

在这里值得一说的是“民办教师”。所谓“民办教师”，首先他们不是国家录用、国家供养、事业在编的正式教师，他们是在农村学校发展中，在公立教师严重不足，学校教育又急切需要的情况下，由大队适才选用，安排到学校任教的非公立教师。关系在大队，身份仍是农民，教学记工分。起初计划内的民办教师，公社多少有一点儿补助（1965年开始月津贴2.50元，按学期不定时发放，以后涨至五元、八元……再以后由大队补助），而工作任务与公办教师一样分工上岗，甚至担子更重，“同工不同酬”，这就是当时的现状。有不少民办教师承担重要的教学岗位，甚至担任了校长、教导主任，也不例外。在校是教师，离校是农民，有人干多少年仍然如此。“是教师，不在编，没有工资拿工分，一月津贴几块钱。是农民，不下田，辛苦教学不见功，评优提干不沾边。”他们处于一个十分尴尬的地位。地位特殊，待遇很低，但这些农村“秀才”们，却兢兢业业地从事教学工作，把青春献给了家乡，献给了学生，献给了农村教育事业。当地曾流传一个笑话“驴、老虎和傻子”，说民办教师是驴，繁重的教学工作，年复一年，如同驴拉磨的生活；是老虎，每到考试，严格要求，从严监考，对学生如同老虎；而每到期末、年底，一算账收入无几，面对家人如同傻子。此言让人心酸，却反映了当时民办教师的一斑。然而农村教育事业的需要，使这支特殊时期特殊的教师队伍，迅速壮大成为各学校的主要力量，撑起了小关教育事业的一片蓝天。这批教师，现今多已老迈，他们功不可没，在我心中永远是一座丰碑。

小关的中学教育发轫于1958年，人民公社的建立，“大跃进”的兴起，教育也要大发展。当年在巩县第二十五完小（后来的小关小学的前身），附设初中班。办“中学”——这是小关自古第一次。当年首届招生两个班，学生90名。然而好景不长，1959年，巩县十中在新中公社茶店岭上成立，小关创办的中学两个班的学生并入到十中。小关昙花一现的初级中学就终止了。在这里附带说一句，1961年7月调整行政区划，小关、新中等公社划归郑州市上街区，巩县十中改名郑州市第三十四中学。1964年7月，区划再次变动，郑州市第三十四中又改名巩县十中，直到1968年撤销。

小关作为历史上的文明古镇，却无一所中学，这是小关文化教育之痛。小关地区的小学毕业生早年到巩县、荥阳等地求学。60年代初政府安排到新中、米河甚至上街的初中考学，由于名额有限，本地优先，很多小关的小学毕业生进入初中上学是很难的。由于读书人少，人才匮乏，严重制约了当地经济、文化事业的发展，群众意见很大，各大队反映强烈。

1964年，随着农业、农村发展的需要，按照巩县教育局的规划，在小关小学开办了小关公社农业中学，简称“小关农中”。规模为一个教学班（50人），公社选派小关小学安留群老师任校长，又从回乡高中毕业生中选聘三名民办教师，他们是赵淑芬（小关）、赵海敏（孙寨）、孙云灿（孙寨）。学校附设在小关小学，面向小关公社各大队招生，按照全日制中学要求开设课程，缺口学科由小关小学教师协助。这是小关公社创办的第一所中学。不过还处于试办阶段，从中摸索经验。

1965年，小关公社按照县教育局统一部署，总结农中一年办学经验，在全公社有条件的大队办农中，实行民办公助、大队承办、小学协助的办法。当年的基本形式是由所在大队小学派一公办教师任校长，兼班主任和主要课程，大队派2—3名民办教师，按全日制初中教学大纲开设课程，学校附设在本大队小学内。学校均以大队命名，如“小关农中”“口头农中”等。记得当时小关、冯寨、孙寨、竹林、荻坡、口头、杜沟、段河、水道口、张庄、郑沟等大队办了农中，加之原公社农中共11所，教师（公办、民办）约20人，学生300余人。小关的中学教育基本展开。从此结束了小关无中学的历史。

由于1966年的“文化大革命”，初中连续二年不招生，小学连续二年无法毕业，滞留在小学，时称七年级、八年级，相当于初中一、二年级。此时在小学的体制内，已有了初中的雏形（教学内容还达不到）。而原有的农中，也仅在当年招了一届学生，且各农中均为一届一班，经历三年学习，已到毕业时间，1968年各农业中学在学生毕业后全部停办，大部分教师转归所在小学，从事七、八年级的初中教学工作，小关的教育又进入一个新的办学时期。

60年代后期，按照上级教育部门要求，小学由六年制改为五年制，初中由三年制改为二年制，小关公社各大队的小学均改为小学、初中一体化的七年制学校，俗称“小学初中戴帽”或“戴帽初中”。校名、公章统一正名为“巩县小关人民公社××学校”。到1967年小关公社有“戴帽初中”13所，30多个教学班，在校学生近1000人。其中小关学校的中学规模最大，初中两级四班，120余名学生。

1968年，在队队办学校的形势下，原是两个或三个大队一个学校的，先后分家。这年暑假，全公社由13所学校，分为18所，每大队一所，均为七年制中小学，公办教师进行合理调整，全公社普及了初中教育。随着学制、规模的变化，办学条件、师资队伍压力很大。校舍不足，大队解决，此时全公社一度兴起建校热潮。但棘手的教师队伍是个大问题，增设初中后，课程门类多了，知识难度大了。原有的小学教师多是50年代的老同志，又多是初等文化水平，能力有限，新招入的农村青年，文化程度较高，但缺乏教学经验。教学人员可以凑齐，而教学工作难以胜任，特别是初中英语、数学、物理、化学、生物、地理等学科教师，许多学校人手不足，尤其是优质教师奇缺，通过县社两级培训培养，校间调剂，甚至有些大队为学校在校外花钱外聘教师等，逐步保证了教学工作的需要。经不断努力，质量也稳步提高了。1972年，按县教育局要求，初中布局调整，又经历了一次初中合点，全公社合并为小关、孙寨等五个中学集中点，终因许多问题无法解决，经历二年后又分开，复归各大队办七年制学校。

小关公社的高中教育始于1969年。1966年5月7日，毛主席曾作过“五七指示”，提出“学制要缩短，教育要革命”。随后各地办了不少不同类型的“五七学校”。1968年，巩县教育局决定将原巩县十中一分为二，分别在小关公社和新中公社各办一所“五七高中”。我曾参加在巩县十中举行的分学会议，由县教育局主持，对学校的人、财、物进行分割。会后小关公社党委积极投入筹建，校址选在小关大队第13、14生产队，具体落实在公路南侧，小关南沟村的菜园地建设高中，由小关大队建筑队的李金盈负责设计，组织施工，调集本地能工巧匠日夜赶工。1969年5月7日学校竣工，开始招生，校名为“小关五七高中”。校长由巩县教育局委派，第一任校长是本县康店人韩维尧，骨干教师也由教育局调来。同时小关公社在本地又选调了一批教师和后勤人员。当年招收了第一届学生，县教育局计划安排两个班额，招生对象为自1966年以来的初中毕业生（包括公立初中、农业中学、戴帽中学），采用考试与大队推荐相结合的办法。因积压毕业生太多，学生求学渴望都十分迫切，招生规模扩大，这显现出小关人民对兴办高中的热情与支持，也反映出广大学子对求学的热切愿望。后因受县教育局规定的名额所限，劝退了一批。在广大干群的关心期盼中小关五七高中如期开学了。小关的教育又上了一个新台阶。自此，在小关镇初步形成了从小学、初中到高中的全日制基础教育的架构与规模。

在小关所见20世纪60年代以前出版之图书

○ 王全营

明清时期的小关，虽然是山区小镇，但是与周边地区相比，经济、文化并不落后。今仍存世的明清时期部分碑文多有“小关镇”等字样，南沟观音堂今存乾隆三十八年（1773年）《重修观音堂三仙殿白衣堂并拜殿山门萧墙碑记》署名为“本镇后学宋光祖恭手撰书”，说明当年小关称镇。乾隆五十四年（1789年）南沟观音堂《金妆神像并创立石基序》碑更云：“巩治东南三十里许，地名小关，古钜镇也。”乾隆五十四年，距离清朝建立（1644年）仅有145年，文曰“古钜镇也”，这一个“古”字应该指清代以前——那时的小关不但是镇，而且是“钜镇”。另，西沟村嘉庆七年（1802年）《创修马王庙暨金妆神像碑记》云：“小关镇西南隅，居民稠密。”虽然关爷庙等古碑今已无存，但上面这些记载足以说明起码在明中后期小关就是个大镇，我们据此是否可以断定小关老街就是明清一条街？这里的明清一条街是巩县（今巩义市。下同）东部重要的商品集散地。老街两边从东到西是鳞次栉比的商铺，这些商铺全部是砖瓦房四合院，不少商铺的上房是两层楼。据现存碑文所载和口碑资料，清末民初小关老街的商业字号就有数十家，比较知名的有：柏茂号、合盛永、元仁局、林茂永、协盛号、祥兴号、和顺堂、福聚隆、崇丰号、祥兴号、崇兴楼、德聚兴、公义永、德兴久、西华盛、万聚隆、豫立恒、泰茂成、公克隆、顺兴号、鸣盛和、天成□、道梅□、岐兴□、同□隆等。此外还有煤窑、铁匠炉、银匠炉等矿业和小手工业。这些商业、矿业、手工业、运输业，共同推动了小关经济社会的缓慢发展。经济的发展必然要求文化与之相适应，从而带动了小关文化事业的发展。

小关既然是个“钜镇”，应该是经济、文化同步发展。事实也是如此。就教育而言，明清时期小关村有各类学塾，如蒙学、门馆、家塾，稍有产业的家庭都会把子弟送到私塾读几年书。这些私塾虽然规模不大，但几乎是遍地开花，成为传承中国传统文化的真正载体。私塾以启蒙、识字教育为主，同时讲习封建伦理道德如仁义礼智信、忠孝勤俭廉，其目的就是让这些学童得以变化气质，将来不管是务农还是经商，都要做到安分守己，不见利忘义、作奸犯科。启蒙教育阶段是死记硬背，描字写仿，一般经过三年就要开讲，并且学写文章，学作诗、对句。私塾结业后，智力聪慧者就让其攻习举业，即准备考秀才、举人、进士。在封建社会，读书士子若能博得一领青衿（指清代秀才穿的长袍），不但本人的社会地位立马上升，整个家族也感到无限荣光。

那么明清时期小关村在举业上有没有取得功名的？是不是只有大家熟悉的张拔贡张彦卿一人？答案是否定的。光绪三十二年（1906年），张彦卿撰文并书丹的小关南寨《创修奎星阁记》碑文有云：“小关南有凤山寨，胜地也。环而居者，类皆纯诚朴茂，有古遗风。乃业儒者夥，显达者少……人文蔚起，冠盖相从。”文中的“业儒者夥”“人文蔚起，冠盖相从”并非夸大不实之词。原有的小关关爷庙、老君庙、龙王庙、天爷庙等庙宇都有大量碑碣，因为这些庙宇已毁，碑碣不存，现仅从南沟观音堂、西沟牛王庙、南寨魁星楼（奎星阁）部分碑文中，我们可以得知那些取得功名的小关学子。

除乾隆、嘉庆、道光年间外，见诸碑文的同治、光绪、宣统朝，小关士子获取功名者有：光绪丁酉科（光绪二十三年，1897年）拔贡、教谕张彦卿，贡生有李枝乔、赵六谦、张绪，生员（秀才）有张绍襄、赵万成、郅文全、雷启堂、房万、王法、牛鸣山、赵玉朝、孙玉奇，职官有候选巡检王玉璠，监生（国子监生）有李枝超、赵得成、赵保成、连文林、赵省吾、郅大陞等。上述仅是修建庙宇时捐资者留下的名单，按情理推测，应该还有人因为没有捐资而碑文无载，这样看来，晚清小关村取得功名者远不止上面这些。

因庚子之变，河南、顺天的乡试及会试，都于光绪二十八年（壬寅年）腊月在开封举行，这一科成了在中国延续两千多年的科举制度的绝响。光绪三十一年（1905年），清廷正式废除科举。除张彦卿有明确的获取功名的时间外，李枝乔等贡生、生员（秀才）都应该是在同治、光绪朝考取的功名。明清时期小关村是否出过进士、举人，目前还不得而知（同治年间仅今段河就有丁元熏、丁元吉（丁以静）兄弟中举），但从仅存的几通碑文（关爷庙、老君庙、天爷庙等处被毁掉的古碑数量远比现存的要多）的信息可知，“山小关”的文化并不落后，一定还有更多的贡生、秀才。当年巩县进学生员的名额每年仅有二十来名，尽管赵万成等不可能是一科进学，但是在清末能有这么多人获取功名，在小关的教育史上也是值得骄傲的。

从上列清末部分取得功名人员名单可以看出，小关古代教育的氛围还是比较浓厚的。虽然“显达者少”，但毕竟“业儒者夥”，也就是接受私塾教育的学童还是比较多的，从而使得我国传统文化在小关得以传承。在一些书香世家中，都有各种图书，为了使子弟博取功名，这些图书的主体部分是儒家经典即“四书”“五经”。20世纪60年代以前，笔者在小关见过多种不同版本的此类图书，现在回忆起来，既有木刻版，也有“草版”即竹纸、折叠线装，还有石印版。

“业儒者夥，显达者少”，说明绝大多数读书人没能成为朝廷命官，即使博得一领青衿，结果止步于贡生、秀才这一初级功名，也就放弃了举业。这一类知识分子的兴趣是十分广泛的，他们不再局限于儒家经典，而是经史子集、医卜星相，什么都会涉猎。小关有一句俗话：“学会《易经》会算卦，学会《诗经》会说话。”还有：“先生学医生，只用一拨楞（翻阅医书）。”“秀才学阴阳（占卜、堪舆），三天两后晌。”因此他们从事的行业除塾师外，医生、占卜、堪舆、经商等也在选择之列。这样，在小关村流传下来的古版图书除了儒家典籍及史学、诗词歌赋类图书，还有大量的名家文集、小说、医药、戏曲、占卜、堪舆等类图书。“文革”初期“破四旧”，不少古版图书被收缴烧毁了。下边说到的仅是我保存下来的几本图书和我在“文化大革命”前阅读及见过的图书。这些图书大致可以分为以下几类。

一、儒家经典类

除了《易经》《诗经》《尚书》《礼记》《左传》《论语》《孟子》等儒家经典，

还有一些解经著作。20世纪50年代以前，这一类图书在小关有大量存世，好多书我都见过，十五六岁时，我曾经借阅并全文抄录过《论语》《孟子》《古文观止》，从那时候起我爱上了古文，虽然过去了50多年，这三部书的不少篇章我还能背出来。小关人将清代和民国时期出版的图书分别称作木版、草版、洋版、石印版。木版指木刻版，一般为绵纸，折叠线装；草版指竹纸，折叠线装；洋版指新闻纸，铅字版，不再折叠而是两面印刷；石印是清末出现的印刷方法，不用再刻木版或者铅字排版，而是把原稿用特制的墨写在药纸上，再轧印在石板上，经过处理后涂油墨印刷。由于石印版投资少，比较方便，小印刷所就承揽一些小学课本、通俗读物之类的书籍。直到60年代，小关供销社还有石印设备，印刷一些账本、发票之类。在我的印象中，这些儒学典籍没有洋版即新式标点、铅字排版、两面印刷，大部分是木刻版，也有一些草版。可惜这些珍贵的典籍经历“破四旧”“文化大革命”等，不知道现在有无遗存。

二、工具书类

1.《增篆中华字典》，竹纸，折叠线装，一函六册。通高20厘米、宽13厘米。有天、地线，书眉为该行所释单字之篆字。书口有书名“增篆字典”、某集、部首、笔画、页码。书名、页码仍然沿袭古版图书的用法，即印在折叠处的中部，两面共用。丁巳年（1917年）上海广益书局印行。二封有“丁巳仲夏之月 康熙字典 嘉兴顾鹿题”。该书是在读中学时，大舅送给我的。

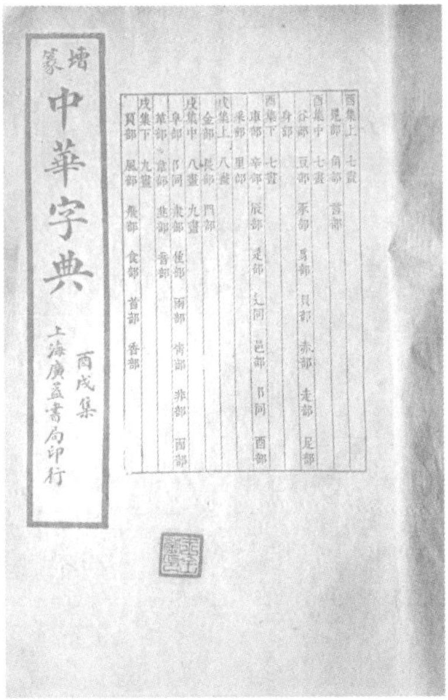

《增篆中华字典》目录书影

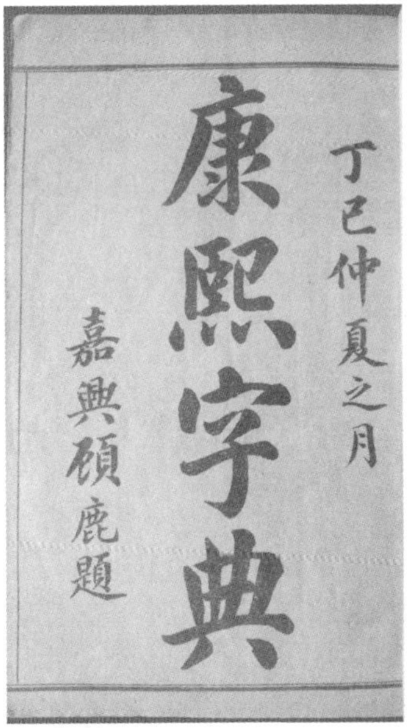

《增篆中华字典》二封书影

该字典首页是：

“《增篆字典》序：《易》传曰：上古结绳而治，后世圣人易之以书契。百官以治，万民以察。周官外史掌达书名于四方，保氏养国子，教以六书，而考文列于三重。盖以其为万事百物之统纪，而足以助流政教也。古文篆隶，随世递变。至汉许氏，始有《说文》，然重义而略于音……爰命儒臣悉取旧籍，次第排纂。切音解义，一本《说文》《玉篇》，兼用《广韵》《集韵》《韵会》《正韵》。其余字书，一音一义之可采者，靡有遗逸。至诸书引证未备者，则自经史百子，以及汉晋唐宋元明以来诗人文士所述，莫不旁罗博证，使有依据。然后，古今形体之辨、方言声气之殊，部分班列，开卷了然，无一义之不详、一音之不备矣。凡五阅岁而其书始成，命曰字典，拎以昭同文之治。俾承学稽古者，得以备知文字之源流，而官府吏民亦有所遵守焉。是为序。

康熙五十五年闰三月十九日

日讲官起居注翰林院侍讲学士加五级臣陈邦彦奉敕敬书

陈邦彦，康熙四十二年（1703年）进士，善书法，尤工小楷，字体宽展秀发，因为有这一特长，才奉敕缮写康熙帝亲自撰写的“御制康熙字典序”。

这篇序言与《康熙字典》之序言文字完全相同，所不同者仅在序言题目，《康熙字典》作“御制康熙字典序”，该字典作“增篆字典序”，字典的编排、文字与《康熙字

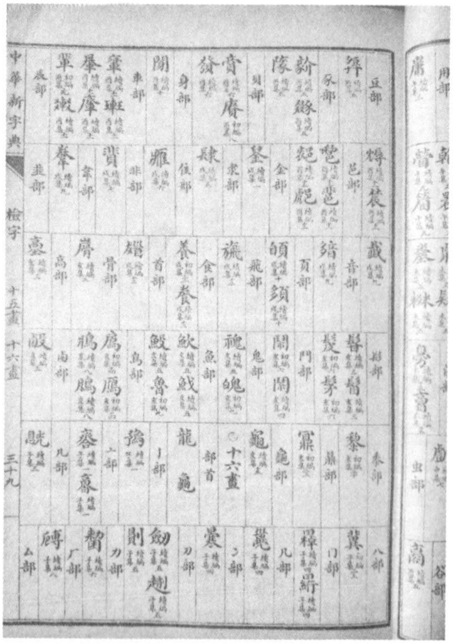

《增篆中华字典》目录书影

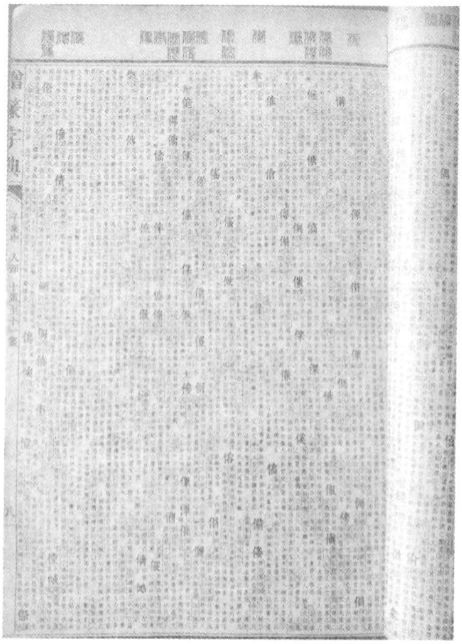

《增篆中华字典》正文书影

典》完全相同，据此可以认定1917年上海广益书局印行的《增纂中华字典》就是《康熙字典》。大概是因为清王朝刚被推翻不久，上海广益书局为市场需求既想印行字典，又不愿显示与清朝有关的字样，这才换汤不换药，改头不换面，封面冠以《增纂中华字典》，二封则有意题作《康熙字典》。从这件事可以看出政局变换之际文化人的一种心态。

2.《中华新字典》，一函6册，竹纸、折叠线装，通高19.6厘米、宽13厘米，有天、地线。书口自上而下有书名、部首、笔画、页码（单页编排）、某集。这也是大舅送我的图书。封面为何维樸题签的书名，二封为“中华新字典　壬子秋日　何维樸书”。“壬子”是1912年。有著名学者王闿运所作的《中华新字典叙》：“夫人之所以异于他动物者，在于能群而已。人之所以能群者，在于有人类互相交通、互相团结之文字而已……昔之数千年之历史皆演之于中土，今则环球大通，事重九译，一切新理、新器，日有所发明，名物既繁，而文字之增加，亦与之成正比例，有一时之新名物，而无一时之新字典而考证之，岂非教育界之一大缺憾乎！王君文濡有见于此，爰与海内通人钱君选等数人编纂新字典，丹铅不息凡三数年。编纂大旨一在厘正旧字旧义，一在增加新字之义。盖《康熙字典》虽为官书，然引证烦琐，无裨实用，而谬误之处，亦复不少，故不惮一一厘正之。至于科学之新字，通俗之新义，亦复无所不收……又复上列篆文，后附古体，以实用之字列初编，以深僻之字归续集，其嘉惠后学之心可谓曲至矣。余嘉其书之成大有裨益于教育界，故叙其缘起如此。中华民国元年三月，王闿运叙于海上。”民国元年即1912年，海上即上海。该书于民国3年6月出版，民国10年（1921年）3月增订。总发行所：广益书局。分发行所：北京杨梅竹斜街、广东双门底、汉口半边街、长沙万福街、开封书店街。全国六个分发行所四个都在江南，江北仅有北京、开封两家，可见民国初河南的文化事业并不落后，读书人的需求比较旺盛。

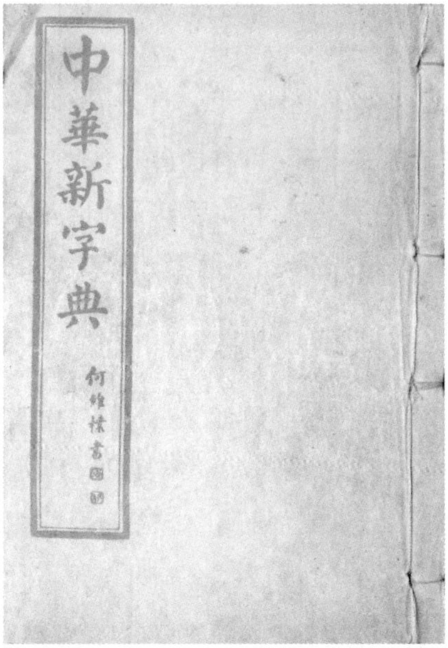

《中华新字典》封面书影

3.《辞源》。西沟张应山先生有此书。张先生曾经要将该书送给我，但我觉得不能无故受人馈赠而婉言谢绝。所以这部辞典我亲眼见过，民国版，铅字排印，三册，横长，即高度大大小于宽度。张应山先生已经作古，前年我遇见张夫人，问她这一部书现在还在不在，张夫人说她没有见过，家里现在没有书。听了这话让我十分感慨。

4.《中华大字典》。“文化大革命”前曾经数次听人说过，小关某人有民国出版的《中华大字典》，但是我没有目睹，是谁说谁家有这部书，现在已经记不清了。

5.《新名词词典》，上海春明书店1950年出版。该词典通高15.5厘米、宽12厘米。有书眉，正文每页两栏。这本书是笔者于20世纪60年代初在小关供销社废品收购门市部以1毛多钱购买的。当年供销社收购废品，图书按照废纸价每斤7分钱，卖出每斤1毛钱。该词典分为国际、政治、经济、社会、哲学、科学、艺术、地理、人物、其他等部。词典“编辑大意”共8条，前三条是：“①全国解放以来，局面已焕然一新。由于新术语、新名词的不断涌现，我们阅读书报时，就常常感到不能完全了解其意义，且有不知从何查考之苦。编辑本书的目的，就是想在这一方面，给读者提供一些确当的参考资料。②本书以一般读者的需要为对象，选择在一般报刊书籍上所最常见的属于国际、政治、经济、社会、哲学、科学、艺术、地理、人物等有关的新名词，一一加以科学的解释。选择范围，不仅注意于国内，且对国际新形势的资料亦同样重视。③本书所搜罗的新名词、新术语，包括三种：一是全新的最近的产物；二是半旧半新，即就原有的名词加以新的补充和批判；三是选编常见的旧名词，但在应用上仍未失去时代性的，而予以科学的新解释。”

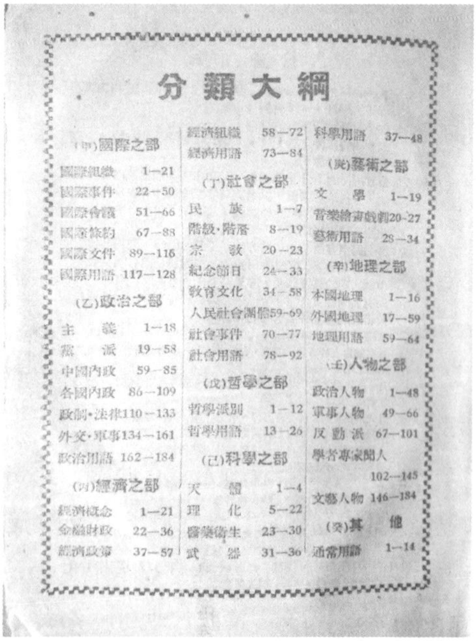
分類大綱

(甲)國際之部
國際組織 1—21
國際事件 22—50
國際會議 51—66
國際條約 67—88
國際文件 89—116
國際用語 117—128
(乙)政治之部
主　義 1—18
黨　派 19—58
中國內政 59—85
各國內政 86—109
政制·法律110—133
外交·軍事134—161
政治用語 162—184
(丙)經濟之部
經濟概念 1—21
金融財政 22—36
經濟政策 37—57
經濟組織 58—72
經濟用語 73—84
(丁)社會之部
民　族 1—7
階級·階層 8—19
宗　教 20—23
紀念節日 24—33
教育文化 34—58
人民社會團體59-69
社會事件 70—77
社會用語 78—92
(戊)哲學之部
哲學派別 1—12
哲學用語 13—26
(己)科學之部
天　體 1—4
理　化 5—22
醫藥衛生 23—30
武　器 31—36
科學用語 37—48
(庚)藝術之部
文　學 1—19
音樂繪畫戲劇20-27
藝術用語 28—34
(辛)地理之部
本國地理 1—16
外國地理 17—59
地理用語 59—64
(壬)人物之部
政治人物 1—48
軍事人物 49—66
反動派 67—101
學者專家聞人 102—145
文藝人物 146—184
(癸)其　他
通常用語 1—14

《新名词词典》目录书影

本人购到该书时，封面、版权页已经残损，但还有“新名词词典”五个字，至于出版年代已经无处可觅。“增订本序”云：“本书出版未及匝月，即行销售一空……北京曹家禄书商竟将去年十月印行的再版本仿照影印，偷偷发行……编者 1950.4.21渡江周年纪念。”另，书末“附录”收录一篇文献：中央人民政府政务院《关于划分农村阶级成分的决定》，注明“一九五〇年八月四日政务院第三十四次政务会议通过”，据“新华社二十日讯”刊印。该书目录前有这样一段文字：“特别启事：中央人民政府政务院《关于划分农村阶级成分的决定》已于八月二十日由新华社正式发表，特将全文转载于附录内。至书中有关阶级、阶层名词的解释，因为不及修正，当以该文件为准。敬请特别注意！编者附启。8.23。”前引序言和启事给我们两点信息：一是中华人民共和国成立初期，人们对《新名词词典》的渴求；二是1950年8月20日政务院的文件发布时，该词典应该已经打好纸型，有关名词无法修正，故于3天后即做出“特别启事”予以说明。由此我们基本上可以断定该书出版于1950年8月。这一本书在小关出现，说明小关人对新知识是渴求的。

《简明哲学词典》封面书影

6.《简明哲学辞典》，［苏］罗森塔尔、尤金编，中共中央马克思恩格斯列宁斯大林著作编译局译，人民出版社，1958年，16开本，精装，繁体字。20世纪60年代初购于小关供销社废品收购门市部。一页两栏，按笔画排序。该辞典的条目基本上是西方哲学的内容，举凡哲学家、哲学流派等多有论述，主要哲学家附有头像，另有马克思、恩格斯、列宁、斯大林的照片。中国哲学仅有一条——“中国哲学”，内容包括老子、庄子、墨子、孔子、孟子、荀子、朱子，孙中山、毛泽东的简介及其著作、思想。20世纪50年代，党中央号召全民学哲学，这一本书在小关出现，说明学哲学普及到了基层，在小关的“国家干部”（当年小关老百姓称呼拿国家工资者都是国家干部，包括政府工作人员，银行、税务所、供销社职工，学校教师等）都投入到学哲学之中。

7.《四角号码新词典》，商务印书馆，1962年版，64开本。收入简、繁体单字8800多个、复词约2万条。该词典以简体字为正体，附以繁体字。其特点是：①单字按四角号码次序排列；②单字注音不是以普通话音表为准，而是以“北京音系”注音；③注音有拼音字母、注音字母两种，并附注同音汉字。如拼音字母“b、p、m、f”，注音字母为“ㄅ、ㄆ、ㄇ、ㄈ”，“好”字的注音为（hǎoㄏㄠˇ耗）；④附有“音序检字表”“笔画部首索引”。“笔画部首索引”是将笔画、部首合二为一，这也是不多见的。这是我购买的第一本词典，时间是1963年6月3日。在我的印象中，1963年以前小关的图书销售只是由供销社文具门市部代售一些小学生爱看的连环画，巩县新华书店送书下乡，定期用汽车拉着图书到各公社所在地销售，称作“流动书店”，提前由公社通知各大队、

《四角号码新词典》封面书影

笔画号碼对照歌

héng yī chuí èr sān diǎn nà
横一垂二三点捺
chā sì chā wǔ fāng kuàng liù
叉四插五方框六
qī jiǎo bā bā jiǔ shì xiǎo
七角八八九是小
diǎn xià yǒu héng biàn líng tóu
点下有横变零头

《笔画号码对照歌》书影

各小学。白茂英就曾经参与在小关的售书。我买这本词典的地点在小关小学门下。

我从这本词典得到的最大收获是学会了四角号码查字法：“横一垂二三点捺，叉四插五方框六。七角八八九是小，点下有横变零头。”现在我的书房中有不少图书附有“四角号码索引”，或叫“四角号码检字法”，工具书如《辞海》、《辞源》、《现代汉语词典》（第1、第2版）、《中国历史大辞典》、《中国人名大辞典》、《中国古今地名大辞典》、《二十四史纪传人名索引》、《历代职官表》等，典籍图书如《十三经注疏》《太平广记》《联话丛编》等。因为四角号码查字法使用起来方便快捷，在我检索字、词、句时，该查字法为首选。

因为手边有《康熙字典》《中华新字典》，所以笔者少年时代就学会了部首查字和反切法注音。反切法注音就是用两个字注一个字，用这两个字的前声后韵切出释字。所以笔者现有的部分用反切法注音的工具书如《康熙字典》《中华新字典》《中华大字典》《实用大字典》等，使用起来并无障碍。

笔者有个癖癖，读书时遇到不认识的字、词，都要尽量解决，如今年过古稀仍是如此。由于我较早地学会了使用工具书，故对工具书有特别的偏爱。20世纪80年代后，由于经济条件的许可，我购买工具书更是乐此不疲，现在我的书房仅工具书就装了两个多书架，综合性工具书有《现代汉语词典》1～7版、《汉语大词典》精装16开本12册另索引一册、《汉语大字典》精装8册另有缩印本一册、《中华大字典》精装1册（根据中华书局1935年本影印）、《辞源》（精装4册）、《辞海》（精装3册）、《新华字典》等。专业类的工具书，部头比较大的如《中国历史大辞典》《中国人名大辞典》《中国古今地名大辞典》《中国博物别名大辞典》《中国古典诗词鉴赏辞典》（精装10册）、《全唐诗典故辞典》（精装2册）、《古典诗词百科描写辞典》（精装6册）等。还有哲学、文艺、名城、名胜、宗教、神话、名言、名句、处世、称谓、俗语、戏曲等类词典。这些字典、词典有不同的查字法：部首、四角号码、拼音、笔画、分类等，我使用起来均很自如。举这些例子意在说明，青少年时代接受的教育对一个人一生的影响是十分深远的。

三、文史类

《纲鉴易知录》《袁了凡纲鉴》、前四史（《史记》《汉书》《后汉书》《三国志》），以及《古文观止》等文史类图书，在小关比较多。赵金拴先生曾经送我一部《袁了凡纲鉴》，竹纸、折叠线装，18册。后来我把这一部书带到郑州，省委一位朋友非常喜欢古版书，在旧书市场购买了不少明版书，见了我这一部《袁了凡纲鉴》就要去了。另外，我还听说表哥赵书太家有一部《袁了凡纲鉴》，但我没有见过。

《中国通史简编》，中国历史研究会编，范文澜主编，竖排版繁体字，华东人民出版社，1950年版，布面精装，定价人民币53 400元（旧币——笔者注）。这本书也是笔者于20世纪60年代在小关供销社废品收购门市部购买的。

《中国通史简编》封面书影

笔者在小关供销社废品收购门市部购买的图书还有一册《斯大林传略》，亚历山大洛夫·加拉等合编，唯真翻译，一九四九年，莫斯科，外国文书籍出版局印行。

书中附有14幅插图。这本《斯大林传略》的原主人是谁，因没有签名，现在已经无法考证。该书扉页上用蓝墨水写有几句话："七寸步犁250000元一张。1.宗派主义的作风；2.小团体派别拉垄；3.农民意识，就是暴露思想的错误，这不是团的作风。"从这几句话看，应该是小关区委或者区政府工作人员的手记，"拉拢"误作"拉垄"，文化程度一般。20世纪50年代初，"七寸步犁"是最先进的农业工具之一，河北邢台抗日战士宁二文，1952年到北京出席国庆纪念大会，农业部奖励她的奖品就是一张七寸步犁。这本书扉页上记有"七寸步犁250 000元一张"，这里的25万元应是旧币。1954年，新版人民币发行，新币1元兑换旧币1万元，25万元即25元。1955年春，旧币停止流通。由此可知，扉页上的文字最晚写于1954年年底，也就是说50年代初七寸步犁在小关已经用于农业生产，说明小关区委区政府对恢复和发展农业生产、推广新式农具的重视。

我大学读的是历史专业，大学毕业后，数十年来长期从事史学研究，为此也购买

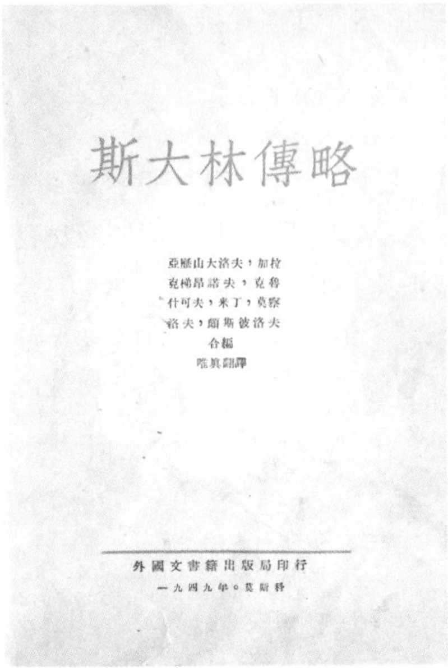

《斯大林传略》封面书影

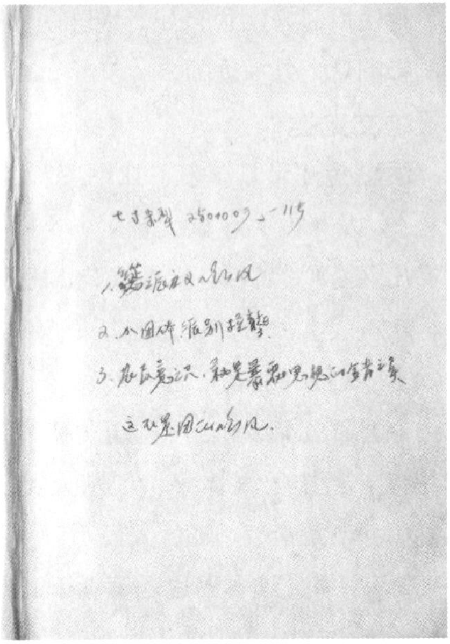

《斯大林传略》扉页上的文字

了一些史学书籍，正史类既有中华书局点校本《史记》《汉书》《后汉书》等二十五史（计283册、3758卷），又有上海古籍出版社、上海书店编辑出版之武英殿本（《清史稿》为关外本）二十五史缩印本；既有中华书局点校本《资治通鉴》（294卷、通鉴释文辨误12卷，平装20册）、《续资治通鉴》（220卷，平装12册），又有上海古籍出版社影印之精装本《资治通鉴》《续资治通鉴》《明通鉴》（100卷、《明通鉴》目录20卷）。另有中华书局点校本《左传纪事本末》《通鉴纪事本末》等8种纪事本末，418卷。近现代史类的图书有《中共党史人物传》（精装53册）、《中华民国实录》（精装10册，5700余页）等，仅史学类图书就装满了五个书架。另外先后购买有严可均辑《全上古三代秦汉三国六朝文》（平装16册）、《诸子集成》（精装8册）、《唐宋八大家散文总集》（精装10册）、《春明梦余录》等《四库全书》选本（精装14册）等。

四、诗词歌赋类

“文化大革命”前，我在小关阅读过二十来种诗词歌赋类图书，给我留下印象最深的是《唐诗三百首》《唐诗别裁集》《唐人选唐诗》《千家诗》《宋词三百首》《唐宋名家词选》《郑王词分类汇编》《元曲选》《西厢记》《西厢记汇编》等。

我所看过的《唐诗别裁集》等属于竹纸，折叠线装。时间在1963年前后，记不清是在谁家借到过《千家诗》，是石印版，分上下栏，上栏是图，下栏是诗及注释。还借到过《唐诗三百首》，属于洋版，我专门在小关供销社买了几本笔记本，把这两本诗全文抄录下来，我现在还能背下来的古诗，大部分是从这两本书来的。抄本一直保存到2000年，搬家的时候连同1000多斤书刊卖掉了。

我在西沟孙顺家见过一本民国石印版朱载堉的《郑王词分类汇编》，曾经借阅并抄录了这一本小书。由于这是用通俗语言写成的，就是不识字的人也能听懂。郑王词被学者冠以“醒世词”，大部分内容既通俗易懂又富有哲理，能给人以启迪，虽然过了半个多世纪，大部分还能背下来。其中我印象最深的三篇散曲分别是《山坡羊·十不足》《尊孝歌》《诵子令·驴儿样》。

《山坡羊·十不足》：“逐日奔忙只为饥，才得有食又思衣。置下绫罗身上穿，抬头却嫌房屋低。盖下高楼并大厦，床前缺少美貌妻。娇妻美妾都要下，又虑出门没马骑。将钱买下高头马，马前马后少跟随。家人招下十数个，有钱没势被人欺。一铨铨到知县位，又说官小职位卑。一攀攀到阁老位，每日思想要登基。一朝南面坐天下，又想神仙下象棋。洞宾陪他把棋下，又问哪有上天梯。上天梯子未做下，阎王发牌鬼来催。不是此人大限到，上到天上还嫌低。”

《尊孝歌》：“我养我儿我见亲，指望我儿报我恩。谁想我儿成人大，我儿待我如路人。我儿娶妻生下子，我儿只见他儿亲。漫说我儿难为我，还怕他儿饿断我儿筋。”

《诵子令·驴儿样》：“君子失时不失像，小人得志把肚胀。街前驴子学马走，到底还是驴儿样。”

我所见过的这本石印本，字体一般，后总觉得有不通之处，以《诵子令·驴儿样》为例，“街前驴子学马走，到底还是驴儿样”，驴子走路就是驴儿样，还用“到底”？直到我看了路工编、中华书局出版的《明代歌曲选》，谢伯阳编、齐鲁书社出版的《全明散曲》，发现石印本有三处错，分别应为“不失象”“把肚涨”“街前骡子”，这才释然，因为骡子没有生育能力，驴马（牝马）交配生驴骡（耳长），马驴（草驴）交配生马骡（耳短），不论驴骡还是马骡，骡子都有驴的基因，所以说“街前骡子学马走，到底还是驴儿样”。《山坡羊·十不足》《尊孝歌》石印本亦有错处，不再列举。

上面列举的仅是本人阅读过和亲眼见过的图书，据我所知，当年小关前闲、西头、后闲、南沟等村，民国时期读过书的人家，大多存有清朝和民国时期出版的诗词歌赋类图书，甚或有明版书，有没有善本书不敢断定，但是绝对有不少书是精品。20世纪80年代初，南沟曾经有人给我看一本书，书名记不清了，只记得是一本小说，竹纸，折叠装，64开本，字虽然很小，但非常清晰，托我询问一下能不能点校出版。当年正是古典小说出版热。我拿着这一本小书到出版社询问，因为已经有出版社出过两个版本，所以

《唐人选唐诗》封面书影

人家婉拒了。80年代已经进入改革开放时期，“文革”的阴影基本上已经消散，故有人敢拿出古版图书让我看。从这件事是否说明虽然经历了“文化大革命”的劫难，这些古版图书在小关民间并没有彻底灰飞烟灭。如果还有，应该怎样搜集？

除上面简要列举的古书外，20世纪60年代，我在小关购买的诗词类图书还有以下几种。

1.《唐人选唐诗》（十种），小32开，精装，中华书局，1958年版，1962年购于流动书店。该书第一种《唐写本唐人选唐诗》为影印，其余《箧中集》《河岳英灵集》等九种为竖排版，繁体字。

2.《唐宋名家词选》，龙榆生编选，竖排版，繁体字，中华书局上海编辑所编辑，1962年9月版，购于1962年12月27日。该书9月在上海出版，12月在小关就可以买到，可见60年代初“流动书店”还是经常下乡的。

《唐宋名家词选》《西厢记汇编》等书，使得我对词、曲与诗歌一样喜爱，如苏东坡的《念奴娇·赤壁怀古》《水调歌头·大江东去》等。《西厢记》中的“碧云天，黄花地，西风紧，北雁南飞。晓来谁染霜林醉？总是离人泪”等名篇、名句，过了半个世纪都没有忘记。由于对诗、词、曲的喜爱，20世纪八九十年代，我先后购买了《先秦汉魏晋南北朝诗》（精装3册）、《全唐诗》（平装25册）、《全五代诗》（精装2册）、《全宋诗》（精装，购入25册）、《宋诗钞》（精装4册）、《全辽金诗》（精装3册）、《元诗选》（精装9册）、《清诗铎》（精装2册）、《晚晴簃诗汇》（缩印本，精装4册）、《全宋词》（精装5册）、《全金元词》（精装2册）、《全明词》（精装8册）、《历代竹枝词》（精装5册）、《全元散曲》（精装2册）、《全明散曲》（精装5册）、《全清散曲》（精装3册）、《全元戏曲》（精装12册）、《元曲选》《元曲选补编》（共平装7册）、《六十种曲》（精装12册）、《缀白裘》（平装6册）、《联话丛编》（精装8册）等，还有大量诗文集，如《小仓山房诗文集》、《牧斋初学集》、《牧斋有学集》、《剑南诗稿》、《渔洋精华集》、《敬业堂诗集》、《李开先全集》、《明清民歌时调集》（包括《山歌》《挂枝儿》《夹竹桃》《白雪遗音》《霓裳续普》）等。这些诗词歌赋类图书装了两个书架。

五、小说类

据我的记忆，20世纪五六十年代小关人的业余文化生活还是丰富多彩的，除了经常有戏剧演出、电影放映，到了农闲季节，河洛大鼓、河南坠子等曲艺演出几乎不断。

给我印象最深的还是小说。当时民间藏有大量不同版本的古典小说，很容易就可以借读。截至“文革”前，我在小关看过的古典小说有《三国演义》《水浒传》《西游记》《红楼梦》《说岳全传》《东周列国志》《七剑十三侠》《大八义》《小八义》《三侠五义》《施公案》《彭公案》《儿女英雄传》《儒林外史》《镜花缘》《十二楼》《石点头》《今古奇观》《大明正德皇帝游江南传》《聊斋志异》《解学士诗》等四五十本。在看过的小说中给我印象比较深的一本是《说岳全传》。我听说中学同学龙门柴洼王德福家有这本书，就翻山越岭走了一个多小时到德福家借书。当时没有电话，事先没有联系，到柴洼后德福不在家，又等了好大一会儿德福回来，终于如愿以偿。看后又走山路完璧归赵。再一本是《大明正德皇帝游江南传》。这本书给我印象较深的有两点，一是版本，一般小说都是32开本，这本书是64开本，竹纸，折叠线装；二是书中有一首“诗”上下联内容相对，觉得好玩，就抄录了下来：“丫鬟不是亚娘身，月里嫦娥降世尘。生下五男皆做贼，不偷珠宝与金银。常在瑶池来走动，偷得蟠桃敬母亲。福如东海长流水，寿似南山日日新。”80年代后我看过《前明正德正传白牡丹》《前明正德白牡丹传》《大明正德皇帝游江南传》，这一首诗都是只有四句：“丫鬟不是亚娘身，月里嫦娥降世尘。生下五男皆做贼，偷得蟠桃敬母亲。”我在小关看过的版本及其内容（如上面那一首“诗”）却没有见到。再就是《解学士诗》，说是“诗”其实算不上诗，而是颇具趣味性的打油诗和对联。当年十几岁的少年喜欢猎奇，因为这一本小书通篇趣味性比较强，故而就喜欢，基本上能全文背下来。80年代后我买的中国古典小说中《解学士诗》有两个版本，因为工作忙却一眼没有看过。

我保存的古版小说只有一部：《绣像东周列国志》。竹纸，折叠线装，15册。民国6年（1917年），上海广益书局发行。每册两幅插图，共计30幅插图。

因为受到少年时代阅读古典小说的影响，20世纪80年代后拼命购买，本人现存中国古典小说部头较大的有“中国古代珍稀本小说”（精装10册，收书50种）、“中国古代珍稀本小说续”（精装20册，收书53种）、“中国近代珍稀本小说”（精装20册，收书57种）、“中国古典文学名著丛书”（精装24册）、“中国古代禁毁小说文库”（精装18册，收书30种）、“中国近代小说大系”（精装20册，收书62种）、“中国古代禁毁言情小说”（16开，18册）、“中国古代孤本小说”（精装4册，收书10种）、《香

《绣像东周列国志》封面书影

《绣像东周列国志》插图书影

艳丛书》（影印木刻版，精装5册，5900页）、《三侠剑》（平装，12册）、《雍正剑侠图》（平装，13册）。另外还有“中国古典名著百部”“中国神怪小说大系”“中国话本大系”“中国古典讲唱文学丛书”及《太平广记》《聊斋志异》《三国演义》等单行本，共计装了两架半。

六、笑话类

《笑林广记》《笑笑录》《笑得好》等图书我在小关曾经看过，这些图书流传较广，尤其《笑林广记》里的许多笑话为人们茶余饭后的谈资。

七、医药类

明清时期，小关老街开设有多家药店，这些药店都有坐堂行医的医生，村民对这些医生尊称“先儿”，如某医生姓牛就称“牛先儿”，姓张就称“张先儿”。这些医生家中都有医药书籍，一般读书人也喜欢看医药书。《黄帝内经》《仲景全书》《医宗金鉴》《本草纲目》《平湖脉学》《药性赋》《药性解》及医案图书如《名医类案》《续名医类案》等，小关存世较多。1963年我曾经看过《名医类案》，书中部分案例至今还记得。

我读书的兴趣比较广泛，医药书籍也是所爱，现存医药类书籍有：明代李开元、李中梓撰，清代王晋三重订《珍珠囊补遗药性赋　雷公炮制药性解合编》，竖排版，繁体字，上海卫生出版社，1956年版。清代黄公绣《脉理求真》，横排版，繁体字，人民

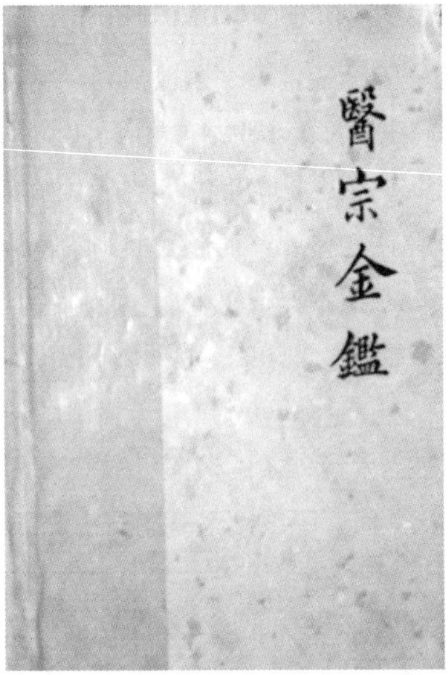

《医宗金鉴》封面书影

卫生出版社，1959年版。这本书有个特点，一般图书都有二封，该书不但没有二封，而且连目录都印在封面的背面，大概是当年纸张紧张，这也是时代特色吧。《医宗金鉴》，人民卫生出版社，1963年版，精装两册，横排版，繁体字。《黄帝内经·素问》，人民卫生出版社，1963年版，横排版，繁体字。我从小就喜欢古文，买到这本书后，起码通读过两遍，不少篇章，尤其《黄帝内经·素问·上古天真论篇第一》，现在大部分还能背出来。《灵枢经》，人民卫生出版社，横排版，繁体字。

八、启蒙读物类

《三字经》《百家姓》《千家诗》《千字文》《幼学琼林》《龙文鞭影》《朱子治家格言》《笠翁对韵》《四字鉴略》《五字鉴》等是幼童必读之物，抗日战争全面爆发前，私塾教育在小关农村还大量存在，尽管政府要求开设国文、算术等课程，但是新式学堂招收学生太少，小关数千人的村庄仅在老君庙有一个班，绝大多数的孩子没有上学的机会，所以传统启蒙读物并没有从学堂彻底退出。小关有个笑话：某学童读书不行溜瓜嘴（小关方言，指有韵律而且能逗人发笑的话）可在行，有一次背《三字经》“经既明，方读子，撮其要，记其事”，把与同学郑继明开玩笑的话背了出来：“郑继明，赤肚子，坐龛窑，吃鸡子。”结果换来了先生一顿板子。1944年5月至1945年8月，巩县沦陷，伪政权秉承日寇“旨意”，各类学校不准使用国民政府教育部规定的教材，各地小学只好拿出“四书”“五经”及《三字经》《千字文》等启蒙读物代替国文进行教授。20世纪60年代我在白有群家看到过《五字鉴》，竖排版，五个字一格，借阅抄录了一遍，现在抄写本已经丢失，但大部分内容还能背下来，记得开篇几句是：“乾坤初开张，天地人三皇。天形如卵白，地形如卵黄。五行生万物，六合运三光。天皇十二子，地皇十一郎。”那时候小学生除了写毛笔字，还要求会作诗、对句，小关人的口头语就叫“云诗答对”，读够三年书就要会对句，因此《笠翁对韵》是必读的启蒙读物，该书我在小关见到过两种版本：一为草版，竹纸，折叠线装；一为洋版，新闻纸铅字版。《笠翁对韵》东韵：“天对地，雨对风。大陆对长空。山花对海树，赤日对苍穹。雷隐隐，雾蒙蒙。日下对天中。风高秋月白，雨霁晚霞红。牛女二星河左右，参商两曜斗西东。十月塞边，飒飒寒霜惊戍旅；三冬江上，漫漫朔雪冷渔翁。”

在我的印象中，小关村不但各类图书存量丰富，而且有几位老先生书法也非常漂亮，比较有名的有：软枣树张忠张子厚，60年代时，老先生面貌清癯，银须飘洒，为人非常和气，写得一手好字。老先生送我一本字帖——《王右军草诀歌》，开篇四句是“草圣最为难，龙蛇竞笔端。毫厘虽欲辨，体势更须完”，意思是草书的形态、书写的法度，如龙跳天门、惊蛇入草，要在笔端表现出来；末尾四句是“意到形须似，体完神亦全。斯能透肝腑，落笔自通玄”，这是对书法艺术的高度概括：不但有形，而且要有神，才能达到“通玄”。这一本字帖也被省委一位朋友拿去了。现在从书店和网上看到的都是《王羲之草诀歌》，但张子厚老先生送我的却是《王右军草诀歌》，可惜出版信息记不清了。就我所知，后闲牛超、南沟赵书太、前闲张光弟诸先生的楷体也很漂亮。

20世纪五六十年代，农村业余文化生活唱大戏不是天天有，河洛大鼓、河南坠子的演唱，听众以妇女、儿童、老人居多，青年人则比较爱聊天。冬季农闲时候，尤其是晚饭后，常常有人聚在生产队的马号院——因为那里生有火炉子、点有煤油灯——天南地北地“喷大江东”（小关方言，就是聊天儿、说闲话），这时候我特别喜欢听他们瞎侃胡连：讲故事、说笑话、谈奇闻逸事等。虽然半个多世纪过去了，有三个谜语到现在我还记得非常清晰。1.谜底“墨斗”。该谜语故事是：秦少游说了一个谜让苏东坡猜：“我有一间房，半间租与转轮王。有时射出一线光，天下邪魔不敢当。”苏东坡说猜不着，不过我有一个谜你猜猜：“我有一张琴，琴弦藏在腹。凭君马上弹，弹尽天下曲。”秦少游怎么也猜不中，回家告诉了妻子苏小妹。苏小妹说，我也有一个谜你猜猜：“我有一只船，一人摇橹一人牵。去时牵纤去，来时摇橹还。”秦少游抓耳挠腮半天也没有猜着。苏小妹莞尔一笑，说：“我的就是你的，你的就是大哥的，大哥的就是我的。”有一年正月十五元宵节，中央电视台搞了一场谜语大赛，其中就有这个谜语。1993年我买到一部书名叫《明清民歌时调集》，该书上册《挂枝儿》卷八“咏部”就收录有“墨斗”这一组谜语。2.谜底“樓米”：“长十八，短八十，八个女儿低处立；混沌看来一个字，四面看来四个不。”3.谜底“一、二、三、四、五、六、七、八、九、十”：“百万军中卷白旗，天下豪杰少人知。秦王斩了余元帅，骂得将军无马骑。唬得吾今无口应，衮衮街头脱去衣。皂人头上无白发，分尸不得带刀归。一丸好药无人点，千载终须一撇离。”80年代我在清代钱德苍的《解人颐·惊奇集》中看到了“樓米”这个字谜。“百万军中卷白旗”则出自《金瓶梅词话》第六十回。通过这几个谜语是否可以说明民国时期小关地区流传有冯梦龙编述的《挂枝儿》、钱德苍的《解人颐》和兰陵笑笑生的《金瓶梅词话》？当然这些书当年我并没有见过，只是推测。

我在小关所见过和听说过的明清及民国版本的图书，应该只是小关村古版图书的冰山一角，“文革”期间被没收烧毁和自家烧毁的图书更不知凡几。劫后孑遗应该还有一些，只是不为人知罢了。

写这一篇文字，并不是说我读了多少书，更不是说我有多大学问，意在说明两点：第一，清末及民国时期，尽管小关村同全国农村一样，尤其常年战乱导致社会经济遭受极大破坏，但文化仍然得到传承。大量图书的存在，说明小关人对文化的热爱和深厚的情结，尤其一些大户人家、书香门第，秉持耕读传家的祖训，子弟还是接受文化教育的。第二，一个人的青少年时期是一生最可雕塑的时期，如果能多接受传统文化，一生将受益无穷。当今互联网普及，小学生都会用手机上网甚至痴迷网络。国家大力倡导学习、继承传统文化，我们应该怎样教育下一代？值得思考。

小关镇的群众文化生活

○ 白俊爵

小关镇不但是巩义东部经济、文化重镇，也是群众文化娱乐生活场所。民国时期，这里有一座戏楼，遇到庙会，或者是丰收年景，有人出面请外地戏班来小关戏楼唱戏，叫唱大戏。写戏的份子钱都是老街上的生意铺和各煤窑主出的，老百姓一文钱都不用掏只管看戏就是了。大戏一般唱三天，农民都要干活，所以一般都是夜戏。那时候农村文化生活比较贫乏，只要有戏，十里八村的人，比如东边的口头、楼子沟，南边的龙门、石板，西边的孙寨、竹林沟，北边的郑沟、杜沟，都有人摸黑来小关看夜戏。关爷庙前的小广场被观众挤得满满的，站在中间的人不到煞戏别想离开。

除了大戏，河洛大鼓、河南坠子也经常在小关演出，小关人称曲艺演唱为“说书”。河洛大鼓表演一般是一个演员左手打半月形钢板，右手敲击平鼓说唱，一个乐师以坠胡伴奏（如果是两位乐师伴奏则增加二胡），伴奏还要帮腔。河洛大鼓的长篇大书（小关人叫“大本头”）有《回龙传》《剑侠英雄传》《包公案》《朱麦臣休妻》等。长篇大书有的能说十天半月甚至一个月。短篇有《拉荆笆》《罗成算卦》《小两口抬水》《小二姐做梦》《鞭打芦花》等，小关人称短篇曲目为“书帽”，主要是每天晚上正场开始前的一个小段。中华人民共和国成立前后，河洛大鼓著名艺人叶刺猬（巩县康店人）、崔坤（小关软枣树人）、张明党（小关茶庵人）、杨二会（巩县回郭镇人）等，经常在小关演出。叶刺猬等都是巩县著名艺人，他们能经常在小关演出，说明小关有一定的市场需求。由于他们演唱吐词清晰，表演欢快活泼，以手势助演唱，气氛热烈，音调抑扬顿挫得当，很受农民的欢迎，在小关有很高的知名度。谁家里有红白喜事，比如娶媳妇，给老人做寿，祈子、求财、祈求老人病愈等烧香还愿，给去世的爹娘做三周年（三年忌辰）等，都会请艺人们去演唱，请“一棚书”即一组艺人一般演唱三个晚上。每年冬春农闲季节，是艺人们最忙的时候，几乎几个月没有一天空闲，像叶刺猬、崔坤这些名艺人，都能说大本头，在这一家说三个晚上，到另一家接着往下说，听说书的也是从西沟到瓦窑，跟着听。农忙季节没有人请的时候，他们就在关爷庙前摆一张桌子，支好鼓架，月牙钢板叮叮当当一打，小鼓一敲，就唱开了。

至于听说书能产生多大影响，我举一个例子。大家都知道古代宫殿式建筑殿顶四角的挑檐上都有仙人走兽，最前边的是一个仙人骑着一只凤，其美好寓意是逢凶化吉。过去小关村有多座古建筑，例如关爷庙、老君庙、龙王庙、天爷庙、牛王庙、前闲贞节坊等，四角也都有这样的装饰，但是小关人不说仙人骑凤，而说那是“四大短人”——庞涓、韩信、周瑜、罗成，因为他们做事太短（小关方言，就是狠毒的意思），把他们放在那里，掉下来就摔死了。为什么会有这样的说法呢？我想这与大鼓书的演唱有一定关系。以罗成为例，河洛大鼓、河南坠子都有一个曲目叫《罗成算卦》，主要内容是太白金星给罗成算卦，说他本来寿命是73岁，因为做事不端被扣除50年，只剩下23岁。其中有一段唱词是这样的：

（罗成）俺徐三哥算我活到七十单三岁，好不该阳寿短我五十年。

要不是为的你的年纪大，恼一恼我揍你一顿拳。

（太白金星）本来你能活到七十单三岁，可就是，有几条大事办得不周全。

头一条，你跟秦琼是姑表弟，后花园里传枪锏。他的锏法都传完毕，你背后三枪没传完，折你的阳寿整十年。

第二条，回马枪你挑死了单安子，耽搁他夫妻青春在少年，折你的阳寿俩五年。

第三条，只因为贾家楼前来结拜，恁弟兄喝酒就在楼里边。人家把中指都咬破，鲜血滴到碗里边。你不咬中指还不算，你坐在上首为哪般？你这一请头不当紧，老天爷折你的阳寿俩五年。

第四条，十六岁你把孟州破，你招下王金娥来胡金婵，贪恋鲜花不当紧，老天爷折你的阳寿又十年。

第五条，十八岁你归了顺，保着唐王龙一盘。唐王爷一见心欢喜，在紫金殿上封高官。封你高官你不做，你叫这唐王爷口噙嚼环身鞴鞍，你扶着唐王走八步，老天爷折你的阳寿又十年。

折你的阳寿五十岁，叫军家你掐掐你算算，怎能不剩二十三。

南宋陆游有一首诗："斜阳古道赵家庄，负鼓盲翁正作场；身后是非谁管得？满村听说蔡中郎！"文艺在民众中的影响就这么大，无怪乎小关人要把仙人骑凤这一逢凶化吉的美好寓意说成是四大短人了。

除了上述活动，正月初七夜里的灯笼会也非常壮观。过去，民间普遍有火神崇拜，小关凤山寨就建有火神庙，民间传说正月初七是火神爷的生日，初七这天夜里，家家户户都要点灯盏，在老天爷、灶王爷、财神爷、门神等所有的神龛前点上灯盏。另外，火神社还要组织灯笼会，家中凡是有青壮年男子的都要参加，每人提一个灯笼，天黑以后在关爷庙前集合，由老街西头转走西沟，到南岭白家洼，再经过王家洼、南沟，绕村游一周，到南寨火神爷庙烧香上供祭祀，灯笼会游行结束。在小关老街，有的大户人家还会放个灯山，点燃一夜，全镇一片辉煌。

小关文化生活最活跃、最热闹的莫过于正月十六。这一天各村的拿手戏都要到小关表演，主要有小关西沟、西头的高跷"故事"，小关南沟村的吹奏乐器班，赵寨的大鼓、乐器、"故事"等，口头的大鼓，郑沟的舞狮子，竹林的武术，等等，热闹非凡，各村男女老幼都去观看，那真叫万人空巷。虽然我离开小关已经半个多世纪了，一想起正月十六大会仍历历在目。有一年，大概是1940年，全村搞社火，请了三台大戏，东河老君庙南河道摆大供，有海水戏班领一群女演员唱河南梆子，老街上关爷庙前的戏楼上有同庆戏班也唱河南梆子，赵寨老君庙戏楼有豫东的二夹弦戏班，实际上是三台对台戏比着唱，演员们都很卖力，那一年我只有七八岁，跟着年龄大点的孩子在三台大戏戏台下跑着看，欢乐无比。这是我所看的唯一的对台戏，所以印象十分深刻。

正月十六：小关人的狂欢节

○ 郅公林

从古代到现代，中国人不分东西南北，也不分官府和民间，正月十五元宵节是一个万民同欢的节日。但是，在小关地区，最大的民间娱乐节日是正月十六。为什么不是正月十五元宵节而是正月十六，小时候我曾经问过爷爷，爷爷也不知道，反正祖辈传下来就是过正月十六。小关正月十六的文艺大会演没有“组委会”，也没有“评委会”，只是各村有声望的热心人或者某些会社的会首出面组织，完全是一种群众性自发的自娱自乐的活动，所有参与者都没有任何报酬。尽管如此，参与程度仍然非常高，每个青壮年都把被选为本村演出队伍的一员视为荣耀。正月十六的大会演更是受到小关人的热捧，那一天绝对是万人空巷。观众就是评委。哪个村演得好，哪个村演得不好，都会评头品足。口碑的影响是很大的，因此，各村的文艺演出队为了博取好名声，没有一个人藏拙，都会使出浑身解数，与邻村一较高低。

每年一进入腊月，是农闲季节，小关地区各个村庄——小关、口头、孙寨、竹林、杜沟、郑沟、楼子沟等，都会根据本村的传统排练节目，有“故事”（踩高跷）、划旱船、二鬼扳跌、拉犟驴等戏剧、舞蹈、大水（牛皮大鼓及锣、铙、钹等敲击乐器）、小水（吹奏乐辅以敲击乐）、舞狮子、玩龙灯、吹响器（唢呐）等，以便正月十六到小关亮相，展示本村的形象。

正月十六饭时后（小关方言，即吃过早饭以后，在上午八九点钟），各村的表演队伍开始从四面八方向小关集中。所谓集中并不是集合到一个场地举行个仪式再演出，那时候什么仪式也没有，属于自由状态，各自为政，演出场地就是东河（1958年以后扩展到矿山）、小关老街、油坊地、前闲等。每个村的演出节目并不是单一的，比如说大水只有敲击乐，“故事”只有踩高跷、舞狮子单独进行的，不是这样的，不论是敲击乐还是吹奏乐，都是伴随着踩高跷、舞狮子等节目一同出场，比如孙寨村的大水和“故事”、郑沟村的舞狮子和大水等，也就是说一个村子的表演队伍是一道离开本村向小关集中的。各村表演队伍出门时，都是旌旗招展，鼓乐喧天，浩浩荡荡，十分壮观。孙寨、郑沟、口头等村的表演队伍顺序为：最前面是本村总指挥，手持一面红旗开路，紧跟着是三眼铳一对，接着是五色彩旗，最少四面，多的有十几面。乐队负责人持指挥旗一面。指挥旗后面跟着鼓、锣、铙、钹等全体乐队。队伍排开浩浩荡荡，已经引人注目，加之三眼铳不时“咚”的一声鸣放，震耳欲聋；锣鼓声、鞭炮声此起彼伏，沿途的群众谁还能坐得住，纷纷跟在队伍后面，既为看热闹也为本村呐喊助威。随着各村演出队伍的到来，人像滚雪球一样越来越多，等到各村会齐，小关村的河道里、路两边、路边的地头甚至屋顶上都是人。为了抢占一个最佳观看地点，我们这些小孩子常常早早扒拉两口饭，丢下饭碗就往外跑。队伍开始表演了，我们更是指指点点，又喊又叫，一个比一个兴奋。

民国时期和20世纪五六十年代，正月十六在小关演出的节目主要有下面几种。

1.“大水”。在我的印象中，“大水”演奏是小关正月十六狂欢节最为壮观、最为震撼人心的节目，虽然好多年没有见到那种场面了，但是回忆起来仍然历历在目，细节虽然记不清楚了，但大致场面还能说上来。“大水”是小关方言，指的是以牛皮大鼓为主的敲击乐队。小关人为什么把大型敲击乐队称为“大水”？“大水”的形制怎样？孙云灿先生的文章已经说得很清楚，这里就不再重复了。

过去，孙寨、郑沟、楼子沟、口头等村都有“大水”。一个村的乐队人数不等，一般有五六十个人，少时也有三四十人。乐队有一个管事的，相当于老总，负责乐器的添置、道具的维修、演员的训练和演出等。有一个乐队头即乐队指挥，另有一至二人保管所有乐器。这些村的乐器种类基本一样，只是数量有多有少。总体来说一个“大水”乐队全套乐器应该有这些：牛皮大鼓四面（有的多达八面），每一面大鼓配鼓槌一对（鼓槌长约八寸，一端是圆形槌头用于敲击，另一端较细便于手握，并系有红绸）；大京锣（直径二尺的大铜锣）两面，敲锣手持有一根三四尺长的木棒，木棒上有一个铁钩，将大京锣挂在钩上，这样长时间演奏不至于太累；大钹（又叫大镲，两个为一副，中间穿出一根红绸挽在演奏者手腕）八副；大铙（形状像钹，中间凸起部分比钹小）四副，大黑锣十二面，小马锣四面。各村“大水”演奏套路不尽相同，据说郑沟村的“大水”有前战鼓、后战鼓、闹天宫、忽雷炮帽等套路。楼子沟“大水”演奏套路有花继周、斗狮子等。

“大水”演奏前，先由耍丑的踩着高跷手挥马鞭（道具）转圈打开场地，同时放三声铳，观众就围上来了。锣鼓演奏，观众主要是听声音，站在圈子外围甚至远一点儿也不受影响。但是孩子们都是挤着往圈子里边钻，不但听还要看。圈子的中间是几盘大鼓，大鼓的周围是京锣、铙、钹。鼓手身穿黄衣，头戴一尺见方的黄布将四角挽成疙瘩的四棱帽，就像古代的武士一样显得十分威武。乐队指挥把红旗一举，鼓手头先用鼓槌在鼓帮上啪啪敲两声，霎时间鼓声骤起，铜器跟着鼓点伴奏，那种高亢的声音犹如雷声大作，又似万马奔腾，不禁令人血脉贲张。前文说过“大水”的演奏有多种套路，常言说“台上三分钟，台下千日功”，演奏者无不使出浑身解数向观众展示技艺。锣鼓声急快时如疾风骤雨，舒缓时像黄莺啾啾；紧凑时像山洪暴发，轻缓时如潺潺流水。鼓手有时各敲各的鼓——敲鼓心、敲鼓帮，将鼓槌抛向空中接住再敲、转身敲、进进退退敲；有时两个鼓手对敲——双手挥舞鼓槌敲敲自己的鼓，敲敲对方的鼓，敲着敲着离开鼓面互相敲击对方的鼓槌，花样繁多，令人目不暇接。一场“大水”表演一般需要30分钟，有时候表演过于出色，观众不停叫好而且不肯离去，演员也来了精神，有演奏一个小时者。

2.斗狮子。中国传统民俗认为狮子体型威武，是百兽之王，古人常说坏人如狼似虎。但民间不受狮患所害，因此对狮子有一种亲切感，把它当成威武与吉祥的象征，宫殿、庙宇、富贵人家的门前大多会安放一对石狮子，一是希望用狮子威猛的形象驱魔赶邪，二是“狮”与“师”“事”谐音，大狮子、小狮子同时登场，代表“太师”“少师”，又代表“事事如意”。因此，人们认为舞狮既可以驱邪又能带来好运。小关最有名的舞狮子属于郑沟，据说郑沟舞狮民国时期曾在米河等地演出过。

狮子皮用老山羊皮缝成，经久耐用。狮子头要先做一个木架，外边用山羊皮、石膏等料做成。狮身用彩绸数匹结花披戴，这样既使狮子显得威武雄壮又憨态可掬。狮子头的直径有一尺多，一张大嘴能开合，因为狮子的嘴大，一张一合，再配合眼珠转动，显得很有灵气，让人看起来已经是惟妙惟肖的活狮子。

舞狮子要有三个人：两人舞狮子，一人斗狮子。舞狮者下穿山羊皮裤，钻（小关方言为“躬”，说“躬进去”就是“钻进去”的意思）在狮子皮里，一人在前双手撑头，舞动狮子头左顾右盼、大嘴张合；后边一人双手要始终抓住前者腰部的带子以保证两人动作协调一致，弯着腰撑起狮子的身子并抖动尾巴。后边的人像盲人一样根本看不见外边的情况，一切都要跟着鼓点和前边舞狮者的脚步为进退。试想如果没有刻苦训练，达到动作娴熟、配合默契，要想舞好狮子是不可能的。我看郑沟舞狮虽然已经过去了好多年，现在回忆起他们精彩的表演还要为其点赞。

荷花虽好还要绿叶扶持。狮子舞得再好，也需要斗狮者的配合。斗狮者在整个舞狮活动中具有重要作用，他不但要有英雄气概，还要有良好的武功，基本条件是身段轻巧、动作灵活、套路娴熟，蹿蹦跳跃、前滚后翻、劈叉、拿大顶、打踩脚，样样都行。舞狮者身穿紧身短打武士衣，脚穿大缨彩鞋——鞋尖上缀大红缨——就像戏剧舞台上侠客的装束。斗狮者的主要道具是一个篮球大小、用竹篾编成（有许多圆孔便于抓拿）、外缠五彩丝绸的绣球。彩球上缀有多颗小铜铃，一挥一抛，“丁零零”作响，从而将观众的眼球吸引到绣球上，跟着斗狮人共进退。此外根据表演的不同内容，道具还有枪、刀、剑、梭子棍等。队伍到达表演场地后，打开场子，乐队指挥令旗一摆，鞭炮齐鸣，震耳欲聋的大鼓、铙钹敲响，卧在地下的睡狮被惊醒，摇头摆尾抖毛站立，显示出百兽之王的威武形象，斗狮者舞动绣球引导狮子入场。

狮子在锣鼓音乐声中做出各种动作，例如模仿真狮子的看、站、走、跑、跳、滚、扑、跌、睡，抖毛、搔痒、舔毛、伸腰、掏耳朵等，把武术、杂技、舞蹈动作融进舞狮中，形态细腻逼真，常常引来观众的喝彩。

在我的印象中，郑沟舞狮子最精彩的节目是大过桥和登高塔。大过桥是在并排两张八仙桌上放两把太师椅即罗圈椅子（桌子周围有人扶着椅子），先由斗狮者一个鲤鱼打挺跳上八仙桌，做一个拿大顶，即两手按椅圈，头下脚上双脚夹绣球直着倒立，然后再挥舞绣球，引逗狮子登上八仙桌。斗狮人跳下桌子，狮子登上八仙桌后，先在狭窄的边沿绕转一周，再登上太师椅，在仅有酒杯口粗细的椅子圈上绕圈，还要做出多种动作，那种惊险的场面令人叹为观止。

说起惊险，莫过于狮子登塔。先要平整好一块场地，要求绝对平整。放一张八仙桌，桌子不能有丝毫晃动。三眼铳连放三声，既驱赶邪魅又壮声威。在一阵紧锣密鼓声中，狮子绕着八仙桌转三圈，然后登上桌子摇头摆尾表演一番。鼓声一变，有人扔上一条板凳，狮子大口一张，“噙”住板凳（表演者由狮子口伸出手抓住板凳），摆头向观众展示，然后稳稳当当地将板凳放在桌子上。接着又是一阵锣鼓声，又飞起一条板凳，舞狮者再次抓住，和第一条板凳离开一定距离放好。接下来就惊险了。两条板凳放好后，狮子站上去，第三、第四条板凳飞上来，就要横着放在第一、第二条板凳上，比如第一、第二条板凳是东西向放，那么第三、第四条板凳就是南北向放，以后以此类推。随着板凳的增加，“塔”越来越高，每增高一层，舞狮都要有一番表演。我记得板凳好像能摞到七八层，八仙桌周围站有不少人，演员没有任何安全措施，在板凳摞起来的“高塔”上施展雄姿，还要做直立等多种造型，表演惊险纷呈，扣人心弦，看得我心都提到嗓子眼儿了。

古人说，“上山容易下山难”，舞狮登塔难，下塔也不是件容易事，两个人有一人踩空或是踩住板凳头，都会发生事故。好在会者不难难者不会，舞狮者胆大心细，狮子嘴叼住板凳一条一条往下扔，直到舞狮者由八仙桌上下来，登塔表演才算结束。当舞狮者脱掉狮子皮，观众的心才放下来，对他们精彩的表演发出由衷的赞叹。

3.“故事”。这里的“故事”是小关方言，全称叫“扮故事”，与汉语语词的“故事”有区别。汉语语词的“故事”有三个含义：①旧日的行事制度；例行的事。如虚应故事。②真实的或虚构的用作讲述对象的事情，有连贯性，富吸引力，能感染人。③文艺作品中用来体现主题的情节。小关方言的“故事”类似电影“故事”片，因此全称叫“扮故事”，即利用踩高跷等形式表演一出小戏或者一场舞蹈。小关的“故事”有三种：高跷（用木棍做成，高一米半，下一米为跷脚，上固定一横木为踩板，跷上部绑在腿下部）；低跷（比高跷低一尺半）；地摊（没跷）。关于高跷的具体尺寸和捆绑方式，孙云灿先生的文章已有介绍，这里就不再重复。

每年正月十六狂欢节，小关、孙寨、楼子沟、杜沟、口头等村都有“故事”队，而且各有所长。孙寨的“故事”，一有大水伴奏，铿锵有力、震撼人心的锣鼓声能迅速聚拢人气；二有扮相逗人、善于随机应变触景生情说一套顺口溜的小丑，也能吸引观众的眼球。孙云灿先生的文章对赵寨的“故事”已有比较详尽的记述，本文主要说一下小关村的“故事”。

小关村的“故事”是以演技和道具见长。大家知道，民国年间小关村就办有戏班，我在《自娱自乐办剧团》一文中已作了记述。小关村戏班有豫剧演出的全部乐器，有蟒袍头饰等整套的行头，生、末、净、旦、丑行当齐全，有登台演出的经验和剧目，这些都为扮“故事”提供了有利的条件。

扮“故事”的道具和演员角色，都是根据表演的节目内容而定。如果演武戏，就要有枪、刀、剑等；如果演文戏，就不需要这些了。坤角离不开扇子，生角则是扇子、马鞭不离手。与舞台演出不同的是：扮“故事”是高跷演出，即使花旦、青衣也不能像舞台演出那样走路好似风摆柳，而是需要不停地扭动。演武戏，尽管有武打场面，也只是抡刀舞枪花架子，翻跟斗是免谈了。

小关村的“故事”队伍与郑沟村的大水舞狮子、孙寨村的大水“故事”队伍一样，浩浩荡荡，最前边是一对三眼铳，队伍未曾出动，三眼铳先朝天连放六声，与此同时上万头的火鞭（鞭炮）点燃，噼里啪啦震耳欲聋，既为清道也为先声夺人。三眼铳和鞭炮放罢，鼓乐齐鸣，队伍开始出动。前边是指挥旗、彩旗，紧接着是豫剧伴奏时的全套乐器——大锣、墩子鼓、马锣、铙、钹等敲击乐，板胡、二胡、三弦、琵琶、笙、嗡子、唢呐等管弦乐。演员前有一丑角，俗称卖膏药的。撑一把红色破纸伞，伞戗上挂着大红炮、红辣椒等杂物，一手拿破芭蕉扇，头戴破毡帽，身穿长短不齐的滑稽衣服，类似戏剧中的济公形象。好的小丑能随机应变唱一些顺口溜，顺口溜不求文辞只要押韵，语言滑稽，能引人发笑就行。小关村的“故事”演出的节目有《梁山伯与祝英台》《白蛇传》《黄鹤楼》《上门楼》等选场即折子戏。

小关村的“故事”给我印象最深的是在老街戏楼前广场演出的折子戏《十八里相送》。扮演梁山伯、祝英台的演员是谁我记不清楚了，只记得他们唱得声情并茂，把梁山伯的憨厚、祝英台的多情演绎得淋漓尽致。配上鲜艳的戏装、悦耳的丝竹，把观众全都吸引过来了，老街被堵得水泄不通，从关爷庙往东直到东河，各村的表演队伍只能就地等待演出。小关村的“故事”在老街表演完后，人们意犹未尽，大群人尾随着来到前闲。当年出戏楼过道到前闲西院，上个小坡，还有个残缺的券门。小关村的“故事”刚刚歇息了一会儿，观众就起哄喊叫着再演。这样的场面对演员也是极大的鼓舞，于是又演了一场《十八里相送》，按照现在的话说就叫答谢观众的厚爱。

小关村扮“故事”有个小插曲。有一年小关村的“故事”演《上门楼》，扮演王三思的演员抱着一个布娃娃，布娃娃张着嘴巴，肚子是空的，腹部安装一个能发声的簧——小关方言叫“鸣儿”。王三思每次到了卖日用杂货等商铺门前，都会将布娃娃往前一送，然后朝布娃娃肚子上一拍，布娃娃发出哇哇的声音，王三思就说：“孩子饿了，给俩钱买个烧饼吃吧。”商家一笑，递过来两三个制钱顺手丢进布娃娃的嘴里，王三思将布娃娃一竖，制钱进了肚子。要是到了卖糖果子（小关方言，指糕点）、落花生、核桃等商贩摊前，也会一拍布娃娃说：“孩子饿了，给块糖果子（花生、核桃）吃吧。”小商贩也会顺手递过来一点儿果品。这样一条老街走不到头，布娃娃的肚子就装满了。在这个过程中，多数商家都会说两句好听的话，图个大家吉利：“××，恭喜你，添丁进口。”也有个别小贩不愿意出东西，会出口不逊，说：“大年下抱个死孩子，晦气，不给。”王三思也不客气，会回奉道：“死孩子找上了你的门，看你今年生意还咋做。”

4.二鬼扳跌、跑旱船、拉犟驴。这些项目在小关地区的民间娱乐中，严格说起来都属于“故事”里边的小项，因为情节较短、角色较少、场面较小，不能单独演出，是“故事”表演时的一个节目。我之所以把它们单独列出来，一是因为这些节目大多滑稽幽默，有独特的趣味；二是因为它们在观众中有较大的影响力，而且基本上已经失传。故此将其与“故事”并列加以记述。

先说二鬼扳跌。二鬼扳跌是一个演员演两个角色。道具是在一木架上安装一个“鬼头”，从脖子到裆部做一个大外套，表演时一个演员钻进外套里，头上戴一个假面具；再做两只假胳臂与演员的胳臂互相缠绕抱着不动，给人以难解难分之势。下身有演员的两条腿，再做两条假腿，演员的两只手伸进去控制这两条假腿走路。表演者在表演时，双手各握一条假腿作为一鬼的腿，表演者的双腿作为另一鬼的腿。表演时两个鬼互相对视，手脚并用，一走一歪犹如扳跌的滑稽形象，因此叫二鬼扳跌。

我看过的二鬼扳跌表演场面是：先是两个鬼站着摇头晃脑地吵架，表演者模仿两个鬼的声音一高一低，越吵越激烈，看和听起来热闹，但不知道吵的是什么。吵着吵着纷争开始升级，下边四条腿开始踢，你踢我一脚，我踢你一腿，抡、转、扫、踢、挡、挑、抱摔、双跪、单跪、麻花缠等动作交替互用，互踢互绊扭打在一起，犹如真人摔跤一样，打得难解难分。踢着踢着不解恨，嘴里吵着假腿往真腿上一缠，“扑通”一声，二鬼摔倒在地。这一下更来劲儿了，上边四肢本就缠绕着，下边四肢也缠到了一块儿，开始不停地滚、翻，一会儿鹞子翻身，一会儿就地十八滚，随着锣鼓节奏加快，二鬼的动作越来越快，让人看得目不暇接。

二鬼扳跌通过表演者腿、背、臂的活动，展现出扳、跌、踢、缠、滚、翻等动作，给观众以二鬼打斗扳跌的喜剧效果，动作滑稽，妙趣横生。

其次说一下跑旱船。跑旱船的道具主要是用细竹竿绑成船形的架子，有船帮无船底，船形骨架的中间用竹竿绑个“井”字架，井口既是船舱的部位，也是表演者的部位。船的骨架绑好后，船帮周围用彩绸围起来，用一根红布条拴在船舱内的两边沿，演出时表演者将红布条架在肩膀上，等于把船背了起来，露出上半身。两手握住船舱的两边，表演时摆动旱船漂移前行。

跑旱船表演的一般是花旦戏，例如《走娘家》《断桥》等。乘船女演员站在船中，在乐队的伴奏下，一边演唱一边以细碎脚步行走，船身在场上来回游动，十分逼真。

旱船的前边有一名艄公做出各种各样的划船动作。有时风平浪静，小船平稳缓行，这是给演员展示演唱的功夫；有时狂风恶浪，小船颠簸摇摆，女演员在鼓乐的伴奏下做出各种动作，这是展示舞蹈功夫。有时顺风顺水，艄公船桨一挥，女演员走快速碎步，船身保持平稳的状态，犹如在水面上漂动。乘船者与艄公配合默契，时起时伏，随着波浪旋转、颠簸，给人一种身临其境的生动画面。还有一人饰演小丑，涂抹白鼻凹，手拿破蒲扇在旱船周围来回转动，做出各种滑稽动作以引观众哄笑。

再说一下拉犟驴。犟驴是用竹篾编扎成驴的形状，但是没有腿，外用彩绸装饰。驴脖带着串铃，驴头一摆发出一串清脆的铃声。拉犟驴一般是一男一女两个演员表演，女演员骑驴、男演员赶脚。女演员站在驴腹部，将扎架绑在身上，像骑着一样。

“拉犟驴”表演主要在驴的“犟”字上。犟就是脾气倔，不听话。如果某人固执，脾气倔，小关人会说：“那是犟驴，牵着不走打了倒退。”这说明拉犟驴表演能否成功，就要看骑驴者对“犟”字的驾驭和演技了。当然，赶脚虽是配角，同样有着举足轻重的作用，拉、拽、甩鞭，动作、表情、对话都要配合得当。

表演队伍打开场子，毛驴头仰天伸着脖子“哇——哇——”一阵大叫，接着犟着脖子尥着蹶子，拽着赶脚的趔趔趄趄跑进场子，这就叫先声夺人，给人一个犟驴的印象，逗得观众捧腹大笑。

犟驴跑过一个圆场，还要犟着脖子拽着赶脚的乱跑。骑驴的吓得花容失色，拉紧驴嚼口，害怕摔下来。赶脚的勒紧缰绳，与犟驴争持不下，犟驴一边仰头大叫，一边尥蹶子乱踢，被赶脚的猛拉纼子，犟驴这才停了下来。接着是赶脚的和骑驴的以舞蹈表演骑驴过河、上坡、下坡、卧驴等动作，表演真切、细腻，既表现了骑驴者的各种技巧，又刻画了毛驴的犟。赶脚的与骑驴的之间的幽默对话，常常逗得观众笑得前仰后合。

拉犟驴表演的基本舞蹈步法采用小花步。毛驴撒欢、蹦跳，既张扬其倔强调皮，又凸显其朴拙可爱；赶脚的憨厚朴实，骑驴的善良直率、乐观风趣，都表现得淋漓尽致。特别是犟驴踢人一段，通过打、抽、拉等舞蹈动作，那幽默诙谐、滑稽有趣的表演，营造出了一种轻松欢快的喜剧情调。

当年的故事队伍中，以小关、段河的拉犟驴表演最出色。

5.小水。小关人说的“小水”，是相对于“大水”而言的。大水以敲击乐器为主，阵容宏大，铿锵有力，给人以豪迈之感；“小水”则是以管乐即吹乐器为主，以小马锣等铜器配合，演奏的乐曲如和风细雨，温润细腻，沁人心脾。两者相比，各有其长。这里借用宋代俞文豹《吹剑录》中对苏轼和柳永词评价的一段话注释“大水”“小水”，似有参考价值。俞文豹《吹剑录》载，苏东坡在玉堂，有一人善唱歌，就问他：“我的词和柳永的相比，谁的好？”对方回答说：“柳郎中词只好十七八女孩儿，执红牙拍板，唱‘杨柳岸晓风残月’，学士词须关西大汉，执铁板唱‘大江东去’。”公为之绝倒。

小水的主要乐器有吹奏乐、击打乐两类，按照行话，前者叫“上会首”，乐器有铜管子一支，笙、横笛各四至八支。后者叫“下会首”，乐器有墩子鼓、边鼓、梆子、手板、木鱼、小马锣各一个，铰子、铙、钹各一至四个。

小水到小关演出时的队列，与孙寨、小关的故事、郑沟的舞狮子等大同小异，都有指挥旗、三眼铳、彩旗、乐器等。常言说“萝卜白菜各有所爱”，人们的欣赏角度也不相同，有人喜欢汹涌澎湃的惊涛巨浪，有人喜欢叮咚清澈的山间溪流。小水的演出照样得到人们的热捧。尤其是笙的演奏。

笙主要由笙簧、笙苗即笙体上的许多长短不一的竹管（这些竹管多用紫竹制作）和笙斗即连接吹口的笙底座三部分构成。每一竹管的下端嵌接有木制笙脚以装簧片（簧片，小关人叫“鸣儿”，现代簧片多用响铜，但是小关的笙鸣儿大多是由五指岭教练坑的苇子所做），吹气及吸气簧片皆能发声，其音色清越、高雅，音质柔和、圆润、清晰。笙有十七簧、二十一簧和三十六簧三种规格。吹笙看起来容易，真要把曲子演奏好却很难，尤其三十六簧的笙，发声既分吹气、吸气，发音的“鸣儿”又多，有的人学了几个月也吹不好，故小关有一句方言，如果某人反应不灵敏，就会说“他是个木糊笙”。

小水在小关演出时，最受老人、妇女的欢迎，一是他们无法像年轻人那样到人山人海的舞狮子等表演场地去拥挤，二是小水的乐曲适合他们的欣赏口味。20世纪60年代前，楼子沟、大山怀、杜沟等村的小水就很受欢迎。

6.竹林村（今为竹林镇）的武术表演也很有名。竹林武术分器械、拳脚两大类。器械有刀、枪、剑、双节棍、三节棍等，拳脚有单人表演、两人或者多人对打。有一年正月十六在西头看竹林武术表演，人太多站不下，路南是一片菜园，年前下的雪还没有消尽，地上都是白雪，好多人就站在雪地里看表演。给我印象最深的是地躺刀。武师手持雪亮的双刀，上下飞舞，只见刀光不见人影；舞着舞着躺倒在地，就地十八滚，两把钢刀随着翻滚的身子旋转砍杀，上护其头下护其身。那时候我根本不知道什么叫武术，只知道人家双刀耍得好，看得我眼花缭乱。后来，我们村好几个孩子都用木板做一把“刀”，有模有样地胡乱挥舞。

小关正月十六民间文艺大会演，除了上边说的节目，我记得还有龙灯、竹马等，可惜具体情节都想不起来了。

正月十六这一天，小关村的居民可以说全部投入了这个狂欢的节日，除了参与扮“故事”的演员，家家都会关门闭户，扶老携幼，到会上看演出。即使是家庭主妇们，也会停下纺花织布和针线活儿，轻松愉快地歇一天。到了中午，人们还会邀请外村来小关看演出的亲友到家里吃饭。孩子们和年轻人更是高兴得不得了，从街东头跑到街西头，再从街西头跑到街东头，真像小说中说的“只恨爹娘少生两条腿”，恨不能将所有的节目一个不落看过来。正月十六过后十天半月，会上各村的演出绝对是村民们茶余饭后聊天的中心话题。

正月十六不仅有丰富多彩的文艺演出，而且商品意识浓厚的行商坐贾也不会放过这个做生意的大好时机，各地的商人都会云集小关，尤其是卖吃食的，如烧饼、胡辣汤、蒸馍、蒸包、水煎包、面条、豆腐汤、烧鸡、酱牛肉、垛子肉等，应有尽有。再就是卖小孩玩具的，如响棒槌、拨浪鼓、皮老虎、琉璃咯嘣等，五花八门，吸引着孩子们的目光。

小关正月十六各村的演出，其内容之丰富，演艺之精湛，文化寓意之深刻，绝不是我一篇小文所能涵盖得了的。比如郑沟、孙寨等村大水演奏曲子套路的名称（黑驴滚阵、乌鸦垒窝、小开门、赞十回）、表演方式（鼓点敲击、脚步进退）等，如果作为非物质文化遗产予以挖掘整理，恐怕可以写成一本专著了。

自娱自乐办剧团

○ 郅公林

小关人不但勤奋，肯吃苦，为人善良，而且热爱生活。农耕时代，农民的文化生活贫乏，庙会成为娱乐的主要形式。庙会期间，赶会者什么人都有，农民要出卖农副产品，购买生产生活用品；走江湖的以打把式卖艺、占卜算卦来赚钱。而聚拢人气，把庙会推向高潮则主要靠戏剧的演出——唱大戏是最为吸引人的了。有的戏迷——现在叫票友，为了看夜戏占到好位置可以不喝汤（吃晚饭）。小关有一个笑话：一个戏迷夜里睡得正香，被老婆一伸腿蹬醒了，此人大怒，说："我才到戏楼底下你给我蹬醒了，这场戏算看不成了。"老婆说："那你快睡吧，戏还没有开场哩。"虽然这是个笑话，但做梦都在看戏，可见小关人对戏剧痴迷到何种程度。在小关还发生过一件与演戏有关的事：民国后期，小关商会筹钱给关老爷唱戏，请了一个在巩县、荥阳一带有名的戏班，当然戏价也比较高。在小关戏楼演出时，观众密密麻麻黑压压一片，可谓针插不进水泼不入。戏楼上的演员声音高亢洪亮，吐字清晰，武打时扣人心弦，坤角行走如风摆杨柳。除此之外，蟒靠鲜亮，器乐配合得当。主演一亮相就引来一片叫好声——那时候不是鼓掌，而是大声地叫"好"，一人叫好众人跟着叫，演出中间更是叫好声不断。可以说"手眼身法步"这五种技法、"唱念做打"这四种基本功都十分到位，充分展示了该戏班演员的戏曲表演艺术修养。演出正在高潮的时候，台下忽然有人高声叫道："错了错了，关门捏锁两个指头咋捏到一块了？"过去锁门用的都是铁锁，长两三寸，上面一个铁鼻，人们常说的"铁将军把门"就是这个意思，所以锁门两个指头是不可能捏在一起的。人都有从众心理，有人这么一叫，台下跟着起哄："扣钱！扣钱！"戏演不下去了，掌班的只好出来道歉。这件事刚刚平息，过了一会儿，台下一位盲人叫道："二弦咋没声了？"盲人看不到但是听得很认真，他这么一叫，台下又是一阵起哄。这一次掌班的有点儿不高兴了，站在台口说道："手势错了，是我们功夫不够，二弦没声音是弦断了，换弦得有点时间，这也算错？"小关管事的打了个圆场，总算平息了。这件事说明一个问题：小关人对戏剧的热爱几乎到了狂热的程度，而且有一定的欣赏能力。

小关人既然如此喜欢戏剧，有人就想，干脆自己办个剧团吧，这一提议得到小关商会的拥护和支持。于是由小关的绅士——按现在的话说叫地方精英，按农民的话说叫管事的，出面协调小关街各商铺、小关煤窑老板等出钱，置办了全部行头，全套敲打器乐、管弦器乐、幕布，还有几个钉有铜扣的精美戏箱。

万事俱备，只欠东风。硬件齐全后开始组织戏班。几个有唱戏天赋的青年凑在一块儿，小关戏班就应运而生了。这些青年有的嗓音洪亮，有的嗓音柔软，有的嗓音醇厚；有的步伐稳重，有的轻盈潇洒，有的动作豪放大开大合。于是根据各人的特点进行了角色分工。虽然戏班行头是由管事的出面购置，但是对戏班的管理需要内行，管事的只是过问大事，至于戏班人员的组成、角色分工、剧目排练，统统由掌班负责，从这件事情上也体现出小关人的民主意识和外行不干涉内行的传统。

具体说小关戏班是什么年代成立的，因为当事人多已作古没有留下口碑资料，《小关志》（巩县小关乡乡志编写组，一九八六年）第八篇第二章第三节有两段资料，可以参考。

“五圣班。民国前期，小关镇有戏班取名‘五圣班’，活跃于邻县登封、密县、偃师、荥阳等地。民国二十三年前后，五圣班在登封大金店演戏，被当地恶霸霸占了戏箱和道具。直到20世纪50年代初，由区长许英出面才把一部分戏箱从大金店弄回，并利用这部分资财重新组成小关剧团。”“小关农民业余剧团。小关农民业余剧团成立于1949年。戏服道具（原文如此——引者）最初是利用从登封大金店追寻回的民国三十三年小关镇‘五圣班’失落在那里的部分戏箱和1950年禹县曲剧团在小关散伙时买下的全部戏装和道具。1950年年底，戏班以故事形式到新中煤矿（原豫兴煤矿）慰问演出，受到煤矿支持，以几万斤煤炭赠送。区政府以煤价又购置了一批戏装，完善装备了业余剧团。”

上引资料尽管有矛盾之处（关于“五圣班”的戏箱在登封大金店被霸占的时间，先说是“民国二十三年前后”即1934年前后，后又把时间定在“民国三十三年”即1944年），但可以肯定的是20世纪40年代中期，小关村已经有戏班的存在。另外，上引资料还给我们提供了三点信息。一是民国时期小关村的戏班名字叫“五圣班”。清朝和民国时期，不但商铺有字号，戏班也有名字，如四大徽班之“三庆班”“四喜班”“春台班”“和春班”。“五圣班”不只在小关演出，还到百里之外的登封大金店演出，说明其不仅行头好，而且角色齐全，演员的“手眼身法步”五种技法和“唱念做打”四种基本功也都不错，能演出大型戏，否则大金店不会跑到小关来写戏。二是中华人民共和国成立后，社会稳定，人民安居乐业，小关人办剧团的热情更加高涨，1950年年底就成立了小关农民业余剧团。三是小关戏班的行头全部是民间集资置办的。民国时期自不必说，20世纪50年代初期，农村经济凋敝，百废待兴，政府有限的资金首先要用于恢复生产。小关剧团成立两年后，1952年12月，小关区卫生所成立时，巩县人民政府投入的资金仅有500元（应是折合新币），用于购置药品、医疗器械等。以此推测，1950年买下的禹县曲剧团散伙时的全部戏装和道具的费用，应是小关老街商户所集资（1950年还没有进行资本主义工商业改造）；区政府以煤价购置的戏装——这几万斤煤炭（20世纪60年代，新中煤矿的黄煤经过几次调价，价格是每百斤0.735元，1万斤是73.50元）是小关剧团在琉璃庙沟豫兴煤矿演出时获得的，也就是说并不是区政府的投资。

民国时期小关戏班的演员都有谁，现在没有人能够说上来。但可以肯定的是生末净旦丑角色齐全。据我所知，20世纪50年代小关剧团的演员有：老生——前纸坊王俊卿，武生——瓦窑张占召，青衣（老旦）——西沟李金盈，花旦（闺门旦）——西沟张远定，净——老坟沟（1958年后搬到东弯）张纯，丑——前纸坊王彦；板胡——瓦窑张八，二胡——前阌康公一。戏班成员还有西头张准、张爵、张佑、张三营，他们的角色记不准，掌班、鼓师、箱官等这些重要角色是谁，我就说不上来了。

小关剧团演员整体素质较高，他们都有出色的表演技术，演出的时候常常会引起台下接连不断的叫好声，当然这里边不排除感情因素，演员排练、演出都是一种爱好，白尽义务，演员全是本村的，相互都认识，叫好也是对他们的鼓励。那时候是熟人社会，世世代代都居住在小关，没有流动，谁家大门朝哪儿，家有几口人、几孔窑、几间房，门前长着什么树都知道。但这些演员毕竟是普通百姓，知名度并不高，在台上演出扩大了知名度，走在路上人们老远就会打招呼，夸奖几句“唱得好”，演员得到村民的认可，表演就更加投入了。另外，演出的剧目都是惩恶扬善，从而也鞭策演员要做“正人君子”，所以后来就有人曾长期担任大队、生产队干部，因为西起玉皇庙东到两河口只有这一个行头好、角色齐的戏班，而且演出效果还不错，一时间声名鹊起。据乡志所载和老人们的传说，小关戏班当时曾应邀到泗水、荥阳、登封、密县、偃师等地演出过。

20世纪50年代，小关剧团排演的古装戏有：《黄鹤楼》（又名《三江口》），张纯饰刘备，张远定饰孙尚香，张占召饰赵云，李金盈饰吴国太。《劈山救母》，张占召饰沉香，其他都想不起来了。这里边需要特别提及的有几位：一是张纯。张纯小时候没有上过学，连自己的名字都不会写，但他学戏特别用心，一部大戏不但唱词背得滚瓜烂熟，而且演出中间如果别人忘了台词他还会提醒。张纯不但唱腔好，字正腔圆，韵味深厚，抑扬顿挫也很有分寸，而且演戏还非常投入，演唱时配合手势、走势、表情，常常换来台下阵阵叫好声。比如《黄鹤楼》，刘备被周瑜用计困在黄鹤楼上，急得团团转，不由得悲从中来，痛哭流涕。这一板戏比较长，张纯唱得声情并茂，十分感人，于是在小关就流行一句俗语——看你哭哩像刘备样。再一位是张远定。张远定不但身材颀长，肤色白皙，而且嗓音清脆圆润，表演细腻大方，吐字清晰，也是小关戏班的台柱子。张占召在《劈山救母》中饰沉香，同样把这个人物塑造得非常成功。张占召唱腔豪放有力，动作大开大合，手持宣花斧唱念做打，将沉香为救母不顾强敌、艰险的形象塑造得淋漓尽致。

时间到了20世纪60年代，那个时候“以阶级斗争为纲”，尤其意识形态领域更是如此，不但文化部门办的剧团大唱样板戏和新编现代戏，就是农村业余剧团也跟着移植样板戏即排演现代戏。河南省豫剧团在创作演出《朝阳沟》《李双双》等现代戏之后，又先后推出了《人欢马叫》《社长的女儿》。

小关大队的业余剧团因三年自然灾害曾低落一阵。经济好转后，随着农民生活水平的改善和党的宣传政策的提倡，1963年，在小关大队党支部、管委会的支持下，小关业余剧团重新进行了组建。这次组建吸收了503厂（郑州铝厂）小关矿山几位热爱戏曲的职工，另外，业余剧团重新组建时，时任大队团支部书记马树行和爱好文艺的李振廷，多次向大队干部提议增加年轻人。大队领导采纳了他们的意见，演员、乐队都吸收了一批热爱文艺事业的男女青年予以培养。我也有幸参加了新组建的剧团。回忆新组建的小关业余剧团情况是：

团长：张占钊（时任小关大队大队长）

导演：李金盈

箱官：赵　斗（负责保管戏装、道具、乐器）

演员：张占钊（武生）、李金盈（青衣）、张纯（老生）、张远定（花旦）、张三应（小生）、王彦（丑角）、王俊卿　（老生）、张爵（花脸）、张忠良（武生，矿山职工），周殿英、赵古朵、张明志、张准、郅六彦、张林报六人为跑龙套。

新增女演员：康玉霞、赵五妮、张桂芬、崔桂芳、张坤中、孙雪、张金凤、张玉英、王桂珍等。

乐队：张成恩（司鼓）、崔彦章（曲胡）、陈照敏（二胡），乐队成员还有矿山职工王思照（板胡）、范圈（二胡）、王新发（二胡）、耿进才（三弦）、赵治国（笙）。

乐队吸收、培养的青年有：郅守臣（大锣，后改司鼓）、王保罗（板胡）、张林科（小锣，后改司鼓）、张鹤鸣（小锣，后改司鼓）、张明轩（手钗）、郅公林（梆子）、王宏亮（笛子）。

小关业余剧团重新组建后，以老带新，新老交替，焕发出蓬勃生机。如上文所述，张占召、张纯等继续活跃在舞台上，而且有一批女演员走上舞台，她们有西头张桂芬、前闲康玉霞、南沟赵五妮等。鼓乐班的新生力量更多，王保罗（原住王家凹，1965年搬东弯）就是头弦——拉板胡。在张占召等大队干部的主持、支持下，小关剧团也排练并演出了《人欢马叫》和《社长的女儿》。

《人欢马叫》的主要剧情是：

某县小吴庄生产队在夏收夏种的农忙时期，饲养员刘自得以给牲口拉饲料为名，偷用队里的大红马磨面，与小贩徐富贵合伙做生意赚钱。当社员们批评他时，刘自得依仗有喂牲口的技术，以交鞭子要挟生产队。刘自得的亲家、共产党员吴广兴在大队长和全体社员的支持下，挑起了喂牲口的重担。刘自得想利用儿女亲家的私情借牲口磨面做小生意，遭到吴广兴的拒绝，两家有了隔阂。后来刘自得认识到自己的错误，决心丢掉个人打算，跟着大家走集体富裕的道路。两年后，小吴庄生产队的大牲畜在吴广兴的精心饲养下，已是膘肥体壮。在这场戏中，张占召饰吴广兴，因为他就是小关大队大队长，大概对农村的情况和党的政策理解比较深刻，故表演非常成功。虽然时间如流水已经过去半个世纪了，张占召也已经作古，但是有几段唱词让我至今难忘。吴广兴的老伴关大娘劝他不要因为公家牲口的事得罪亲家，吴广兴和老伴有一段对唱：

吴广兴唱：

宽他娘一句话刺疼了我，
你忘了旧社会，咱经历的磨难多又多，可是多又多！
那时节咱无房又无地，在南山开了几片望山坡。
巴明起早咱把南山上，我肩背镢头你把锨扛着。
我一镢头，你一锨，石头把咱的手震破。
我的手里里外外裂口子，你的手也肿成发面馍。
我看看你啊，你看看我，我把你心疼你心里怜惜我。
四只眼相对把泪落。
抬头看天天晌午，低头看地，半天没有开够两耙多。
我撩起衣巾擦擦汗，你袖口沾泪把话说。
吴大娘唱：
宽他爹，咱要是有头小毛驴，你在后边扶犁子，我在前边把驴牵着。
深一犁，浅一犁，也比咱镢头刨，铁锨剜，一镢一锨强得多。
心是那样想啊，嘴是那样说——
吴广兴唱：
天天等，月月盼，等来盼去还是把咱的手磨破。
吴大娘唱：
二十岁盼到三十岁——
吴广兴唱：三十岁盼到四十多。
吴大娘唱：夜里做的是牲口梦——
吴广兴唱：年年干的牛马活。
吴大娘唱：日子如同刀上过，刀上过！半辈子——
吴广兴唱：连一根牲口毛也没有摸着……

康玉霞和张三营演出的《社长的女儿》同样很成功。当年康玉霞也就是二十岁左右，是小关第一批登上舞台的女演员之一。她的动作舒展大方，加上年轻、有文化，理解能力强，能与角色融为一体，初次登台便得到观众的好评。

1965年起，各大队普遍办毛泽东思想文艺宣传队，公社党委宣传委员主抓此事，公社还经常组织会演。小关大队毛泽东思想文艺宣传队也应运而生。不过这时的宣传队已经是一代新人换旧人，宣传队员全部是十八九岁的男女青年，主要有王保罗、赵金普、赵金栓、张坤中、房雪芬、张元彩、崔桂芳等。王保罗可谓多才多艺，拉板胡、唱戏、唱歌、说对口词，样样在行。尤其他和张坤中合作表演的《老两口读毛选》和

《逛新城》，至今令人难忘。

乌飞兔走，冬去春来，上述这些都成了往事。不但张占召、张纯等小关的老一辈艺术家先后谢世，20世纪60年代成长起来的文艺爱好者也都年近古稀，王保罗、崔桂芳且已作古，令人不禁唏嘘。

新时期有现代人的娱乐方式，但在继承和弘扬传统文化——小关人如何继承小关的传统文化时，是否也应该记住或者起码知道那一段岁月？这是我撰写本文的初衷。

小关戏院的变迁

○ 郅公林

农耕时代，从朝廷到民间，祭祀都是一件非常重要的事情。明清时期小关镇建有多座庙宇，大型的祭祀、庙会，都有戏班演出助兴，演戏既是娱神也是娱人。那个时代乡间的娱乐活动和项目十分贫乏，演戏自然是最主要的娱乐活动了。在古代社会，人们认为龙王爷是管雨的，孙猴子本领大也能偷来雨水，因此遇到旱天，人们就会在龙王庙、猴爷庙祈雨，下雨后就要还愿，还愿就要唱戏。比如小关的龙王庙、口头半坡的猴爷庙等，除庙会外还常常因为祈雨还愿而唱戏，只是这些地方唱戏都是临时搭的戏台。小关附近有两处风雨戏台，一在小关街西二里多地的赵寨村口，正对着老君庙；一在小关街正中间，对着关爷庙。这两座戏台都是上下两层，所以人们称之为戏楼。老君庙戏楼因为位置相对较偏，故一年中演戏较少；也因为位置较偏故而如今还在。小关街戏楼地处小关老街正中，老街是小关地区政治、经济、文化中心，方圆数十里商业活动主要在小关街，商铺多集资就相对容易，因而小关关爷庙就修建得巍峨壮观，成为小关地区影响最大、信众最多的庙宇，为了给老关爷唱戏而建的戏楼，同样是老街的建筑精品。为了酬神、娱人，清朝及民国时期，每年都有多场大戏在小关戏楼演出。中华人民共和国成立后，这里已经不能适应观众的需求，演出场地不断改变。本文所记述的就是小关剧院的变化，从中也可以看出随着社会的发展小关人对文化生活的渴望与追求。

清朝和民国时期，小关同全国各地一样，是以小农经济为主的农耕社会，农民日出而作、日落而息，如果有人白天在外边转悠，就会被人们指责为游手好闲。为了适应农村的环境，除了特定的酬神演出及大型庙会，演戏一般都在夜里，所以叫夜戏。

夜戏演出的时间无论冬夏都在日落一个小时左右，这都是非常人性化的替农民尤其离小关村较远的农民着想，因为农民劳作都要日落后才收工，回家吃过饭天就黑透了。另外小关的夜戏常常会吸引周边村庄如竹林、孙寨、冯寨、杜沟、口头、楼子沟、龙门等地的戏迷前来观看，也要照顾到他们能够在开戏前赶到小关。演出前要先敲打一阵锣鼓。那个时代天一黑，各家就会关门闭户，小关人称这时候为“人脚定”，就是路无行人，几乎是万籁俱寂，铿锵的锣鼓声会传出很远，这是告诉人们快要开戏了。第二遍锣鼓后，要出来一位或者两位“压台官”，搬把椅子坐在台口不说不动，时间长了台下就会起哄，但是“压台官”任凭风浪起，稳坐钓鱼船，对台下的起哄充耳不闻。其实这是一种惯例，“压台官”和观众都知道是在等时间，起哄也没有用。西头张爵就常做“压台官”。有时候“压台官”也会说或者唱两句，缓和一下气氛。我在小时候就见过这样的场面：一个“压台官”出场，手拿一根马鞭，绕着台子转了一圈，站在台口大声说道：“拉马来到潼关，不知此是何地，待我下马一观。只见上面写着三个大字：呜呼呀‘潼关’。”这句话很有意思，主要是嘲笑有的人说话自相矛盾：既然“拉马”就是走路而没有骑马，何来“下马”一观？“三个大字”竟然是“潼关”，不过是让人发笑而已。前几年看报纸，见过去南方农村演戏有类似的场面，不过不叫“压台官”而叫“跳加官”，手拿纸糊的大元宝和官帽子往台下扔，让观众抢，抢到的图个吉利，这和小关的“压台官”作用相同。

小关街戏楼正对着关爷庙，关爷庙山门大开，意思是请关老爷看戏；山门前两边的看台是头面人物的专席，看台高出老街路面一米多，戏楼前的广场北高南低，广场的人再多也不会遮挡看台绅士的视线。戏楼东边花坛是女观众的专席，男人们都在戏楼下面到关爷庙之间的广场。这个广场能容纳五六百人，面积虽然不大，在老街来说已经不小了，但是由于观众太多，往往是人挨着人排在那里，中间的观众谁也别想挤出人群，哪怕急着撒尿也不行。过去粮食少，农民的晚饭就叫“喝汤”，顾名思义都是稀汤，有的人为了看戏又害怕撒尿就要空着肚子。中华人民共和国成立后，小关老街的商铺实行私房改造，戏楼东边是小关税务所，西边属于小关供销社，既然都是公家的房屋，看戏时有的人去晚了就上到房顶上看，也算当时的一道风景吧。

民国时期，小关演夜戏照明用的是生铁铸的大铁灯。戏楼前边左右两根柱子上各有一块木板，上面放大铁灯，照明用的是植物油。为了保证亮度让观众能看清楚演员表演，铁灯很大，长有近尺，宽约一拃，灯芯也很粗，发出的光芒足以照亮不大的戏台，小关人形象地叫这种铁灯为“老鳖灯”。往铁灯里添一次油大约能用一个小时。油灯有一个毛病就是结灯花，点一会儿灯芯就成了焦头，光线就不亮了，这就需要把灯花剪掉，因此唱夜戏的时候要有一个人手拿一把剪刀专门剪灯花，俗称打焦头。后来有了煤油，就不用植物油了，煤油虽然亮度好一些，但灯芯细了亮度不够，灯芯粗了又会冒黑烟，照样还要剪灯花，只是剪一次间隔的时间稍长一点儿罢了。20世纪50年代中期有了汽灯，汽灯有一尺多高，燃的是汽油，下面一个石棉灯罩，吊起来挂在戏台中间的上方，亮度很强，与200瓦电灯泡相比也不逊色。只是汽灯有一个很大的弱点，就是要不断打气。有时候正演到热闹或者紧张的节骨眼儿上，汽灯的气不足了，就得暂停演出赶快把汽灯卸下来打气，否则汽灯就熄灭了，要重新点亮。

在小关戏楼演出的剧目都是大型古装戏，人们称“大戏”，一个剧目一场戏演三个小时左右，有时也演连台戏，就是一个剧目需要演两场甚至三场，没有演过折子戏也就是现代说的“名段”，这也是欣赏习惯或者习俗吧。现在回忆起来，在小关戏楼及东河戏台、西头戏院演出的古装戏有《梁山伯与祝英台》《西厢记》《陈三两爬堂》《王金豆借粮》《风雪配》《追鱼》《上门楼》《香囊记》《刘海砍柴》《劈山救母》《杨香武三盗九龙杯》《姚刚征南》《长坂坡》《义烈风》等。

50年代中期，农村成立了农业合作社，除了1958年“大跃进”那一段，农民的业余时间相对宽余，加上政府也关心农民的文化生活，除了电影还经常请剧团到小关演出，而且大多都在白天，这样看戏的人就大大增加了。另外，这一时期私家戏班已经很少了，各级政府文化部门都成立有剧团，剧团行当齐全，除了演员，还有器乐班、后台化装的、打杂的、管理人员等，人员要比私家戏班多得多，演出的剧目多为大型古装戏，场面比较宏大。这些因素叠加在一起，小关老街戏楼和戏楼前的“广场”就显得跟不上形势了，于是就临时搭戏台。临时戏台一般搭在小关东河王麻子门下，那里河道宽，可以容纳上万人。根据大型戏剧演出的需要，戏台的面积比较大，这就要用大量的檩条、木棍和木板。这些檩条、木棍和木板都是从农民家里一根根、一块块借来的。为了不出差错，借木料时除了有专人记账，还有人拿着毛笔、墨水当着主人的面写上名字。为了保证戏台的牢固及演员的安全，戏台搭在较高的地方，但是也不能太高，老街的戏楼离地面四五尺高，在东河搭的戏台只有三四尺高。先埋好几根柱子，然后用檩条把柱子连起来，在上面平铺木棍，用麻绳将木棍固定好，接着在木棍上面铺木板，每一块木板也要固定好并连成一体，还要让台面尽量平整。最后在木板上铺毯子——毯子一般由剧团自备，舞台上面还要用帆布搭起顶棚，晴天遮阳雨天遮雨。直到这时戏台才算搭建完工。搭一次戏台从借木料开始需要几天，戏演完了拆台子送还檩条、木板又需要时间，在小关东河搭戏台一般都要唱三天甚至五天。

在东河演戏一般都是在小关庙会、古会期间，物资交流加上大戏助兴。比如小满会、九月十三会等。大会期间，不但农具、百货杂陈，而且走江湖卖艺的、掐八字算命的、卖膏药看病的、卖牲口卖羊的、讨饭要钱的，可谓三教九流什么人都有。物资交流的会场除老街外，下边到前纸坊拐弯处，上边到南沟口，长有一里多地。当然政府划有不同的场地，比如百货区、饮食区、农具区、牲口市等。用人山人海、哈气成云来形容一点儿都不过分。近几年这样的场面是再也见不到了。

小关人对戏剧非常喜爱，即使在民国时期，社会动乱，民不聊生，人们为了祈求平安也要兑钱演戏，每一年都有多场大戏酬神、娱人。中华人民共和国成立后，社会安定，人民安居乐业，人口逐年增长，与此同时，人们的文化需求似井喷式爆发，政府也因势利导：教育方面，从普及初小教育到完小教育、中学教育；文艺方面，巩固完善原有的民间文艺团体，经常邀请剧团、电影队到乡村演出、放电影。剧团演出需要场地，小关老街的戏楼已经难以适应民众的需求，临时搭建戏台又费气力，建一个大型风雨舞台便提上了议事日程。小关大队的领导顺从民意，动员全大队之力，在小关老街西头建起了可以容纳一两千人的“戏院”。说是戏院，实际是周围修有土围墙、有木栅栏大门的大院子，坐北朝南趁地势建了一座大舞台。舞台台面高出地面一米多，舞台顶部用梁、檩、椽、瓦覆盖，这既解决了在老街演出舞台小无法演出大型戏剧、观众场地小难以满足需要的矛盾，也解决了临时搭建舞台既费时又要向百家借木料的困难，可以长久使用。

西头戏院建成后，经常有剧团在这里演出，记得有一家剧团在西头剧院演出悲剧《义烈风》，因为演技精湛，本来是演一场戏，结果连演了三天。小关村的剧团也在这里排练、演出，如小关剧团排练的古装戏《劈山救母》《黄鹤楼》等，现代戏《人欢马叫》《社长的女儿》等，都曾在西头剧院演出过。院子是土地面，看戏的要自备凳子，为了占一个好位子，不少人在开戏前半小时就会进场。在这里看戏的不光是小关村民，附近村民也有很多人来看戏。西头剧院建成后，当地剧团在这里演出，不论是小关村的还是其他村子的看戏都不要钱。请来的外地剧团演出要收门票，小关大队社员看戏的戏票，由生产队统计后统一到大队部购买，一张票一毛钱；西头戏院门口有一间小棚，外大队的社员看戏在那里买票，一张票两毛钱。西头的村民不想掏钱就上到戏院南边住户的平房上，虽然看得不太清晰，好在有了扩音喇叭还是可以听清楚的。尽管西头剧院能容纳一两千人，但是站在后边基本上看不清，戏院里有几棵树，有的年轻人就爬到树上，有一次树枝被压断几个人从树上掉了下来，这也是一个小插曲吧。

陵谷变迁，沧海桑田，如今小关老街已被公路、楼房所取代，东河成了310国道的一部分，西头剧院也已竖起一座座楼房，抚今追昔，这篇小文也算是小关人娱乐追求的一种怀念吧。

孙寨的“故事”

○ 孙云灿

孙寨人的娱乐项目除了“大水”，还有扮“故事”。“故事”也是小关的方言，是指踩高跷、划旱船、二鬼扳跌等。因为高跷、旱船的表演一般都有一段完整的“故事”，故而小关人统称这种表演为“故事”。

高跷下部是直径约1.5寸的圆柱形，上部是扁平形，长约1.5米，用轻、软、结实的柳木做成。在约1米处呈90度直出一块宽约10厘米、厚约3厘米、长约25厘米的木板即“踩板”，一副（两根）高跷的踩板必须保证一个大男人站上去的安全。踩板上面用约两寸宽的带子捆绑在演员的小腿上。另外有一种低跷，比高跷低半米，即总高度为1米，中间有踩板，离地有半米高。无论高跷还是低跷，上下的时候都要有人帮忙，坐在方桌上（低跷坐在凳子上）捆绑和解绑。表演的时候还需要有人保护，因为主要表演在春节，这时候大多天寒地冻、地面光滑，再加上小关地区道路坑洼不平，小关老街还是历经数百年的青石路，光硬的高跷走在上面极容易滑倒，因而每一个踩高跷的都由一个人保护，保护者手里拿一根“丁”字形的木拐，作为表演者站着不动时的扶手；还要肩扛一个“高凳”——比高跷踩板略低一点的木棍，上面有一块圆木板，供演员表演期间坐下来休息。

“故事”表演有长长的队伍，前边是数面红、黄、绿等彩旗开道，紧跟两面大锣、一个墩子鼓等敲击乐器。高跷队伍最前边的是耍丑的，头戴破毡帽，两耳挂着大红炮，脸画白鼻凹，打一把破伞——伞上挂玩具等杂物。手拿一把破芭蕉扇，扮相滑稽又可爱。可别小看这个“小丑”，一场“故事”开始前要靠他清场、聚拢人气，表演间歇也要由他说唱逗笑避免冷场，因此这个“小丑”是一个非常重要的角色。

民国后期直到20世纪60年代，孙寨高跷队一般有二十多个人。踩着离地1米的高跷，扮演各种角色。有老旦、须生、小生、姑娘、丫鬟、文官、武将等，要化装、穿戏衣。道具主要有刀、枪、剑、马鞭等。在锣、鼓、镲的配合下，踩着一定的鼓点，变换各种队形。到了表演地点先由丑角打场面，转着圈把观众往后赶腾出来一块空地，双腿半叉一使劲蹦起来，博众人喝彩。场子圆好后，锣鼓一停，丑角退到一边，弦子、边鼓等乐器响起来，开始演唱。表演的剧情一般属于豫剧中的喜庆类，例如《穆柯寨招亲》《王三姐拜寿》《刘海砍柴》等，都是一些折子戏，主要是渲染气氛，给劳作一年的人们带来欢乐。

20世纪70年代以前，小关地区春节期间扮“故事”的还有小关村、楼子沟村、杜沟村等，但是在我的印象中孙寨的“故事”与众不同的要数走在最前面的“小丑”孙殿奎。孙殿奎脑子灵活，能随机应变、见啥溜啥，顺口溜出一段快板词，快板词都是口语化的语言，通俗易懂还基本押韵，常常逗得观众捧腹大笑从而跟着他围观。

孙殿奎，孙寨村人，是个木匠，已去世50多年。演出时头戴高高的旧红毡帽，手拿一把破芭蕉叶扇，扮相既滑稽又可爱。凭我的记忆，孩童时跟着看“故事”，最喜欢听孙殿奎说顺口溜。孙殿奎说的顺口溜非常多，好像年年有创新，年深日久好多都忘记了，给我印象最深的有以下几个段子。

一是说秃子。当时孙寨村有个因为头上生过疥疮而不再长头发的人，两个人关系好，和他打乱也就是开玩笑。有一年扮“故事”这个人又和他打乱，于是孙殿奎就溜起来：

秃子一秃子一，不两根头发朝上飞。秃子两（二）秃子两，不两根头发朝天长。秃子三秃子三，不几根头发往上蹿。秃子四秃子四，不长头发光长刺。秃子五秃子五，不长头发长葫芦。秃子六秃子六，不长头发光长肉。秃子七秃子七，不几根头发净毛稀。秃子八秃子八，不长头发长疙（疮）痂。秃子九秃子九，不两根头发朝上搁。秃子十秃子十，十个秃子去赶集。买了十个秃烧饼，十个吃，十个看，还有十个没得见。跑哩跑，撵哩撵，一下子撵到秃子县。秃官秃衙役，打你个小秃没毛羽。

又遇一个和他打乱的人，他开始溜：

颠倒颠，颠倒颠，你哥十二你十三。你到外边做买卖，回来才生下你奶奶。娶你娘，你也着（知道），取你外婆你嗐锣，你爹读书你教学。

又溜道：

颠倒颠，颠倒颠，公公骑驴媳妇牵。上桑树，砍柳条，打牤牛，驴凹腰，老母鸡撒欢羊跑了。

东西跑，南北走，看好碰见人咬狗。拿起狗就砸砖，布袋驮着驴来窜。一蹿蹿到稀泥里，一股子大气冒浪烟。

胡说话，话说胡，小麦地里锄两锄。抓把油菜籽，结成葫子桶来粗。摘到家里放到板（案板）上成豆腐，下到锅里是面条，喝到嘴里成糊肚（面糊）。屙出来是麦糠蛋，鼻子一闻成红薯。

20世纪50年代初，在“三反”“五反”和镇压反革命运动时，抗日战争时期投敌汉奸的家属也是被嘲讽的对象。孙殿奎曾经说过一段快板，由于具有一定的政治意义所以流传比较广，这段词的内容是：

走马川，一溜弯，野草青青望无边。背靠树，守放马，树上喜鹊闹喳喳。喜鹊叫，梦里笑，一觉醒来马跑了。翻山越岭去找马，一找找到丈人家。大舅子扯，小舅子拉，拉到院里端饭茶。偷空后院去看马，隔窗望见我的她：脸搽粉，头戴花，手上戒指呼啦啦。心里喜，鞭打马，心急火燎回到家。东村响器西村媒，礼帽金花头一回。洞房揭开红盖头，恩爱夫妻三十秋。娶妻一年生老大，三年四年兄弟仨。老大城里做生意，年年银钱往回寄。老二开个中药店，医生好名传乡间。只有老三最不孝，只顾南京乌纱帽。娶个囚子（小关方言，即女人）日本人，大婆小婆一大群。全国抗日他不战，搜刮百姓乘国难。三十四年老日垮，他拜美国做干爸。带领中央军，反攻又倒算，一心要把共产党的地盘占。活活气死我老汉，后悔当时就该把这小子闷死在尿罐，免得今天祖宗都觉没脸面。

孙殿奎所编的顺口溜，虽然是随编随溜，但是很押韵。至于所编的内容拿现在的眼光看很庸俗没什么意义，但那时农村文化生活比较贫乏，只是活跃气氛，逗大家一笑了之！牛得草唱的《十八扯》“十冬腊月里好热的天，牛皋把守在虎牢关。娶妻名叫穆桂英，生下一女花木兰。姜子牙差人来下聘哪，差来个媒婆潘金莲……”不也是这样吗？

孙寨的“大水”

○ 孙云灿

“大水”，是小关方言，就是集中一二十面大鼓擂打表演。小关人为什么把大鼓表演叫作“大水”呢？据我的分析，小关地处山区和丘陵的接合部，过去年年雨季都有山洪暴发，汹涌澎湃的洪水奔腾咆哮，声闻数里，气势磅礴震撼；而一二十面大鼓擂打起来那种场面和声势同样给人以震撼，因此古人就借用“大水”——山洪暴发的声势将大鼓表演叫作“大水”。把大鼓表演叫作“大水”，也可以透射出小关人的文化素养和丰富的想象力。

孙寨的“大水”据说起源于清代乾嘉年间，此后代代相传、辈辈延续，已有两百多年的历史。孙寨的“大水”起初是由赵寨（赵寨是一个有二三百人的自然村）发起的，他们原来是自娱自乐扮“故事”的。这里说的“故事”也是小关地区的方言，并不是用语言或者文字讲述一段具有连贯性、感染力的吸引人的事情，如神话故事、民间故事等，而是一个包括踩高跷、撑旱船等多种表演形式的总称。“大水”只是“故事”表演队伍中的一支，配合“故事”队伍的表演渲染气氛，使场面更加热闹。赵寨庞大的“故事”队伍为啥只剩下“大水”了呢？这里边的变化有一个传说。大约在清代中晚期的某一年，有一个牵骆驼的外地人来到赵寨，看了赵寨的地势，对当地人说：“你们这村三年之内要出官。”村民不信，他说：“我敢打保票。”三年后，那人牵着骆驼又来了。村民围上去说：“你净是瞎吹哩！连个屁芝麻官也没出！”那人说：“一定有，你们好好想想！”过了一会儿，一个村民说：“去年咱扮‘故事’，不是扮了一个官，在高跷上还唱杨六郎的唱段呢！”“看看，我说有就是有，我会赶风水，赶了三百里的风水落在这里了，结果你让假官把地脉揭啦，不知道啥时候我才能再赶一趟好风水。”自此，赵寨人不再扮“故事”，改成“大水”。

随着时间的推移，赵寨“大水”被整个孙寨村民所喜欢，成了孙寨“大水”。孙寨“大水”除牛皮大鼓外，增加了一套敲击铜器，主要有：大铜锣、大镲、马锣、铙、钹、镲、锣等。马锣小而轻，敲击声既清脆动听又能穿透其他乐器声，因此持马锣者就是乐队的总指挥。大铜锣也是乐队中的大哥大，大铜锣的直径有二尺多，挂在一根木棍的钩子上，演奏者左手举着，右手拿着一根二尺长的鼓槌——鼓槌头用红布包成一个圆球，既可以防止敲破锣面，看上去也美观。大铜锣有十五至二十面，敲击的声音沉闷，有点“嗡嗡”声，敲击一下约半分钟余音才会散去，所以敲击比较缓慢。大镲的块头也不小，镲面的直径都有50厘米，中间鼓起的地方有一个小孔，用红布条在内面挽个疙瘩由小孔穿出来，挽在手上。“大水”表演开始后，鼓点敲击的轻、重、缓、急，都是跟着大镲的变化而变化，所以凡是会打大镲的都会敲鼓。

“大水”固定场子表演的时候，先打开场子，牛皮大鼓在场子的中间——它是表演的主角。一面大鼓配一铙、一钹、三镲，十几面大铜锣围在场子外围。这些乐器相互配合，演奏起来真是气势恢宏，惊天动地，震耳欲聋，热闹极了！孙寨的“大水”鼓点深奥，学起来难度大，擂起来有时如小溪潺潺流水，忽而似万马奔腾，此起彼落，结尾鼓点紧凑、干净利索，远近驰名。

“大水”主要用于民间器乐合奏、伴奏和喜庆节日里群众性的娱乐活动。孙寨“大水”的形制既不同于北方盛行的羯鼓，也不同于南方的堂鼓和开封的太平鼓，类似于北京的大堂鼓但比大堂鼓要小，鼓面为圆形，直径70～80厘米，因鼓面较大，鼓的上下两面均用黄牛皮或者水牛皮制成，上面皮用牛的脊背皮为好。大鼓高约50厘米。一面大鼓重量在二三十斤，演奏一天非常累，所以挎鼓的都是年轻力壮的青壮年。一个“大水”队有几面略小的鼓，鼓面直径约有50厘米。鼓面打蜡（防潮），鼓圈涂红漆，演出时大鼓少则八面，多则十六面。大鼓的鼓腰略宽，向外突出，多用楸木加工后做鼓圈。鼓身中部装有两个铜环，用以穿系鼓带。它是小关民间娱乐时的主要演奏乐器。行走演奏时，两个人抓住鼓圈上的铜环抬着，另一人击鼓，或是一人用带子系住铜环把大鼓悬挂在身上，边行进边敲击，固定地点演奏时一般放置在木制的三脚架上。过去在小关地区，年年人们都有闹元宵的民俗，届时各个村庄都要拿出精彩的节目到小关“会演”，孙寨的“大水”自不例外，也要表演一番，几个小时的表演是非常耗费气力的，参加表演的都是身强力壮的中青年。敲击大鼓的双槌以红木或其他硬质木料制作而成。鼓手头上系一条头巾，既显得威武又可以擦汗。鼓槌小头有一个小孔穿一根红绸，系在手腕上防止演奏时掉落。“大水”的演奏是有很高技巧的，演奏方法有单击、双击、滚击、闷击、顿击、压击、摇击等。敲击大鼓的鼓面不同位置的声音也不相同，鼓的中心发音较低而深厚，越向边缘声音则越高而坚实。由于从中心到边缘各圈的音色不同，演奏时可利用这些变化来丰富它的表现力。由鼓心逐渐向鼓边、鼓框敲击，或由鼓边逐渐向鼓心敲击，均可取得不同的音质变化，对情绪和气氛的渲染能起很大的作用。孙寨“大水”敲击的套路有十多种，有单敲，有对敲。单敲就是一个鼓手敲击一面大鼓，对敲就是两个鼓手对面敲击一面大鼓。敲击时有人统一指挥，随着号令分别发出柔和、低沉、雄厚等不同的音调。尤其两人对敲，既要敲击鼓面又要互相碰击鼓槌，单敲时也有鼓手高抬、下蹲、扭转身躯对击鼓槌等动作，鼓手一个个身形矫健，动作敏捷，花样翻新，使人目不暇接。“大水”的表演以“十番鼓”“十番锣鼓”技巧最为繁复，用轻重击、轻重滚、连滚带击或多种奏法的交互组合使用，可以演奏出风格迥异的鼓段。敲击“大水”表演最出色、最有名的艺人，我记得民国时期有李春生、赵科成、赵生财等，20世纪五六十年代有赵海旺、赵二旺、郅学信、赵麦对、赵三林、张保良等。

农耕时代，农民忙碌了一年，年终既要向各庙宇的神灵祭祀，也要自娱自乐一番，小关地区自发的民间“文艺会演”便应运而生。民国时期，每年一进入腊月，孙寨村里的管事者便把人们召集起来，开始练习背鼓歌、踩鼓点。所有参加者都非常投入，有的白天练，晚上睡觉两手露在被子外边，拍着被子，咚呛、咚咚呛地练习鼓点。大年初一早上吃罢饺子，就开始集结在一起，到村民集中地演出，到集镇庙宇擂大鼓，无非是祝福今年好运、恭喜发财，求神灵保佑。从大年初一一直闹到二月二（龙抬头）。有时候还到远处的米河、荥阳、汜水、广武等地演出。小关街有个古会，每年正月十六，光孙寨的“大水”就有百十号人。

功同良相 橘井流香

——记小关聂氏中医世家

○ 郑红昌

小关镇黄鹭坡聂氏，在晚清和民国时期，是远近闻名的中医世家。黄鹭坡因古时曾建有黄鹭寺而得名。聂同生是黄鹭坡聂氏中医世家的创始人，聂氏中医成名于1840年前后。当时民生凋敝，农村缺医少药，常有农民因一点儿小病得不到及时救治而失去生命。聂同生目睹了当时民众求医艰难的状况，不求科举入仕，立志学医，为民除病解难。他在青年时即放弃举业而攻读医书，并拜名医为师，终于学有所成，从此悬壶济世。他行医的数十年中，在传承中医理论的同时，精心研制了许多秘方并用于临床实践。他尤精于内科、妇科等疑难杂症的诊治。据民间传说，当遇到难治之症众医束手时，他却能大显妙手回春之功。由于他医德好、医术精湛而名闻乡里。他除了将医术传授给子孙，还带徒传授，聂氏中医医术惠及乡邻。

聂成玉为聂氏中医的第二代传人，他少时随父学医。聂同生对其要求极严，他在父亲的言传身教下，勤奋学习中医理论，深得其父真传。聂成玉继承了其父的诊治秘方，医术得以进一步提升。他注重中药炮制，擅施内服、外治、针灸等综合疗法，医病疗伤，并遵照“医乃仁术，不可造次”的古训对病人认真负责、细心诊治。他擅治内科及妇科杂症，特别对治疗鼓症有独特方法，还兼为兽医。聂成玉在小关地区行医期间，治好了方圆数十里的无数患者，挽救了许多人的生命。他不辞劳苦，积劳成疾，常常忍痛行医出诊看病，深受民众的称颂。

聂氏中医的第二代传人还有聂同生的次子聂二印，也是随父习医成才的，他同兄长一起行医民间，其医术也受病家和世人赞扬。

聂守义是聂氏中医的第三代传人，他自幼随父习医，刻苦攻读医书，中医基础理论的几本典籍如《药性歌》《汤头歌》《脉诀》等都能精通熟背并灵活运用；古今良方、民间验方及家传秘方都能做到得心应手。聂守义善治内、外等多科疾病，能辨证施治，药到病除，积累了丰富的临床经验。他不仅继承了祖辈的医术，更继承了祖、父治病救人的仁爱之心，为许多患者解除了病痛，深受患者的信任和尊敬。

小关聂氏功德纪念牌楼“流芳百代”碑头

小关地区的百姓为感谢和纪念聂成玉的治病救人之恩，在其次子结婚时共同集资在小关老街东一里处，地名关谷堆东侧，即黄鹭坡河南岸路边（现郑州枫林无纺科技有限公司大门东侧附近），修建了一座规模较大的纪念牌楼。

小关聂氏功德纪念牌楼上镶的“功同良相”石匾

此牌楼坐南向北，面对黄鹭坡，高三丈有余，砖石结构，牌楼正面有许多精美的砖雕、石雕。牌楼楼顶四角飞檐有仙人走兽并配有风铃，中间镶有石碑一通，上书：“一代名医聂同生先生”；牌楼体正面两侧阴刻楹联一副，上联是“三世象贤绍和缓”，下联是“一门慜庆延功求”。横额是镶有“功同良相”的石匾一块。这一牌楼在小关地区除寺庙外是建筑年代最早的著名景观，成为小关一景，可惜1958年修筑乡村公路时被毁。牌楼被毁时，黄鹭坡聂氏的第六代孙聂德珍藏了这块130厘米×65厘米的“功同良相”石匾。现在这座牌楼虽已无存，但聂氏医德对当时小关百姓的功绩却永存。

在小关聂氏家族中还有聂定遇之子聂晏卿、聂定焕之子聂晏升父子，同样是聂氏中医世家的高手，他们继承了祖辈们的医德、医术，带徒传教，又兼兽医为牲畜治病（当时人称“人兽两医”），分别在民国时期至20世纪50年代初期开有药铺，行医民间，为保护人民身体健康和促进生产的发展起到了一定的作用。

小关聂氏中医世家，医德高尚，医术精湛，重视带徒传教，采用师带徒、父教子的方法，把中医医术传给了后人，为中医医术在小关的继承和发展起到了重要作用。汜水赵沟赵应祥就是从聂家出师后成为当地一代名医的。在近代，小关地区在民众中享有名望的有小关村张敬彦、张栓、张八，大山怀村的周德茂等医生，也都是聂氏中医的传人，他们都为当地民众的健康尽到了医生应尽的职责，为后人所赞颂。

记茂将沟牛氏中医世家

○ 郑红昌

民国时期和20世纪50年代，小关街上有几家中药铺，这些中药铺大多有医生坐诊。为了表示对医生的尊重，民间称呼他们为“先生”，俗称“先儿”。在小关地区，医术、医德为人称道的就有牛家。

牛家是小关有名的中医世家，居住于茂将沟。茂将沟位于小关镇东北部洪山西麓，村周五峰竞秀，古木成林，枝繁叶茂，村口一道小溪长流，是个立村有三百余年的古村庄。据传，清朝初年有一个做帽子的匠人，在村内开有做帽子的作坊，由于他的手艺高超，做的帽子质优价廉，深受人们的喜爱，逐渐名扬四方，因而得名“帽匠沟”，后来改名为茂将沟。牛氏重视教育，清乾隆五年（1740年）就设家塾施教子孙，其后耕读传家。19世纪后期，牛万章开始涉足中医药行业，在其言传身教下，牛家中医医术代代相传，中医人才辈出，牛氏中医世家为国家、为民众做出了贡献。主要人物有：

牛万章（1855—1932），为茂将沟牛氏中医世家的奠基人。幼时读书务农，并精心研究中药理论，擅长中药炮制，对一些乡村常见病还能开方施治。育有四子，长子金声、次子锡禄、三子锡九、四子锡三。除锡九从事教育工作外，其余三子均在牛万章的指导下研习中医，经过不懈努力都成为名医。

牛家老宅

牛金声（1879—1956），字知安，小关人按其排行尊称“牛大先儿”。牛金声幼时即在父亲的指导下，博览群书，既读诗书亦读医书，对《黄帝内经》《仲景全书》《濒湖脉学》等中医典籍用功尤深，为日后从医打下了深厚功底。十九岁师从汜水县（今属荥阳市）赵沟名医赵应祥，因勤奋好学，受师器重，尽传其艺。牛金声习医期间曾治愈一久病未愈的患者，故名声大震，十里八村的老百姓有病都愿意请这位年轻先生诊治。经六年苦学历练，二十五岁回乡从医，创“东仁堂”药铺。给人看病，穷富一视同仁。在茂将沟行医期间，行医东到开封、汜水，西达巩县。1948年起，牛金声到山西省平陆县行医数年，在当地被誉为“活神仙”，声誉甚佳。1954年又受聘于西安市北关吊桥西街一家医院。牛金声带二弟、四弟习医，还授徒十多人，这些徒弟多成名医。牛金声不但德高术精，名传豫、晋、陕等省，而且以《朱子家训》为治家和立人之本，教育自己的兄弟及徒弟要做医德高尚的医生，他的弟子都受到百姓的爱戴。

牛锡禄（1883—1946），人称“牛二先儿”。牛锡禄不但聪明过人，而且学习刻苦努力。幼时受长兄的言传身教，耳濡目染，深深爱上了中医这一行业。在攻读诗书的同时熟读医书，同样打下了较好的医学功底。他精通中医辨证施治理论，又得其长兄的临床指点，青年时代已是医术不凡，深得民众好评。后迁居樊寨，带其长子凤州开药店行医，看病售药。其次子凤县（1912—1985），自幼随父习医，成年后曾在山西闻喜县行医，后又学习了西医医术，中西医结合为民解除痛苦。抗日战争时期参加过战场救护。

牛锡三（1893—1962），乳名彦，少时在茂将沟学堂读书，常常是三更灯火五更鸡，后随长兄习医，遂成著名中医。他的医训格言是：“治病不可据成方，加减须于病相当。虚实寒热审明白，下药自然能安康。治病治好不为奇，一心要学为儒医。虚实寒热审明白，即是两圣之黄歧（岐）。”

当年，在小关地区牛锡三是医术最高明者，无论有头有脸的绅士还是扛长工种地的穷苦百姓，都根据排行尊称其为“牛四先儿”，而不直呼其名。民国期间曾在山西任军医，1955年在小关区卫生所行医。1956年后调入巩县人民医院任中医师。其身怀绝技，擅治疑难杂症，又服务热情，医德高尚，医术高明，求医者甚多，因而名扬四方。

牛锡三手书医训格言

牛扶汉（1910—1992），牛金声次子，幼时受家庭环境的熏陶，立志不做名相而做名医。1928年考入河北大学医学院，因学业优秀，四年大学期间曾得邑人刘镇华的资助。1934年本科毕业后供职于安徽省政府做保健医生。抗日战争时期参加战场救护，抢救了许多伤病员。后又参加中国远征军，经越南赴滇缅公路卫生站工作。抗战胜利后，先后被河南大学医学院及安徽大学聘为教授。1949年中华人民共和国成立前夕，牛扶汉带领部分医务人员及药品、医疗设备等乘七只船，拒绝随国民党军南下而投奔解放区。中华人民共和国成立后，他继续从事医务工作。他医德高尚，救死扶伤，深受百姓敬仰，先后担任芜湖市卫生局医政科科长、芜湖市第一至第五届政协委员、中国红十字会芜湖分会理事等职。

牛超先（1931—2000），牛扶汉长子，幼时学习勤奋，几经努力，1953年以优异成绩毕业于河南第一医士学校（新乡医学院前身），被分配到延津县人民医院，组建该院外科及手术室，任科主任，在该院首先开展了腹部手术业务。1956年被评为河南省先进医务工作者。他与夫人携手术器材返乡为乡亲治病，其为人宽容大方，忠厚淳朴，深受乡邻爱戴。

牛正先，1936年生，牛扶汉次子，为牛氏中医世家第四代杰出代表人物之一。牛正先受家庭环境的熏陶，立志投身医疗事业。幼时即勤奋努力，刻苦学习，遭遇磨难而不移其志，风霜酷暑苦读不辍，终于学有所成。1960年毕业于河南医学院并留校从医、任教，后被聘为河南医学院教授、主任医师、硕士生导师。参加编辑内科学教材，1986年参加援外医疗队到非洲赞比亚。曾发表中、英文学术论文29篇，出版医学专著5部。牛正先医德高尚，医术精湛，平易近人，有谦谦君子之风，社会贤达及平民百姓皆交口赞誉。

牛芬，1941年生，牛锡三长女，自幼随父习医，后在巩县人民医院任药剂师。曾救治一名老乡而被乡邻所传颂。

牛喜成，茂将沟牛氏中医传人之一，自幼随父学医成才，自办药店，行医民间，治病救人。

牛祥瑞（1911—1984），又名道三，自幼习医，出师后自办诊所行医民间。1952年参加曹沟联合诊所，1960年以后一直在段河村卫生所行医并任负责人。他带徒传教，其长子志高、次子志端都已成为著名中医师。因其医德高尚，医术精湛，服务热情，为人耿直，深受乡邻的称颂。

“东仁堂”药铺窑洞

“东仁堂”药铺是民国时期小关地区闻名的大药铺。由牛万章长子金声、四子锡三两人共同经营。他们每期各收两个徒弟，带徒行医，治病救人。徒弟们白天跟师行医看病，晚上读书学习。初学必读《药性歌》《汤头歌》《脉诀》等，并且要精通熟背。后来，《黄帝内经》《伤寒论》《金匮要略》《千金要方》《本草纲目》等都是必读书籍。认真学习老师的治病医案验方，丰富、提高了他们的中医技能。

当时农户大都养有牲口（牲畜，牛、驴、骡、马），种地、拉磨、运输主要靠牲口。牲口对农家非常重要，同时也是农户们的主要家产，有“一头牛是半个家业”之说。在小关地区有个民俗，就是看病要在上午，病好得快。给牲口治病也是这样，都是趁早去求医看病，因此，每天早晨到药铺看病的人特别多。有附近的，也有远道而来的；有来看病的，也有来请医的。这样每天一大早药铺内经常有二三十个人在等候，门外还拴满了牲口，有的是来请医生牵的坐骑，还有的是让医生诊治的“病号”。人再多，无论有多忙，东仁堂的师徒们都要为他们细心诊断，逐一诊治处理。徒弟们学医先从兽医开始，给牲口诊治疾病。每天清早距家近的把牲口牵到药铺门外由师徒一同诊治，当即给药治疗，治后牵走。远的再另安排出诊治疗。

每天早晨忙完后再安排出诊，按远近、缓急进行分诊巡回治疗。有时师徒同行，有时徒弟单独出诊。徒弟肩背“捎马”（用棉线织成的厚布袋子，约1米长、30厘米宽，中间开口约40厘米，两端皆可装东西。可搭在肩头或者马背、驴背上），袋上标有醒目的“茂将沟村　东仁堂记”，内装治病用的止血药、拔毒膏、长药等外用药品和器械，为病人或牲口治病。中午在村民家中吃饭，天黑时才回到药店，一年四季，天天如此。

东仁堂带徒传艺须经四年学习后方能出师单独行医，民国时，先后从东仁堂出师的徒弟有六十多人，如小关镇龙门村的乔深义，南岭村的李虎山、王定文，楼子沟村的赵守道，琉璃庙沟（今新中镇新中村）的王遂成等。徒弟们在东仁堂不但学习掌握了医术，而且还学到了牛家良好的医德医风。

行医治病卖药收现钱，但在民国时期，农村经济枯竭，农民大多没有现钱，看病、拿药欠账的很多，都是到年底或收获季节再还钱或用粮食抵账。给牲口治疗时，不收费，也不记账，到麦熟、秋收后自动交，数量自愿，村中收齐后送到药铺，牛家人对此从不计较。

药店用的中药材，大多是从禹县（今禹州市）采购的地道药材，有的是在附近集市上买的，也有收购当地民众采集的。因自家祖辈有炮制中药的传统经验，所用药品遵古法炮制，所以东仁堂的中药质量优、疗效高，到东仁堂治病，能药到病除。

小关地区中医药的发展

○ 郑红昌

中医，一般是指以中国汉族劳动人民创造的传统医学为主的医学，所以也称汉医。而中国传统医学还包括藏医、蒙医、壮医、彝医等民族医学。中医主要采用中草药内服外治、针灸、推拿、气功等为内容的丰富多彩的诊疗手段，达到身体的康复。

传统医学在小关地区的应用和发展已有相当长的历史。有文献可查者是在1840年前后，小关黄鹭坡就有了著名中医聂同生行医民间。聂成玉为黄鹭坡聂氏中医的第二代传人，他自幼随父学医，深得其父的言传身教，勤奋学习中医理论，同时继承其父诊治秘方，精心医术，遵照“医乃仁术，不可造次”的古训对病人认真负责、细心诊治，特别对肝病腹水有独特的治疗方法。他在行医期间治好了远近数以百计的危重患者，挽救了许多人的生命。为感谢其救命之恩，人们在黄鹭坡河对面坐南向北建有牌楼一座（1958年被毁），以示纪念。

楼子沟有著名的中医赵勋成，他以良好的医德和高超的医术行医民间，治病救人，并带徒传艺，其儿子赵连、孙子赵衔然都成为后世名医。后人为颂其功德，在楼子沟李圪崂东北角河边修建纪念牌楼一座，1958年被毁。

茂将沟牛氏中医世家中的牛万章为牛氏中医的奠基人，他的四个儿子中，除三子锡九从教外，其余三个儿子均为著名中医。其长子牛金声，从十九岁就开始行医，并重视带徒传教；次子牛锡禄和四子牛锡三都是随长兄习医而成为名医的。特别是牛金声、牛锡三的医术，不但小关人民交口称赞，而且在巩县县西一带都颇有名望。杏林之家，牛氏中医代代相传。茂将沟牛氏中医的第四代杰

1982年小关乡村医生考核发证留影

出传人、著名教授、主任医师、硕士生导师牛正先，现仍供职于郑州大学第一附属医院。

另有柏沟丁一光的针灸、丁亲贤的眼科，竹林李奎成的外科，丁烟李济川的针灸，口头聂宴卿、聂宴升、张八的人兽两医，杜沟程明伦、杜林瑞的内科，水道口吴相成、曹禄的内科，他们的医术也是远近闻名。

民国时期，小关地区的中医医术主要是靠师带徒、父教子进行传授，而且一般都开药铺看病售药，有专开药房的，也有请坐堂医生的。据统计，1945—1949年小关地区先后开药铺的有20多家，其中在小关老街先后就开设有14家药铺。当时由于受医疗条件所限，中医医术仅仅只能靠望、闻、问、切进行辨证施治，治疗一些一般性疾病。而对于小儿肺炎、脑炎、疟疾等流行性疾病却无能为力。有些疾病如破伤风、胃肠出血等病症则都被视为不治之症。另外由于经济条件不同，富人有钱四处请医买药治病，穷人有病听天由命，因此病死率很高。

小关卫生院从初建至今，虽中医人员并不多，但多为名医，如1955—1956年有著名中医牛锡三，1957—1962年有中医张西英，1962—1965年有乔深义、仝连榜(针灸科)，1966—1979年有白其宗等。他们都为小关医疗卫生事业的发展做出了贡献，为人们所称颂。

小关镇各村都建有诊所，中医技术人才逐年增加。1982年乡村医生考核发证时全镇有乡村医生64人，其中中医人员发展到36人。他们在小关农村卫生防疫、疾病诊治中发挥了一定的作用。

简述小关的妇幼保健事业

○ 郑红昌

20世纪50年代以前，小关地区妇女生孩子仍沿袭着老一辈流传的蹲在地上、跪在炕上生的旧式生法。接生者往往都是村上年纪较大的老太婆（人们俗称“接生婆”或“收生婆”），不讲究卫生，更谈不上无菌消毒。剪婴儿脐带用没消毒的剪子，有的还用碗碴、瓦碴、秸秆等割断，旧棉花一包了事。 炕上铺黄土或炉灰，让产妇坐上三天三夜才敢睡下。产后喝三天米汤再给吃饭，家里即便有肉、蛋、菜等有营养的食品都不给吃，说是怕得“月间积”，只给吃馍喝小米汤，并且严闭门窗“防风气”。产后满月就下地劳动。这种旧式的不卫生、不科学的接生方法，遇到难产、出血、胎儿宫内窒息等，母子性命难保，新生儿破伤风（又称“四六风”“脐风”）、产褥热等发病率很高。对产妇是一种摧残和折磨，给母婴带来了严重的疾病和灾难。正如当时民间流传的那样“妇女生孩子，脚踏棺材边”“生个孩子，阎王爷那里走一回”。

新法接生就是按照临产的规律，用科学的方法消毒接生。要求产包、接生者的手、产妇的外阴部和婴儿的脐带四消毒。要求做到“四严”“五防”“三不准”。“四严”是严密观察产程、严格执行无菌操作、严格掌握阴道检查指征、严防乱用催产素；“五防”是防滞产、防感染、防产伤、防出血、防窒息；“三不准”是不准发生新生儿破伤风、不准发生会阴Ⅲ度裂伤、不准发生产褥感染。

新法接生的好处有以下几种：一是能预防产妇得产褥热。二是防止会阴裂伤，可防子宫脱垂。三是按照临产规律接生，接生人员仔细观察产程，发现问题及时处理。四是可防新生儿破伤风（“四六风”）。五是减少胎儿宫内窘迫，一旦新生儿出现窒息，尽快抢救。六是能有效防止产后大出血。

小关地区新法接生的开展始于1952年，当时小关区卫生所成立时，由孙锡有医师负责分管卫生防疫、妇幼保健，配合县保健站开展提倡新法接生的宣传及培训接生员工作。首先进行新法接生好处的宣传教育，举办新法接生培训班，对旧产婆及新生力量进行基本知识和技能培训，壮大接生队伍，推广新法接生。开展新法接生后，有效地控制了新生儿破伤风的发生，使产妇和婴儿的死亡率迅速下降。

1958年，人民公社的建立带动了妇幼卫生保健工作的发展，小关公社产院普及了新法接生。院址设在小关老街前闲张光寅老宅院，由小关村张林英负责，接生员是小关村李花锦、胡桂月。妇女生孩子大多到产院生，杜绝了新生儿破伤风和产褥热的发生。群众称赞产院：“毛主席领导办产院，妇女生孩真方便，孩子不得‘四六风’，妈妈不得月子病。少误工来少花钱，母子健康保平安。”1963年后，因赶上三年困难时期，产院停办，“文革”期间新法接生工作松懈，旧法接生一度回潮，新生儿破伤风和产褥热又有发生，新法接生受到严重的影响。但在小关仍有李花锦、胡桂月一直坚持在接生员的工作岗位上。有生小孩的求助，她们不分白天深夜、下雨刮风随叫随到，建立家庭产床，精心为产妇服务，不计报酬，任劳任怨。她们在工作的近三十年中，亲手接生上千人，从无发生过新生儿破伤风、产褥热、产妇死亡现象，深受小关人民的欢迎与尊重。

1975年后，国家组织接生员培训，建立县、乡、村三级妇幼保健网，小关卫生院设立妇产科、检查室、临产室、手术室，由妇产科医师时金凤、石叔芬、张喜莲主管接生及接生员培训工作。各村都培养有女乡村医生及接生员，设立妇幼保健室，配备有产包、接生器械及产床等。能在本村生的就近在本村生，愿意到小关卫生院生的到卫生院生。

西医的传入和现代医疗体系的建立

○ 郑红昌

西医，即近代和现代西方医学，由于它起源于西方国家，因此我们习惯称之为西医。明末清初，来华传教士把基督教带到中国的同时，也带来了西方近代科学和医药学。

18世纪30年代，在广州由传教士建立了第一所教会医院。之后，上海、香港、厦门等沿海城市先后也建立了教会医院。

小关直到1944年才有西医传入。从现有资料可知，第一个在小关以西医行医的人是由山西过来的游医赵润生，他携妻子和儿子赵建华住在小关老街，开设西医诊所，使用简单的医疗器械和西药，为民众诊治疾病。由于西医初次进入小关，人们对其缺乏认识与信任，加之守旧意识的支配，故其生意较为清淡。赵润生在坐诊的同时，也游乡串村，人们习惯称之为“游方郎中”。后来赵润生到米河开诊所行医。1947年赵建华也离开小关到站街开诊所行医。继赵润生之后，小关地区第二位西医医生是李少孔（1908—1993）。李少孔原籍巩县涉村乡，青年时期随伯父学习中医。1926年后，因生活所迫到小关谋生，在小关街西头开药铺行医卖药，后来成家立业，定居小关。

1944年秋，皮定均率领八路军豫西抗日先遣支队，飞渡黄河，进入豫西，开辟敌后抗日根据地，打击日伪军，收复失地，使民众看到了希望，许多青年纷纷加入八路军。李少孔也参加了地方抗日武装，任部队救护医生，在部队跟师学习了西医战场救护技术，进行战场救护。1945年抗日战争胜利后，李少孔继续在小关街开药铺行医，售中草药及常用的西药，中西医结合诊治病症。当时农村的医生很少，一般内外科病都要诊治。1952年，李少孔到老庙联合诊所行医，1958年人民公社成立，李少孔被调到新中公社卫生院工作至1960年退休。

第三位在小关以西医医术为人治病的医生是孙锡有。孙锡有，原籍巩县鲁村，

1945年游医到小关，此后定居小关老街。1948—1952年，他在小关老街开办医院（西医诊所）行医治病，因医德高尚，服务细心热情，所以很受小关民众的欢迎。1952年，孙锡有诊所合并到小关区卫生所，孙锡有到区卫生所工作。

小关区卫生所（现小关卫生院的前身），成立于1952年12月1日，为巩县人民政府卫生股下设的农村医疗卫生机构，地址设在小关前阏一处坐南向北的四合院，就是1968年后小关大队部那个院子，南有大型砖拱窑洞三孔，东西厢房（砖瓦结构）各三间，临街三间一过道，在当时算是比较宽敞的院子。由区政府配备一些家具设备，县政府投入500元（按新币计算，下同）购置药品、医疗器械，加上孙锡有诊所资金250元，总资金只有750元。由区政府文教委员韩德奇兼任所长，赵朱卢任副所长，医生有康东震、孙锡有、张衡风，护理员陈有仁，司药兼会计王英杰共七人。这是小关地区第一所“现代”医院，开现代医疗之先河。

小关区卫生所成立初期，只单纯开展西医诊疗，服西药，打针有肌肉注射、静脉推注及小儿皮下补液等方法，对一般内科疾病和普通外科疾病进行诊治，由于当时人们刚开始使用西药，对药物没有抗药性，所以患病用药后效果非常明显。有些疾病采用西医治疗比中医治疗见效快，而且疗效显著，药到病除，所以，西医治病很受民众的欢迎。

小关区卫生所旧址

1955年，小关区卫生所为适应工作量的需要，扩大业务范围，聘请茂将沟中医世家著名中医牛锡三（“牛四先儿”）坐诊，开设中医科，并购进中药材，开展中西医结合防治疾病。医务人员增加到11人，所长韩德奇、副所长赵朱卢，西医内科康东震、孙锡有，外科张衡风，中医牛锡三，护理陈有仁，中药司药岳德茂，西药司药郑增臣，会计邵鸿斌，中医学徒曹奎。

1955年小关人民卫生所职工合影

1958年，小关区卫生所改隶新中

人民公社中心医院，名称为“新中人民公社中心医院小关门诊部”。

随着社会经济的发展，小关的医疗卫生事业也有了突飞猛进的发展。医护人员增加到35人，设立了10个科室，并设立有住院部，有西医内科医师牛道通、高培宪、杜新兴、司德俊，外科医师马金喜，中医科医师乔深义、张西英，针灸科医师仝连榜，牙科医师白天宽、王叔焕、李长华、周美荣，妇产科医师禹培玲。同时，为方便群众就医，又设立了基层医疗机构，有口头联合诊所、曹沟联合诊所、荻坡联合诊所、孙寨联合诊所。

1959年1月1日，小关划归郑州市上街区管辖。1960年7月22日，新中人民公社中心医院小关门诊部又更名为郑州市上街区第二人民医院，配备了许多大型医疗设备，如200毫安X光机一部（并盖了三间机房）、显微镜等检验设备，还增设了病床等。医疗人员增加，增加了新科室，开展了许多新诊疗项目，大大提高了治愈率。

小关区卫生所，随着行政区域的变化，到1985年先后7次更名、2次迁址，医务人员由初建时的7人增加到43人，门诊科室由2个增加到17个，并建立住院部，有病房22间，床位50张，又配备了心电图记录仪、超声波诊断仪，开设有外科、眼科、骨科、牙科、妇产科、急诊科、检验科、理疗科等科室，并配备了相应的诊疗设备，中西药品供应齐全，医疗状况大有改善。

中华人民共和国成立初期，传染病、寄生虫病、营养不良性疾病在小关高发，而医疗卫生人员却很少，又缺少急需的药品和医疗设备，单一的中国传统医学无法应对和处理流行疾病及疫情。小关地区现代医疗机构设立后，由于医务人员的增加、医疗设备的添置、治疗药品齐全及中西医结合防病治病，疾病发病率大大降低，民众健康水平有明显提高。

流行病的防治

○ 郑红昌

1949年以前，小关地区流行病发病率很高，特别是霍乱、天花、疟疾、脑炎、伤寒、痢疾、流感、麻疹、白喉、肺结核等十几种流行病，对人民群众的身体健康造成极大的威胁。中华人民共和国成立初期，政府和医疗部门虽然也采取了一些预防措施，但都没能有效地预防与控制传染病的发生和流行，直接影响着民众的健康和生产的发展。预防传染病的有效措施主要是大搞卫生、预防接种，及时救治管理病人，并加强个人防护。

小关从中华人民共和国成立以来和全国一样大搞了几次爱国卫生运动，在管水、管厕、灭蚊蝇、改善居住环境的同时，逐年开展了预防接种，并加强对传染源的救治与管理，使传染病得到有效的控制，各种传染病的发病率逐年下降，直至几种传染病如鼠疫、霍乱、天花、疟疾、白喉、脊髓灰质炎等在小关地区被消灭。

1967年春季，流行性脑脊髓膜炎（简称流脑）在小关地区大肆流行，由于来势猛、传播快，预防措施没有及时跟上，在2～4月共发病212人，死亡12人。其中发病较多的是口头大队42人、小关大队39人、孙寨大队26人。流脑在小关暴发流行，各级政府发动群众大搞环境卫生，保持室内通风，减少集会，重点易感人群进行磺胺嘧啶预防服药；对患者做到早发现、早报告、早隔离、早治疗，在很短时间内，有效地控制了流脑的蔓延。由于预防措施坚持不懈，本地流脑发病率逐年下降，到1982年仅发生1例。此后每年又进行流脑疫苗接种，此病在小关已被消灭。

1970年夏、秋季，小关地区连续降雨，雨水量大，蚊虫滋生地多，蚊子密度大，加之个人防护措施差，造成疟疾在小关地区暴发流行，共发生疟疾病人301例，其中发病较多的是口头大队90人、小关大队35人、楼子沟大队32人、孙寨大队31人。

防治疟疾的综合措施是控制传染源（彻底治愈现症病人）、预防服药、灭蚊等。而灭蚊又是综合措施中的主要环节。因此，在当地政府的直接领导下，小关建立了公社、大队、生产队三级防治网。公社医院医生、大队赤脚医生、生产队卫生员相互配合，共同协作；广泛开展宣传教育，发动群众，开展群防群治。让社员群众人人都知道“疟疾蚊子传，吃药不要钱，得了疟疾病，快找卫生员”。大搞环境卫生，铲除蚊虫滋生场所，防止蚊子叮咬。发现疟疾病人及时正规服药治疗，采用氯伯五日疗法（氯喹林、伯氨喹林每日一次服药，连服五日）根治。对疟疾现症病人的周围人群及其他易感染人群，采用伯乙八日疗法（伯氨喹林、乙氨嘧啶，每日一次服药，连服八日）进行预防服药。为了切实做好此项工作，诊所赤脚医生配合生产队卫生员亲自到病人家中为病人及预防服药者每日送药防治，有的送至田间地头。为了服药方便，卫生员带着开水，做到送药到手，看服到口，咽下再走，一日一次，服务周到。由于连年坚持预防为主、防治结合的方针，小关地区疟疾的发病率逐年下降并被彻底消灭。

预防接种（打防疫针）是预防传染病流行的重要措施。预防接种的开展，民国时期及20世纪50年代初期仅进行牛痘苗接种，而且人群接种率很低，到1963年才进行全民普种，其他疫苗到1976年后逐渐开始普遍使用。

建立预防接种专职组织。由小关公社卫生院防保科医师郑红昌负责，各大队卫生所防保医生组成预防接种小组，具体负责预防接种工作。登记预防接种的对象，开展居住人口普查，建立预防接种档案，按年龄分类，主要是12岁以下儿童，0～7岁为基础免疫对象。预防接种措施：接种对象建立接种卡，按照免疫程序实施接种。由各大队医生配合生产队卫生员，深入各队农户家中、田间地头、建筑工地，逐人进行接种。在实施预防接种时，各大队都配有注射器具、冷藏包等。要求小儿麻痹糖丸疫苗送药做到“送药到手，看服到口”。为保障预防接种的质量，公社卫生院还定期组织检查验收，确保预防接种率达到百分之九十以上。

预防接种疫苗种类有：牛痘、小儿麻痹糖丸、麻疹疫苗、百日咳、白喉、破伤风疫苗、乙脑疫苗、卡介苗、伤寒疫苗、流脑疫苗等。

在流行病防治工作中，由于坚持预防为主、防治结合的方针，小关地区各种传染病的发病率逐年下降，这对提高人民群众的身体素质，保障工农业生产的发展起到了很大的作用。

健康养生等歌谣

○ 郑红昌

在小关地区，20世纪初至六七十年代，流传过多首关于修身养性方面的歌谣。这些歌谣有的是古人的作品，有的是人们日常生活的经验总结，在流传中又经过加工，多数已经难以确认是何人所作。我在为《小关卫生志》搜集资料时搜集到一些此类歌谣，现整理如下。

1. 保健一字诀

常吃一点蒜，消毒又保健。多食一点醋，不用上药铺。

多吃一点姜，益寿保安康。乱吃一顿伤，会吃千顿香。

干净一身轻，不净百病生。饭前一碗汤，胜开好药方。

每天一只果，老汉赛小伙。饭后一支烟，伤胃又伤肝。

多练一身功，老来健如松。练出一身汗，小病不用看。
晨起一杯水，到老不后悔。每药一个性，乱服会丧命。
无病一身福，健康万事足。要活一百多，心胸常开阔。

2．老人八忘益健康

忘掉年龄，保持旺盛活力。忘掉怨恨，宽容对事对人。
忘掉悲痛，从伤心中解脱出来。忘掉气愤，想得开忘得快。
忘掉忧愁，减少疾病缠身。忘掉悔恨，过去的已过去。
忘掉疾病，减轻精神压力。忘掉名利，活得更加潇洒。

3．保健四宝

早晨练功微出汗，水煮青菜好通便。切忌绕着金钱转，笑口常开金不换。

4．笑字歌

一笑烦恼跑，二笑怒气消。三笑病魔除，四笑精神好。
五笑襟怀广，六笑不服老。七笑苦难忘，八笑乐逍遥。
以笑对万事，万事自败倒。时常开口笑，寿比南山高。

5．养生长寿三字经

过花甲，为老年。欲长寿，养先年。日三餐，宜清淡。
八成饭，食勿贪。粗细粮，果蔬鲜。巧搭配，营养全。
少油腻，少糖盐。勿偏食，细嚼咽。酒少饮，茶宜淡。
不零食，不吸烟。随时令，衣增减。多保暖，避风寒。
强身心，靠锻炼。练气功，太极拳。身患病，上医院。
早防治，除隐患。不信神，不求仙。心宁静，宜恬淡。
荣不惊，无忧患。阴阳和，身体健。遇烦恼，忍为先。
胸怀广，纳百川。名不钓，利不沾。甘淡泊，不为钱。
待人宽，律己严。献爱心，解人难，心和善，少病缠。
贵知足，常乐观。书为友，笔为伴。多动脑，莫贪懒。
看电视，阅报刊。勤学习，不自满。学琴棋，习书画。
情趣广，豪情添。教子女，遵法纪。讲公德，守国范。
老夫妻，晚景艳。好伴侣，共患难。家和睦，苦后甜。
子孙孝，多欢颜。好生活，要思源。戒奢侈，重节俭。
养消费，不超前。按实际，不作难。识时务，随遇安。
顺潮流，向前看。搞改革，求发展。老有为，莫等闲。

量力行，做奉献。夕阳红，桑榆晚。长寿乐，颐天年。

6．“不”字养生歌

功名利禄不贪，烟酒赌博不沾。不谈张长李短，不夸自己当年。

不因得意狂喜，不为失意心烦。不为权钱困惑，不为名利失眠。

高楼轿车不攀，粗茶淡饭不嫌。坚持锻炼不懒，均衡营养不偏。

天上不掉馅饼，到老不会受骗。遇事不急不躁，处事不倚不偏。

酒肉朋友不交，糟糠之妻不换。党恩浩荡不忘，余热不忘奉献。

不要讳疾忌医，不能养痈遗患。天天不忘锻炼，时时不忘安全。

7．健康食疗歌

梨子润肺止咳好，苹果消食营养高。紫茄抗癌护血管，莲藕除烦解酒妙。

木耳抗癌消胀气，苦瓜降糖清热好。海带抗癌消瘀结，香菇防癌抗衰老。

胡椒祛寒且除湿，葱姜辣汤治感冒。大蒜抗癌治肠炎，菜花常吃癌症少。

鱼虾猪蹄补乳汁，猪牛羊肝明目好。盐醋防毒能消炎，韭菜补肾暖膝腰。

花生能降胆固醇，洋葱抗癌治三高。柑橘消食化痰液，抑制癌症猕猴桃。

香蕉补钾能通便，禽蛋益智营养高。冬瓜消肿能利尿，黄瓜减肥有功效。

萝卜化痰消胀气，芹菜能降血压高。生津安神属乌梅，润肺健脑食核桃。

番茄补血驻容颜，补血健胃食红枣。白菜利尿排毒素，蘑菇抑制癌细胞。

蜂蜜润燥又益寿，葡萄美容除疲劳。红薯润肠又抗癌，绿豆解暑最见效。

诸君若要延年寿，请把食疗歌记牢。

8．降糖蔬果

降糖蔬果有苦瓜，南瓜黄瓜洋葱佳。薏米柚子空心菜，萝卜白菜海带茶。

山药枸杞菠菜用，大蒜芹菜与冬瓜。芦笋莴苣鸡腿菇，莲藕黄豆糖降下。

9．降脂食物

降脂食物用牛奶，大豆玉米和燕麦。黄瓜大蒜与洋葱，苹果鱼肉与海带。

10．抗癌食品

抗癌红薯猕猴桃，山药橘子大红枣。莲子荸荠葵花籽，百合菱角梨香蕉。

大蒜薏米四季豆，木耳银耳枸杞药。带鱼章鱼黄花鱼，海参海虾海带找。

香菇猴菇金针菇，芹菜卷心菜花好。萝卜茄子花椰菜，荠菜番茄与甜椒。

大葱大豆与南瓜，苦瓜芦笋抗癌妙。

11．软化血管

软化血管食疗好，玉米红薯核桃枣。香菇蜂蜜黑木耳，茄子番茄不能少。

12．益寿坚果

益寿食品坚果选，松子核桃榛子莲。南瓜西瓜葵花籽，银杏菱角栗子全。

花生腰果开心果，常食坚果身体健。

13．食疗三字经

冠心病，吃银杏。吃鲜橙，防卒中。吃西柚，防血稠。

要健脑，吃核桃。吃大蒜，降脂验。蘑菇餐，防血栓。

吃鲜姜，血脂康。木耳菜，降脂快。菊花茶，降血压。

吃辣椒，消脂好。乌龙茶，减肥佳。身材秀，吃土豆。

气血虚，荔枝取。吃葡萄，养颜好。要润肤，樱桃补。

常吃枣，不显老。燕麦汤，皮肤光。食蜂蜜，皮肤细。

萝卜汤，治胃胀。红薯用，大便通。洋葱好，抗衰老。

枇杷用，咳嗽停。银耳烩，能清肺。椰子果，清肝火。

吃苦瓜，胃火下。柿子霜，治舌疮。黑芝麻，养头发。

要安神，吃枣仁。杧果好，呕吐疗。胡椒取，风湿祛。

吃山药，脾胃好。百合配，益补肺。苹果鲜，营养全。

吃鲜桃，五脏保。

14．养生歌

清晨起，莫慌忙，伸伸懒腰再起床。床边坐，别着急，半分钟后再站起。

温开水，喝半杯，血脉通畅最宝贵。大小便，要排空，清肠排毒垃圾清。

吃早餐，很重要，宜早更要营养好。日出后，晨练宜，空气新鲜利身体。

指梳头，干洗脸，头脑清醒驻容颜。洗洗鼻，揉揉眼，远离感冒和花眼。

齿常叩，舌常转，生津开胃齿固坚。保健穴，常按摩，健身祛病好处多。

大步走，小步跑，一天万步比较好。循渐进，持之恒，常年坚持必然灵。

戒吸烟，限喝酒，心胸开阔不发愁。午饭后，睡一觉，自我调节减疲劳。

晚餐少，宜清淡，有利健康和睡眠。晚饭后，散散步，身心放松睡舒服。

睡觉前，泡泡脚，按摩涌泉胜吃药。重健康，在心理，心理平衡数第一。

有爱心，要牢记，淡泊人生有意义。葆青春，养天年，合家幸福到永远。

15．健康养生歌

三天不吃青，两眼冒金星。宁可食无肉，吃饭汤要有。

吃面多喝汤，免得开药方。体弱病欺人，体强人欺病。

晨吃三片姜，如喝人参汤。寒从脚上起，病从口中入。

萝卜出了地，郎中没生意。人说苦瓜苦，我说苦瓜甜。
吃了十月茄，饿死郎中爷。大蒜是个宝，常吃身体好。
一日俩苹果，毛病绕道过。吃药不忌嘴，跑断医生腿。
多喝凉白开，健康自然来。白水沏茶喝，能活一百多。
春捂和秋冻，健康不生病。喝茶不洗杯，阎王把命催。
尽量少喝酒，病魔绕道走。饭后一支烟，害处大无边。
若要不失眠，煮粥加白莲。一日三笑好，人生会不老。
有泪尽情弹，疾病自然痊。若要身体壮，饭菜爵成浆。
每餐少一口，活到九十九。宁可餐无肉，不可不食豆。
吃米带点糠，营养又健康。锻炼要趁小，别等老时恼。
一日三个枣，长生会不老。核桃山中宝，补肾又健脑。
日光不照临，医生便上门。刀闲易生锈，人闲易生病。
懒惰催人老，勤劳能延年。饭后百步走，活到九十九。
要想腿不老，常踢毽子好。要得腿不废，走路往后退。
出汗不迎风，跑步莫凹胸。汗水还没干，冷水莫要沾。
要得身体好，常把澡儿泡。常把舞来跳，痴呆不会到。
要得身体好，常把秧歌跳。常打太极拳，益寿又延年。
中午睡觉好，犹如捡个宝。冬睡不蒙头，夏睡不露肚。
睡多容易病，少睡亦伤身。吃好又睡好，长生会不老。
饮了空腹茶，疾病身上爬。一勤生百巧，一懒生百病。
热水常洗脚，强似吃补药。刷牙用温水，牙齿笑咧嘴。
戒烟又限酒，健康定长寿。

小关方言

○ 郑红昌

方言是语言的变体，使用相同方言的范围也有大有小，有的方言通行全省，有的通行数县，有的仅限于一个乡甚至一个村庄。小关处于从开封、郑州到洛阳的交通要道上，即便是古代，由此经过的行商客旅、各行各业的人都有，在小关做生意的人也来自四面八方，小关就是个移民社会，他们带来了不同的语言、文化，这就注定小关方言既有特色也无特色，前面说到的几种情况都存在。我粗略整理了一下，小关的方言大致如下：

1．时间方言

今儿：今天；明儿：明天；后音儿：后天；前音儿：前天；夜儿：昨天；眬星明：天刚亮；清上：早上；饭时：上午；晌午：中午；后晌：下午；黄昏：夜间；等会儿：稍等；成天：整天；真在儿：现在；才姜：刚才；羊才儿：刚才；明何儿：明天下午；多早儿：什么时候；往音儿：以前；没多会儿：没多长时间；前年个：前年。

2．用具方言

马勺：水舀；翻馍劈儿：翻馍铲；炉鏊：锅盔炉；捂器：锅盖；戗锅刀：锅铲；调儿：炒菜锅。

3．称谓方言

先儿：医生；掌柜：女人称自己的丈夫；媳妇：长辈称晚辈的妻子；秀子：妻子、已婚女子；挑串：姐妹的丈夫。

4．状态方言

弄聂：刚刚；弄啥：干啥；须胡：注意；板倒：摔倒；看美儿：正好；得劲儿：舒服；光黏：光滑；枯楚：不平展；没任啥：空荡、什么也没有；锅滚：水开了；好些：很多。

5．方位方言

上头：上边；下头：下边；这妥儿：这里；那妥儿：那里；这厢：这边；那厢：那边；窑坨儿：窑洞的上边。

6．衣食方言

布衫：上衣；汗衫：短袖上衣；夹袄：双层上衣。

扁食：饺子；面叶儿：面条；锅盔：炉鏊馍。

7．行为方言

厮跟：同行；糟刺：批评；赤（歇）脊梁：赤裸上身；不着：不知道；股队：蹲下；咋着：怎样；成色儿：能力；老徐：唠叨；中：可以；统中：很有能力；中弄：不可以；白脖儿：外行；淘急：着急；徒暮确：没精神；烧包：自能；没秋儿：能力差；撒才：无能；麻头：固执；麻批儿、麻瓤儿：不讲理；老尖诀：个性强；二杆子：性格不正常；二甲板：漫不经心、不专注；二球：不精明、不懂事；烧不透：好表现自己；犟筋：固执、不服劝导；不吃木：不爱动脑子；不照道：不守规矩；信球货：愚蠢人；日巴歘：糟糕；包吭气：不说话；恁些儿：那么少；月子：生孩子；喷空儿：聊天；瞎确：判断不对；确人：哄骗人；噘人：骂人；拨拉：抚摸；刺挠：痒；使哩慌：劳累；不释闲：不停点；抹咣：讽刺。

8．事物方言

柿圪带儿：柿蒂；大粪：人粪；洋胰子：香皂；洋碱：肥皂；洋油：煤油；洋火：火柴；洋灰：水泥；洋肚子手巾：毛巾；响器：唢呐；日头：太阳；墙窟窿儿：墙洞。

9．建筑物方言

灶火：厨房；茅子：厕所；科台儿：台阶。

10．器物方言

板墩：小凳子；杌墩：高凳子；板凳：长凳子；煤火：煤炉子；兑窑：石臼；木头：棺材；捎马：用棉线织成的袋子；麻绳儿：麻做的绳。

11．身体方言

低脑：头；歇低脑：光着头；心门头：前额；后巴：枕部；鼻隔代：鼻子；圪崂肢：腋窝；赤肚子：裸体；赤巴脚：光着脚；不老盖儿：膝盖。

12．禽兽方言

恶老雕：鹞子；罴子：狐狸；眼鳖虎：蝙蝠；老鸹：喜鹊；瞎秃枭：猫头鹰；叨树猫：啄木鸟；可叉燕：燕子；小虫儿：麻雀；水鸡：青蛙；暖鸡娃：孵小鸡。

小关谚语集锦

〇 郑红昌

在小关地区流传有很多谚语，这些谚语有关于农业生产的，有关于气象的，也有关于勤俭持家、教育子女的。这些谚语都是小关人生活实践的总结。现在我把收集到的部分谚语整理如下。

千学不如一看，千看不如一练。

百闻不如一见，百见不如一干。

不挑担子不知重，不走长路不知远。

不当家不知柴米贵，不生子不知报娘恩。

当家才知柴米贵，出门才晓路难行。

要知父母恩，怀里抱儿孙。

老姜辣味大，老人经验多。

天上无云不下雨，世间无理事不成。

让人一寸，得理一尺。

有理不怕势来压，人正不怕影子歪。

有理不在言高，有话说在面前。

有理走遍天下，无理寸步难行。

人往大处看，鸟往亮处飞。

人争气，火争焰，佛争一炷香。

人老心不老，身穷志不穷。

人要心强，树要皮硬。

山高有攀头，路远有奔头。

不怕路长，只怕志短。

不怕百事不利，就怕灰心丧气。

不怕学不成，就怕心不诚。

不怕学问浅，就怕志气短。

不担三分险，难练一身胆。

不磨不炼，不成好汉。

一人不说两面话，人前不讨两面光。

人靠自修，树靠人修。

人靠心好，树靠根牢。

人心换人心，八两换半斤

人前若爱争长短，人后必然说是非。

人要实心，火要空心。

小时偷针，大了偷金。

小人记仇，君子感恩。

不怕人不敬，就怕己不正。

不图便宜不上当，贪图便宜吃大亏。

天凭日月，人凭良心。

知足称君子，贪婪是小人。

知足常乐，健康快乐。

学好千日不足，学坏一日有余。

笨人先起身，笨鸟早出林。

边学边问，才有学问。

不怕少年苦，只怕老来穷。

不怕事难，就怕手懒。

不听老人言，吃亏在眼前。

长兄如父，老嫂比母。

车到山前必有路，船到桥头自然直。

吃不穷，穿不穷，不会打算一世穷。

会打会算，钱粮不断。

吃人家的嘴短，拿人家的手软。

出门靠朋友，在家靠父母。

出门问路，入乡问俗。

粗茶淡饭能养人，破衣破裤能遮寒。

刀不磨生锈，人不学落后。

话多了不甜，胶多了不粘。

家有千口，主事一人。

家有一老，犹如一宝。

你敬人一尺，人敬你一丈。

多个朋友多条路，多个冤家多堵墙。

勤劳是个宝，一生离不了。

听人劝，吃饱饭。

细水长流，吃穿不愁。

帮人帮到底，救人救到头。

五、独具特色的民俗

初一五更祭关爷

○ 郅公林

民国时，在小关老街的中心，有一座飞檐斗拱、金碧辉煌的庙宇，这就是关爷庙。那时小关虽然有多座庙宇，如东河的老君庙、龙王庙，软枣树的七星庙，西沟的牛王庙、马王庙，凤山寨上的天爷庙、火神庙、魁星楼，南沟的观音堂，等等，但在这些庙宇中，关爷庙的香火最盛，信徒最多，这是因为关爷庙占据了天时、地利、人和。说天时，关羽属于历代王朝法定的正祀之神，凡是建有关帝庙（关爷庙）的地方，逢主要祭祀活动当地头面人物都要参加，这自然会扩大老关爷在民众心目中的神圣地位；说地利，关爷庙建在小关老街的正中间，按照现代话说即“黄金地带”，拜祭方便；说人和，在小关人的意识里，老关爷既是正义的化身，又可以保佑平安——因为他骁勇善战，能降恶除魔，还可以让你发财。

民国后期的有一年大年初一，天还没有亮，人们便提着灯笼到关爷庙烧香祭祀。在庙门口，前纸坊的一位村民和南沟一位村民相遇。他们两人平时就爱开玩笑。两人一碰面，一个说：“唉，听说你病得很厉害，都起不来床啦，你咋来啦？”另一人立马回敬说：“今天见鬼了，听说你已经死了，咋又来啦？”说过以后两个人都没有计较，一笑了之。倒是旁边的人听了，心里厌烦，觉得这俩人大年初一说话真不兴头。

转眼春去秋来，场光地净之后，地方当局组织壮丁到老庙山打刀客。刀客是小关的方言，指土匪。自清中期以来，朝政日益腐败，太平军、捻军与清军长期作战，农村经济遭到极大破坏。甲午战争、庚子事变后清廷大量赔款，这些沉重的负担全部转嫁到了农民头上，再加上旱灾、水灾、虫灾，许多农民破产，有的为了生存便铤而走险，啸聚山林，打家劫舍。这些绿林武装有的专门针对富户绑票、抢劫，也有的不分贫富一扫而过，因此，各地常常有被抢的消息。农民为了保护家园，不让那可怜的保命粮被抢，各村都组织有红枪会。如果绿林武装闹腾得大了，民团就要组织壮丁进山“剿匪”。这些壮丁都是农民，不过是虚张声势、呐喊助威而已。绿林武装也有眼线，会尽快转移，因此民国时期的“剿匪”往往是雷声大雨点小，甚至两者就没有照过面。所以这些壮丁们说是进山“剿匪”，却像游山玩水一样，拖拖拉拉，嘻嘻哈哈，转一圈就算完事了。

不过这一次可不一样。不知道是绿林武装没有得到消息，还是有意要与民团干一仗，打击一下民团的威风，双方短兵相接打上了。当时民团和刀客使用的都是冷兵器——大刀、长矛。一场战争下来，双方都有伤亡，初一五更关爷庙烧香时开玩笑的两个人，一个脸上被划了一刀牙齿都露出来了，一个胳膊被砍了一刀几乎伤到骨头。于是就有人说是他们初一五更说话不吉利造成的。

这故事给我们透露了三个信息：一是小关有大年初一五更给老关爷烧香摆供的习俗。虽然说没有抢头香之说，但是既然打灯笼，就说明天还没有亮，要在五更头上好香祈当年之福；二是社会比较乱，常有刀客打家劫舍的事情发生，民团、壮丁、红枪会联合“剿匪”，说明绿林武装杆子较多，人数也不少；三是人们忌讳不吉利的话，尤其在一些特定场合，如果说出不吉利的话会让人讨厌，别人也会反感，如果日后有不好的事情发生，人们就会把其与不吉利的话联系起来，说成是因果关系。

婚姻习俗的变迁

○ 郅公林

旧时，小关同全国各地一样，婚姻制度极不合理，男女青年对自己的终身大事毫无自主可言，一切听从父母之命、媒妁之言。婚姻程序大致如下。

一是双方父母（多以男方家庭为主，也有女方家庭主动提出者）认为门当户对，即大户人家（小关方言，指房屋、土地比较多，家庭比较富裕，家庭成员也比较多，所以称为“大户”）与大户人家结亲，穷家小户与穷家小户结亲。例如：虽然山区交通十分不便，但还是有两家相距数十里而结亲的现象。如琉璃庙沟张家与河那沿（小关人称伊洛河西岸康店、南河渡即今河洛镇为“河那沿”）某家结为亲家。民国后期兵荒马乱，社会极不安定，常有绑票、撕票的事情发生。某一年秋天，场光地净，粮食入仓，有一天，张家来了两个长工打扮的人，说是河那沿亲家派他们来，接少掌柜（这是对家中少年的尊称）××去姥姥家住几天。这位少掌柜是个十二三岁的少年，一听说去姥姥家非常高兴，家里人也忙着准备行李。正在这时候，主人回来了。家里人把这件事给他一说，主人问：亲家有信没有？回答说因为来得急，没有书信。他想了想，不动声色地说：“人家走了几十里路，咋能说走就走，先住下歇一夜明天再走吧。”一家之主说的话没有人敢反驳，家人将来人引到了客房。这一家立马吩咐家人骑快马去河那沿询问有无此事。当天夜里家人回来说：亲家根本没有派人，即使派人也会派张家熟悉的人，并且会有书信。张家立马就将那两个人扣了起来。第二天中午，张家将两人拉到打麦场——张家碑楼西边场地，强迫其面朝下趴在地上，深深地楔下四个木橛，用四根绳子分别将那两人的四肢拴在木橛上——这叫“地绷子”，然后开始抽皮鞭。两个绑匪嘴里喊叫说：“打死爷，再过二十年爷还是一条好汉！”这件事说明琉璃庙沟张家与三四十里外的某户是儿女亲家。小关村也有与河那沿结亲的。这些婚姻除了门当户对，也有政治因素在里边。

上述仅是个案，旧时交通又十分落后，人与人之间交往也少，婚姻圈子大多在方圆十里之内，就在小关本村结为儿女亲家的也不少。

因为婚姻需要媒婆说合——即使两家互相了解，关系也比较好，也需要媒婆“撮合”，这叫“明媒正娶”，这一观念深入人心，自然形成习惯。说媒的大多是50岁左右的妇女，小关人称其为“媒婆”。由于婚姻离不开媒婆这一角色，旧时有的妇女把说媒当成了一种职业，没事就打听谁家的孩子还没有定亲，然后主动上门说合。如果两家都同意，基于对命相的迷信，要找一位算卦先生合一下八字，即看双方的八字犯不犯冲，是不是相合。其实这都是自欺欺人的玩意儿，只是求个心理安慰。因为算卦先生都会一套“口诀”，如最为流行的十二属相“命里相克”的口诀是“自来白马怕青牛，羊鼠相交一旦休。蛇虎配婚如刀错，兔儿见龙泪交流。金鸡玉犬难躲避，猪与猿猴不到头”，意思就是“马与牛”“羊与鼠”“蛇与虎”“兔与龙”“鸡与犬”“猪与猴”这六对属相“命里相克”，不能结亲。还有几句口诀是所谓上上婚即“金婚”：“黑鼠黄牛正相合，青虎黑猪上等婚。黄龙白鸡更相投，红蛇白猴满堂红。红马黄羊两相随，青兔黄狗定长久。”其意思是“鼠与牛”“虎与猪”“龙与鸡”“蛇与猴”“马与羊”“兔与狗”这六对属相结合是最好的婚姻。除上面各自六对相生、相克外，其余的属于一般，就是说八字上不存在生与克的问题，都可以结亲。例如属相为“龙”，与兔相克，与鸡相合，除兔、鸡之外还有九个属相，无所谓好与坏，都可以结亲。还有所谓“婚姻六合”：“寅巳丑配猪猴鼠，子申亥配牛蛇虎。辰午卯配鸡羊狗，酉未戌配龙马兔。”一般农户都遵循这一信条，但也有例外，比如两家是世交或者关系非常好，再就是男方看中了人家的女孩，可是八字不合，怎么办？阴阳先生有办法，就是拿钱给一个“破法”。“破法”的种类很多，比如选择特定的吉日拜堂成亲、选择某一属相的人做娶家（伴郎、伴娘），歌诀云：“自来白马怕青牛，十人近着九人愁。两家若想结秦晋，午用寅戌丑巳酉。”意思就是本来属马的和属牛的不能结婚，如果结合，属马的找一位属虎或者属狗的做“送家”，属牛的找一位属蛇的或者属鸡的做“娶家”就行，结婚时添加一定仪仗，大喜那天在洞房褥子下面压一张“符箓”作为镇物，等等，据说这样就没有妨碍了。

经阴阳先生合过八字，就选一个黄道吉日举行订婚仪式，摆一桌简单酒席，除了两家父母和媒婆，还要请一位识字人到场。酒过三巡菜过五味，双方父母当面说定愿意结为儿女亲家。这时由请来的先生写男女的生辰八字、家庭住址、父亲的姓名（少数有写三代名讳的），小关人称为“庚帖”（庚就是年龄，如庚齿、年庚等）。庚帖有两种：一种是从商铺购买的印好的格式；另一种为临时书写。不论前者还是后者，内容都是一样的，即首先要写清楚男女各自的生辰八字。比如男方属龙，民国五年正月十六日巳时生，那么他的庚帖就是：“丙辰年庚寅月乙酉日丙戌时。”“丙辰、庚寅、乙酉、丙戌”八个字为“四柱”，分别代表年、月、日、时。女方为民国七年八月二十一日卯时生，她的庚帖就是：“戊午年辛酉月乙亥日己卯时。”庚帖写好后相互交换。这个仪式叫“下大契”，交换庚帖类似于中华人民共和国成立后结婚时领取的“结婚证”，任何一方都不能再反悔，如果一方反悔，对方就可以拿着庚帖“告状”，官府也会支持原告。但是也有例外，比如一方长期有病、男方违法犯罪或是游手好闲不务正业、女方红杏出墙等，对方提出解除婚约也只得接受。下面说说几种具体的不合理婚俗。

1. 娶小婆。某男子已经结过婚并且妻子在世，再娶女子，小关叫娶小婆，也就是纳妾。被娶的女子不论年龄大小，乡亲、亲戚当面按辈分称呼，如婶子、嫂子等，但是背后会说“××家的小婆”，即通行称呼的“妾、偏房、二房、小奶奶、姨太太”等。

民国成立后，国民政府虽然通过立法废除了旧的婚姻制度，实行一夫一妻制，不允许纳妾，但是因为长期战乱导致社会动乱，“政令不出都门”，政府的规定并没有得到认真执行。事实上从城市到乡村，从官商到平民，纳妾现象不但没有绝迹，甚至普遍存在。以小关村而论，到1949年即国民政府终结时，有“小婆”三四十个，其中一个仅有五十来户人家的村子就有7位“小婆”。当时小关村有多少人呢？我们可以作一估算。据文献资料显示，1929年小关村有居民339户，计2197人。当年河南省共有31 470 998人。抗日战争期间，由于日军的杀戮、战争的破坏、水旱蝗汤等的侵袭，人口锐减，1946年抗日战争胜利后，全省为28 473 025人，比1929年减少2 997 973，减少9.526%。1945—1949年有所恢复、增长。巩县在抗战时期长期处于大后方，沦陷时间为1年3个月，受战争和自然灾害影响，以人口减少5%计算，到1949年估计小关村大约有320户计2100人。300来户的山村竟有数十位偏房，其比例之高是十分惊人的。

这些偏房是怎么形成的呢？大致有以下几种原因。

一是因为结婚数年妻子不生育而娶偏房。小关有个非常形象的方言——“解（读音‘协’）怀”，指妇女喂孩子吃奶。过去男女上衣的样式是不一样的，男子是对襟，妇女都是掩襟，也叫大襟，衣襟从右往左掩，左腋下一排扣子，喂孩子吃奶的时候要解开扣子把衣襟掀开，叫“解怀”。如果某家的媳妇婚后还没有生孩子，就说“还没有解怀哩”，要是婚后数年没有生孩子，会说“就没有解过怀”。仔细琢磨这两句话的含义是不一样的，如果某个妇女听到有人背后说她“还没有解过怀”或者说“就没有解过怀”，她思想上的压力是很大的，男人要娶小就不敢公开反对。

二是因为妻子生有女孩但是没有生男孩而娶偏房。也就是说妻子生有孩子，甚至不是一个孩子，只是生的都是女孩没有男孩而娶偏房。这主要是受传统礼教的影响。《孟子·离娄上》有一句话，叫“不孝有三，无后为大”，旧社会谁家要是没有男孩会被乡邻瞧不起。为此，稍有家产的人家大多数都要娶偏房。这种现象在旧时的小关村中产以上家庭比较普遍。

三是妻子生有女孩也有男孩，但是嫌单丁势孤，或者嫌妻子人老珠黄，故而娶偏房。这种情况主要发生在家大业大的人家。

除上述第三种情况外，第一、第二种娶偏房大部分是由父母主导，儿媳妇不敢反对，但是也有用另类抗拒的。民国后期，某村有一户人家，媳妇过门数年没有生育男孩，父母张罗着给儿子娶偏房，儿媳妇当面没有反对。过了一段日子，父母买回来一个十六七岁的女孩子，选定个吉日，大宴宾客，让儿子和买来的女孩子拜堂。宾客满座，鞭炮齐鸣，鼓乐喧天，女孩子穿着吉服蒙着盖头，在伴娘的搀扶下来到天地桌前，可是新郎迟迟不见出来，人们喊叫着到处找，却没有一点踪影。原来儿媳妇趁着众人忙乱之机，强逼着“新郎”出门了。众人乱糟糟的，不知道该怎么办，儿媳妇说：“喜事还得办，就叫俺爹拜堂吧。”众人这才如梦初醒，原来是这个刁钻的儿媳妇搞的鬼。有人就跟着起哄，拉着拽着让“老公公”变成“新郎”，和女孩子拜堂并被推推搡搡拉进洞房。这件事说明三个问题：一是旧社会妇女根本没有人身自由，像商品甚至牲畜一样任人买卖，至于嫁给哪个男人，都不是自己做得了主的；二是有的人家娶偏房，完全是父母为了传宗接代的强制行为，并不被儿媳妇甚至儿子接受；三是买来的难民女孩不需要明媒正娶，也不管什么掐八字算命看合不合，更没有换庚帖下大契这一说，不论和谁拜堂，更不论那个男人年龄多大，就得做人家的“小婆”。

在小关村还有一种情况，即并不是富有人家，也要娶小婆。小关有个费××，大约出生于清期末期，是个破落户子弟。此人不务正业，游手好闲，祖上给他留的田地，到他手里没有几年就给卖光了。家里不但没有田地，甚至连一孔窑洞都没有，常年借住别人的房屋。他凭着识几个字，兜揽词讼，敲诈穷人，小关人提起费××都会说他是个“蛆”。有一年大年三十夜里，有人给他的大门上抹了厚厚一层大粪。他借住的院子距离水井只有五六十米远，费××从来不担水，家里水吃完了，就站在路边，见到有人担水，就涎着脸说：“××，给我担担水。”谁也不想招惹他，就不情愿地给他担一挑水。他们家经常断盐，到该做饭的时候，他老婆郑××拿一个调羹勺到邻居家，说“借给我一勺盐”。每次都是说“借”，但是从来没有还过。就是这样的人家，因为其妻子没有生育能力，他就千方百计要娶小婆。抗日战争时期，地方伪政权曾经盘踞小关南寨，八路军情报人员和地下工作者被捕后，常常被拉到南寨拷打，此人只要听说有八路军的探子（侦察员）被拉上南寨，就会主动跑去当打手，就是为了得到几个赏钱。后来他讹诈了一点儿钱，买了一个外地逃荒的女孩子，因为没有钱，不请客也不拜天地就算成亲了。费××家里穷，常常饭都不够吃，做饭是小婆的事，吃饭的时候小婆要站在一边，等着费××夫妇和他娘吃过，剩余的才轮着小婆吃，如果吃光了，只能把刷锅水热热喝两口。要是有人上他们家去，小婆怕见人往往躲到门后。国民政府垮台后，费××带着小婆和她生的孩子外逃去了山西，老死在那里也不敢回来。我举这个例子说明两个问题：一是娶偏房的并不全是有钱人家，极少数无赖也有娶偏房的。二是小婆尤其是外地逃荒来的女孩子做了偏房，即使育有儿女，仍然没有地位，只能被人欺负。

偏房绝大部分是买来的逃荒丫头。在那个年月，大量农民破产，逃荒的难民成群结队，小关是个较大的集镇，又是东西交通要道，常常有难民路过，为了给子女保一条活命，忍痛抛离骨肉卖儿卖女的悲剧时有发生，甚至有卖妻子的。有的人家会买一个孩子做养子或者养女。但是，多数女孩子都被买去做了偏房。当地也有少数是因为家太穷赔不起嫁妆，只好把女儿送人做小。

1950年5月1日，《中华人民共和国婚姻法》正式颁布实施。它以调整婚姻关系为主，以男女婚姻自由、一夫一妻、男女权利平等、保护妇女和子女合法权益为核心。婚姻法明确废除包办强迫、男尊女卑、漠视子女利益的封建婚姻制度；禁止重婚、纳妾；禁止童养媳；禁止干涉寡妇婚姻自由；禁止任何人借婚姻索取财物。婚姻法充分考虑在不合理婚姻制度下受害者主要是女方这一事实，做出无条件离婚的规定：“男女双方自愿离婚的，准予离婚。男女一方坚决要求离婚的，经区人民政府和司法机关调解无效时，亦准予离婚。”并对离婚后子女的抚养和教育、财产和生活等问题做出规定。

婚姻法规定实行一夫一妻制，得到各级政府的认真贯彻执行，纳妾被坚决禁止，原有的偏房只要是年纪偏轻的，由政府做主重新嫁人。这样，大多数偏房都又重新组建了家庭。这里边有带着子女也有不带子女再嫁的。个别年龄偏大的，例如50岁以上，实在不愿意再嫁，政府也不勉强。还有极少数虽然年纪很轻，但是孩子太小，夫家又缺少男丁，不愿让带着孩子改嫁，把吃奶孩子留下又心疼，当时没有改嫁，政府也没有勉强，政府对政策的掌握是灵活的，处理问题是非常人性化的。

2. 童养媳。民国时期小关地区童养媳现象虽然不是很普遍，但是也不在少数。经过媒婆牵线，由“婆家”领养一个五六岁或者七八岁的小女孩，像养闺女一样养大，到了十五六岁再与儿子拜天地入洞房。这样的小女孩叫作“童养媳”，小关叫“相应媳妇”。把自家的小女孩送给人家做童养媳或者领养小女孩做童养媳的，大多是双方家庭条件都不太好，女方家送出去一个孩子就可以少养活一个人，在那缺吃少穿的年代养一个孩子不容易；男方家领养童养媳，一来只用把女孩养大将来儿子成亲不用花多少钱，二来家庭条件虽然不太好，将来也不用发愁孩子找不到媳妇。因为领养童养媳的大多是穷人家，因而小女孩实际上是个小劳动力——纺花、织布、做饭、下地，什么活儿都得干。如果遇到婆婆脾气差，还会经常挨打受骂。小关有一个笑话：某童养媳在十三四岁时，这年年三十晚上，婆婆在灶火炸好了糖果子（小关方言，泛指油炸食品），让女孩子端着去屋里给神上供。男孩跟进屋子，伸手抱住了女孩。女孩很害怕，大声喊道：“娘，看您孩子啊！”那个时代农户家平时别说吃油货了，连白面馍也很少吃，婆婆以为儿子要吃糖果子，就大声说：“可不敢着（音‘遭’，小关方言，摸、动、拿的意思）啊，还没有敬神哩。”男孩一听还得敬神，赶紧松了手。女孩长大成人后，婆家让他们圆了房。拜罢天地，晚上吃了“四盘菜”，送入洞房，村里几个年轻人躲在窗外偷听悄悄话。只听新郎问道：“敬神了没有？”这个笑话说明两个问题：一是童养媳现象在小关并不是个案；二是过去的青年比较规矩，即便是童养媳，两个人从小就在一块儿生活，耳鬓厮磨，也不会有越轨行为。

3. 娃娃媒，即小媒。娃娃媒与童养媳的不同之处在于女孩子并不送往“婆家”，而是随着母亲一块儿生活。民国时期，在小关地区除了有童养媳，还盛行娃娃媒。大户人家或者中产家庭都不给子女定娃娃媒，因为他们要讲究门当户对，并不怕子女长大找不到合适的人家。定娃娃媒大多是男方家庭薄有资产，聊可度日，或者中产家庭两家关系比较好。娃娃媒定亲的年龄一般都比较小，小孩子在两三岁甚至一两岁就定亲，不过这样的亲家虽然也要经过媒婆说合，但是并不下大契，只是一种口头约定。尽管是口头约定，但是人们很重视，一般不会反悔，等到孩子长到十五六岁再下大契正式订婚。中华人民共和国成立后，随着婚姻法的颁布，反对父母包办，实行婚姻自主，大部分娃娃媒都自动解除了婚约，其方式非常简单，或者双方父母直接说，或者让媒人或熟人转告一声："孩子们的事，让他们自己做主吧。"对方心知肚明，婚约就算解除了。也有少数因为双方父母尤其是女方父母的坚持，或者两个青年在此基础上相互接触培养了感情，继续维系婚约并最终结为夫妇的，这种情况与婚姻自由已经没有差别。

4. 强嫁寡妇。民国后期，小关曾经发生过一件事。大约是关谷堆东边一户人家，有一个没有生育子女的年轻寡妇，户下（小关方言，即本家族）要她改嫁，并且为她找好了人家。年轻寡妇对户下强行逼迫她改嫁本来就不满意，对他们找的那户人家更不满意，因此坚决不改嫁。一天夜晚，天黑如墨，伸手不见五指，还刮着阵阵西北风，大约到了二更时分，小关老街的所有商铺都已经打烊，街上一个行人也没有。这时候从东边过来四五个人，一声不吭，走到一家商铺门前，"笃笃笃""笃笃笃"，响起轻轻的、有节奏的敲门声。时间不长，商铺的门开了，几个人进了商铺。开门人朝老街东西看了看，轻声关上了门。几个人来到商铺的上房，屋子里灯火通明，八仙桌上已经备好了酒席。原来这些人是买卖寡妇的双方，在这里谈价钱、立字据。酒足饭饱之后，也说好了价钱，正要写字据签字画押，突然，街上一声怪叫，紧接着"啪啪啪""啪啪啪"传来一阵急促的敲门声，这些人心里一惊，让一个人去门口查看。那人打开门一看，黢黑一片，连一个人影也没有。开门人连问三声"谁"，没有一点儿回应。那人嘟嘟囔囔关上了门。几个人虚惊一场，稳了稳心神，又准备写字据。在这节骨眼上，门外又传来了更加急促、声音更大的怪叫声和拍门声。这一次出来两个人，打着灯笼开开门，一边喊一边找，还是没有发现一个人影。那时候人都非常迷信，信神信鬼，几个人都感到非常恐惧，认为是寡妇的亡夫所为，谁都怕遭报应，都不敢在字据上签字画押，几个人怀着惊恐的心情匆匆地离开了。这一次强卖寡妇的事就不了了之。当天夜里这家商铺左邻右舍商铺看门的伙计都知道这件事。后来，这个年轻寡妇找了一个合适人家再嫁了。事后人们分析，"闹鬼"可能是寡妇娘家人惹不起亲家的户下，时刻打探着他们的行动。户下也知道娘家人不同意他们的行为，这才偷偷摸摸立字据。这件事说明两个问题：一是寡妇再嫁自主权并不在自己手里，而是由户下操纵。二是如果寡妇娘家家族人多势众，或者在地方上有一定势力，他们也不敢这样做；而如果娘家门户弱小，就会连自己女儿的命运都难以做主。这进一步说明在旧社会妇女根本没有人权。

5. 换亲。换亲就是两个家庭都有儿有女，因为家庭困难，儿子找不到媳妇，就商量换亲：张家的闺女给李家做媳妇，李家的闺女嫁到张家。换亲的结果是双方父母了却了一桩心事，儿子有了媳妇，儿子满意；闺女满意不满意他们就不管了。换亲虽说是亲上加亲，但是女孩子大多不满意：或者是丈夫年龄偏大，或者是丈夫过于窝囊甚至智力低下。小关有一句俗语："好汉娶丑妻，傻汉娶个花滴滴。"有个笑话可以给这句话作注脚：某甲是一位精明能干的长工，因为家里穷，娶了一位比较丑陋的女子；某乙是一个智力低下者，换亲换了个相貌端庄、心灵手巧的女人。有一天，甲、乙两人在老街碰到了一起，甲对乙开玩笑说："咱俩换换老婆吧？"乙连连摇头，说："俺才不哩，俺傻了，拿俺的白面馍去换你那糠窝窝哩？"周围的人无不大笑。换亲这一陋习在20世纪50年代后得到遏制，虽不盛行但是并没有绝迹，50年代还常有换亲的。到了60年代，由于家庭原因，换亲仍然偶有发生。据笔者所知，60年代两个因为"成分高"换亲组合的家庭，虽然也养育有子女，但夫妻关系很不好，其中一家吵闹打架是家常便饭，男的吃饭穿衣都没有人管，临终非常悲惨。

文明与时代同步，直到60年代中期以后，换亲这一陋习在小关才算彻底绝迹。

6. 新婚制，自己的婚姻自己做主。1950年，第一部《中华人民共和国婚姻法》正式颁布实施，经过党和政府的大力宣传，婚姻自由深入人心，父母对子女婚姻的控制力度大为降低。结婚自由、离婚自由，他人不得干涉。妇女的地位大大提高。土地改革后，小关有一位李姓妇女离婚后，带着两个孩子改嫁到佛山怀（水道口），按人口在小关南岭分得的二亩二分地也随着带走，在土地入社即合作化以前，到了种麦、收麦，秋种、秋收的季节，佛山怀都会来一帮年轻人到南岭种、收庄稼。农业合作化、人民公社化以后，生产队长给社员安排农活，会说"今儿后晌去李××地割麦"。这件事足以证明，中华人民共和国成立后，妇女权益得到了确切保障。

20世纪五六十年代，人们都被固定在狭小的生产、生活圈子里，男女青年缺少交往的平台，找对象大多要经过媒人牵线搭桥，然后两人相识、接触、交流，增进了解，合适了再结婚。这中间虽然有媒妁之言，但父母之命基本不复存在，只是作为参考。到了60年代后期，随着交通的发达，人们的出行更加方便。加上农村电网的普及，公社、大队广播站的建立，家家户户都安装上了小喇叭，人们获得信息更加方便、快捷，从而促使其思想观念有了飞跃式的发展，表现在婚姻方面，不再经过媒人介绍，自由恋爱的比例大为提升。现在70岁上下的人，不少是经过自由恋爱组成的家庭，有不少姑娘不出小关村，甚至不出本生产队，因为是青梅竹马，相互了解，这样的家庭大多互敬互让，和睦温馨。

正月初七灯笼会

○ 白俊爵

我的老家小关镇，在河南省巩义市市区东30多里。20世纪80年代以前，镇中有明清一条街，东西长500多米，街道两边是鳞次栉比的商铺。商铺都是四合院，青砖蓝瓦，方砖铺地，上房是两层小楼。商铺的门面房大多都有四尺多宽供顾客遮风挡雨的走廊。老街是小关镇的贸易中心，农历每月双日是顺集，二、六是庚集，小关周边十里八村的群众都来这里赶集，非常热闹。老街南边有一条四季流淌的小河。小关自古就是东西交通要道，东至郑州、荥阳，西达偃师、巩县，来往的客商、行人，都要从小关经过。小关盛产煤炭，民国年间，荥阳、中牟、尉氏、通许等县群众的生活用煤大多是小关出产的。

民国时期社会长期动乱，民生凋敝，在这样的大环境中小关不可能独善其身，但是由于地理的关系，小关没有沦为主战场，与豫北、豫东、豫中等地相比遭受战争的破坏相对较轻，加之小关人忠厚、勤劳、俭朴，即使在战争年代，小关的民间文化生活也没有中断。当然，年节、庙会唱大戏，既有祈求神灵保佑平安的美好诉求，也有放松身心调节生活的需要，因此，大鼓书（河洛大鼓）、河南梆子（豫剧）、曲子戏（曲剧）、越调、二夹弦等，经常在小关演出。正月十六古庙会、农历四月的小满会等，一般都有戏班演出。到了冬季农闲时节，戏剧演出就更加频繁了，每次都要唱三天三夜。

小关民间自娱自乐的文艺活动，规模最大的是正月十六大会，竹林的武术、赵寨的“大水”（大鼓、大锣）、小关的“故事”（高跷）、口头的牛皮大鼓、郑沟的舞狮子等，都来小关亮相，那真是人山人海，热闹非凡。但是要说到小关村最有特色的民俗活动，给我印象最深、让人难忘的是正月初七灯笼会。

正月初七灯笼会主要是为了祭祀火神爷。民国时期，小关村有十多座庙宇，如果算上周边村庄如赵寨、郑沟等地，就更多了。但是在众多庙宇中，关爷庙、火神庙为小关村独有。老关爷、火神爷，还有龙王爷，在小关是最受敬重的神祇。敬重老关爷是因为关羽非常讲义气，人们把他看作正义的化身，能给人们带来福祉，因此在寸土寸金的小关老街正中间建了一座关爷庙，这是小关古建筑中最辉煌的庙宇，拜殿黄琉璃瓦覆顶，飞檐斗拱，雕梁画栋。关爷庙对面还有一座戏楼，经常有戏班在这里演出，娱神娱人，既祭祀了关圣帝君，让他保佑户户平安，也让人们放松一下身心，享受娱乐。祭祀龙王爷，为的是祈求风调雨顺、五谷丰登。火神爷据说是火德真君，是他给人间带来了火种，改变了古人茹毛饮血的生活，人们为了纪念他，尊其为火神。

火神庙建在小关镇的制高点——凤山寨。凤山寨在小关镇老街正南方，所以当地人称其为“南寨”。这里是一个突兀而起的土岗，高有七八十米，最上面的土岗高有七八米，四周如刀削一般，顶部面积近1000平方米。站在这个土岗上面，可以俯瞰小关全镇。凤山寨上建有天爷庙、魁星楼、钟楼等，火神庙也建在凤山寨上。让火神爷他老人家居住在这里，俯瞰全镇，既时刻查看各村有无火情，又享受万家烟火。可以看出，小关人祭祀火神爷是非常虔诚的。

自古民间传说正月初七是火神爷的生日，这一天小关村要祭祀火神爷。因为凤山寨的火神庙香火旺盛，赵寨的“大水”“故事”，郑沟的舞狮子等也要到凤山寨祭祀，不过是在初七以后了。小关人正月初七祭祀火神爷的时间在天黑以后，到时候各村所有青壮年男子每人提一个灯笼大游行。各家各户提前几天就开始做准备，每人备一个灯笼。灯笼一般是铁丝拧的，大多是七八寸见方、一尺多高，下面一块木板，四角和上面一圈是粗铁丝，上面正中间一个圆孔，然后有一个提梁，提梁中间有一个铁钩。周围用细铁丝拧成约2平方厘米的六角小孔（因为家家户户都有灯笼，所以小关有一个方言叫“灯笼孔”），外面糊上白麻纸，用小木棍或者小竹竿提着（也叫打着）就可以照明了。有不少能工巧匠扎成动物灯，那是专为正月初七灯笼会准备的。

那时候人们经常拜神祭祖，所以一般家庭都有几十个小灯盏。灯盏有铁制的也有陶瓷的，直径5～7厘米，深约1.5厘米，往里边添油（油都是食用油，如槐楝籽油、棉籽油），中间有个空心柱，用于穿灯芯。正月初七夜，大街小巷，家家户户，村前村后，凡是人去到的地方，比如磨道、碾道、小庙、猪圈、大车、井沿边、大的树木周围等处，都要点上一盏灯盏。全村处处灯火辉煌。

有的人家在这一年遇有什么喜事或者难事、灾难，在神前许有愿，在这天夜里，也要在村头高处搭起“灯山”，即用高粱秆捆绑起来，约两米高，中间隔成方格，用泥巴抹平，放上小灯盏，添上油，用棉花捻成长条，点起来。“灯山”有的是方形，有的是尖形，本来就搭在高地，点燃灯盏，烛光冲天，远远看去非常壮观。个别家庭没有灯盏但是也要点灯，怎么办呢？就提前用面捏成“灯盏”，放在阴凉处晾干，初七夜里在面制的“灯盏”里插上灯捻添上油，也可以点燃。

小关灯笼会最为壮观的是“游镇龙灯”。初七这天晚上，每家出一个人，提或者用杆挑一个灯笼，到老街中心关爷庙前集合。这个集会可以说是小关人灯笼制作大赛，除了多数是上面说过的方形灯笼，还有多种样式的灯笼在这里展示：有祈福灯，如鹿灯、鹤灯、福字灯等；有生肖灯，如牛灯、马灯、羊灯、鸡灯、猴灯等；有花鸟鱼虫灯，如金鱼灯、鹰灯、莲花灯等。灯的形状有方的、圆的；有一二尺大的，也有一拃大小的。有在灯笼上题诗的，也有写上谜语的，还有绘画的，绘画的内容大多是民间故事、历史故事之类，如桃园三结义、孙悟空大闹天宫、王莽撵刘秀等，可谓多姿多彩，令人目不暇接。在这种场合，我们这些青少年比大人们还要兴奋，提着灯笼在人群里跑来跑去，欣赏、评点那些漂亮的灯笼。

各村的人都到齐了，灯笼会开始，火神社的社首领着众人祭拜老关爷，祭拜完了，喊一声“奏乐”，登时笙歌缭绕，鼓乐喧天，寂静的山村呈现一派祥和气象。因为小关村每年都要祭祀几次老关爷、火神爷和龙王爷，当地的文化精英们整理了一套专供祭祀用的乐曲，既肃穆又祥和。那时候我的年龄小，只知道好听，曲名、曲谱根本不知道，中华人民共和国成立后，所有祭祀、敬神都被列入迷信活动予以禁止，随着老一代艺人的谢世，小关村的祭祀乐曲也就彻底失传了。社首是游行队伍的总指挥，走在最前面，高高挑着火神社做的龙头灯。龙头灯有二尺多高，有龙角、龙眼、龙嘴、龙牙、龙须，里面放一支大蜡烛，比所有的灯笼都亮。社首后边是鼓乐队，有锣、鼓、镲、唢呐、笙、箫等乐器。在鼓乐队的后边，是数百盏灯笼，一人一灯，两人一排，排成一条四五百米长的长龙，所以又叫“龙灯”。龙灯队伍从关爷庙前出发后，先沿老街往西行，到街西头再往南，经过瓦窑、西沟，到西沟岭白家洼，再折转王家洼，从南沟来到凤山寨。数百人集中在凤山寨庙院，在社首指挥下祭拜火神爷。因为当时我的年龄小，只记得有人摆供品、念祭文、奏乐，具体情节记不清了。在南寨祭祀火神爷后，整个活动结束，从出发到结束需要两个多小时。

初七晚上除了参加灯笼会的青壮年男子，其余的村民都会出来观灯，因为火神庙在小关镇南寨，游行队伍没有经过的村庄如后闲、前纸坊、后纸坊、东弯等村的居民，都在村外高处观看，住在街上和前闲的农户，多是在自家的晒台上观看。从小关老街到白家洼有二三里地，这一条小道蜿蜒曲折，一路上坡。长长的灯笼队伍自然时而蜿蜒，时而断续，随着上坡下坡而上下弯曲，尤其经过南岭白家洼、王家洼的时候，天空一片漆黑，只见一条长长的火龙沿着曲曲弯弯的小路行走，宛如山中游龙，往岭上走好像要直上九天，从岭上下来又像降落人间。正月初七夜里天气还是比较寒冷的，但是为了一饱眼福，无论大人还是小孩，一般都会一直看到结束。

初七晚上，除了观灯，还有一个节目：在灯会之后“请七姐”，就是请七仙女下凡。此活动只允许七个女孩参加。七个女孩集中在一个院子里，围着织布挽线用的簸箩，边唱边说，说是这样就可以把“七姐”请下凡了。她们围着簸箩唱一阵子，开始向“七姐”祈福。用一个小瓷罐，装满小米，用一根两头尖的小擀面杖插到罐内，七个女孩轮流着双手握住往米罐里捣，一边捣一边诉说，或许愿，或诉说心事，一个个显得既庄重又神秘。捣一阵子后往上提，因为小擀面杖中间粗两头细，有的能把米罐提起来，有的提不起来。提起来的说是来年有福，提不起来的就很失望。我十来岁的时候参加过一次正月初七走龙灯，也见过“请七姐”活动。走龙灯的经历虽然过去70多年了，到现在也难以忘怀。可是两头尖的小擀面杖为什么能把米罐提起来？总是想不通。我长大了，还没有忘记这件事。在部队时，我到伙房用一个大茶缸盛满小米，用小擀面杖捣捣提提，开始提不起来，等到捣的时间久了，真的能提起来。

赵寨老君庙的祭祀活动

○ 赵海潮

赵寨民间信仰属于多神论，即不论是什么神灵，也不论佛教还是道教，统统都在信仰之列。赵寨村坐北朝南建有一座规模比较大、上覆琉璃瓦、飞檐斗拱、四角挑檐、有仙人走兽的老君庙，庙里供奉着十几位神祇。老君庙对面有一座戏楼。以戏楼为中心，南北长一百多米、东西宽不足百米的地方，建有多座庙宇：戏楼路东偏南有一座关爷庙；在关爷庙南边不远处有一座白衣庙；在离白衣庙仅有几十米的东南方，有一座两间屋子的小庙，东边是土地庙，西边是孙神庙。在这一片不大的地方，各座庙宇一共供奉着20多位神祇。为了能够统筹安排好这些庙宇的祭祀活动，村里自发组织起了“全神社”，每户户主都是全神社的社员。全神社的社头由有名望和有能力的几家户主轮流担任，届期一年。比如二月十五日老君爷生日时的唱戏，由全神社的社头牵头，督促相关煤窑主联系剧团、筹集资金、安排接待。再如正月十四日的请神活动，是个非常虔诚而又庄重的活动，为了使诸位神灵能保佑赵寨村风调雨顺、五谷丰登，老百姓丰衣足食、无灾无病，在这天要把各庙中的神祇都请到赵寨村官院中祭拜。在正月十四的前五六天，全神社就开始安排杀猪、磨面、做供品等准备工作。祭祀用的猪是由社头亲自喂养的，做供品的面由全神社安排专人拣麦、推磨。为了对神灵表示虔诚，磨面时不能用牛、驴拉磨，必须由人推磨，推磨和罗面的人要口中噙花，不仅不能吃东西、喝水，而且在推磨时连说话都不准，否则将会亵渎神灵。面磨好以后，再由社头指定专人烹炸、蒸制供品。这些供品多是油炸的馓子，也有白面蒸制的猪、羊、寿桃等。到了正月十四这天，全神社组织赵寨村的全村居民，带上“大水”班和“故事”班，到各座庙宇焚香，取出放在那里裱好的神像（赵寨人称“轴子”），回到赵寨村官院，把各个神像分别挂在事先确定好的位置，然后再在每个神像前的供桌上摆上预先准备好的供品，之后，再由全神社的人净手上香，焚烧金箔、银箔。最后，由社头说些祈福的话，并带领所有参与祭祀的人员向神灵行叩首礼。这些礼节进行完毕后，再由“大水”班和“故事”班依次在官院中进行文艺表演。文艺表演结束后，官院里仍然是香火不断，直到正月十九后半夜才将香火熄灭，并由社头安排人员将神像卷好，送回原位存放。

正月十九日是赵寨村的灯笼会。当天下午，社头将蜡烛发放到各灯笼户，天黑前在官院集齐，而后打上灯笼先在本村转上一圈，热闹一阵，之后带上“大水”班和“故事”班一行上百人涌向小关南寨——这里是小关的制高点，孤零零一个土丘，上面建有天爷庙、火神庙、魁星楼等庙宇。这一天除了赵寨还有其他村的社火也要到凤山寨祭祀表演。赵寨的“大水”班敲打出铿锵的锣鼓声和其他前去的“大水”班飙演，比赛谁的规模大，鼓点整齐，花样繁多，演出精彩；高跷队在自制的灯笼照耀下，表演各种节目，更增加了灯笼会的热闹气氛。

相传三月十一日是老庙山玉仙圣母的生日，而赵寨老君庙里圣母殿中供奉的圣母是玉仙圣母的二女儿，这样也就有了三月十一日回娘家的活动。这天早上天还不亮，全神社就组织赵寨村的人，背上神楼（形状类似铭旌楼的样子，中间是木头雕刻的圣母像），打上彩旗，并带上“大水”班和“故事”班，又是一行上百人，热热闹闹地送玉仙圣母的二女儿风风光光、阔阔气气地回到四十里外的老庙山玉仙圣母殿，参加为其母亲祝寿的盛大活动。

除了正月，二月、三月还有不同规模的祭祀活动。总之，一座老君庙使得赵寨村在年初的三个月里，都有既神圣肃穆又欢快热闹的祭祀活动，娱神娱人，至今回忆起来仍然历历在目。

（受采访人：赵鹏远、赵海波）

正月十五"烧秦桧"

○ 郅公林

20世纪50年代中期以前，农历正月，在小关与灯火有关的活动主要有三项。一是正月初七"灯笼会"，主要是祭祀凤山寨上的火神爷。天黑以后，小关的青壮年都要提着各式各样的灯笼在老街关爷庙前集齐，然后排成几百米长的队伍，从西头经西沟到南岭白家洼，绕行王家洼，从南沟上凤山寨祭祀，绕行这一大圈，远处看就像火龙一样盘旋回转，非常壮观。二是正月十五各家各户都要在神像前点灯盏上供。这些灯数量很多，照耀得各家、各村灯火通明。三是"烧秦桧"。

所谓"秦桧"，是个似人模型的大火炉。每年农历正月十二，哪怕是冰天雪地，人们都要在东河河道垒砌一个四五尺高、一搂多粗、约略像人的模型的大火炉，肚子是炉膛，大圆"脑袋"上有七个孔，代表面部七窍耳、鼻、口、目，人们把这个大火炉叫作"秦桧"。垒砌"秦桧"的同时还在河道摊煤饼。摊煤饼前先简单把地面平整一下，在地面铺一层麦秸，把煤和成糊状，摊在麦秸上，这样可以避免煤饼粘在地上。等到煤糊将要凝固的时候，用铁锨相隔约一拃宽横竖画道，就是将地上的煤糊切成一块一块的煤饼便于使用。两天后即正月十四，火炉基本上干了，煤饼也能拿起来了，就可以点火了。天一黑，点着火炉，熊熊的火焰从"秦桧"的七窍中直往外窜，火焰一闪一闪，还有炉膛的火苗，照得周围一片通红。"秦桧"被点着后，正月十四、正月十五、正月十六连烧三天三夜，到正月十七天亮后自然熄灭。

垒"秦桧"、摊煤饼、生火，都是义务劳动，所烧的煤由小关的煤窑主无偿提供。

少年的天性就是爱热闹，好奇。那时候我的年龄还小，每年正月只要"烧秦桧"，必定和小伙伴们去东河玩。我们在"秦桧"周围追逐、捉迷藏，直到尽兴才回家。

正月十四、正月十五、正月十六夜里在东河"烧秦桧"，去那里的不只是我们小孩子，不少大人们也去，不过他们不是去那里玩，而是烤火取暖、聊天。他们拿出干硬的窝窝头，用树枝扎着，伸进炉膛里翻动着烤，直到烤成焦黄，才慢慢咀嚼。

有一次我问老爹：东河那里烧的明明是个大火炉，为啥说是秦桧？秦桧是啥？父亲告诉我：秦桧是宋朝的一个大奸臣，岳飞是个忠臣，是国家的领兵大元帅。金兀朮领兵要夺宋朝的江山，岳飞领兵和金兀朮打仗，把金兀朮打得大败。秦桧是个卖国贼，岳飞打了胜仗秦桧不高兴，就设下毒计害死了岳飞，后来宋朝也灭亡了。人们觉得岳飞死得太冤，秦桧太坏，这才有了“烧秦桧”，就是烧奸贼、烧卖国贼。

当时我对这些话不太明白，上学后学了历史，才知道了秦桧以“莫须有”的罪名害死岳飞这一段公案。据我所知，出巩义往东，仅在小关村有这一习俗，可以说它是小关人崇拜、怀念忠臣，仇视、鞭挞奸臣的朴素感情的表露；而且“烧秦桧”这一习俗的传承也时时告诫小关子孙，为人要正直，多做对国家、对民族有益的事，不要做坑国害民的事，否则必将遗臭万年，遭后人唾骂。

办理丧事的程序

○ 马树行　张光哲

在小关地区，20世纪70年代以前老人去世后实行的是土葬。土葬要做的事情主要有下面几项。

一、选坟打墓

人死后停丧在家，首先要做的事，就是选坟地，打墓窑。坟墓由墓道、窑道、墓堆及附属物如墓碑、祭台等构成。有祖坟者坟地自然是在祖坟，排在父亲坟头下面，如果弟兄多则要分开排列。没有祖坟的事先请阴阳先生选墓地，一般在自家地里或买的地方修建。根据丘陵山区的特点和小关地区人多地少的实际，坟地多建在“地沿根”或荒山坡上，而且要求居高、朝阳，远离村庄和无人居住的地方。这样不但可以节省耕地，而且能有效缓解活人与死人的土地之争。小关地区的土葬由于采取打墓窑、封闭深葬的办法，而且又远离村庄，所以不会造成空气、河流的污染，不会妨碍乡村建设，不会影响村民日常生活。

墓窑多以两棺为主，但是有二房或者其妻死后再娶者，讲究生同室死同穴，就要修建三棺或多棺。墓窑的大小以入棺后四周人能侧身行走为宜。墓窑内壁有用砖砌的、石头砌的，也有用白石灰膏粉饰的，还有不加任何修饰土顶土壁的。

二、做棺材

棺材是装殓死人用的一种器具。小关地区又称木头、型材、寿木、棺木、灵柩和大棉袄等。这些名称是对不同时期所做的棺材的叫法。“寿木”是棺材的隐语，古人讲究厚葬。民国时期，家庭条件比较好的人家，老人过了60岁，在其健在时就亲眼看着把棺材做成放在家里，但是为了取个吉利，不叫“棺材”叫“喜寿木”，意思是希望老人能长寿。这一习俗一直延续到20世纪50年代。“棉袄”的意思与“寿木”相同。“寿木”“大棉袄”指的都是在家中存放的空棺。“型材”指大户人家为老人做的大型棺材。棺材的尺寸常用“七尺三走遍天”来概括。其形状“前大后小，上宽下窄”。棺材的材质，上等材是柏木，因为柏树生长慢，柏木棺材既昂贵也非常少，但是不论用什么材质，棺材的前挡、后挡是一定要用柏木的，据说柏木能有效防止穿山甲破坏死者的遗体。一般棺材都是用桐木和松木。小关地区的棺材一般是底1寸、帮2寸、天3寸，叫“一二三”。大户人家为了厚葬做的棺材“底”“帮”“天”分别为2寸、3寸、4寸，叫“二三四’，由于木料厚度大做出来的棺材体型必须大，否则遗体放不进去，人们就称这样的棺材为“型材”或“大型材”。“灵柩”是指尸体入殓以后的棺材，也指暂时寄放某处的棺材。型材、棺材、棺木、木头的意思相同，既可以指家中存放的空棺，也可以指尸体入殓后的棺木。但是灵柩含有“灵魂”之意，所以仅指盛放有尸体的棺材。

还有一种比棺材尺寸小、用来收拾遗骸用的，称“匣了”，多用于老坟因故移坟或者合葬时用。

棺材的前挡上有刻福字的，有刻寿字的，也有刻富贵不到头花边的。

棺材的颜色一般油漆成黑色，如果是新坟即离开祖坟另立墓地者，要油漆成红色。不过近些年由于土地承包导致祖坟不在自家的承包地而另立新坟的比较多，入新坟的棺材油漆的颜色也不太讲究了。

三、做孝衣

孝衣是人死后，行孝人必穿的一种服饰。孝衣用白布呈毛边状缝制而成。样式有白长褂、白上衣、白裤子、白毛口鞋、白头带和白方块布孝帽。

另外，孙子辈、重孙子辈头戴的孝帽上还要缀上籽棉朵，并用红、黄色布带加以区分。

行孝人身穿白长褂，头戴孝帽，脚穿白鞋，腰束麻皮（从麻秆上揭下来的皮，不做任何加工），手持哀杖，便成了“披麻戴孝”之孝子。

四、贴挽联

贴挽联是用文字对死者表达追思的一种形式。从入殓到出殡前，在灵棚前两侧，自家房屋以及大门上，都要贴挽联。挽联一般为白纸黑字。挽联的内容是根据死者生前的辈分、职业和性别而定。

在祭父亲的灵棚两侧挽联常写：

多感嘉宾来祭奠，深悲严父去留难。

屋门挽联则写：

守孝不知红日落，思亲常望白云飞。

大门挽联写：

屋内儿女嗟父逝，门前吊客履霜来。

孙辈祭祖父（母）挽联则写：

祖父永别千秋去，诸孙泪洒几时干。

学生追思师长挽联：

桃李悼良师从今不复闻教诲，教工伤益友忆昔徒嗟失音容。

五、纸扎

纸扎是办丧事中必不可少的一种祭品，是用高粱秆和竹子做骨架，各色纸张裱糊而制成的一种祭祀品。有自家为死者定制的，也有亲戚朋友送的。

纸扎款式名称很多，归纳起来有：金童玉女、金马驹、银马驹、摇钱树、聚宝盆、钱柜子、金山、银山、花圈和花篮等。近几年的纸扎也与时俱进，有楼房、电视机、小汽车等，更多的是大花圈。

出殡前纸扎都要摆在灵棚前两侧，出殡时全部拿到坟地，下葬后烧掉，体现人和物同葬，让先人在阴间继续享用。

六、礼桌和账房先生

礼桌是指在办丧事中，负责宾客钱物收取和记账的人所用的桌子。而这位专管收礼金和其他物品的人，便是账房先生。

从出殡的头天下午到第二天殡葬结束，账房先生始终坐在礼桌旁，负责礼金、礼品、礼馍的收受，并记账在册。事毕，把所收的钱财、物和账册一同交给主人，经清点无误后，以握手、劳驾、谢谢告辞。

七、请鼓乐班

鼓乐，即唢呐，在小关地区俗称响器，主要乐器有唢呐（小关俗称喇叭）、芦笙、古筝、铜锣、铜镲、梆子和板胡等。从移灵开始，凡有条件的人家都要请鼓乐班，彰显主人体面，烘托气氛，以示对殡葬的重视程度。

过去的乐队少则三人，多则五人以上。吹奏曲子，多以哀曲悲调为主，如：《小寡妇上坟》《大祭桩》等。现在都是打包服务，包括灵棚、摆放祭品的案子、音箱、架子鼓等。

鼓乐班除主人订请外，一般都由女儿和要好朋友请送。一家办丧事也有同时请两班乐队的，比着吹唱，以决高低。

鼓乐班从移灵开始，到安灵、醒灵、祭灵和出殡，以及出殡路途，直到下葬结束，都要吹吹打打，忙个不停，俗语称，看你忙哩跟个“响器”一样，由此而得。

八、请老总（总管）

殡葬得以有序顺利进行，多亏请位对办丧事有能力、有经验、有威信、会管事的老总。

老总下设执事，执事下分小组，各负其责，比如管抬重的，从用几个人到抬重用的抬杆和绑棺材用的绳子等，一管到底。又如管伙房的人，从合计待多少桌客，什么规格，需购买多少斤肉和干鲜蔬菜，大小厨子各几个，桌子凳子多少套，几个端盘上菜的，甚至连洗碗筷的人都有安排，并且把谁干啥都写在纸上，贴在墙上，分工明确，各司其职，各行其责，所以大家都说：有个管事的“老总”真“管事”。不过近几年随着人们收入的增多和生活水平的提高，小关出现了多家流动酒店，谁家要待客办事，只用讲订多少桌、每桌多少钱就行了，到时候待客所需要的桌凳、餐具、上菜、洗碗，主家都不用再操心了。

中国有句俗话叫“百里不同风，千里不同俗”，在小关地区还有个小范围的俗语，叫“三里不同俗，十里改规矩”，意思就是不同村庄，甚至不同家族习俗、规矩也不尽相同。以殡葬为例，全国56个民族中，各有差异，有土葬、天葬、水葬、火葬等，小关地区一般为一次性土葬。

土葬，在我们这里已有数千年的历史，所以人们对土葬已经形成了一种共识，即“停家，入土为安”。

小关历来民风淳朴，邻里有事都会无私相助，人们常说的一句话就是“谁家也没有挂无事牌”。不论是修房盖屋还是娶媳妇嫁闺女，只要一声招呼，邻居们都会帮忙。遇到丧事更是如此，邻居们不但一叫即到，而且用啥带啥，主动帮忙。不管三天出殡或是七天下葬，不论时间多紧，不管刮风下雨，不管事有多忙，都会把丧事当大事来做，安排得妥妥当当，办得顺顺利利。

土葬习俗

○ 马树行

土葬，从古到今，是指生者对死者后事料理的一种办法。

小关受河洛殡葬文化的影响，形成了一种独特的土葬习俗，主要有下面几种。

一、对人死的说法

人死之后不说“死”，既是对逝者的尊重，也认为“死”是不吉利的话，所以要避免说“死”。小关地区对刚刚去世者的说法主要有：

1. 断气。人活一口气，人要是不出气了，气就断了，说“断气”就认定人死了。

2. 咽气。和断气意思相同。咽下了最后一口气，不再出气了。

3. 灯灭。人死如灯灭，一灯油耗干了，灯就灭了，人就死了。

4. 上天了。灵魂被叫走了，去见阎王爷了。

5. 看地了。死后土葬在墓地，墓地周围全是田地，说“看地”（在地里看护庄稼），也是一种隐语。不论死后多少年，不知道消息的亲朋问起某人的情况，家人会说“他（她）早就去看地了”。

二、老人刚刚去世时要做的事

1. 穿送老衣（寿衣）。当病人或老人处在弥留之际，尚未断气的时候就得先把送老衣穿好，以免断气之后遗体僵硬，送老衣不好穿。

2. 人死后及时在死者口内放一枚钱，名曰“噙口钱”。

3. 搭草铺（灵床）。人死后，将遗体由原处移此停放，供行孝人临时祭祀的地方。草铺一般用三条条凳、荆席、高粱秆搭成，并把谷秆按死者年龄一岁一根的要求，均匀地铺在草铺上，然后在上面再盖一块黄绸或黄布，喻为“铺金”。

4. 请阴阳先（即阴阳先生，在小关地区，不论是看阳宅、阴宅，给逝者掐殃等，均称作“阴阳先”）掐殃，看死者拇指的指位（男左女右），算出什么时辰出魂，魂落在什么地方。

5. 请阴阳先写引魂幡。引魂幡是约3寸宽、3尺长的白纸条。有的引魂幡上写得比较复杂，有死者的生日、死的日期和姓名，有的只有姓名和生日。

6. 请阴阳先算出下葬时辰，画墓葬里摆放的“镇物”，如五色石、弓箭等。

7. 到了出魂的时刻，在院子中央放一张八仙桌（方桌），桌子上放椅子，椅子上插引魂幡。出魂时为了保持家里清静，全家人都要外出躲避，甚至家禽家畜如鸡、猫、狗也不能留在家中，以免遭殃。然后开开院子的大门，放死者的灵魂出门升天。传说如果猫、狗遭了殃，猫一叫尸体就会站起来双腿直立到处乱蹦，这只是传说，谁也没有见过。

8. 放捞盆：底部中间钻有一个大孔，周围钻有若干小孔的瓦盆，叫“捞盆”。放在草铺前供亲人烧纸用的。守孝人在守灵的时候，不断烧纸，所烧是特供为死者所用的麻纸，还有金箔、银箔，将金箔、银箔折叠成元宝形，称金元宝、银元宝，放在捞盆里烧，烧过的纸灰要全部装在捞盆里，意思是死者可以把这些钱带到阴间作为买路钱使用。

三、报丧

家中老人死后，把死讯告知亲朋好友的一种形式，叫报丧。

首先要到老娘舅家报丧，然后再告知朋友，说明家人几日几时过世，何日何时出门，好让对方按时奔丧。

四、入殓

把逝者装入棺材里名曰“入殓”。

1. 垫背钱：在入殓之前，应先在棺材里按死者年龄一岁一个的要求放上铜钱或纸钱，称“垫背钱”。

2. 爱物同殓：入殓时还要把死者生前喜爱的常用物品如烟袋、手杖、眼镜、首饰等物放入棺内，让死者在阴间继续享用。

3. 洗脸：入殓时，由晚辈用白布蘸清水给死者洗脸（象征性地），然后绕棺一圈，目视遗容，依依不舍，含泪围站一旁。

4. 盖银：亲属瞻仰遗容后，用白绸或白布盖在死者遗体上，喻为“盖银”。

5. 盖棺（又叫砸钉）：做完以上事情，最后用四个大木钉或棺扣把棺材盖前后钉上，即为“盖棺”。木棺材的两头叫“挡”，为了防止白蚁和穿山甲侵蚀遗体，前后挡一般使用柏木。棺盖叫“天”，棺底叫“地”，两边叫“帮”。有的在遗体下面还有一块半寸厚的薄板，上面按照北斗星的图形打7个小洞，叫“七星板”。遗体上面也有一块半寸厚的薄板叫“隐身板”。木工在做棺材时，两块帮的前后各有一个眼，各约1寸宽、2寸长、2寸深。“天”的前后共有4个“眼”，这几个眼与帮上的眼必须对照丝毫不差。再用硬木做4个大木钉，木钉下部宽窄与几个眼相同，长度稍微短于“天”的厚度加帮上“眼”的深度。木钉上部约方2寸、高3寸，刻成六棱形。盖棺前孝子要看最后一眼，接着抬起“天”放在棺木上，前后几个眼对齐。砸钉开始，帮忙砸钉的人每人噙一支烟，意思是不要说话，尤其不能叫别人的名字，避免灵魂被砸入棺材，那样就很不吉利了。砸钉者一般是两个人，都要有气力，用斧头或者锤头一鼓作气把木钉砸进去，主家要给砸钉者钱，多少不限。孝子要不停地哭喊逝者：“爹（娘、爷爷、奶奶），躲钉了啊！”直到把棺盖钉好。

五、灵棚

灵棚是为了放置棺材供人祭祀临时搭建的棚子。

1. 灵棚应搭在自家门前或公共场地上。

2. 灵棚三边要围挡起来，中间前后隔开，两边留门，并挂上布帘或竹帘，便于守孝人出入。灵棚后半部停放棺材，前半部摆放供桌，并在供桌前的地上铺上席子，供宾客吊唁之用。

3. 灵棚搭好后要移灵，就是将逝者入殓后的棺材在出殡的头天下午由自家屋内抬到灵棚里停放。移灵前得先迎魂，把魂从神庙前、十字路口或魂落的地方迎回来，然后再移灵。

4. 安灵。棺材移至灵棚后，首先在棺材、遗像和牌位前摆上酒水和供品，器乐吹奏，孝子跪地，烧纸哭祭，即为“安灵”。

5. 守灵。棺材移至灵棚后，行孝人要昼夜守候在棺材周围，不得随意离开灵棚。孝子既要按时烧纸祭祀，又要随时迎候宾客一同陪祭，直到出殡，即为“守灵”。

6. 祭灵（家祭）。在出殡当天上午某时，由守灵人和亲朋好友在灵棚前，面对棺材、遗像和牌位，举行祭奠仪式。祭灵时，灵棚前的供桌上摆放多种贡品，有鸡鸭鱼肉，各式糕点，各种水果，多达三四十盘（碗），近年来则达108盘。

祭灵时，灵棚两侧张贴着挽联，摆放着花圈，悬挂着条幅和挽幛子，展示着各款纸扎、祭品。孝子和全体宾朋面对灵柩、牌位和遗像，一起鞠躬默哀，上香烧纸，磕头跪拜，燃放鞭炮，哀乐齐鸣，哭声顿起，祭灵是为死者出殡前举行的最为庄重的一项事宜。出殡前要把摆在灵堂前的祭品一一撤到库房里或拿开。

六、出殡

出殡是将棺材由灵棚内移到墓地的一个重要事项。出殡时间由风水先生按死者出生、去世时辰、新旧墓地而定。如新茔地在日出之前就得出殡。出殡时，安排专人把纸扎和花圈全部拿到墓地。

1. 捆绑棺材。小关地区称抬棺材为“抬重”。撤供以后，由8位抬重人把棺材紧扎着绑好。抬重要用两根直径约15厘米、长五六米的木棍，用前后两道粗绳把木棍捆绑在棺材两边的下部，经过上部缠绕，缠绕时要在棺材上面的木钉上绕一下。由于小关地处丘陵，去往墓地一般都要上下坡，绳子缠绕一下可以避免上下坡时滑动。

2. 摔捞盆。棺材捆绑好后，执事一声呼喊“起灵！”抬重人立即把棺材抬起，缓步而行。棺材抬起来的同时，长子（或长孙）在棺材前双手捧着捞盆，高高举起，重重摔在地上，名曰“摔捞盆”。随着捞盆摔落地上，唢呐吹奏哀乐，鞭炮阵阵，孝子个个披麻戴孝，手拄哀杖，哭天唤地，前呼后拥，排成长长的队形，徐徐向墓地而行。

3. 扛引魂幡。走在出殡队伍最前边的孝子要肩扛引魂幡。引魂幡是一根柳树枝，因为引魂幡要栽在坟头上并使其成活，而柳树一年四季都可以栽活，所以用柳树枝。引魂幡一般约两米长一把粗，上面挂着长长的纸挂，围着透花纸幔。引魂幡意指引领死者的灵魂随同出殡队伍上路同行。扛引魂幡的人，既有对死者生前赡养的义务，又有对死者身后财产继承的权利，因此由长子或者长门长孙来扛，没有儿子的由女婿或者养子、侄子来扛。

4. 挑酵子罐、弓和箭。在出殡的人群中，还有一个普普通通的挑担人。一头挑着一个罐子，内装一块发面团，罐子口上盖着一个圆蒸馍，名曰“酵子罐”，有身后发的意思。挑担人另一头挑着一个篮子，内放弓和箭，下葬后放在棺材上面，喻“镇棺之宝”。

5. 撒买路钱。挑担人一边走一边不时向空中抛撒纸钱，说是“买路钱”。撒“买路钱”的多少，是按死者年龄一岁一个计算的。

6. 护灵。出殡的路上，抬棺材的人凡遇过河、跨沟、上下坡、狭窄小路时，孝子都要转身跪地磕头，祈求死者一路平安，名曰“护灵”。

7. 待葬：棺材抬到墓地后，暂时放在墓前的两条板凳上，等待阴阳先看好的时辰下葬。

七、下葬

下葬是将棺材由墓前放入墓窑的一种说法。

1. 下葬前先由逝者的长子进入墓室内察看一遍，为按时下葬当先行、打头阵。

2. 抬棺人迅速将棺材移至墓道上方，用绳子托住棺材底部，徐徐下落，这时领棺人慢慢地把棺材引领到墓室正位，等到落地放好，然后离开。下葬后，棺材不能悬空放，必须使棺材底部完全与墓窑地面平行接触而放，称为“接地气”。

3. 净棺。棺材进入墓室后，由“戴孝儿媳”进入墓窑内，用孝帽和头带把棺材盖上的尘土擦去，称“净棺”，然后依次缓缓离开。

4. 净棺后，再把箭搭在弓上放在棺材盖上，同时把酵子罐放在墓窑内前方。

5. 砌堂门。用砖或石头把墓窑门封住，叫“砌堂门”。堂门砌好后，还要把记有死者生平的墓志放在堂门前，以昭后人。行孝人手拿的小蒸馍每个啃一口扔在墓道内，砌堂门的人一一将小蒸馍捡起或扔出墓坑或带出墓道，再分发给索要的人。据说吃了这种馍能治小孩子咬牙病或不得咬牙症。

6. 封墓。即把挖墓道打墓窑所出的土回填到堂门前的墓道，并使其隆起成堆状。在向墓道填土的同时，还必须把引魂幡竖立在墓道的堂门前，在封墓的过程中，打幡人还得背靠引魂幡向上拔三次，意喻步步高升。墓堆封好后，所有孝子都要把所拄哀杖一一插入墓堆周围，以期生根发芽，枝繁叶茂。再把放弓和箭的篮子挂在墓堆前，以示再展“蓝图”。

7. 祭坟。祭坟是葬后较为重要的一件事。土堆如丘，冢即呈现，焚烧纸扎，点炮燃鞭，古乐吹奏，哭声一片，孝子伏地，三叩祭奠，千古夙愿，入土为安，殡葬已毕，孝心明见。

8. 拴“金马驹”。祭坟一结束，孝子摘去孝帽，脱去孝衣，解下腰系的麻绳，各自拴着一块烈姜或石头拉回家，名曰把“金马驹”牵回家，以图吉利。

9. 捞福钱。当送葬人手牵“金马驹”回到自家门口时，门前的台阶上放着半盆子浑水，盆子上还放有一把刀，每当孝子经过时，管“福钱”的人都要往浑水盆里投一枚铜钱，让行孝人只手捞钱，若是一次捞着了，就是有福气的象征。

八、宴请

殡葬结束，凡来参加葬礼的宾客、乡亲、内亲、帮忙的人，都要到主家吃饭，通称“宴请”。

1. 殡葬当天，客人一般要吃两顿饭，早餐比较简单，大碗菜、馒头、小米饭，客人随到随吃，常叫“流水席”。也有按桌开饭的，八人一桌，菜上八大碗，四热四凉。

2. 午宴比较丰盛，十大碗，十三花，八碗四盘，富贵不到头等，荤素搭配，热凉兼之，主食酒水，一应俱全。

3. 待客设宴条件各不相同，也有家庭经济状况差一点，档次低一点的，但是客照样待，丧事照样办，他们讲的是：办事不论穷和富，不讲饭菜酒几度，家家不挂无事牌，谁家有事都相助。这一民俗一直延续至今。

4. 谢客。开宴不多时，只听执事一声呼喊：“谢客！”主家掌门人跪地施礼，起身说道：“谢谢大家光临帮忙，望大家吃好喝好。”客坐几轮，主家就同样谢几次，直到客去席散。

九、做节气，追思念

人死埋葬以后，首个要做的节气，是在埋人后的第二天上午，家人带着祭品和工具到新坟地祭奠和圆坟添墓，俗称“复二”。人死后要做的节日还很多，如“一七”“二七”“三七”“五七”“十七”“一百儿”（一百天）和头周年、二周年、三周年等。从做“一七”到做“一百儿”，以及头周年、二周年，一般都由家人来操办，形式规格较为简单。但是对做三周年比较重视，其规格不低于三年前先人出殡那一天。

给过世老人做三周年既不戴孝，也不披红，欢聚一堂，喝酒行令，热热闹闹，气氛轻松，你说是祭，不如说是庆。还有每年的十月一日（阴历）和清明节都要上坟，烧纸、添墓、挂纸、摆供，送去吃的、穿的、花的，送去晚辈的思念，深深怀念先人的养育之恩。代代相传，世世相承，千秋万代永远不忘自己的老祖宗。

以上是小关的土葬习俗，程序环环相扣，办法简单易行。

六、茶余饭后的民间故事

简述赵奎聚的逸闻趣事

○ 赵金拴

赵奎聚，巩义市小关镇小关南沟村赵氏第十二世祖。赵奎聚是什么时代的人呢？我们从小关南沟观音堂的两通碑可以窥其端倪。一通是道光五年（1825年）《重修观音堂、三仙殿、白衣堂暨拜殿碑记》，这通碑的“化主”即修建庙宇的捐资人，头一位就是赵奎聚。小关有个民俗，叫“父在不言子”（或说“有父不言子”），意思就是父亲在世，儿子不当家，尤其“行人情”（小关方言，指乡亲办红白喜事随礼）要写父亲的名字，修建庙宇等捐资自然也要写父亲的名字。观音堂道光五年碑化主有赵奎聚，说明他的父亲已经去世，他的年龄应该在40岁上下，也就是说赵奎聚的生年应该在乾隆五十年（1785年）前后。观音堂还有一通道光二十年（1840年）《创建后土蚕姑花娘娘暨大圣祠碑记》，署名“乡耆赵奎聚撰书”。“耆”指年龄在60岁以上，据此可以推定赵奎聚出生于乾隆四十五年（1780年）以前，同治年间还在世。他的一生大约经历了乾隆、嘉庆、道光、咸丰、同治五朝。另外，不但南沟观音堂道光二十年的碑是赵奎聚撰文并书丹的，而且在小关南山有个小山村叫杏树庄，杏树庄有一座山神庙，山神庙里有一通碑，这通碑也是由赵奎聚书写的，这说明赵奎聚有一定的文采，其书法也为世人所认可。为什么要啰里啰唆说半天呢？因为一百多年来，有关赵奎聚的逸闻趣事在小关地区流传很广，人们都津津乐道，几乎把他当作智者的化身。我是南沟赵氏十七世孙，赵奎聚是我的远祖，从小就经常听长辈们讲赵奎聚的故事，现在把这些故事与传说整理出来，作为人们茶余饭后的谈资。

1. 进京赶考，不被录用

据说赵奎聚曾经上北京参加过考试。明清时期，各地的士子到北京参加考试，主要有两种：一是举人参加的考试，经过会试、殿试，取中者为进士。第二种是拔贡、优贡等贡生、监生也可以参加的朝考选官。小关赵氏的家谱中没有关于赵奎聚取得什么功名的记载，但是关于他上京参加朝考的传闻却不少，可能是监生。传说虽然不能作为真实的历史而定论，但也不能说是空穴来风，凿空之谈。再说这里讲的是故事，似也不必太过认真，何况也无从考据。书归正传。

据说赵奎聚参加朝考写了一篇文章，文章的内容没有人清楚，不知道是文章写得太好了，还是用语辛辣，切中了时弊，只是传说几位考官看了他的文章，都不敢妄加评判，作为特例把他的文章交给了皇帝。皇帝看后，一个字也没有批，放到了一边，赵奎聚也就落榜了。这一次落榜，可能使赵奎聚对仕途失去了兴趣，从此他不再关心举业，而是以他的聪明、滑稽、幽默，游戏人间，人们把他小时候的故事也连缀起来，这才有了一连串的故事在民间流传。

2. 文官经过下轿，武官经过下马

皇上虽然没有封给赵奎聚一官半职，但还是在文华殿召见了他。能够得到皇帝的召见，这可真是圣眷空前啊！皇帝召见都问了些什么话，赵奎聚是如何回答的，不知道是赵奎聚不愿意说还是不敢说，反正没有人知道，但大家都知道的是，皇帝赏赐给他一件黄马褂、一根半截红半截黄的棍。这黄马褂和御赐棍有什么用处呢？首先这是身份的象征。在封建时代，受到皇上的召见，还有御赐物件，那可是十分荣耀的事情，尽管没有一官半职，在地方上也是有身份、有地位的头面人物了。

人们都知道荥阳有个虎牢关，那可是天下有名的关隘，是古代东西交通的要道。有关虎牢关最有名的故事就是刘、关、张三英战吕布，董卓的军队把守住虎牢关挡住了数十万诸侯的军队不能西进，刘备、关羽、张飞与吕布在关前大战，只杀得天昏地暗、日月无光。由此可见古代重要关隘在战争中的地位和作用。中国古代中原地区的行商客旅及军队，东西交通有两条道，北路走荥阳、虎牢关，还有一条南路，就是经荥阳峡窝、巩县米河，顺河道西进，要经过一个关隘，因为比虎牢关小，所以得名“小关”。

南沟观音堂有一通乾隆五十四年“金妆神像并创立石基序”碑，碑文说：“巩治东南三十里许，地名小关，古钜镇也。”这说明明清时期，小关不但是“镇”而且是“钜镇”。小关镇有一条一里多长的街道，街道两旁是鳞次栉比的店铺，逢集、逢会，商贾云集，赶集、赶会的百姓更是摩肩接踵。

在古代社会，官员敲诈勒索百姓，可是司空见惯的事，不过，贪官污吏要是下乡勒索，被赵奎聚知道了，就会被教训。据说有一年大旱，农作物大量减产甚至绝收，家中断粮的农户不知道有多少。农业歉收，农民自然无法交租、纳粮，在这灾荒之年，县太爷不但不报灾，为了自己的政绩反而逼迫农民缴粮。这一天，县太爷坐着绿呢子大轿，衙役们喝着道，来到小关镇。这件事早有人告诉了赵奎聚。赵奎聚一听，便穿上黄马褂，手拿御赐的半截红半截黄的棍，来到小关街。有人告诉他县太爷到了街西头。

赵奎聚搬了一把太师椅，背南面北在当街一坐——皇帝居住的北京城在北方，面向北是表示对皇上的尊重，一声不吭等着县太爷。县太爷下乡村，老百姓老远都得回避。当衙役看到赵奎聚这般行头和泰然自若的样子，也有点丈二金刚摸不着头脑，锣也不敲了，道也不喝了，赶紧向县太爷禀报。县太爷知道小关有一个赵奎聚，此人不但有御赐的物件，还能说会道，是个惹不起的刺儿头，况且这一次下乡催粮也不合民心。尤其让他怵头的是，赵奎聚手拿御赐棍，弄不好被他打一下，连说理的地方都没有。惹不起躲得起，县太爷也顾不得颜面了，从轿里爬出来，绕着从赵奎聚的背后走了过去。

这可是一件大新闻，立马就在小关地区传开了，并且演绎成了“文官下轿，武官下马”的故事。小关是个山村，古代社会交通不便，至于赵奎聚穿过几次黄马褂，有几个文官下轿、武官下马，已经无从考证了。

3. 舅舅骑的驴，我也可以骑

赵奎聚的舅舅是一个饱学秀才，私塾先生。赵奎聚从小就跟着舅舅读书，所以说舅舅是他的启蒙老师。那时候人们都讲究身份，在农村，私塾先生也是有身份的人，出门要穿长衫，走路迈方步，稍微远一点的路程都要骑驴。赵奎聚的舅舅就有一头小毛驴，作为出门的代步工具。

赵奎聚在私塾读书的时候，和同窗们的关系都比较好，下学后大家都是玩伴。好奇是小孩子的天性，大家见先生经常骑一头小毛驴看上去很风光，都很羡慕。有一次大家在一块儿玩，一个小朋友说：“先生的毛驴真漂亮，我要是能骑骑，该有多风光。”另一个小朋友说：“我早都想骑，就是不敢骑。”大家你一言我一语，都是围绕着小毛驴的话题，并且越说越兴奋。有人说：“谁要是敢骑先生的毛驴，咱就请他的客。”赵奎聚一听来劲儿了，兴奋地说：“如果我能骑上小毛驴，大家可愿意请我吃馆子？”（“吃馆子”是小关方言，就是到饭馆吃一顿）那时候能上起私塾的学童，都是比较殷实的家庭，孩子们自然不会太缺零花钱，于是便答应了，还说绝不反悔。小关有一句俗语：“外甥是舅家的狗，想来就来，想走就走。来了就吃，吃了就走。”赵奎聚和同学们打赌后，几乎天天都去他舅舅家。每次去吃饭不吃饭还在其次，只要去了，都要到驴圈转悠一圈，看看舅舅的小毛驴。到驴圈后，先恭恭敬敬地给毛驴磕个头，接着就拿起搅料棍在驴屁股上打几棍，每次都是这样。时间一长，小毛驴只要一看见赵奎聚磕头就尥蹶子，这就是人们常说的条件反射吧。

这一天，刚下过雨，路上还有小水坑。赵奎聚的舅舅穿着长衫，手里拿着折扇，骑着小毛驴，要去看望一位朋友。正走着，忽然看见外甥迎面而来。赵奎聚来到舅舅跟前，嘴里说着“外甥奎聚给舅舅请安”，一边说一边跪下磕头。舅舅还没有来得及说话，只见小毛驴两耳一竖，头一扬，随着一声大叫，两条后腿像发疯一样尥起了蹶子。舅舅压根儿没有防备这一套，身子一侧歪，“扑通”一声就从驴背上掉了下来。小毛驴刚要撒欢跑，赵奎聚能让它跑吗？他是早有准备的，一个箭步上去伸手抓住了驴纼子，任凭毛驴尥蹶子就是不松手。

当年农村都是土路，又刚刚下过一场雨，地面比较松软，舅舅从驴背上摔下来，只是吓了一跳，弄了一身泥，走路有点趔趄，并没有摔伤，尽管如此，教书先生讲面子，不休息个三五天怕是不出门的。这时候小毛驴也不尥蹶子了，赵奎聚拉着驴纼子，扶起舅舅，帮助舅舅脱下满是泥巴的长衫，把舅舅送回家。妗子（舅母）一看，吓了一跳，赶紧问是咋回事，舅舅说：“唉，别提了，今儿个不知道咋回事，小黑驴突然尥蹶子把我给摔下来了，要不是奎聚正好到那儿，抓住了纼子，还不知道毛驴跑到哪儿去哩，奎聚这孩子可给我帮大忙了。”赵奎聚接口说：“舅，那还不是您老人家平时教导我们的，要尊重长辈，再说这也是外甥该做的。”妗子听了，连声夸赞。赵奎聚说：“妗子，您老人家照顾好舅舅，我去把长衫洗洗。”

赵奎聚拿着长衫来到河边，洗完拧了拧，搭在地边圪针上晾晒。当时正是中午，在毒日头暴晒下，长衫很快就干了。赵奎聚拿着长衫回到舅舅家，来到驴圈，解开纼子，穿上舅舅的长衫，翻身骑上毛驴，两腿一夹，双脚一磕驴肚子，小毛驴撒开四蹄，直奔南沟。一到村口他就叫开了。小朋友们跑出来一看，赵奎聚不但骑着先生的毛驴，还穿着先生的长衫，无不佩服他有办法，问他是怎么连先生的长衫子也穿上了。赵奎聚也是少不更事，认为自己很了不起，也为了在同学面前显摆，就把如何能骑驴的过程一五一十说了一遍。大家虽然七嘴八舌称赞他有办法，可就是不提请他下馆子的事，赵奎聚问他们为什么说话不算数，大家也是一退（推）六二五。

4. 奎聚屙屎一泡，同学都得尝尝

赵奎聚虽然骑着先生的小毛驴在同学面前炫耀了一番，但是大家并没有请他下馆子，非但没有请他，其中还有两个同学因为和他有点小别扭，也仗着家里有点小势力，就向先生告发了赵奎聚的恶作剧。先生一听可气坏了，他不想惩罚外甥，就把这件事的前前后后告诉了姐夫。其结果是：赵奎聚遭到父亲一顿痛打，还被父亲领着跪在舅舅面前磕头，承认错误，请舅舅原谅。

赵奎聚受到惩罚的事，很快在同学们中间传开了，有的人见了赵奎聚更是面带嘲笑。赵奎聚心想：你们既然不仗义，也别怪我不义气，我非得捉弄你们一次，出出这口恶气。

光阴似箭，日月如梭，转眼炎热的夏季已经过去，金秋季节就要到来。过罢秋分，接着就是寒露，漫山遍野的柿子就像一个个红灯笼挂在枝头，煞是好看。这一天放学回家，赵奎聚见娘正在将熟透了的红柿和入蜀黍面中，为家里人烙甜蜀黍面饼子吃。赵奎聚拿了一个热饼子吃起来，正吃着哩，忽然吃着一个柿核，张口连嚼过的馍都吐了出来。赵奎聚仔细一看，大脑里灵光一闪，有了主意。

这一天早上，同学们一进学堂，就发现先生的桌子上有一泡屎，旁边还用戒尺压着一张字条，上写“赵奎聚屙屎一泡”。大家正在指指点点、议论纷纷的时候，赵奎聚跟在舅舅的身后相继走进学堂，刚刚还是乱哄哄的学堂登时鸦雀无声，学童们脸上都露出怪异的笑。先生觉得有点反常，一声没吭来到讲桌前，只一看就直想呕吐，不由得火冒三丈，可是还得保持师道尊严，就轻咳了一声，严厉地问道：“这是谁干的？”学童们早就商量好了，见先生发问，就异口同声地说：“是赵奎聚干的。”舅舅知道这个外甥调皮捣蛋，上一次挨打心里不满，听了学生们都这样说，就板着脸看向赵奎聚。赵奎聚显示出一副十分害怕的样子，战战兢兢地说：“我……我哪里敢干这种事！”舅舅问他：“不是你干的，你给我找出来是谁干的！”赵奎聚嗫嚅着说：“舅，您知道我是跟在您老人家后边进来的，他们先进来干了这坏事然后嫁祸于我。要是我干的，还会再写一张字条吗？舅，他们都是一伙的，这都是他们陷害我的，您老人家可不能光听他们的。”舅舅说：“你说不是你，那是谁干的？”赵奎聚既指不出人，又拿不出来不是他干的证据。哪一个学童都怕赵奎聚说是他干的，于是异口同声地说：“赵奎聚平时调皮捣蛋，孬点子多，干了坏事故意再写一张字条，为的就是蒙骗人。”赵奎聚听了，表现出一副畏畏缩缩的样子，好像既害怕又百口难辩。舅舅一看赵奎聚这副模样，便认为他是做贼心虚，再想起他恶作剧让自己从驴背上摔下来导致六七天不能出门，还得说他孝顺，气就不打一处来，便声色俱厉地说：“你说不是你屙的屎，是别人屙的，又指不出人，这十几个孩子都说是你屙的，难道他们都说错了？你作为一个学生，竟敢在先生的桌子上屙屎，成何体统？要不惩罚你，你还敢造反哩！今天必须让你接受教训，你把这泡屎给吃了！”学童们听先生这么一说，无不喜形于色，跟着便是落井下石，大声起哄：“赵奎聚，你干的好事你就把它吃了吧！”

赵奎聚极不情愿地走到桌子旁边，捏起来一点屎橛子。

舅舅本来只是想吓唬吓唬他，赵奎聚要是硬着不吃，打几板子也就算了。学童们一起哄，先生也不好把话收回来了，看到赵奎聚走近桌子，舅舅把脸扭到了一边。

赵奎聚捏起来一点点屎橛子，看了同学们一眼，众人脸上挂着难以形容的表情，既不像幸灾乐祸，也不像同情；舅舅则是把脸扭到一边，闭着眼，脸上的表情更是让人捉摸不透。赵奎聚看了半天，没有一个人替自己求情，看来不吃是不行了，一皱眉，将屎送进口中，立马就想哕，强忍着咽了下去。恻隐之心人皆有之，学童们一看赵奎聚真的吃屎了，一个个感到恶心，好像自己在吃一样，可是先生不开口谁也不敢吭声，幸灾乐祸的场面没有了，学堂里鸦雀无声，一根针掉地上都能听见。舅舅也明白发生了什么事，心里五味杂陈，闭着眼一句话也不说。

赵奎聚实在没有办法，只好硬着头皮，一点一点吃屎，脸上的表情别提多难看了，有几次都要哕出来，还是强忍着咽了下去。足足过了半个多时辰，桌子上的屎橛子终于被赵奎聚一点一点吃完了，紧接着干哕了几声，从水缸里舀了一瓢水，站在学堂门口不停地漱口，连着舀了两瓢水，这才算勉强好受了些。赵奎聚说："舅，您老人家和同学们都看着哩，尽管不是我干的事，我还是把屎橛子给吃完了。"他舅就像木雕泥塑一般，什么话也没有说。

学堂里安静了几天。这一天早上，一模一样的场景在这个小小的私塾学堂里又出现了。当舅舅板着脸瞪着眼厉声质问赵奎聚的时候，这一次的赵奎聚与上一次相比简直判若两人，只见他理直气壮地说："舅，上一次有字条说是我屙的，硬是叫我把那泡屎给吃了，可给我恶心死了，我就是再傻还会再干这事吗？今天的字条还写是我屙的，肯定是有人陷害我，您老人家可不能再上他们的当了。"先生想了想，赵奎聚说的话也有道理，他吃过一次屎了，再傻也不会重蹈覆辙呀。于是，先生面对十几个学童说："奎聚说得有道理，他已经受过惩罚，不会再干这事，肯定是有人陷害他。现在给你们一点时间，互相检举，找出来这是谁干的，要是找不出来，那就跟上次一样，除了赵奎聚，你们每人吃一点，直到吃完为止。"

学童们一听，无不面面相觑，不知所措。看着桌子上那泡屎，既恐惧又无奈，那个时代讲究师道尊严，在学堂里先生的话就是圣旨，谁敢违抗？一想到要吃屎，就想把苦胆里的水都吐出来。要想避免这场灾难，就得找出来是谁屙的屎，可是除了赵奎聚谁会干这缺德事呢？现在先生已经把赵奎聚排除在外，能说是谁呢？一袋烟的工夫过去了，先生看学童们都一言不发，说道："你们既然找不出是谁干的，那就每人都吃一点吧。"先生的话没有人敢违抗，十几个学童把那一泡屎给分吃了。

转眼过了几年，这一班接受启蒙教育的学童都长成了青年，有的继续攻读举业，大部分走上了社会。有人问起赵奎聚吃屎的事到底是怎么回事，赵奎聚说："起因还在你们这一帮哥们儿太不讲信用。原先咱说好了我要是能骑上先生的小毛驴你们请我下馆子，后来我不但骑上了小毛驴，还穿上了我舅舅的长衫子，谁知道你们这些人说话不算数，不请我下馆子不说，还告发我，叫俺爹把我打了一顿，这一口恶气我能咽下去吗？"同学说："你甭绕圈子了，就说那两泡屎是咋回事吧。"赵奎聚哈哈大笑道："你要真想知道，我就告诉你。头一泡'屎'是我用红柿和炒蜀黍面搅拌以后用竹筒挤出来的，我吃的不是‘屎’而是甜饼子。你们吃的是我屙的屎。你不用咧嘴，我跟你们不一样还是很讲义气的，只是拉了一小橛，要是拉一大泡，嘿嘿，才叫你们过瘾呢。”那人听了，苦笑着摇了摇头。赵奎聚让同学们吃屎的故事就这么传开了。

5. 满足舅舅好奇，骗骗舅舅妗子

赵奎聚时不时地来一次恶作剧的小把戏，时间长了，舅舅也有所耳闻，暗想：奎聚这孩子也不是笨子儿，得好好管教管教，叫他在举业上多下点儿功夫，说不定能博取功名，得个一官半职呢，真要是那样，我这做先生的也显得光彩。不过他好恶作剧，这个坏毛病改不了咋能把心思用到正路上？我得先从改变他的坏毛病做起。要想改变他的坏毛病得先摸清他是怎样捉弄人的，然后才能对症下药。

有一天散学后，舅舅把赵奎聚留下来，对他说：“奎聚呀，听学生们说你经常搞恶作剧捉弄他们。”赵奎聚赶忙说：“舅，我只是跟他们开开玩笑，不是捉弄他们，说我恶作剧都是他们赖我哩，您老人家可不能听他们的。”舅舅说；“是不是恶作剧我也不能全信你的。这样吧，你如果能同时骗我和你妗子一次，叫我们俩都上你的当，你在私塾里再犯规可以免打板子。”赵奎聚一听，瞪大了眼睛，有点不相信自己的耳朵，挠了挠头，说：“舅，您老人家说这可是真的？”他舅淡淡一笑，说：“这还能是假话。”赵奎聚一听，高兴得不得了，便一口答应下来。

盛夏的一天中午，火辣辣的日头烤得地面都是热的，湿热的空中连一丝风也没有，树上的知了还没完没了地叫着，使人们显得更加烦躁。妗子正在家中做饭，满头大汗的赵奎聚从门外闯了进来，上气不接下气，结结巴巴地说：“妗……妗……妗子，不……不……好了……”妗子没有等他说完，就急忙问道：“出了啥事？”赵奎聚这才缓过来一口气，说：“妗子，我说了你可别急，俺舅在关谷堆那河湾里洗澡给淹死了。”他妗子一听，“扑通”一声坐在了地上。赵奎聚好像火急火燎的样子，也不管他妗子的事，一边往外走一边说：“妗子，你可不能急啊，我先走了，你慢慢去吧。”等到他妗子抬起头，赵奎聚已经跑得没有影了。

舅舅正在小关老街大槐树底下和人下棋，右手捏着一颗棋子，左手捻着胡须，正在考虑怎样一着制胜。正在这时，只见赵奎聚风驰电掣般跑了过来，大老远就扯着嗓门喊叫：“舅，你还有心在这儿下棋！家里出大事了。”他舅一愣神的工夫，赵奎聚就跑到了面前，不等他舅开口，连珠炮似的说道：“舅，俺妗子在家做饭，不小心把灶火给点着了，火越着越大，你赶快回去救火吧。”舅舅这时候把和外甥说过的话忘到九霄云外了。“啪嚓”一声棋子掉在了棋盘上，也顾不得斯文了，撒开腿就往家里跑。赵奎聚朝着大槐树下的人群做了个鬼脸，紧跟在舅舅的屁股后。走到半路，舅舅和妗子碰了面。舅舅埋怨道："家里失火了，你不在家喊人救火，还往哪儿去？"妗子说："家里好好的，啥时候失火了？你不是洗澡淹死了吗？又被人救活了？" 舅舅一跺脚，说："你胡说什么，我在小关街上和人下棋，啥时候去洗澡了？"妗子说："这是奎聚亲口给我说的。"舅舅一听，知道全是外甥编的谎话，抬手朝外甥的脸上扇去。赵奎聚早有思想准备，朝旁边一闪，笑着说："舅，您老人家先不要发火，不是您老人家说只要我能同时骗你和我妗子一次，叫你们俩都上我的当，以后在学堂我要是犯错也不打板子吗？外甥做到了，您老人家咋还打我呀？"妗子一听，这才恍然大悟，埋怨丈夫说："奎聚那眼睫毛都是空哩，你没事跟他打啥赌哩。"舅舅听了两个人的话，咽了口吐沫，对赵奎聚摆了摆手，赵奎聚活蹦乱跳地回家了。

6. 为人书写诉状，一事两个理由

儿时的赵奎聚就如前边说的那样，思维敏捷，聪明捣蛋，孬点子多。成人以后的赵奎聚又如何呢？常言说"江山易改，禀性难移"，成人后的赵奎聚虽然不像少年时代那样爱捉弄人，但是他游戏人间却是少不了的。他不但写一手好字——如前面说的观音堂和杏树庄山神庙碑文都是赵奎聚书丹，而且文笔也好，写出来的文章常常被人们传诵，可惜的是没有纸质文本流传下来。但是口头流传还是有的，例如替人写状子并且让当官的面对状词左右为难就是一个脍炙人口的案例。

前文说过赵奎聚曾经参加过朝考，皇上还赏赐给他黄马褂、御赐棍，还能写一手好文章，这样，地方不论是公事、私事，找他参与、参谋，托其办事的人也不在少数。

有一年冬天，正是天寒地冻的三九天。这一天午后，赵奎聚正要出门，一个张姓村民找到他，说："赵先生，我想求你替我写一张状子，要告老李头。"赵奎聚问他因为什么事，张姓村民说："夜儿后晌（小关方言，意思是昨天下午）我往地里送粪，正好碰见东村老李头在放羊，羊没有拢好，跑到我的麦地里吃麦苗，我说他两句，老李头不但不认错还和我吵架，这件事我实在气愤不过，我准备到乡里去告他，他的羊吃我的麦苗明年就会少收麦，非得叫他陪我不中。"此人说话时火药味十足，好像与老李头势不两立的样子。

那年头冬天常常大雪封门，十分寒冷，地冻三尺是常有的事。赵奎聚生在农村长在农村，对三九天羊啃麦苗是否会造成减产是再清楚不过的了。可是见来人在气头上，说什么话也没有用，干脆推给官府算了，于是不假思索提笔写了一张状子，说完过程之后，在说羊吃麦苗的状况时写道："前蹄子扒，后蹄子蹬，羊吃麦苗如拔葱。"——"拔葱"可是连根都要薅出来的。赵奎聚念了一遍，张姓村民一听，拿着状子高高兴兴地走了。

老李头接到传票，才知道因为羊吃麦苗的事自己被告了，农民都不识字，遇到事情又说不出多少道理，只好也来找赵奎聚帮忙，求他写一张答辩状。赵奎聚一来对张姓村民因为这一点小事告状就不赞成，二来想起前些日子他去官府替老百姓说公事，当官的对他敷衍塞责有点不满意，于是就想给他们出个难题，便爽快地答应了。在说羊吃麦苗的状况时写道："十冬腊月，地冻如铁，羊吃麦苗，只撩（吃）虚叶。"赵奎聚念了一遍，老李头一听，觉得赵奎聚写得真好，不但能听得懂，而且理由也很充分，官司肯定输不了，于是千恩万谢高高兴兴地拿着答辩状走了。

地方官对民间纠纷本来就是以调解为主，都是乡里乡亲不想让他们因为鸡毛蒜皮的小事把事情闹大。到了开庭这一天，当事双方各自呈上了状子和答辩状。当官的一看两造呈上来的字体和内容，忍不住笑了，知道这是赵奎聚玩的把戏，想给自己出难题。于是他不假思索，提笔写了如下判词："事实不清，证据不足。来年麦后，再作处理。"张姓村民一看判词，傻眼了，来年麦后，那还不把一碗热汤放凉了，还处理啥，只好垂头丧气地走了。

7. 我要有钱半文，就能将你告倒

过去有一句俗话，叫"三年清知府，十万雪花银"。清廉的官员不是没有，只是贪墨的官员更多一些。由于赵奎聚有着特殊的身份，据说曾经有巩县的县太爷因为贪墨被赵奎聚等人告倒，自那以后，凡是有新官上任都会拜访巩县有名的"光棍""眼子"（小关方言，就是在地方上有地位的人），以便通过他们与地方百姓联络感情，少让他们找自己的麻烦，赵奎聚自然在这一"光棍"的圈子之内。

这一年，有一位新科进士到巩县上任。此人少年得志，趾高气扬，依仗着是天子门生，并不把地方上的"光棍""眼子"放在眼里，虽然他也知道以前发生过的事，仍然在过了半年后才拜访赵奎聚。两人寒暄一阵，县太爷端起茶杯抿了一口，以不阴不阳的口吻对赵奎聚说："听说前任巩县知县就是被老先生给告倒的？"赵奎聚一听，知道来者不善，遂回奉道："坑害百姓，咎由自取。"县太爷皮笑肉不笑地说："说得好。坑害百姓，阁下能把他告倒，既是他咎由自取，里边也有阁下的本事。本县自接篆（印章多为篆文，故'篆'常作官印的代称，接任新的职务即接印叫'接篆'）以来，自认为宵衣吁食，爱民如了。不过一人难称十人意，倘若有人以鸡毛蒜皮的些许小事借机生事，找着阁下，请问，老先生也能将学生（这是古代官场的谦辞）告倒吗？"赵奎聚听了这话，县太爷的来意算彻底明白了。赵奎聚生来思维敏捷，况且三教九流中人见识得多了，还能被这个毛头小子给唬住，当即针锋相对地说："要说太爷宵衣旰食，爱民如子，不应当向上峰告状。不过太爷既然出了题目叫小民告你，把太爷告倒不是不可能，只是……”赵奎聚说到这里故意停止了话音。

县太爷以为他嘴上硬心里怯，要打退堂鼓，遂将了一军：“只是什么？”“只是近来囊中羞涩，不名一文。我要是有半文钱，就足以把太爷告倒。”县太爷也是少不更事，根本猜不透对方话中的含义，遂紧紧逼问：“半文钱？”“半文钱！”“好！本县成全你。来人，取一文钱来。”衙役答应一声，掏出来一文钱，是一枚乾隆通宝。“拿一把斧头，将这一文钱从中劈开。”县太爷的话衙役哪敢不听，向赵奎聚家人要来斧头，只听“叮当”一声，乾隆通宝应声分为两半。县太爷接过来半文钱，在手里翻弄了一下，一边递给赵奎聚，一边皮笑肉不笑地说：“这是半文钱，请老先生收下，学生等着阁下，看你怎么把我告倒。”

赵奎聚伸出双手，恭恭敬敬地接过来半文钱，小心翼翼地装进口袋里，接着脸色一变，一阵哈哈大笑，也不称呼县太爷了，嘲讽道：“你可知道这是乾隆通宝？现在你把它一劈两半，小民不说，你也知道该当何罪吧？”

县太爷听了这话，真像五雷轰顶一般，头都大了，浑身瘫软，几乎从椅子上摔下来。他心里明白，当朝实行文字狱，稍有不慎就会带来灭九族的惨祸。雍正时有一个士子写了一首诗，其中两句是：“明月有情还顾我，清风无意不留人。”结果被仇家诬告为要反清复明，落了个抄家灭门。乾隆时有一位乡试主考官出的题目有“维止”二字，遭到御史弹劾，说“维止”暗示“雍正无头”，这位主考官落了个祸连九族的下场。县太爷想起来这些，吓得面无人色，“扑通”一声跪在了赵奎聚面前……

赵奎聚的故事还有很多，在小关各村广为流传，在流传过程中自然会出现多种版本，但都是大同小异。这些故事都是时代的产物，表现了小关人的智慧和想象。现在看来，这些故事真假参半，有演义的成分，姑妄言之。

王莽撵刘秀

○ 赵宏斌

在小关地区有一个传说故事——王莽撵刘秀，这个故事主要发生在小关地区从南部老庙山到北部佛山一带。整个故事由四部分组成。

一、箭穿洞

在老庙山一个小山头的半山腰有一个透亮的山洞，传说是两千年前刘秀和王莽的军队作战时留下的遗迹。

王莽出生于西汉后期一个官僚贵族家庭，他的姑母是汉元帝的皇后，王莽借助这种关系当上了朝廷的大官，并逐渐掌握了朝廷大权，后来篡汉自立建立新朝，当起了皇帝。王莽当了皇帝，长期欺压百姓，无恶不作，引起天下大乱，绿林、赤眉等起义军与新朝军队展开大战。汉高祖刘邦的第九世孙、南阳刘秀乘机而起，决心要推翻王莽的新朝。王莽也心意已决，要把刘秀捉拿后打入死牢。但是刘秀早有准备，并笼络了不少名将，刘秀要用自己的全部智慧，发挥将士们的作战能力与王莽作战。当时王莽人多势力大，不能与之正面硬碰。刘秀派将士侦探好路线后，把王莽引出长安，等待他们的精力分散后再作打算。一天乘新朝防御空虚，刘秀率领一部分将士冲向长安，双方正在作战中，刘秀突然调兵东逃。

刘秀率领部队从长安出发，经过新安、偃师、巩县，又向南转移到茶店，王莽的军队一路都在追赶。刘秀发现王莽的军队快要追来时，按照事先侦探好的路径往老庙山方向奔去。走到小龙池对面的山下时，山半坡突出一个小山头，刘秀已在这个小山头的南边摆下了精锐部队，在王莽军队越来越近时，两军就交战了。王莽的军队几次进攻都被打退，于是摆开阵势万箭齐发，箭头犹如狂风骤雨般射向小山头，这个小山头硬是被穿透了一个洞口，南北洞口都透着光亮，这个洞就是当年王莽撵刘秀时两军作战中用箭射穿的洞。当然这是一个传说。

双方正在紧张作战时，刘秀的军队突然停战往西南方向而去，一路经过翠峪进山到憋死人潭，这里东西是悬崖陡壁，南边是大峡谷，大峡谷中间夹着大水潭，根本无法通过。刘秀的部队按照探好的路线从右方的山坡上绕向大峡谷的上方处隐蔽了起来，等待着王莽撵来再次开战。

王莽的军队快要靠近憋死人潭时，刘秀的军队以猛虎下山之势突然冲下山坡，杀向猝不及防的王莽军队，这次两军交战中，王莽的军队伤亡特别惨重。但是刘秀的兵力毕竟单薄，加上箭也不多了，所以正在激烈交战中又突然撤退了。刘秀的军队从大峡谷上方下到水峪沟后向山里进发，途中经过三道河交义口，也是三岔路口，现在的地名叫蝴蝶谷，向南山沟进去是房家泉，也叫房家岭，蝴蝶谷的河水主要就是从房家泉流下来的。刘秀的军队向西南方进山，赶到了耍峪山上，耍峪山上有一座山神庙，这里是十字路口，四个方向都可以通行。按照提前探查的情况，刘秀让人做出假象，要让王莽的军队误入最难走的山林。这时王莽的先头兵又快要追上来了，就在这危急时刻，刘秀立刻命令两个士兵把他的坐骑牵到森林内，将马头朝着南山，一个士兵用木棍重重地打在马的屁股上，马受惊后就拼命往南山跑去。王莽的军队随之追去，刘秀马上调部队转向往西北方向下山了。一路经过土泉到黄白草滩的后山上与匹子凹的后山坡之间，这个山坡两旁有两座山，一座山通向流水口，另一座山可经过大鹰嘴。

刘秀率领军队从西北方下山，在经过大鹰嘴半坡左旁边时，发现一道清泉，这时候人人疲惫不堪，又渴又饿，见到清澈的泉水，真是喜出望外，每个人都喝足了泉水，休息了一会儿。过了大鹰嘴，右下边是黄白草滩，左下边是狼凹，正走着凑巧遇见一只不太大的狼正往山下逃跑，一个士兵一箭射中，把死狼拖到大鹰嘴半山腰的山洞内，宰杀后架火烧，解决了饥饿。第二天天刚亮，哨兵报信说南山上有动静，刘秀马上集合队伍往小关方向顺山而去。下午到了小关月弯的西头，过河就到了前纸坊。从前纸坊上一个坡往北路过后纸坊，向北不远处左转往西北方向上到龙嘴，从龙嘴绕向西方向上到了一道土沟——现在叫岑彭沟。在岑彭沟这个地方，刘秀突然病例了，脸色苍白，大伙突然遇到这种情况都很着急，都是又饿又渴又没有气力。在这危难的时刻，东边走来一名女子。

二、娘娘救刘秀

这位年轻女子年龄不大，看样子有十六七岁，年轻貌美，提着一个竹篮来到刘秀身边。她看到刘秀和其他人的情况后，毫不犹豫地把竹篮放在刘秀的身边，揭开了竹篮的盖子，取出了篮子内的食物及面汤，姑娘亲自将面汤慢慢地喂入刘秀的口中。给刘秀喂进了一些面汤后，虽然他慢慢清醒，但是身体还是相当虚弱，这时候从西岭走下来一个男子，他就是这位姑娘的亲哥哥，他是因为没有等到妹妹送的饭而下山的。姑娘让哥哥赶紧去找个医生。医生很快来到，经过治疗，几个人把刘秀抬到了姑娘的家里。姑娘母亲把药煎好后，姑娘亲自端着药汤让刘秀慢慢地喝下。姑娘的父亲和哥哥连夜外出筹集到了一些食物，准备在刘秀他们离开时路上食用。给刘秀安排的是单独的房间，这一夜姑娘一直在刘秀的床头陪伴。半夜刘秀醒来，病也好了，精神饱满，他看着姑娘高兴万分。他和姑娘互相说长唠短说不完的心里话，刘秀看着姑娘的身子不高也不低，不胖也不瘦，圆圆的大眼睛，弯弯的柳叶眉，高高的鼻子红嘴唇，好像将要盛开的桃花。刘秀对姑娘产生了爱意。他出门叫来一个谋士，让其找到姑娘的父亲提说亲事，姑娘得知后高兴万分。

既然双方有意，谋士把事情告诉了刘秀，然后把姑娘的父母叫到刘秀面前，经过简单交流后，刘秀当场表示将来取得天下就赐封姑娘为娘娘。刘秀对姑娘说：“我要当了皇帝就亲自领兵来接你进宫。”姑娘问道：“你要当了皇帝不会把我忘了吧？”刘秀回答："你是我的救命恩人，你对我有恩有情，我要是把你忘了，不来接你进宫，我会吃啥啥不香！"刘秀有这样的话，姑娘就放心了，姑娘对父母说："既然他已经发了誓，我们都应该放心。"

这时卯时刚到，为了预防王莽的军队从南山追来，刘秀率部出发。出发时姑娘的全家人为他们送行，送了一段路后，刘秀再三劝说，不要再往前送了，姑娘的父母和哥哥就慢慢地止步不再往前送了，但是姑娘还要坚持再往前送，一直送到佛山。当年佛山的南坡都是原始森林，山陡路险，野兽又多，她一定要坚持送出这段最危险的路程。就在佛山南坡，姑娘突然抬起一只胳膊，唰的一声甩出一只飞镖，投向一只狐狸，狐狸中镖而死。这时刘秀说："姑娘真是了不起，还有这么高的武艺！"姑娘说："这是小事一桩。"姑娘前边带路，从佛山的南坡（水道口西岭）向西下到现在的九龙圣母庙后时，大伙都累了，就在原地休息。休息好了，大伙起身继续向西，往上翻过冯寨与马岭之间的一座山，又绕到马岭山，从马岭走下过去一道沟，上到佛山脚下的将驹岭——因为一匹马在这道岭上产下一匹小马驹，为此刘秀把这道岭命名为"将驹岭"，今称将军岭。这一天很难走的险路已经走完。未时已过，刘秀与姑娘互相挥手离别。

三、刘秀灭王莽

刘秀的军队离开将军岭后赶到了玉皇庙处就停了下来，这时候，刘秀命令一名将军带部队再次快速上南山，到山峪河与峡峪一带找到王莽的部队，继续与王莽的部队打游击战，一定要拖住他们，等待着大部队到来后，共同把王莽的部队消灭掉，其他士兵和刘秀骑上战马向西奔去。

刘秀回营以后，把他手下最可靠的武艺高强的大将招到很严密的地方，周密商量施计，扩大军队实力，订出灭亡王莽的计划后，刘秀点将三名，各将选兵后，在刘秀的亲自率领下，返回东去。在一路行军中安排了几名武艺高强的士兵与留守作战的部队接头及互相传递消息，大部队发现王莽军后，提前设下了阵地及天罗地网，在两军互相交战中，王莽的军队被包围了起来，后全部被消灭。

四、火烧娘娘

王莽的新朝灭亡后，刘秀在洛阳建立了东汉王朝，从此刘秀当上了皇帝。刘秀在朝期间一切都比较顺利，就是长时期吃啥啥不香。为此，更换了许多厨师，结果所有的饭菜还是吃着不香。有一天一个大臣走到他的身边，向他提起对姑娘发过誓言的事。刘秀一听就明白了，确有此事。刘秀并不是忘恩无情之人，而是日常事务太忙把接姑娘的事给忘了，刘秀想起自己在姑娘面前发过的誓言之后，就立即命令岑彭、马武两位将军带众兵去接娘娘进宫。在岑彭、马武快要来到娘娘家中时，娘娘发现领兵来的人中并没有刘秀，而是另外两名将军，因此，就产生了疑心，急忙到家告诉她的父母说明情况后向佛山方向奔去了。岑彭、马武来到娘娘的家中后，岑彭找到了她的父母说明了情况，得到了她的父母的理解的同时，也得到了娘娘的去向和原因。岑彭、马武赶紧带兵往佛山方向跟去，一边走一边呼叫，但是娘娘并不接受岑彭、马武的迎接，她跑进森林中躲藏了起来。岑彭、马武轮班带兵进到森林中找了几天也找不到，在找的过程中，边找边大声呼叫：娘娘快出山吧，我们都是来接您进宫的，也是皇帝叫我们来接您的。怎么劝说都不管用，东边叫西边应，就是见不到她的踪影。在无奈的情况之下，岑彭、马武商量寻找计划。

岑彭带着一伙人在森林内继续找，其余人跟着马武下山收购了一百多口水缸，把水缸运到山上，放到了森林里的很多地方，并把水缸内都灌满了水，还在佛山的南边和东西两边的山下各个路口都安排好了士兵把守，准备着迎接娘娘出山。找娘娘的一切准备工作做好后，大伙反复呼叫娘娘尽快出山无用之后，岑彭命令用一把火把佛山的森林点着了。把森林点着以后，大火燃烧得越来越旺，无法控制大火向周围的扩散。在这火势凶猛之中，娘娘宁死也不肯跳进水缸或者离开森林，很快大火把整个佛山全部覆盖了起来。佛山周围很多人赶来救火，但为时已晚，不少人得知娘娘还在大火中时，都是悲痛得泪流满面，因为娘娘平时是一个活泼可爱、心灵手巧、最爱帮助人、最爱做好事的姑娘，结果在这冲天大火中归天了。

娘娘被大火烧死以后，很多来救火的群众和岑彭的将士们长时间沉浸在悲痛之中，娘娘的父母更加悲痛。就在悲痛的同时，来救火的百姓突然把岑彭和马武围了起来，对着他们两个拳打脚踢，在长时间的打骂中，士兵们在对群众劝说无效的情况下准备还击，岑彭在受到痛打的过程中得知士兵们准备还击时，就连忙高喊不要还手：“你们不要管我，我是应该受到群众打骂的，千万不要对群众还击。”在打骂止不住的情况下，娘娘的父母亲就一同跪在群众面前，泪流满面地大声高喊：“乡亲们，我求求大家不要再打了，不要再打了。”打骂岑彭、马武的场面才慢慢地平静下来。

佛山上的大火熄灭以后，岑彭、马武两人忍着伤痛指挥着士兵和百姓在佛山中被大火燃烧过的各个角落展开大搜寻，寻找娘娘的尸体。经过耐心的寻找，才把娘娘的尸骨找到。娘娘的尸骨找到以后，岑彭、马武到娘娘的父母面前说明了情况，并商量娘娘的后事。岑彭说：“娘娘是皇上的救命恩人，我们都猜不透皇上的心思，更猜不透他对娘娘的后事是如何安排的，所以我们无权操办，皇上得知此事定会尽快赶到，我们等待着皇上来后再做定断吧。”岑彭、马武向娘娘的父母及士兵们交代后，就悄悄地爬到佛山的山顶上找好位置，面向南方投崖自尽了。

岑彭、马武死亡的当天，刘秀就来到小关，他先到娘娘的家看望她的父母。经过商量，把娘娘葬在佛山的半坡处。把娘娘埋葬后，刘秀做出以下决定：岑彭虽然犯下了死罪，但他是一个功高大臣，就把他埋葬到小关后纸坊西沟，就是现在的岑彭沟。据说墓地有石人、石马。马武同样犯下了死罪，他也是一个功高大臣，把他好好地埋葬到马武岭（今称马岭）。为了纪念娘娘一生的行善救人之举，在佛山的东脚下建立了一座火烧娘娘庙。刘秀做出以上安排后，就带着娘娘的家人回到了洛阳。

关谷堆的传说

○ 赵宏斌

小关东边有一个地名，叫关谷堆（又叫“关古堆”），就是郑州枫林无纺科技有限公司背靠的土丘。为什么叫关谷堆？我少年时期听老辈说过与关谷堆有关的两个故事。

一、治理河滩形成关谷堆

很久以前，小关东边有一座土山，那时候的关谷堆可比现在大得多，它南与月弯岭相连，东边和西边往下都是弯弯的河流，土山北边是一条半月形河流，清清的河水常年哗哗地流淌不断，乡民们常在河边洗衣。河流靠北是高岩山坡，高岩坡顶部是鳖盖岭。土山与高岩坡之间是个峡谷，绕过土山只有一条数尺宽的小道，东起荥阳西达巩县，不论是东来西往的行人、客旅，还是官员、军队，必须走这道险要关口。

土山东一里远的河北岸，是一片百亩沙石滩，因其为弧形故得名“北湾”。土山以西也有一片百亩沙石滩，地形曲弯，呈半月牙形，得名“月弯”。古时一位老人，家里贫穷，常年缺吃少穿，他很想让子孙后代们富有，为此老人家就发动他的子孙以及众乡邻，要把沙石滩变成良田。乡邻们都非常赞同老人家的意见，大家齐心协力，早出晚归，每天都去挖土山的土垫河滩，经过数年的辛勤苦干，两处百亩沙石滩被改造成了良田。从此，老人一家和乡邻们都富了，一座大土山虽然没有挖完却挖小了，大土山变成了土谷堆，因为地处小关东部，人们就叫它“关谷堆”。

二、因为盗宝形成关谷堆

传说关谷堆原来是一座土山。很早的时候，某一年有两个南方人，为了寻宝路过此山，在土山的周围转来转去，对着土山观察了大半天，两个人商量一阵子就离开了。几个月后，他们又回来了，并带来了许多人，在土山东西两边搭起帐篷住下后，开始挖山了。挖了好多天毫无进展，因为白天挖一天，夜里就又复原了。他们感到此地宝物的神奇，非要将“宝”弄到手不可。接下来他们改变了方式，昼夜挖山不止。挖掉的土就运到东西两个沙石滩。几年过去了，垫出来两块良田，宝藏也被他们盗走了。从此土山小了很多，只剩下一个土谷堆，人们就叫它关谷堆。1958年之后因改道路，建医院、幼儿园、学校、矿山职工生活区等原因，把剩余的关谷堆大部也挖掉了，如今只剩下一道小土岗。

其实关谷堆的得名，应该与“小关”有关。小关之名得于高岩坡与关谷堆之间那一条小道，小关人称土丘为“土谷堆”，这一个大土谷堆就紧连着“小关”，“关”和“土谷堆”连称，因此得名“关谷堆”。

岑彭沟的传说

○ 郑红昌

小关镇小关村的后纸坊，因古时曾建有造纸的作坊而得名。后纸坊的岑彭沟是东汉征南大将军岑彭的陵园。明嘉靖三十四年（1555年）纂修的《巩县志》记载：“岑彭沟在东南四十里，汉将岑彭葬于此。”

岑彭沟坐西北向东南像一把敞开的太师椅，后山果木林立，右侧有山间梯田，左侧有猫头岭遮挡风云，每当西北风吹来，猫头嘴上的两棵古柏树会发出嗖嗖的响声。陵前一溪长流，溪边绿竹千竿，岑彭陵园就建在这苍山翠柏之中。岑彭陵园地面曾封有墓冢，建有石刻、亭台，植有松柏。据说古时候每年清明时节朝廷派人为其扫墓祭拜。岑彭沟也因此而得名。现在岑彭墓已无存，但有关岑彭沟的传说仍流传于

岑彭沟

民间。

据传，西汉末年，王莽篡位，自立为皇帝，打着复古变法的幌子，把国家搞得内外交困，天下大乱，海内分崩。广大的劳动人民再也生活不下去了，只有揭竿而起，聚众反抗。在声势浩大的农民起义的影响下，地主、豪强也趁机起兵。南阳西汉宗室刘縯、刘秀兄弟俩策动族人、宾客七八千人起兵于舂陵(今湖北枣阳)，号称“舂陵兵”。他们和绿林兵会合，连败王莽数员大将的进攻，队伍迅速发展到十余万人。后来，在一次征战中义军被王莽的重兵包围在昆阳城（今河南叶县），义军派刘秀率领轻骑突围出城，征集援兵。

王莽军发现刘秀突围，便立即派兵追赶。这便是引发后世广为流传的王莽撵刘秀的故事。

刘秀为搬救兵被王莽追赶行至巩县境内的佛山脚下，当时正处酷暑盛夏时节，人困马乏，饥渴交加之时，被一位给其父送饭的年青姑娘赠麦仁汤所救。刘秀对姑娘发誓，决不忘小姐救命之恩，日后我若夺得皇位，定招你进宫，封你为娘娘。后来刘秀建立东汉，做了皇帝。取得皇位的刘秀每日吃腻了山珍海味，还怪罪厨师的手艺不高。一大臣向刘秀进谏说：难道今日宫中御膳还不如佛山上的麦仁汤？此话使刘秀想起封娘娘之事，深感心愧，便派马武、岑彭两位大将带领人马前去佛山请娘娘入宫。

村姑舍饭救人之时，把刘秀的话记在心中。此后，不知过去了多少个春夏秋冬也不见来人，便知刘秀是个负心之人，发誓永不进宫。一日听说官府派人来接她时，她便躲进了佛山（古时曾称云蒙山、夫人山、伏山等）。马武、岑彭得知姑娘躲进佛山，便带人进山寻找。当年的佛山漫山遍野灌木林立，野草丛生，躲进去一个人很难找到。找遍了所有的山头，只听人应声就是不见人，连找数日仍找不到姑娘。马武、岑彭心急如焚，便施计下令放火烧山逼姑娘出山。可是姑娘宁与树木共存亡也不愿出山。熊熊的大火把佛山的草木烧尽，山石烧红也不见姑娘的身影。

佛山脚下的左夫人墓碑

马武、岑彭二将见姑娘被大火烧死，因无法回朝复命，便自刎于佛山脚下。在人们后续的传说中，刘秀下诏以隆重的葬礼将姑娘葬于佛山的南脚下，即“左夫人墓”，当地俗称“娘娘墓”，现遗址仍存。明嘉靖《巩县志》曰：“夫人山在县（老城）东南三十里，汉光武帝经此纳左氏夫人，后左氏夫人终于此山，故名。”山上还有一座“火烧娘娘庙”，简称“娘娘庙”，至今香火不断。刘秀念马武、岑彭二将征战有功，也下诏给予厚葬，马武葬于马岭，岑彭葬于后纸坊岑彭沟。

生吞活剥学精细

○ 王全营

过去，有一个年轻人长得五大三粗，为人比较忠厚，干活也肯出力气，就是读书不行，记不住更不理解。他的父亲很想让儿子像别人家的孩子那样聪明伶俐会说话，于是就给他一点钱，告诉他出门如遇见有人说话有学问，显得很文雅，就给人家几个钱让人家教他学着说，按小关的方言这叫“学精细”。年轻人很爽快地答应了，并且对他爹说出门一定学点精细回来。

这一天天气晴朗，和风煦煦，年轻人口袋里装点制钱，高高兴兴地出门学精细。

年轻人出门不远，碰到两个手提书箱的秀才要到县里参加一年一度的考试。年轻人一看，这是有学问的人，心想我跟着他们说不定就能学到精细。于是主动上前搭讪，说：“两位先生，我帮你们提书箱吧，免得累着二位。”两个秀才一看，这个人挺老实，两人对视了一眼，就答应了。于是三个人搭伴往前走。

走了一段路，有个农民在路边犁地，一块地只剩地边还没有犁，于是在转圈犁。秀才甲说：“人家都是直着犁地，他是转圈犁。”秀才乙说：“这叫转地犁经。”年轻人一听，这话说得好，有学问，赶快问道；“你说那是啥经？”两个秀才已经看出来他的智商不高，故意逗他说：“圣人之言，岂可轻易传授。”年轻人说：“你告诉我那是啥经，我给你十个制钱。”秀才乙收了十枚制钱，告诉了他那一句话，年轻人为了记住这句精细嘴里不停地念叨。这句话刚刚学会，正在犁地的两头牛互相挤扛了一下，农夫甩开鞭子抽了两下响鞭。秀才乙随口说：“肆牛（小关方言，指母牛）扛犍子，咔嚓咔嚓两鞭子。”（“扛”，小关方言：指碰了一下）要学精细的年轻人觉得这两句很好玩，又掏出了十枚制钱让秀才教了几遍。

又走了一段路，路边有一座危楼，秀才甲说：“咦！高楼待拆。”年轻人又掏出来十枚制钱换来“高楼待拆”四个字。

两位秀才看准了此人是个冤大头，会心一笑，得没话找话逗逗他。三个人说说笑笑继续往前走。忽然一阵风吹来，吹得路边的白杨树哗啦啦响。秀才乙说：“风吹杨叶万万篇。”年轻人更加认定今天给这两个秀才提书箱太值了，自然是非常痛快地用十枚制钱换来了一句“风吹杨叶万万篇”。

三个人翻过一道岭，路经一条河，顺着河岸往前走，只见河道中间有一块大青石板，青石板上卧着两只鸳鸯，中间有一条鱼，两只鸳鸯对视着既不吃也不动。秀才甲觉得有意思，说道：“青石板上卧鸳鸯，两只俊鸟一嘴不拿。”年轻人更加兴奋了，结果用十五枚制钱让人家反复几遍教他学会了这一句话。

再往前走经过一片洼地，草丛中“噌”地一声窜出来一只大白兔，一只黄狗见了撒开四条腿拼命地在后面追，秀才见了不住地大声喊叫，兔子为了逃命一跳两丈远，大黄狗为了追上兔子更是一直狂奔，对秀才的叫声根本不予理会。秀才乙拍手大笑，一边笑一边说：“狗撵兔子，头都不回。”学精细的年轻人在家里整天干活哪有这样快乐，自然十分兴奋，兴奋之余又用十枚制钱学会了“狗撵兔子，头都不回”。

三个人有说有笑各得其所。对秀才而言，既有人替他们提书箱还赚了不少铜钱，自然是称心如意；要学精细的年轻人也觉得收获颇丰，回到家里可以在他爹面前炫耀一番：“不要总是认为我笨，只要给我钱照样能学会说话。”说笑之间不觉走出了一二十里地，路过一个村庄。庄里有一家财主，养了三个女儿，大女儿、二女儿都嫁给了秀才，三女儿也想找一个读书人，已经十八岁了还没有找好婆家，于是在门口贴了一张告示：二十岁上下没有成亲的书生，只要能答对几道题就可以娶他们家的宝贝闺女。秀才甲想恶作剧，对着秀才乙使了个眼色，秀才乙会心地一笑，上前一步揭下了告示，交给年轻人，对他说：“拿着这个进去吧，他们会很好地招待你。”年轻人对这两个秀才早就佩服得五体投地，于是接过告示高高兴兴地迈步进了财主家的大门。

这家财主自从贴出招婿告示以来已经半个月了，没有一个人上门，不免有点着急，现在见有人来了，十分高兴，再看此人相貌也说得过去，身上衣服光鲜，就有几分满意，客客气气地把他让进客厅。客厅里正坐着两位客人，原来是财主的大女婿、二女婿半个月了没有听到消息，相约来看一下。三个人相让一番，分别坐下，家人倒上茶。财主让两位女婿做考官，自己退了出去。大女婿清了一下嗓子，非常客气地问道：“阁下都读了什么书？”年轻人随口答道：“转地犁经。”就这四个字把两个秀才蒙住了，心里想，我们十三经读得滚瓜烂熟，旁及史传、子集，咋就没有听说过什么《转地犁经》？二女婿皱了一下眉头，问道："请问《转地犁经》有多少册？"年轻人不假思索顺口答道："高楼待拆。"这句话更让两位秀才丈二金刚摸不着头脑。大女婿呷了一口茶，轻咳一声，问道："那么请问阁下，你都读了多少篇？"年轻人大大咧咧地说："风吹杨叶万万篇。"话说到这个份儿上，两位秀才心里有数了——此人是个二百五，不再搭理他了。

因为两个女婿已经来了一阵子，财主早就准备好了酒菜，一样一样端上了桌。年轻人一看，嗬，那两个秀才说得不错，于是让也不让，甩开嘴大口大口地吃喝起来。吃着吃着抬头一看，两个秀才根本没有动筷子，于是打了一个嗝儿，说道："青石板上卧鸳鸯，两只俊鸟一嘴不拿。"财主的两个女婿气得直瞪眼，可是在岳父家里又得保持斯文，于是双双起身离去。二人刚要出门，年轻人放下筷子，大声说道："二位别走，还有一句精细话没有说呢。"二人并不搭腔，只是站在那里看他能说出什么话。年轻人说："这一句话是：'狗撵兔子，头都不回。'"财主的两位女婿气得面色发紫，愤愤而去。

有人把客厅发生的事情告诉了财主，财主夫妇大步奔往客厅，由于心急，进门的时候互相扛了一下，年轻人哈哈大笑，说："我还想着有一句精细话没有说哩，现在可有了，这就是'肆牛扛犍子，咔嚓咔嚓两鞭子'。"财主夫妇大怒，让家人把年轻人打了一顿，赶出了大门。

这个故事给人两点启示：一是望子成龙是人人共有的心理，谁都希望子孙后代能出人头地，光宗耀祖，成为国家的栋梁之材。但是长辈对晚辈要因材施教，不能不顾客观情况一味追求高标准，其结果往往会适得其反。二是一个人不管学什么，都要根据自身实际，切不可盲目攀比，对于不理解的东西一味鹦鹉学舌，生吞活剥，必然是画虎不成反类犬，既达不到目的还会落下笑柄。

后纸坊大槐树的伤心史

○ 赵宏斌　赵金普

50多年前，小关后纸坊西沟口有一棵大槐树。这棵树有多粗？树干向阳那一面裂了一个口子，树洞里能钻进去人，上面的枯枝都有两三把粗。这棵树虽然已经树干裂缝，满身沧桑，但是一到春天仍然会顽强地抽出嫩绿的枝条。人们都说这是一棵神树，大家都自觉地保护它，逢年过节或者家里有红白喜事，常常有人在这里摆供品，挂红布条，祈求神灵保佑吉利平安。去掉迷信色彩，是人们朴素的环保意识，保护绿色、保护古木，人与自然和谐共生。大槐树也无偿地回报人们的关爱，夏季酷热，大槐树下一片阴凉，人们在劳作之余会聚集在树下纳凉、聊天，听树上此起彼伏的蝉鸣，那份惬意现在想来还回味无穷。就是这样一棵古老的大槐树，20世纪60年代离开了人们的视野，蒸发得无影无踪了。

说起这棵大槐树，还有一段小故事呢。

小关是个古老的村庄，从后纸坊岑彭沟这一个小地名就可以推断2000年前这里就是聚居区，因此，这一棵大槐树的树龄到底有多长，没有人能说清楚，有的说1000多年，槐树不是松树，更不是银杏（白果）树，能活几千年，不过据我看这棵槐树的树龄，三五百年应该是有的。

民间传说在很久很久以前，这里就有一棵一搂多粗的大槐树，长得枝繁叶茂。有一年，某村要修建一座庙宇，需要好木料。一位木匠带着徒弟到各村选树。这一天来到后纸坊大槐树下，木匠师傅朝树干瞟了一眼就走了。徒弟看这么好的树师傅竟然不问，感到不解，就紧走一步对师傅说："师傅，我还没有见过这么好的树，您为啥舍弃呢？"师傅说："你看到的只是外表而没有看到实质。这一棵树是又粗又高，可是你没有发现树杈那里有一个拳头大的洞吗？那是因为树枝折了以后干枯腐烂形成的，下雨雨水就会顺着这个洞往里灌，时间长了树干的中间就腐烂了，里面都糠了，不但不能做大梁，而且一点用处也没有。"当天夜里木匠师傅做了一个梦，一个老态龙钟、慈眉善目的白胡子老头对他说："做大梁我是不行了，要是能做大梁早就被人们伐掉了，还能等到现在？可是你说我一点用处也没有我倒不赞成，不但夏天人们在这里乘凉，而且不分大雪、暴雨、狂风，我都守候在村口，保护人们的平安，咋能说一点用处也没有呢？"第二天木匠师傅把这个梦给徒弟说了，从此一传十十传百大家都知道了，于是就有人来这里烧香许愿，这棵树就再也没有人来砍伐了。

也不知道又过了多少年，大槐树越来越老了，到了冬天，由村口吹过来的东北风呜呜地叫，大槐树经不住强风劲吹，开始往西歪斜了。人们看着心疼，就用石头在大槐树的西边垒了一个石墩把它戗起来。由于石墩的支撑，大槐树始终没有倒下，顽强地生长着。只是树龄太长了，雨水年复一年地顺着树杈那个洞往里灌，树长得越粗空洞越大，朝向太阳的那一面裂了一个口子，人都能钻进去，虽然显得十分苍老但是仍然守护着村子，人们也守护着大树。

大约到了20世纪60年代，小关第七生产队也就是后纸坊西沟生产队为了发展经济，扩大运输业，将这棵古老的大槐树给连根伐掉了。虽然树心是空的，外圈还是有一拃厚，木料十分坚硬，好多根树枝都有两三把粗，生产队用这些木料做了一辆汽马车和几辆架子车，连盖马号（生产队饲养牲口的地方）的檩条、椽子都是大槐树的枝条。

这一棵历经沧桑的大槐树守护村庄几百年，最后无私奉献，枝叶无存，就这样消失了。

灵台方寸山　斜月三星洞

○ 赵宏斌

民间传说在很久很久以前，小关南边大山怀村有一座大山，山顶是一块不大的青石平台。半山腰有一个非常深邃的山洞，这个山洞的洞口就像西天斜月，洞口有三块卧牛石，人们就根据形状给这座山和这个洞起了个好听的名字——“灵台方寸山　斜月三星洞”。“灵台”就是指心。《庄子·庚桑楚》有一句话“不可内于灵台”，郭象注：“灵台者，心也。”“方寸”既指小也指心，因为心处在胸中方寸间，故称“方寸心”。如晋代葛洪的《抱朴子》说：“方寸之心，制之在我，不可放之于流遁也。”洞口像斜月，斜月加三点是个心字。“灵台方寸山　斜月三星洞”，意思是心地清明不为俗务打扰。从这句话可以看出这里是个景色清幽的好地方，适宜修身养性，悟道修仙。

三星洞里有一位道行高深的老神仙，人称“菩提老祖”。据说菩提老祖能掐会算，前知三百年后知五百载，而且本领高强，变化多端。

灵台山钟灵毓秀，养育了一只灵猴，取名孙悟空。孙悟空听说菩提老祖本领高强，就找到斜月三星洞，拜菩提老祖为师，苦学本领。春去秋来，寒暑易节，孙悟空跟着菩提老祖修炼十八年，学会了全套本领和各种变化，拜别师父下山了。

灵台山南边狄坡村，有一个叫水峪沟的小村庄，四面的山坡上生长着桃树、杏树、梨树等果树，还有漫山遍野的野花，一到春天，百花盛开，争奇斗艳，吸引来成千上万的蝴蝶在这里翩翩起舞，人们也给它起了个好听的名字——“蝴蝶谷”。

蝴蝶谷里住着一位勤劳善良的农民，他披星戴月种着几亩山坡地，同时守护着满山的果树。山里有一个妖怪，专门干坏事。春天果树开花了，这个妖怪一高兴，就跑出来巡山，如果看着哪一片果树不顺眼就吹上一口气，立马就是一阵狂风，吹得花朵狼藉，蝴蝶死伤一片。到了秋天，眼看果子要成熟了，妖怪又出来了，一不高兴就又是飞沙走石的狂风，各种水果掉得满地都是。这位老农伤心透了，每次妖怪出来，老农都要掂着锄头与妖怪拼命。可是妖怪跑得很快，老农根本追不上。

妖怪的罪行被孙悟空听说了，悟空想：我怎么能让妖怪在这里祸害人呢？一定得把他除掉，保一方平安。孙悟空摸清了妖怪的规律，于是变作一只蝴蝶，趴在妖怪出洞时必经之路的山壁上，一动不动。不一会儿妖怪出来了，嘴里哼哼唧唧、兴冲冲地往前走。突然眼前飞来一只花蝴蝶，五颜六色的，十分好看，妖怪伸手抓蝴蝶，累得满头大汗也抓不住。妖怪一生气就想用一阵狂风把蝴蝶吹死。谁知道妖怪刚想到这儿，蝴蝶就趴在他的左眼睑上狠狠地咬了一口。妖怪压根儿没有想到蝴蝶会咬他，疼得他“哇哇”大叫，不假思索伸出右掌狠狠地朝左眼拍去。这一下拍得好，蝴蝶没有拍住，他的左眼立马肿得像熟透的大桃子，什么也看不见了。妖怪更加愤怒了，一边暴跳如雷一边瞪着右眼像拉磨驴一样就地旋转寻找那只可恨的蝴蝶。孙悟空见状再也忍不住了，“扑哧”一笑现出了原形。妖怪一看是一只小毛猴，哪里把对方放在眼里，飞起右脚恨不得一下将对方踢死。谁知道孙悟空站在那里嬉皮笑脸一动不动，妖怪的脚踢到孙悟空身上就像踢在铁柱上，孙悟空还是笑着纹丝不动，妖怪的右腿就像折了一样，疼得站都站不住了，但是他看着孙悟空越看越生气，像发疯一样用尽全身气力向孙悟空扑去。孙悟空左臂随手一挥，妖怪就像个肉球一样滚下了万丈深渊，只听一声惨叫，再也没有了声息。

妖怪被除掉了，蝴蝶谷的人们过上了祥和的太平日子。大家为了感念孙悟空的恩德，就在蝴蝶谷的山坡上修建了一座神庙，庙里塑着一尊猴王像，这座庙就叫大圣庙。

小关地区笑话集锦

○ 孙云灿

笑话，就是能引人发笑的故事。其特点是篇幅短小，故事情节简单而巧妙，往往出人意料，给人突然之间笑神来了的奇妙感觉，取得笑的艺术效果。在小关地区流传有许多笑话，这些笑话有的来自古代笑话集，由乡村知识分子传播，然后在民间口头流传，传播过程中有再加工的痕迹，故而带有明显的小关色彩。这些口头流传的笑话大都通俗易懂，以丰富活泼的想象，幽默诙谐的风格，短小精悍的形式，质朴无华的语言，在引发人发笑之余也让人深思。笑话不但是茶余饭后的谈话资料，能使人发笑，具有讽刺性和娱乐性，而且大多揭示生活中乖谬的现象，能让人从中受到启发、教育。现在把我想起来的几则笑话记录于下。

1. 咸死他

先前有户农民家里穷，连盐都吃不上，整天喝淡汤，两个孩子不喝。父亲为启发孩子吃饭，就把一小块盐用线拴住挂起来，说："咱喝一口汤，看一下盐，谁都不准多看。"喝了一会儿，小儿子说："爹，俺哥多看了一眼。"他爹说："他多看一眼，叫咸死他哩！"

这个笑话透露了两点信息，一是民国以前由于政府实行盐业专卖，到处设立盐卡，造成盐价腾贵，加上交通不便，小关镇出售的盐由小贩沿山间小道从40里外的巩县或者上街挑来，遇到战乱或者洪水使道路中断，市面常常断盐。二是过去小关人生活艰苦，很少吃干饭，只能喝汤。

2. 狗歇我也歇

有个农夫和他的儿子在地里锄地，整晌锄地也不让歇一会儿。儿子累了想歇，爹说："咱俩谁先锄出蝎子，谁歇。"锄了一会儿，爹锄出一只蝎子，于是坐在一旁休息。儿子锄啊锄啊，就是不见蝎子，心里很不是滋味，好不容易扒出一只苟蝎（类似蛐蜒的小虫），儿子大叫："俺锄出蝎子啦！"爹一看，说："那是苟蝎，不是蝎子，你不能歇。"儿子说："苟蝎（谐音'狗歇'）我也歇！"

3. 看戏

盲人、聋人、歪脖三个人去看戏。看完戏走在路上，盲人说："戏唱得不错，戏词听得很清楚，就是过场看不见。"聋人说："过场不错，就是听不见唱的啥。"歪脖说："唱词也能听清楚，过场也不错，就是台子搭歪了！"这个笑话类似古代的《瞎子摸象》。

4. 最短的判词

有一年轻寡妇，公公身体强壮，小叔子已经长大，寡妇想要改嫁，可是遭到娘家人和婆家族人的百般阻挠。她就写了诉状，递给县太爷，上面写道："夫亡妻少，翁壮叔大，瓜田李下，该嫁不该嫁？"县太爷看罢，为之动容，当即挥笔写下判词："嫁！"十七字诉状，一字判词，这恐怕是有史以来最简练的一份诉状和判决书。

附　录

作者简介

（以出生年月日为序，出生年月日相同的以姓氏笔画为序）

白俊爵，男，1933年3月19日（农历癸酉年二月二十四日）生，巩义市小关镇小关村西沟人。1950年12月，在巩县中学参加中国人民解放军。1952年2月加入中国共产党。历任文书、干事、参谋、科长等职。1959年参加平定西藏达赖集团叛乱。后历任登封、密县、兰考、开封等县人民武装部副部长、部长、县委常委等职。1984年，在开封军分区退役。

张桂月，女，1933年8月8日（农历癸酉年六月十七日）生，巩义市小关镇小关老街西头人。1953年考入开封女子高中，1956年考入北京邮电学院。1960年到北京无线电学校任教。1977年调开封县统计局，后任副局长、统计师。1990年，在开封市统计局退休。

张光哲，男，1935年7月8日（农历乙亥年六月初八）生，巩义市小关镇小关村前闵人。1948—1950年，在巩县中学上学，1950—1954年，先后在郑州师范学校、黑龙江齐齐哈尔教育学院学习。1954—1995年，在吉林省通榆县任中学教员。1995年6月，由通榆县十中校长职位退休。1995—2000年，受聘于巩义市竹林中学，任副校长。

孙云灿，男，1937年9月29日（农历丁丑年八月二十五日）生，巩义市竹林镇孙寨村茶庵人。

马树行，男，1942年3月27日（农历壬午年二月十一日）生，巩义市小关镇小关村前闵人。1961年在原郑州市第三十四中上学，1962—1964年任小关大队团支部书记。1965—1997年，先后在郑州铝厂、宜阳铝矿工作。1997年退休。

张林报，男，1943年3月18日（农历癸未年二月十三日）生，巩义市小关镇小关老街西头人。1962年高中肄业，1962—1965年在小关大队任电工，1965年到郑州铝厂工作，2003年退休。

李启明，男，1944年2月13日（农历甲申年正月二十日）生，郑州市人。郑州师范学院副教授。1962—1984年，先后在竹林、丁烟、孙寨、龙门、冯寨、口头、楼子沟等学校任教，1985年1月回原籍郑州工作。2004年退休。

赵登云，男，1944年9月25日（农历甲申年八月初九）生。1967—1996年，先后在郑州铝厂、焦作中州铝厂工作，1996年退休。

赵金普，男，1944年10月27日（农历甲申年九月十一日）生，巩义市小关镇小关村老坟沟人。1958年因国家开矿搬迁到小关后纸坊。

赵宏斌（二宏），男，1944年10月29日（农历甲申年九月十三日）生，巩义市小关镇小关村老坟沟人。1958年因国家开矿搬迁到小关后纸坊。1961—2004年，先后在郑州铝厂、（贵州）第七冶金建设公司、郑州电业局工作。2004年退休。

张丰西，男，1945年2月1日（农历甲申年十二月十九日）生，巩义市小关镇小关村前阴人。1965年高中毕业。1965—1971年，在小关公社广播站工作。1972—2005年，先后在新密矿务局、中国长城铝业公司工作，高级电工。2005年退休。

张清凡，男，1945年6月11日（农历乙酉年五月初二）生，巩义市小关镇小关老街西头人。1961年初中肄业，同年到郑州铝厂工作。1965年调贵州铝厂，1968年又调回郑州铝厂。1990年退休。

郑红昌，男，1945年7月4日（农历乙酉年五月二十五日）生，巩义市小关镇小关村后纸坊人。西医内科医师，曾在小关村诊所、小关镇卫生院工作。2005年退休。

靳宏昌，男，1945年7月4日（农历乙酉年五月二十五日）生，郑州市人。1962年6月，由郑州水利专科学校分配到小关供销合作社工作，历任营业员、出纳等职。1984年11月调北山口供销社任业务主任。1985年调郑州节能服务中心工作。2000年退休。

王全营，男，1946年3月9日（农历丙戌年二月初六）生，巩义市小关镇小关村西沟人。毕业于开封师范学院（今河南大学），河南省社会科学院研究员。从事史学研究。先后出版（独著、合著）《中国现代农民运动史》《河南通史》《河南抗日战争史》等学术著作15部，发表《大革命时期的河南红枪会》等学术论文60余篇、《我国古代民居三雕作品的美好寓意》等传统文化文章30余篇、书评文章200余篇。2006年退休。

郅公林，男，1946年4月9日（农历丙戌年三月初八）生，巩义市小关镇小关村后阴人。中共党员。1964—1966年参加中牟、兰考四清运动。1968年进入小关镇乡镇企业工作。创办小关公社交通运输管理站、汽拖站。领办小关公社机械厂。1983年年底担任小关镇经联社副主任；创办、领办河南省水泥工业公司水泥厂；创办巩县矾土粉加工厂；领办巩义市金属镁厂；创办原郑州重结晶碳化硅制品厂、郑州枫林无纺科技有限公司等十二个企业。曾担任河南中州企业集团董事长；曾被选为郑州市第十二届人大代表、巩义市人大代表。被河南省政府命名为优秀厂长经理；被郑州市政府命名为优秀社会主义建设者，并获得奖章；被巩义市政府多次命名为优秀企业家。曾任郑州市工商联执委、巩义市工商联副主席。曾在中央党校、浙江大学培训学习。因创建全国第一条特殊工艺水刺生产线，被选为中国产业用纺织品协会水刺分会副会长。曾发表过《创建矾土粉加工厂的经过》等三篇文章。

冯春桃，女，1947年3月15日（农历丁亥年二月二十三日）生，巩义市小关镇冯寨村贺弯人。1966—1989年，在小关供销社工作，任营业员。1989年调郑州药业有限集团公司工作。1997年退休。

赵海潮，1947年6月4日（农历丁亥年四月十六日）生，巩义市竹林镇孙寨村茶庵人。

赵金拴，男，1947年6月14日（农历丁亥年四月二十六日）生，巩义市小关镇小关村南沟人。1965年高中毕业。曾任中学教员，后在巩义市冶金局、陶瓷厂等单位工作。2007年退休。

赵西忠，男，1947年7月20日（农历丁亥年六月初三）生，巩义市小关镇小关村软枣树人。1963年初中毕业，1964—1965年在兰考县参加社教。1968—2002年，先后在巩县（巩义市）陶瓷厂、电瓷厂、物资局、协作办等单位工作。2002年退休。

张春英，女，1948年2月26日（农历戊子年正月十七日）生，巩义市小关镇小关村软枣树人。1974—2000年，在小关科研站工作。

张远顺，男，1948年10月8日（农历戊子年九月初六）生，巩义市小关镇小关村前闲人。1965年高中毕业，同年考入郑州工学院。曾在小关等中学任教，后在米河化肥厂、小关镇政府、豫中制药厂、郑州枫林无纺科技有限公司等单位从事工程技术与企业管理工作。高级工程师、高级经济师。

李培涛，男，1956年10月9日（农历丙申年九月初六）生。原籍巩义市小关镇封门沟村，1987年迁小关村瓦窑。大专学历，曾任民办教师十多年，后在小关矾土粉加工厂工作。1998年到竹林镇政府工作，历任镇党政办主任、镇人大副主席等职。2016年退休。

郅春光，男，1957年3月生，巩义市小关镇小关村后闲人。1976—1981年，任小关大队会计。1981年参加工作，先后任巩义市农业局干部、河洛镇党委副书记、巩义市信托投资公司经理、党组书记；巩义市财政局副局长。正科级干部、副县级干部等。2017年3月退休。

郅立新，男，1975年3月25日（农历乙卯年二月十三日）生，巩义市小关镇小关村后闲人。现在郑州枫林无纺科技有限公司工作。

口述人简介

张光林（张木），男，1947年5月22日（农历丁亥年四月初三）生，巩义市小关镇小关村前闲人。

郅春茂，男，1958年5月10日（农历戊戌年三月二十二日）生，巩义市小关镇小关村后闲人。祖居小关老街。

受采访人简介

赵海波，男，1927年8月24日（农历丁卯年七月二十七日）生，巩义市竹林镇老君庙小区人。

王德振，男，1931年5月3日（农历辛未年三月十六日）生，巩义市小关镇小关村前纸坊人。

张振，男，1932年生，巩义市小关镇小关村软枣树人。1953—1987年，先后在米河供销社、巩县粮食局等单位工作。1987年退休。

白茂英，男，1938年5月30日（农历戊寅年五月二日）生，巩义市小关镇小关村白家洼人。1958年因国家开矿搬迁到小关瓦窑。1958年在小关文化站工作，1959—1961年，任小关大队治安主任、副大队长、民政主任；1961年后在火车站、学校印刷厂工作；1967年后在家务农。

郅淑英，女，1939年4月13日（农历己卯年二月二十四日）生，巩义市小关镇小关村前纸坊人。

张光燮，男，1939年生，巩义市小关镇小关村软枣树人。

张鹤鸣，男，1944年3月24日（农历甲申年三月初一）生，巩义市小关镇小关老街西头人。1961—1987年，先后在郑州铝厂小关矿、上街商业局新中煤建公司、巩县商业局工作。1987年退休。

张林科，男，1948年1月17日（农历丁亥年十二月初七）生。巩义市小关镇小关老街西头人。1967—2007年，先后在郑州铝厂、郑州市公安局工作。2007年12月退休。

赵鹏远，男，1954年2月3日（农历甲午年正月初一）生，巩义市竹林镇老君庙小区人。

后 记

《小关风土录》历经四个寒暑，终于问世了。

关于编纂此书的缘起，《整理故实　心忆桑梓　记住乡愁》一文中已有说明，这里不再啰唆，仅就编纂过程做一简单回顾。

《小关风土录》的编纂是郅公林等提议发起的。由王全营、郅公林设计大纲，确定了书稿撰写方案，撰写宗旨是：“社会、经济、文化、民俗，全面、翔实、准确、客观。”前八个字为撰写内容，后八个字为行文要求。除民间故事外，所有的文章要求做到“三实”——“真实、硬实、实打实”。小关同人主动参与，先后召开了五次座谈会，主动参加撰稿的人员不断增加。

《小关风土录》是小关人写小关事，本书的作者积极性都很高，很努力，也很认真，他们都能严格遵照拟定的宗旨写作。但是由于参与者绝大多数没有发表过文章，甚至没有写过文章，拿出来的稿子难免体例不一，参差不齐。为了使全书的文风基本保持一致，并且做到既有真实性又通俗易懂，有一定的可读性，在保持作者原意的基础上，由王全营从每一篇文章的题目、架构到遣词、语句，进行了全面修改斟酌：既要紧扣主题，又要作适当解读；既要把事情说清楚，又不能过于松散，漫无边际；既要通俗易懂，又不能过于口语化。其中有删除，也有不少增添。将修改后的稿子返给作者，由作者再修改。全部书稿先后修改、统编了四遍。

小关现仍存世的碑刻，因为条件、技术所限，书中所附没有一幅属于拓片，全部是照相制版，这就会产生一些问题：这些古碑大多由于年代久远，露天存放，受风雨剥蚀，已经漫漶不清；观音堂有两通碑虽然镶嵌在殿内，可惜前边被两通新立的高大石碑所遮挡，两者之间的距离非常狭窄，无法立足且光线暗淡。这致使书中所附碑文图片整体效果很不理想，每一篇碑文的过录，尽管都要经过反复辨认，仍然难免有失误之处。

本书设定的时段为20世纪70年代以前。近现代社会是中国社会大转型、大变革的时代，尤其是70年代后，随着经济、社会的飞速发展，小关原来的地貌和人们的生活习俗发生了很大变化，不少古建筑已经消失。每一位作者在回忆往昔时力争用白描的手法予以客观真实的记录，以求为后世留下一部曾经的小关的资料，这是我们撰写本书的旨趣。我们想努力做到这一点。但由于作者水平有限，且为众人成书，与目标还有一定差距，希望能得到乡亲和读者谅解。

本书在编辑、出版过程中，郑州枫林无纺科技有限公司予以了资金资助。因作者的初稿是手写稿，郑州枫林无纺科技有限公司张杏月做了录入，大象出版社郑强胜编审提出了一些建设性的意见。对上述单位和个人在此一并致谢。

作者谨识

2018年11月30日